欧亚备要

主办：中国社会科学院历史研究所内陆欧亚学研究中心

主编：余太山　李锦绣

《女真译语》音系研究

齐木德道尔吉 著

创于1897
商務印書館
The Commercial Press

图书在版编目（CIP）数据

《女真译语》音系研究 / 齐木德道尔吉著. — 北京：商务印书馆，2023
（欧亚备要）
ISBN 978-7-100-21897-9

I. ①女… II. ①齐… III. ①女真语－研究
IV. ①H211.6

中国版本图书馆CIP数据核字（2022）第238287号

权利保留，侵权必究。

（欧亚备要）
《女真译语》音系研究
齐木德道尔吉 著

商 务 印 书 馆 出 版
（北京王府井大街36号 邮政编码 100710）
商 务 印 书 馆 发 行
北京虎彩文化传播有限公司印刷
ISBN 978－7－100－21897－9

2023年4月第1版　　开本 710×1000　1/16
2023年4月第1次印刷　印张 26　1/2
定价：158.00元

编者的话

《欧亚备要》丛书所谓"欧亚"指内陆欧亚（Central Eurasia）。这是一个地理范畴，大致包括东北亚、北亚、中亚和东中欧。这一广袤地区的中央是一片大草原。在古代，由于游牧部族的活动，内陆欧亚各部（包括其周边）无论在政治、经济还是文化上都有了密切的联系。因此，内陆欧亚常常被研究者视作一个整体。

尽管司马迁的《史记》已有关于内陆欧亚的丰富记载，但我国对内陆欧亚历史文化的研究在很多方面长期落后于国际学界。我们认识到这一点并开始急起直追，严格说来是在 20 世纪 70 年代末。当时筚路蓝缕的情景，不少人记忆犹新。

由于内陆欧亚研究难度大，早期的研究者要克服的障碍往往多于其他学科。这也体现在成果的发表方面：即使付梓，印数既少，错讹又多，再版希望渺茫，不少论著终于绝版。

有鉴于此，商务印书馆发大愿心，选择若干较优秀、尤急需者，请作者修订重印。不言而喻，这些原来分属各传统领域的著作（专著、资料、译作等）在"欧亚"的名义下汇聚在一起，有利于读者和研究者视野的开拓，其意义显然超越了单纯的再版。

应该指出的是，由于出版时期、出版单位不同，尤其是研究对象的不同，导致诸书体例上的差异，这次重新出版仅就若干大的方面做了调整，其余保持原状，无意划一，借此或可略窥本学科之发展轨迹也。

愿本丛书日积月累，为推动内陆欧亚历史文化的研究起一点作用。

余太山

目　录

第一章　绪论 …… 1
　　第一节　女真族及其语言文字 …… 1
　　第二节　女真语音研究的必要性及其意义 …… 6
　　第三节　女真语音研究概况 …… 8

第二章　《女真译语》注音汉字的音值 …… 17
　　第一节　关于女真语言的资料 …… 17
　　第二节　关于注音汉字的音值 …… 21
　　第三节　《女真译语》注音汉字的音值 …… 26
　　第四节　《女真译语》注音汉字音值构拟表 …… 30

第三章　女真语音系统 …… 52
　　第一节　构拟女真语音系统的途径 …… 52
　　第二节　女真语的辅音系统 …… 53
　　第三节　女真语的元音系统 …… 84
　　第四节　元音和谐和反切拼合法 …… 95

第四章　《女真译语》的读音构拟 …… 99
　　第一节　《女真译语》读音构拟之条件 …… 99
　　第二节　《女真译语》读音构拟之说明 …… 100
　　第三节　《女真译语》读音构拟表 …… 101

第五章　女真字的音值构拟 …… 229
　　第一节　女真字音值构拟之条件 …… 229

第二节　女真文字的特点 231
　　第三节　女真字音值构拟之说明 233
　　第四节　女真字音值构拟表 234

第六章　结论 280

附录一　柏林本《女真译语》书影 284
附录二　东洋文库本《女真译语》书影 343
附录三　阿波国文库《会同馆译语》 354
参考文献 398
索　引 402
后　记 414

第一章 绪论

第一节 女真族及其语言文字

公元十一世纪末十二世纪初，在东北的白山黑水之间兴起了一个强悍的民族。它于1115年建国，1125年灭辽，1127年灭了北宋王朝；它拥有南到淮河、北至西伯利亚、西达积石、东临大海的广大国土，在中国历史上活跃了一百二十年，于1234年被新兴的蒙古帝国所灭。这就是历史上著名的女真族和它所建立的金国。

女真是一个古老的民族。据文献记载，它的渊源可以追溯到春秋战国时期，甚至更早。最初被称为息慎或肃慎，汉时称挹娄，元魏时称勿吉，隋代称黑水部，唐代称靺鞨。到五代时始称女真，辽代时避兴宗耶律宗真的名讳而改称女直。[①]

由于地理位置、经济状况和外界影响的不同，女真各部之间的社会发展极不平衡。武周圣历元年（698），靺鞨族中的一支——粟末靺鞨曾建立文明的渤海国，史称"有文字、礼乐、官府、制度。有五京、十五府、六十二州"[②]。靺鞨族中的另一支——黑水靺鞨，发展比较后进，渤海国兴起以前曾附高丽，援助高丽抗击唐太宗的征讨而被击败，因而在开元年间附于唐朝，唐在其地"置黑水府，以部长为都督、刺史，置长史监之。赐都督姓李氏，名献诚，领黑水经略使"[③]。渤海国兴起，黑水靺鞨遂断绝了同唐朝的往来，归附渤海。五代时，契丹灭渤海（926），整个靺鞨归契丹统治。住地靠南，

---

① 《金史》卷一《世纪》。
② 《金史》卷一《世纪》。
③ 《金史》卷一《世纪》。

文化、社会发展较为先进的一支号为熟女真，他们系契丹籍；住地靠北，发展比较后进的一支号为生女真，他们不肯系契丹籍，部族之间征战不休，尚未统一，处于“无书契、无约束”的氏族部落制阶段。

到契丹族建立的辽朝末期，生女真各部被完颜部统一，形成了部落联盟。长期遭受契丹统治阶级残酷压迫的女真族，从此有了反抗的力量。公元1114年，在其杰出的首领完颜阿骨打的率领下，公然起兵抗辽。在第二年，取“按出虎”（意为“金”）水之义建国号“金”，完颜阿骨打被推举为帝。经过十一年的艰苦征战，他们终于消灭了腐朽没落的辽王朝，接着灭了北宋，同宋高宗建立的南宋王朝相对峙，时战时和，直到1234年被蒙古所灭，共经九帝一百二十年。

金朝的建立是以女真完颜部统一其他女真各部为基础的。一个民族只有实现了统一和建成它的统治中心，才有可能产生这个民族的共同语和以这种语言为基础的文字体系。女真族建立了金国以后不久便创制了女真大字和女真小字[①]，结束了“无书契、无约束”、刻木记事的历史，跨上了文明发展的道路。女真文字的产生，宣告女真共同语的形成。任何文字都要反映和记录一种具体的语言。创造文字，必须以一种语言为标准，而这种语言一定能够承担全民族之间相互交际的功用，这就是一个民族的共同语。女真共同语毫无疑问是以完颜部方言为基础的。女真文字就是以这个语言为标准，确定了它的音值、字义和字形的。史称有《女真字书》、《女真字母》等书[②]，说明当时制字确有一定的标准和规则。

但是，女真族所操用的究竟是什么样的语言呢？金代以前的史籍中记载很少，依靠零星的材料也无法说明更早期的女真语言的具体特点。《三国志》卷三〇《乌丸鲜卑东夷传》中说：“挹娄在夫余东北千余里，滨大海，南与北沃沮接，未知其北所及。其地多山险。其人似夫余，言语不与夫余、句丽同。”《北史》卷九四《勿吉传》中说：“勿吉国在高句丽北，一曰靺鞨。邑落自有长，不相总一。其人劲悍，于东夷最强，言语独异。”这两条史料仅仅说了挹娄语不同于夫余和高句丽，勿吉语在东夷中“独异”而已，无从了

① 《金史》卷七三《完颜希尹传》、《金史》卷四《熙宗纪》。

② 《金史》卷七三《完颜希尹传》、《金史》卷七〇《宗宪传》。又见黄虞稷等编《辽金元艺文志》之钱大昕《补元史艺文志》经部译语类。

解其语言的具体特点。只是到了金代，史籍中保存了女真语言材料，又有不少金代石刻女真文字被保存至今，这样才有机会和可能探讨金代以来的女真语的特点，释读碑刻铭文，不使女真语言文字湮灭。同时，女真语言之谜也得到解答。

许多学者致力于女真文字的研究，通过语言比较发现了女真语的基本特点。现存女真语词汇同满语相同的非常多，约占所发现和掌握词汇的60%—70%，句法结构同满语完全一致，词法形态属于粘着型。由此得出结论，即女真语是满语的祖语，应属阿尔泰语系满—通古斯语族。这就是说，从十二世纪初到十六世纪末的几百年间，女真族所使用的是古阿尔泰语系通古斯语族中的一种语言，满语是这个语言的发展和继续。

从女真各部的统一，直到建国称"金"，其社会发展尚处在氏族社会向奴隶制社会发展的阶段，生产力低下，与外界接触很少，其语言词汇不会很丰富。随着国家的建立，统治地域的扩大和人口的增加，促使女真社会急速发展，其语言词汇也会很快丰富起来。

金朝灭辽、北宋后，国内各地区之间存在着严重的社会、经济发展不平衡的问题。有比较后进的女真各部所居地区，又有比较先进的辽朝统治地区，还有更为先进的中原汉族地区。国内还有汉、契丹、奚等许多不同民族。在这种不同民族、不同地区和不同社会形态并存的条件下，女真族确立了自己的统治地位，逐步完成了金国的封建过渡。随着这些过程，女真族同广大汉族和其他民族之间的来往日趋频繁和密切，女真语也会不断地吸收别族语言的成分，以丰富自己的词汇，完善自己的语法规则。女真语中存在大量的汉语借词和其他民族的词汇，充分地证明了这一点。

一个社会发展滞后、经济欠发达，而且人口稀少的民族，征服一个高度封建化的人口众多的民族，其本身就是被征服的过程。女真族入主中原，必不可免地要接收汉族文化和封建制度，只有这样才能有效地建立自己的统治。这就意味着进入中原地区的女真人的逐渐汉化。熙宗、海陵两朝，都极力推行汉族封建制度，熙宗本人也"能赋诗染翰，雅歌儒服，分茶焚香，弈棋象戏，尽失女真故态"①。海陵王甚至把上京会宁府夷为平地，种上庄稼，

---

① 《大金国志》卷一二《熙宗孝成皇帝四》。

以冲淡女真人的本土观念，极力推行统治中心南移中原的政策。其本人善汉诗，有"屯兵百万西湖上，立马吴山第一峰"①的名句。到金世宗大定年间，针对女真人汉化问题，金廷采取一系列措施，想挽回这种局面。如金世宗带头说女真语，并谆谆教导子弟勿忘女真语，要卫士学习女真语，不能再说汉语；又禁止女真人译用汉姓，女真人诉事以女真语问之。又大力推广和运用女真文字。蒙古兴起，金都南迁，金国面临亡国的危险，更是促进了中原女真的汉化过程。金朝遗民刘祁在其《归潜志》一书中说："南渡后，诸女真世袭猛安、谋克，往往好文学，与士大夫游，……儒辈作诗多有可称。"生动地描写出女真猛安、谋克的汉化程度。

不容忽视的是，女真族在一定程度上也影响了汉族的语言和风俗习惯。南宋诗人陆游作诗记韩元吉使金见闻，诗中有"上源驿中槌画鼓，汉使作客胡作主。舞女不记宣和妆，庐儿尽能女真语"等句。南宋范成大使金，目睹汴京的变化，说："丁巳……至东京，金改为南京，……民亦久习胡俗，态度嗜好与之俱化，最甚者衣装之类，其制尽为胡矣。自过淮已北皆然，而京师尤甚，惟妇女之服不甚改。"②任何事物都有双重性，女真族汉化是女真族入主中原的一个方面，但作为一个统治民族必然会影响别的民族，使汉族也发生某些变化，这又是一个方面。可是女真族汉化是历史的必然，是问题的主要方面。所有这些，都应该在女真族的语言上有所反映。

蒙古灭金、宋之后，进入中原的女真人同中原汉族没有什么差别，完全被同化了。金朝一代的女真共同语也就自然地消失了。留居故地的女真人，必然各操自己的方言。女真文字的留传，一定程度上可能保留了金代确立的书面语言，但同元、明两代，尤其是明代女真口语之间存在一定的差距是肯定无疑的。

女真文字在有金一代受到很大的重视，采取许多措施广为推行。如用女真文字翻译汉文经典；各路设学校传授女真文字；立女真进士科，用女真文作策论、作诗文，以考取进士，为金朝培养懂女真语言文字的人才等。③女真

---

① 刘祁《归潜志》卷一。
② 陆游《剑南诗稿》卷四，七律《得韩无咎书寄使虏时宴东都驿中所作小阕》，载《四部备要》集部宋别集（七），《陆放翁全集》。
③ 《金史》卷五一《选举志一》。

文字的具体应用，说明女真书面语言的形成以及女真语语法规则的严密化。

以上几点说明，在金代，女真语言、文字已经形成一种体系，在女真族的社会生活中起到了巨大的作用。

金朝的覆亡，使女真语言、文字赖以发展的社会条件消失了，培养和孳乳了一百多年的金代女真语也在中原一带随之消失了。唯有留居故地的女真各部又在"不相总一"的社会境地里，各操自己的方言，度过了元、明两代的变迁，女真文字也一直流传到明代中期。现在有明初四夷馆编的《女真译语》为我们提供了当时女真语言文字的一些情况，也为识读金、明两代女真文碑刻、墨迹提供了可能。尤其是明代永乐年间在黑龙江入海口的特林地方设立的《永宁寺碑》，充分地说明了女真文字在明代初期还在发挥作用。但是这个时期所运用的女真文字究竟记录着金代形成的女真语，还是记录着明代女真语言的某一个方言，值得认真研究。种种迹象表明，金、明两代女真语言之间的差别还是很大的，不能简单地以明代女真文字所载女真语词汇代替或准确解释金代女真语言。有理由认为金代碑文和《金史》中记载的女真语言同明代编的《女真译语》所代表的女真语言是不同时期的不同方言之遗留。

明正统年间，女真族受蒙古族的影响，逐渐起用蒙古文字，丢弃了女真文字。① 到1599年，清太祖努尔哈赤命额尔德尼、噶盖二位学者，根据蒙古文字母创造了无圈点满文。三十多年后的1632年，清太宗命达海在原来字母上加圈点，以克服蒙古文字母不能细辨满语音的缺点，并创造了一套记录外来语的符号，使满文更加完善了。② 从此以后，女真语言文字进入一个新阶段，发展成为近代满语和满文了。

到明代末期，东北女真各部落中酝酿着历史上的第二次大统一。建州女真首领努尔哈赤，经过艰苦卓绝的斗争，使海西、野人等女真部落统一起来，于1616年建立了爱新金国。到皇太极时期，为了避免引起中原汉族对金朝和女真人的仇视和反抗，以便重新入主中原，遂改爱新金国名为"大清"，改女真族名为"满洲"。从此以后，女真族的历史进入了一个新阶段，史家都以不同时期的历史内容来分别对待。但从历史沿革来看，女真族就是满族的前身。

---

① 《明英宗睿皇帝实录》卷一三，正统九年二月壬午。
② 《满洲实录》卷三，己亥年三月及康熙敕建《光禄大夫内阁大学士谥文成讳达海之碑》之碑文。

综上所述，女真就是指金朝到明末清初这一历史时期的民族概念。女真语言就是指女真族在这个历史时期所使用的语言。女真文字就是指金朝建立初期（1119）完颜希尹所制的女真大字和天眷元年（1138）金熙宗所颁行的女真小字的总称。本书所要探讨的是女真语言的语音现象，所依靠的资料是明初永乐年间的《女真译语》所载女真文资料及其注音汉字以及汉文史籍中记录的女真语言。满语同女真语一脉相承，对女真语音的研究具有非常重要的比较价值，所以必须依靠满语、满文资料加以审音勘同。与此同时，应该尽量利用其他亲属语言资料，这样才能使女真语音的研究得到可靠的基础和比较对象。

第二节　女真语音研究的必要性及其意义

没有语言无所谓人类，更无所谓人类历史。语言是一种社会现象，受到社会的直接制约，同人类社会的发展有着密切的关系。人类社会的发展和变化，能够在其语言中得到直接的反映。正因为如此，马克思主义语言学的一般原则就是要把语言作为社会现象，联系语言使用者的历史来研究。

女真语言是古代女真族在长期的生产斗争中创造的语言。在不同的历史阶段，其语言也具有不同的特点，表现在词汇、语音、语法之上。欲要彻底地研究女真族的历史，必须深入地研究女真族的语言，弄清女真语言在不同的历史时期所具有的特点，总结出它的发展变化规律。在这个过程中，女真语音的研究具有重要的意义，起着关键性的作用。

语言是由语音、语汇、语法三个要素组成。语音是语言的表现形式，是语言赖以生存的物质外壳；语汇是整个语言大厦的建筑材料，是基本的组成成分；语法则是使语汇有机地结合起来，筑成语言大厦的黏合剂，是表达语言意义的规则。三者相互依赖，缺一不可。但是，语音还是语言的基础，辨别词义全凭语音的表达。研究某一个语言，首先必须弄清这一语言的语音系统和语音组合规律。尤其是语言的比较研究，更需要语音的深入研究。如果脱离了语音的研究，任何语言的研究都会失去价值和意义。

对于女真语这样一种古代语言，也不能离开语音的研究。我们知道，女真语言的研究主要靠古代文献所记录的语言事实。首要问题就是构拟复原用汉字标注的女真语的读音，然后才能进行其他方面的研究。对于女真字也是如此，首先要确定每个字的音值，以便识读碑文和其他文字资料。所有这些都说明，女真语音的研究是女真语言文字研究的基础，无论如何不能忽视这方面的研究。

女真语言文字作为语言学家和古文字学家的研究对象，还不到一百年。从最初的一般性介绍、资料整理、《女真译语》词汇的翻译、注音汉字的标音，发展到碑刻释读和考证，探讨女真制字规律，研究女真语形态、语音、词汇、语法等方面，取得了很大的成就。但是迄今为止，人们的主要兴趣还在利用《女真译语》和满语释读女真文石刻，进一步考订史实等方面，还没有深入地研究女真语音，致使女真文碑刻的释读、揭示金代女真语言特点、弄清明代女真语音系统等方面出现了不少疑难问题，得不到正确的解答。

实际上，从现有的资料入手，采取正确的研究方法，依靠丰富的现代语言资料的比较，很好地研究女真语音是完全有可能的。随着女真语音研究的深入，可以在整个女真语言文字领域中开辟一条途径，促进其他方面的研究，如：

（1）开展女真语音的研究，结合女真语形态结构、词汇特点等方面的研究，可以为满语的形成历史以及满语支诸语言的形成历史提供资料，促进这个领域的研究。

（2）通过对女真字注音汉字的研究和与满语及其亲属语言的审音勘同，可以确定明代女真语音系统，准确地构拟《女真译语》中所有女真语词汇和女真文字的音值，搞清女真文字记录女真语言的规则，为更好地释读碑文创造条件。

（3）女真文字在制字过程中也参考了契丹大字和契丹小字的形、音、义。女真语音的构拟对于契丹文字的解读和契丹语音的构拟也有重要的意义。

（4）通过对女真语同满语以及其他亲属语言的语音比较，可以总结出女真语音发展变化的规律。

（5）通过以上研究，可以为阿尔泰语的研究和探讨提供比满语更早的语言材料。过去的阿尔泰语的研究多未注意女真语言资料，原因之一就是缺乏对女真语音的研究，缺乏可靠的可资利用的女真语言资料。

（6）除此以外，在《女真译语》里有不少汉语借词，通过它可以了解当时女真族的社会历史状况，此外还能通过女真文字拼写汉语的方法，准确地得到明初汉语语音的实际，这对汉语音韵学也有意义。

（7）还有，女真文字的组合规则很好地利用了汉语反切知识，并且有所发展。对这方面的研究，可以为探讨女真制字的方法和规律提供线索。

总之，女真语音的研究具有重要的学术价值和意义，并不是可有可无的题目，应当予以足够的重视，以弥补过去的不足。本书基于这种认识和观点，试图在前人研究的基础上，从女真字的注音汉字入手，应用必要的语文学方法，构拟《女真译语》中的所有女真语词汇的读音和所有女真字的音值，并通过与满语和其他语言的比较，确定《女真译语》所代表的明代女真语音系统，进一步探讨女真语音现象及其规律。

第三节　女真语音研究概况

回顾以往的研究情况，对女真语音的研究是很不够的。虽然国内外的一些学者结合《女真译语》的研究，对女真语音做过不同角度、不同程度的探讨，但他们的主要注意力却在利用《女真译语》释读碑文、考订史实等方面。有的人甚至认为有《女真译语》这样的现成工具书，足可以解决释读碑文、题壁墨迹等问题，没有必要细究其语音现象。正是由于这种看法的存在，使我国的女真语言、文字研究的一些方面落后于国外。

现在，就女真语音研究方面，有必要做一次大概的回顾。这个领域里的先驱是德国学者葛鲁贝（Wilhelm Grube，1855—1908）。他在 1896 年写了一本书，名叫《女真语言文字考》。① 书中首次对柏林本《女真译语》做了整理、翻译、考订和标音的工作。此书的第一章，对"杂字"按门类顺序编了号，共 871 个；第二章把《女真译语》中的所有女真字按笔画顺序排列起来后，根据注音汉字所表示的读音，用音标标音；第三章把读音相同的字归并在一起，用音标标注了读音；第四章以词汇表的形式，把"杂字"里的女真

---

① Grube, Wilhelm, *Die Sprache und Schrift der Jučen*, Leipzig, 1896.

语词汇同满语、那乃语（Goldisch）、蒙古语做了比较，用德语翻译了词汇意义；第五章翻译了柏林本《女真译语》中的20通来文，同时对女真字来文用音标标注了读音。葛鲁贝的这项成果，在当时引起了很大的轰动。匈牙利学者李盖提（Louis Ligeti，1902—1987）于1953年在其《简论女真"小字"解读》一文中写道："这项发现的消息引起了人们的极大兴趣。他们希望能够最后找到一把辨认女真'小字'的钥匙，并且利用这把钥匙同时揭开'契丹'和'西夏'有亲缘关系的字体之奥秘。就语言学而言，词汇表的提供似乎有特殊的意义。因而，以前的那些设想大概就会有可能证实，即女真语言必须列入满—通古斯语族之中；基于词汇表可以让人确信，至少从葛鲁贝的观点来看，这种语言与满语有十分密切的联系。"[1]可是这种兴趣随着时间的推移而逐渐消失了。因为葛鲁贝所提供的词汇表不能完全解决女真字的解读，更不能由此解开契丹和西夏文之谜。而且葛鲁贝的女真语同满语之间有密切的承接关系的观点也遭到质疑。有的人提出女真语和满语之间不是等同关系而是亲属关系，有的人认为应把研究女真文和研究活的通古斯语加以联系。李盖提还指出："无论如何，词汇表对于满语专家和通古斯语专家都没有提供什么重要的帮助。"[2]但不能否认的是，葛鲁贝是女真文字研究的先驱，他的这篇文章的影响还是非常深远的。首先他使人们了解到了女真文字和女真语言的基本特点和语法结构，使女真语言的族属问题基本上得到了解决。尤其为不谙汉字、汉语的西方学者提供了很好的研究资料。不过，就女真语音方面，葛鲁贝只是简单地用音标标注了汉字所代表的女真语音，离实际的女真语音差距很大，更谈不上语音方面的专门研究。另一方面，他所使用的柏林本《女真译语》存在很多错误，而他没有认真地进行校订，结果出现了更多的错误。他所使用的音标符号，更是不适用于今天的研究。金光平、金启孮在其著作《女真语言文字研究》中曾指出葛鲁贝的错误，相应地做了订正工作。[3]

---

[1] Ligeti, Louis, "Note préliminaire sur le déchiffrement des 'petits caractères' Joutchen", In: *Acta Orientalia Academiae Scientiarum Hungariea*, Tom.Ⅲ (1953): 211-228.

[2] Ligeti, Louis, "Note préliminaire sur le déchiffrement des 'petits caractères' Joutchen", In: *Acta Orientalia Academiae Scientiarum Hungariea*, Tom.Ⅲ (1953): 211-228.

[3] 金光平、金启孮《女真语言文字研究》第三章"女真文字的资料和论著"和第四章"女真文字的构造"（文物出版社1980年版，第33—49、50—65页）。

日本学者山路广明在他的专著《女真文字制字研究》[①]一书的末尾附了《女真语解》，把《女真译语》中的699个女真字按笔画排列起来，每个字下边把“杂字”中出现的具有同一首字的词汇附上，然后一一做了读音构拟。他的这番工作，无论从质量还是数量上，都远远超过了葛鲁贝，使用起来相当方便，可以当作女真字索引来使用。可是他的标音工作比较粗疏，没有详细的语音分析和语言描写，简单地用满语音标注女真语音，没有考虑满语同女真语之间的差别，把女真语同满语完全等同起来了。所以，他的女真字和女真语的读音构拟缺乏充足的根据，说服力较差。

匈牙利学者路易斯·李盖提对女真字的解读有他自己独到的见解。在《简论女真“小字”解读》一文中，李盖提充分地肯定了葛鲁贝的工作，并指出了他的不足，然后提出了自己认为的女真“小字”的解读方法和原则。概括起来有以下几条：

（1）需要校订《女真译语》，改正《女真译语》的错误，准确地析出注音汉字所代表的每个女真字的读音。

（2）要注意编写《女真译语》时代的汉语语音，以便构拟注音汉字的正确读音。

（3）他认为葛鲁贝所找出的同女真语相等的满语完全是出于偶然，还有大量的不同于满语的词汇。尤其在形态特征上不同于满语，却同那乃、奥罗其语相似。他认为《金史》中的女真语反映的是那乃语的变体，由此便得出那乃语比满语更接近于女真语的结论。

（4）他认为明代编写的《女真译语》是十五、十六世纪的产物，所以必然受满语的影响很深。因此，有必要同清初文献相比较。金代女真文字代表的语言是不同于明代女真语的一种方言。靠女真文字所表现的明代读音来构拟金代读音时，对表意字的读音需要参照那乃语来构拟，不能轻易地相信明代所注的读音。对表音字则可以根据明代注音来确定其音值。

（5）他认为明代《女真译语》同金代女真语之间具有很大的矛盾，影响着金代女真字的解读。所以在弄清明代读音的同时，尽力构拟金代的正确读音。对金代的读音构拟要尽可能地利用金代的碑文。

---

① 山路广明《女真文字制字研究》（东京南方诸语言研究所刊行，1958年）。

他所提出的关于解读女真“小字”的原则是很有见地的。他还打算按照这些原则编写一部女真文字典，构拟女真文音值。可是在这篇论文中还无法解决这个大题目。

到了七十年代，女真语音的研究发展到一个新水平。美籍日本学者清瀬义三郎则府于 1973 年在日本的《言语研究》杂志第 64 号上发表了《女真音再构成考》一文。[①] 这篇论文对《女真译语》中的语音现象做了比较深入的研究，提出了女真音构拟的原则和方法，并通过一些研究和推断，确定了《女真译语》所代表的明代女真语音系统，进而上溯金代女真语音系统，提出了对金代女真语音系统的见解。他的主要论点是：

（1）要注意《女真译语》的注音汉字所代表的音韵体系。他认为可以明代万历年间由徐孝编撰的记录着北京语音的韵书——《等韵图经》作为注音汉字音值构拟的依据。他认为在构拟女真语音时只要准确地构拟注音汉字的音值，而注音汉字所代表的语音若能在女真语里存在的话，这个构拟毫无疑问是正确的。一些用注音汉字音值解决不了的语音，则用满语或从历史上直接承接下来的语言为根据，经过语言学方法上的处理后构拟出其音值。

（2）他认为满语史上的辅音转换 *p → f 的过程，在明代以前基本完成；在金代的女真语里尚保持以双唇吐气破裂音 *p 开头的语汇，说明在金代还没有完成这种语音转换。

（3）注音汉字不表现边音 l 和颤舌音 r 的区别，这要靠同满语的比较加以辨别和确认。女真语同阿尔泰诸语言一样，在词首不存在颤舌音 r。

（4）对《女真译语》的同一汉字表示不同女真字的读音问题，要靠满语的比较来确定或解决。

（5）他认为原通古斯语和原始阿尔泰诸语言一样，也有八个元音音位。其中的后元音 *a、*o，前元音 *e 在满语里保存下来了。后元音 *ï 与前元音 *i 合并为一个音位，前元音 *ü 在满语里原则上吸收到后元音 u 中。前元音 *ö 在明代女真语或满语中，第一音节里的 *ö 变为 e，第二音节以下的 *ö 则变为 *u。明代女真语里元音 *i 和 *u 都是中性元音。

（6）他认为明代女真语中有 /k/ 和 *q，/g/ 和 *ɣ，/h/ 和 *x 之间的异音关

① 清瀬义三郎则府《女真音再构成考》（《言语研究》1973 年第 64 号）。

系；后列元音 ū，原则上只能出现在软腭辅音之后。u 和 ü 的对应关系，在明代已经消失。

（7）鼻音 *n、*ŋ 在女真语音韵上没有区别。认为 *ŋ 是 *n 的异音，只出现在软口盖（软腭）破裂音的前面。

（8）汉语借词的读音，往往用女真语的近似音来代替。如，汉语借词中的［ʧ］音，女真语用 ǰ 音表示，［ts'］音用 č 音表示。元音 i 前的汉语 s 音，几乎都腭化为 ši，个别场合尚保持原音不变。

（9）重辅音只是在闭音节后边接上辅音开头的音节时才能出现。有些重辅音现象在注音汉字里没有表现出来，这是由于注音汉字记音不确造成的。

（10）女真语里没有一次长元音，但却存在缩弱了的二次长元音。

（11）女真字的读音有反切音译方法。第一个字的词末音素同下一个字的词首音素相结合时，如果两个音素是相同的元音，也不能构成长元音；反切上字的词末音素 -n，在同反切下字结合时要去掉。

（12）注音汉字所表示的复合元音 au，在满语里是长元音 oo，在女真语里则应保持为 *au 音。汉语借词里的复合元音 ou，在女真语里应该成为 *au 音。在元音 *i 或 *u 后续其他元音时，产生过渡性的半元音 *y 或 *w。

（13）满语中的辅音转换 *ti>či、*di>ji 的过程，在明代女真语里没有产生，仍然保持 ti、di 音不变。

（14）接尾词的元音和谐非常严密，不像满语那样松懈。

（15）女真语里存在以 -r 收声的词，在满语里则没有。第一音节以 ha 音开始的女真语词，在满语相应的词里则看不到 ha 音。女真语里有 *l 和 *r，*č 和 *š 的语音交替现象。

他经过上述的论述之后，确定了明代女真语的元音系统，即后元音 a、o，前元音 e，中性元音 i、u。推定金代女真语元音系统为后元音 a、o、u，前元音 e、ö、ü，中性元音 i。所确定的明代辅音系统为唇音 b、f、m，齿茎音 t、d、s，硬口盖音 š、č、ǰ，前部软口盖音 k、g、h，后部软口盖音 q、ɣ、x，鼻音 n、ŋ，侧音 l，颤音 r，半母音 w、y。他推断金代的辅音系统的特点时说，摩擦音 *f 不发达，停留在两唇破裂音 *p 的阶段。软口盖鼻音 *ŋ 尚未与 *g 合并，可能作为一个独立的音素而存在。①

① 这里所用的术语和音标均引自清濑氏原文，未做改动。

清濑氏在他的博士论文修订的著作本《女真语言文字研究》①中，阐述了上述观点之后，还构拟了柏林本和东洋文库本《女真译语》所有语汇的读音和女真字的音值，并对其《女真馆来文》做了解读。比起前人的研究，他的研究具有系统性、科学性，是这个领域中的佼佼者。他的研究，为我们提供了构拟女真语音的可靠方法，读起来颇能受到启发。但有些方面还有值得商榷之处，如：

（1）注音汉字的音韵体系问题。他仅是简单地同意西田龙雄的看法②，实际上注音汉字的音韵体系代表的是元明两代北京口音，用《中原音韵》、《蒙古字韵》的音韵体系来构拟注音汉字的音值，更为恰当一些。

（2）缺乏具体的语音描写和丰富的语言比较，并且过分看重注音汉字的音值和满语。除此之外，也有一些具体问题值得商榷，以后的章节里将要谈到。

澳大利亚学者康丹（Daniel Kane），1975 年完成他的博士论文《会同馆女真译语词汇集》③，1989 年其修订本以同样的题目在美国印第安纳大学出版④。该书的研究对象是明代《会同馆译语》，资料来源是日本阿波文库本《会同馆译语》。全书九章，第一章为历史背景的介绍，包括女真语、女真文字的创制、女真文字与契丹文字的关系；第二章为契丹文字的介绍，包括契丹大字，《西孤山碑》；契丹小字，《大金皇弟都统经略郎君行记》碑；第三章为女真文字的介绍，包括女真文字对汉字和契丹字的借鉴，女真文单音节、双音节和三音节的意字、不完全意字、音字，以及女真文字的演变，《女真进士题名碑》；第四章为汉文史籍所存女真语资料注释，《金史》及《大金国志》所附女真语词汇；第五章为女真文碑铭及其他资料介绍，包括《大金得胜陀颂碑》、《女真进士题名碑》、《奥屯良弼饯饮碑》、《奥屯良弼诗碑》、《海龙女真国书摩崖》、《庆源碑》、《北青碑》、《奴儿干永宁寺碑》、《昭勇大将军碑》等九碑；第六章为各类女真文资料的介绍，包括《弇州山人四部

---

① Kiyose, Gisaburo N., *A Study of The Jurchen Language and Script, Reconstruction and Decipherment*, Hōritsubunka-sha, Kyoto, 1977.
② 西田龙雄《西番馆译语之研究》第二章"明末汉语的音韵体系"（松香堂《华夷译语研究丛书》1，1970 年）。
③ Kane, Daniel, *The Sino-Jurchen Vocabulary of the Bureau of Interpreters*, PhD thesis, The Australian National University, Canberra, 1975.
④ Kane, Daniel, *The Sino-Jurchen Vocabulary of the Bureau of Interpreters*, Uralic and Altaic Series, Vol. 153. Bloomington, IN: Indiana University, Research Institute for Inner Asian Studies, 1989.

稿》、《方氏墨谱》，日本《吾妻镜》所载银简铭，各类手书墨迹，印章和铜镜铭文，疑似女真文字的各种资料，女真文辞典，朝鲜的女真文研究等；第七章为《华夷译语》介绍，包括明朝四夷馆和会同馆及其“译语”；第八章为《会同馆译语》的研究；第九章为会同馆《女直译语》词汇集读音构拟。附件有阿波文库本《会同馆译语》书影。该书的重点在于第八章和第九章。第八章对明《会同馆译语》语言特点、注音汉字音韵特点、语法结构、语音结构做了研究，提出了《会同馆译语》的注音汉字代表着明代北方汉语语音，其语音可参照《等韵图经》和《中原音韵》加以构拟的见解。第九章对日本阿波文库本会同馆《女直译语》的17门1154个词汇做了语音构拟。所采取的方法是拉丁转写汉文词目和英译；拉丁转写女真语词的汉字音译；附上德国学者葛鲁贝和美籍日本学者清濑义三郎则府的四夷馆《女真译语》女真语词汇读音构拟；与每一个女真语词汇对应的满语词汇以及对应的满语口语方言资料；必要的注释。附录有名词索引；汉文词汇表；文献目录；最后是日本阿波文库本《女真译语》复印件。康丹的研究，是对明会同馆《女直译语》的较为系统全面的研究，进一步证明了《会同馆译语》所载女真语词汇及其语法结构，与明初四夷馆所编《女真译语》有较大的差别，更接近于满语口语。该书所附的日本阿波文库本《会同馆译语》，为与四夷馆《女真译语》的比较研究提供了较为丰富的语言资料，同时为明代女真语的方言研究开辟了路径。

以上谈的是国外的情况。从国内情况来说，具有全面研究成果的只有金光平、金启孮先生了。他们的著作《女真语言文字研究》，就女真语言的历史，从女真文字的产生一直到女真文字的消亡，做了全面而详尽的论述；从文字学、语言学、语音学的角度对女真制字、女真语的形态、女真句法以及女真语音进行了全面而又细致的研究；并释读了金代《女真进士题名碑》、《奥屯良弼饯饮碑》、《海龙女真国书摩崖》，朝鲜《庆源郡女真国书碑》和明代奴儿干都司《永宁寺碑》等女真文碑刻。这部书是我国女真语言、文字研究领域里的重大成果，是我国女真语言文字研究水平的标志。

书中明确地提出女真语是满语的祖语，按谱系划分应属阿尔泰语系满—通古斯语族的满语支。并且阐述了女真语同满语、蒙古语、汉语、契丹语之间的关系，用历史的、变化的观点来看待女真语言。

书中令人信服地指出了《女真译语》和其他有关史籍所存在的问题，如写本错误、漏字、注音迁就词意、注音汉字所代表的音值不稳定、尾子音 -n 的误缀、注音方法不划一等问题，使女真语音的研究处于可靠的基础之上，不致陷入错误之中。

书中总结了女真语与满语之间的语音关系，揭示了一些音变规律，如 ti>ʧi、di>dʒi、i>ni、w>b、ə>ri 等。提出了用满语校对女真语读音的方法和原则，强调了与通古斯诸语言相比较的重要性。

书中还以《女真译语》中女真字所代表的音节多寡为顺序，参照满语和音变规律拟定了收进柏林本和东洋文库本《女真译语》的所有女真字音值。

书中还谈到女真文字的一字两读问题。认为，女真字没有一字两读，甚至三读、四读的问题。《女真译语》中出现这种问题的原因是注音汉字迁就译义，断音错误，合读音未析，注音汉字误漏、误缀、误写，女真字漏写、误写，同音异注等情况造成的。同时还提出了解读《女真译语》中未见文字的读音原则和方法，归纳了女真语的元音和谐现象，研究了女真字拼音方法。

他们的工作细致、严谨，具有丰富的实例，说服力很强。但是，这本书是全面研究女真语言文字的专著，还有许多方面需要论述，结果语音方面受到篇幅的限制，没有更多地展开。尤其在注音汉字的音韵体系问题上，没有选择某一个韵书作为语音构拟的根据。

进入二十一世纪，中国的女真语研究取得了新的成果。孙伯君的《金代女真语》一书，是在其博士学位论文的基础上经过进一步修订完成的著作，2004 年由辽宁民族出版社出版。① 该书基于《金史》、《三朝北盟会编》等宋元史籍所载金代女真语汉字记音资料，依照《中原音韵》、《蒙古字韵》等韵书，确定金代女真语对音汉字的语音基础是“汉儿言语”，即北方汉语“中原之音”，进而对金代汉语记写的女真语语音资料做了细致的音韵分析。在此基础上参照《元朝秘史》等史籍里的与女真语具有类型学和发生学关系的蒙古语写音资料，对汉字记写的女真语音进行调整、归纳和分析，从而获得金代女真语的语音系统和音节搭配关系。对拟定的女真语词进行语音分析，归纳出金代女真语的辅音系统：双唇音 *p、*b、*m，舌尖擦音 *s，舌尖塞音

① 孙伯君《金代女真语》（辽宁民族出版社 2004 年版）。

*t*d，舌尖鼻音 *n，舌尖边音 *l，颤音 *r，舌叶音 *c、*j、*š，舌根音 *k、*g、*h、*ŋ，小舌音 *q、*γ，半元音 *y、*w；元音系统：单元音 *a、*o、*u、*i、*e，二合元音 *ai、*ei、*au、*ui、*ia、*ie、*io、*oi 等。还通过女真人名与满族人命名规律及女真碑铭文献间的语法比较，得出女真人名构成中的词法规律。利用会注的办法对女真人名地名和汉字记写女真语汇的含义，排出金代女真语词汇表，志在为归纳女真语音系统、阿尔泰语语言比较及古代满一通古斯语言史研究提供语料。书末附录《金史》等宋元史籍中所记录的女真语言资料和女真语词语会注和考证索引，为读者提供了利用的方便。孙伯君的研究，为金代女真语的研究奠定了扎实的词汇学、语音学基础。

以上是国内外学者对女真语音研究的概况。前人的研究，为今天的继续研究奠定了坚实的基础，打下了良好的开端。

第二章 《女真译语》注音汉字的音值

第一节 关于女真语言的资料

作为一种古代民族的语言，女真语言被人们所探讨和研究，已经有一百多年的历史了。这些研究主要依靠历史上形成的各种文献资料以及女真文字的碑刻铭文。通过汉文史籍记录的女真语言和《女真译语》收录的女真语汇，可以探讨女真语的词法、语音和词汇特点；通过释读女真文碑刻铭文，可以弄清女真语句法特点。女真语音的探讨，主要依靠汉文资料和《女真译语》，所以有必要了解和掌握这些资料的特点。

元代编修的《金史》，记录了大量的女真语言材料，都是金代女真语的汉文转写。这些语言材料是研究金代女真语的第一手资料，具有很高的价值。但是，《金史》中的同名异译、用字不规范、缺乏词汇意义的表示等缺陷很多，不易准确地构拟当时的女真语音和搞清它们所代表的词汇意义。清代编纂的《金史·金国语解》用满语牵强附会地解释和改写了《金史》中所有女真语汇的意义和读音，错谬之处甚多，对今天的研究起不了多大的帮助作用，反而干扰了女真语读音的正确再现。

金代女真语是完颜部统一女真各部之后形成的女真共同语。金亡后，语言规范的标准就会失去作用，留居故地的女真各部必然操用各自方言。所以，明代编的《女真译语》同《金史》所反映的金代女真语不仅在纵的方面存在语言的历史演变而形成的差别，而且在横的方面还可能存在方言上的区别。所以，我们很难从金代女真语中找到同《女真译语》所代表的明代女真语相对应的足够数量的词汇，有些词汇意义上的差别大得令人惊讶。

比如，《金史》卷七六《宗义传》中说："女真谓子'阿浑'。"明代《女真译语》里的“阿浑”所表示的意义是“兄”，而不是“子”。《女真译语》里的“追一”才表示“子”，同满语一致。二者之间的差距，究竟是词义的转移所致还是《金史》的作者所误引起，现在很难断定。

此外，《金史》和《女真译语》之间，同名异译的情况也不少。如《金史》称围猎为“阿里喜”，而《女真译语》为“撒答昧”；《金史》称心为“粘罕”，而《女真译语》为“脉日蓝”；《金史》称迅速为“撒八”，而《女真译语》为“忽屯只”。这种情况可能是不同方言的结果。所以，欲要研究女真语言的发展变化规律，《金史》中可以利用的语言资料反而变得更少了，致使金、明两代女真语言的比较研究变得相当困难和复杂。尤其是不能满足探讨金代女真语言的需要。

除了《金史》以外，宋人编的《三朝北盟会编》、《建炎以来系年要录》，还有宋人的笔记、杂著，如《松漠纪闻》、《北风扬沙录》、《揽辔录》、《北行日录》等书中也有不少女真语的零散记录。其中，《三朝北盟会编》和《建炎以来系年要录》中所收录的女真语比较准确地记录了女真语音的实际。

比如，《金史》里的“谋克”，在《三朝北盟会编》里是“毛毛可”，女真字以“关攵圡”三字来表示，读音与《三朝北盟会编》近似。[①]《金史》里的“按出虎”、“按春”，在《建炎以来系年要录》里是“爱新”，与现在的满语相符[②]，而在《三朝北盟会编》里却是“阿禄阻”[③]，同蒙古语相近。所有这些都是反映女真语早期形式的不可多得的资料。

《女真译语》虽然表示明代女真语，同金代女真语有一定的区别，但它具备了别的资料不可比拟的优点，所以是研究女真语言、文字最为理想的工具书。

所谓《女真译语》，是明代四夷馆在永乐年间编纂的《华夷译语》中的女真馆杂字、来文部分的统称。《华夷译语》是元、明两代形成的为了适应边务、民族事务的需要而编纂的为各语种的通事们服务的工具书。书中用汉

---

① 金光平、金启孮《女真语言文字研究》附录“女真文字碑释”之《〈海龙女真国书摩崖〉译释》。

② 李心传撰《建炎以来系年要录》卷一：“张汇《节要》云，阿古达为帝，以本土爱新为国号。爱新，女真语金也。以其水生金而名之。”此段记载令人生疑，很有可能在清代编修《四库全书》时以满语“爱新”篡改了女真语“阿禄阻”。

③ 徐梦莘撰《三朝北盟会编·政宣上帙三》：“以本土名阿禄阻为国号，阿禄阻，女真语金也。以其水产金而名之，曰大金，犹辽人以辽名国也。”

字作为注音手段，把各"夷语"标注下来，并附上相应的词汇意义。它有不同的抄本，有的有"夷"字，有的没有"夷"字。

最初的、现在能够见到的《华夷译语》是明代洪武十五年（1382）翰林侍讲火源洁和编修官马沙亦黑奉敕编写的。这时的《华夷译语》只有鞑靼（即蒙古）一个语种。当时的翰林学士奉义大夫兼左春坊左赞善刘三吾为此书作序，明确地指出了《华夷译语》的编写方法和原则，即"以华文译胡语，三五堆垛而其字始全，该对训释而其义始明，声音和谐，随用各足"。以后编的《译语》无不遵循这个方法，从而一定程度上弥补了汉字注译其他语言的不足，这是古代语言学家的一个发明和创造。

随着明朝边务和对外事务的发展，在永乐五年（1407）设立四夷馆，专司培养各"夷语"的通事，主持各"夷语"的翻译，撰写给各"夷语"地区和国家的敕命、公文以及进贡表文。四夷馆共设蒙古、女直（女真）、西番、西天、回回、百夷、高昌、缅甸等八馆。正统六年（1441）增八百馆，万历七年（1579）又增暹罗馆。① 现传世的带有女真字的《女真译语》就是永乐年间编定的，其各种抄本现在多流于国外，主要有两种抄本。一是德国柏林图书馆所藏，简称"柏林本"，另一种是日本东洋文库所藏，简称"东洋文库本"。国内还有一种抄本，它只有新增一门的 50 个女真语词，内容和柏林本、东洋文库本的新增门基本相同，汉字注音稍有不同。② 这几种抄本里，柏林本门类齐全，词数最多。它有天文、地理、时令、花木、鸟兽、宫室、器用、人物、人事、身体、饮食、衣服、珍宝、方隅、声色、数目、通用、续添、新增等十九门，共收女真语基本词汇 871 条，女真字近 700 个。东洋文库本杂字内容也不完整，仅有新增一门，共收 158 条女真语词汇（实包括柏林本续添、新增两门的词汇），词汇数目要比柏林本的续添、新增两门多 46 条，而且错误也少。这几种抄本，各有异同，可以互相参照，弥补不足。永乐年间由四夷馆编纂的《女真译语》，其杂字部分专门收集词汇，来文部分收集进贡表文，字、音、义并举，是一部难得的女真语言文字珍贵资料。

---

① 龙文彬《明会要》卷三八《职官十》。
② 此抄本现藏于国家图书馆。50 条女真语词汇附写在《高昌馆杂字》之后。

此外，明末会同馆编的《女直译语》①，共收女真语单词和词组1155条，却没有女真文字和进贡表文，仅用汉字记录了当时的女真语词汇及其语音。这种译语也有不少抄本，同样多流于国外。主要有日本阿波国文库所藏本和日本静嘉堂文库所藏本，两本各有异同。这种译语编时较晚，从词汇、词法、句法上看，同满语已相接近，反而同永乐《女真译语》有较大的语音和词义上的差别，清楚地反映了女真语言发展变化的过程，是一个很好的参考资料。单从语音上观察，此种译语代表了明末女真某一方言的口语，同明初的有女真文字的译语有较明显的语音差异。以往的女真语言、文字的研究，主要依靠《女真译语》而没有很好地利用这部工具书。

在过去的研究中，对上述译语有几种不同的称法。日本学者石田干之助称洪武《华夷译语》为甲种本，称永乐《女真译语》为乙种本，称会同馆《女直译语》为丙种本。②美籍日本学者清濑义三郎则府称永乐《女真译语》为有文字译语（指女真文），称会同馆《女直译语》为无文字译语。③国内罗继祖称甲种本为明洪武本译语，称乙种本为明永乐本译语，称丙种本为明茅伯符本译语。④金光平、金启孮同意罗氏称法，唯丙种本因在著者问题上尚有争论，故直以《会同馆译语》称之。⑤为了叙述方便起见，本书将上述三种译语分别称为《洪武译语》、《女真译语》、《会同馆译语》。

综上所述，女真语音的研究，最理想的是以明代永乐年间编制的《女真译语》为对象。因为它不仅有女真字和汉字注音，最主要的是注音汉字用字规范，基本上袭用了《洪武译语》注音汉字的音韵体系。从《女真译语》入手，可以大致弄清明代女真语音的基本特点，并可以同金代女真语以及清代满语和通古斯语言相比较，得出一些女真语音发展、变化的规律来。

---

① 女真"译语"之一种，明末会同馆编纂。女真，在辽代为避辽真宗耶律宗真名讳而改称"女直"，此后，"女真"、"女直"并用。明朝会同馆是朝廷接待内外宾客使臣的机构。该馆编纂的《女直译语》，据称由茅瑞徵（伯符）辑录，当是十七世纪女真语的词汇及短语集。其中只有汉字记音的女真语汇，没有来文，也没有女真文。
② 石田干之助《女真语研究的新资料》（《桑原博士还历纪念·东洋史论丛》，1931年）。
③ 清濑义三郎则府《女真音再构成考》（《言语研究》1973年第64期）。
④ 罗继祖《女真语研究资料》（《国学丛刊》1944年第14期）。
⑤ 金光平、金启孮《女真语言文字研究》第三章第一节"女真文字的资料"。

第二节 关于注音汉字的音值

《女真译语》中的女真字是表意表音相结合的文字体系。欲要确定女真字的音值，恢复每个女真语词的读音，只能靠《女真译语》的注音汉字。这就出现了注音汉字的音值问题。

任何一种语言绝不会是一成不变的，而是随着社会的发展而发展，随着社会的变化而变化，随着社会的消亡而消亡。明代语言学家陈第说得好："时有古今，地有南北，字有更革，音有转移。"①《女真译语》的注音汉字是明初北京地区汉语的体现。那时的汉语语音同今天的汉语语音有一定的区别，不能简单地用今天的汉语语音来对待这些注音汉字。

语言变化虽然缓慢，却是在不断地发生。我们现代人读古代诗歌韵文时就会遇到不合仄押韵的情况，这是因为语音发生了变化，而不是古人作诗不讲合仄押韵。中国古代学者们注意到这种语音变化，并且研究这种语音现象。近代的汉语音韵学、等韵学就是这样产生的。最初的韵书，都是为了作诗填词有个音韵标准而编的，所以它们反映了一定时期、某种语言的语音实际，后来就成为语音研究的对象了。

中国的汉语音韵学家，在历史发展的不同时期编了许多韵书。这些韵书代表着不同时期、不同地区、不同方言的语音实际。我们研究《女真译语》注音汉字所代表的女真语音，需要选择其中能够代表元、明两代北方汉语语音的韵书，作为我们构拟《女真译语》注音汉字音值的根据。

从辽、金、元三代开始，北方各族之间的交往、交融，促使北方汉语形成了不同于南方汉语的语音系统。元代的周德清于泰定元年（1324）根据当时中原地区汉语语音的实际，编成了一部划时代的韵书——《中原音韵》。它一反《集韵》、《广韵》等韵书体例，废入声，创阴阳，减并声母，减少韵部，忠实地记录了元代中原汉语语音。日本学者西田龙雄在他的《西番馆译语之研究》一书中，根据《中原音韵》的语音现象，详细地列举了十七条不

① 陈第《毛诗古音考·自序》："若其意深长而于韵不谐，则文而已矣。故士人篇章必有音节，田野俚曲亦各谐声，岂以古人之诗而独无韵乎？盖时有古今，地有南北，字有更革，音有转移，亦势所必至。故以今之音读古之作，不免乖刺而不入……"

同于中古语音系统的语音事实。①

从元代开始，北方汉语的变化，除了语音简化外，最明显的特点就是入声的消失。所谓入声，就是汉语里同阳声韵相对应的以［-p］、［-t］、［-k］三辅音结尾的闭音节韵部。

入声韵同阳声韵的对应关系是：阳声韵尾［-ŋ］同入声韵尾［-k］相对应；阳声韵尾［-n］同入声韵尾［-t］相对应；阳声韵尾［-m］同入声韵尾［-p］相对应。这里所说的阳声同现代的阳声概念不同。古代的韵部在音韵学里可分为三个大部：阴声部，指以元音结尾的开音节韵部；阳声部，指以［-ŋ］、［-n］、［-m］辅音结尾的闭音节韵部；入声部，指同阳声部相对应的以［-k］、［-t］、［-p］辅音结尾的闭音节韵部。入声消失就是［-k］、［-t］、［-p］韵尾的消失。

当时北方汉语中的入声为什么消失了呢？大概是语音演变的简化作用所致。现在也有人争论入声是否真正在北方汉语中消失而派入平、上、去三声的问题。实际上，金末元初就有入声被忽视的现象。耶律楚材就不谙入声，

---

① 汉语语音发展的阶段，通常可分为四个阶段：上古期，指先秦、两汉到魏晋时代的语音；中古期，指隋唐、五代到宋代的语音；近古期，指金、元、明时期的语音；现代期，指清代到现代的语音。西田龙雄根据《中原音韵》，对照中古汉语语音体系，指出了中古汉语同中世汉语（即近古期汉语）之间的十七条主要区别：（1）有声声母无声化。（2）声母的变化受声调体系的影响。（3）二等音前的k、k‘、x（喉牙音）音节变成kj、k‘j、xj音节。（4）中古汉语的知母二等音和照母二等音变成［tʂ］，知母三等和照母四等合并为［tʃ］。此外，与支思韵［ï］连接时照母三等成［tʂ］音；知母三等和照母三等音后接齐微韵合口uei韵时变［tʂ］音。这是由于中古汉语的介音i、ï的脱落所致。（5）中古音的pʷï、pʷï、bʷï、mʷï之后连接央元音或后元声时发生f和w（ɱ）的音变。（6）中古音ŋ（疑母）原则上脱落，个别场合变为ŋ、n音。（7）中古汉语的ʔ（影母）、j（喻4母）、ɣ（喻3母）的声母，在中世汉语里脱落。（8）中古汉语的-ŋ、-n、-m音，在中世汉语里保存下来了，但唇音-m由于异化作用而变为-n。（9）中古汉语的-k、-t、-p（指入声韵）都变为声门闭锁音-ʔ、半元音-j、摩擦音-ɦ。（10）中古汉语的介音i、ï，中世汉语里合并为i。（11）中古汉语阳韵合口［ïwaŋ］的ï音脱落而变为［waŋ］。（12）照母二等音之后连接开口江阳韵时，其音值接近于合口音节。（13）中古汉语的假摄一等歌韵［ɑ］、戈韵［ua］在中世汉语里成为［ɔ］、［uɔ］（歌戈韵）。（14）中古汉语假摄三等麻韵［iɑ］、戈韵［ïwɑ］，在中世汉语里变为［iɛ］、［iuɛ］（车遮韵）。（15）中古汉语的k、k‘、x之后连接的ïɐn、ïwɐn韵，在中世汉语里变为iɛn、iuɛn。（16）中古汉语的连接于tʂ（照2）、tʃ（照3）、tʂ（精母）、ń（日母）之后的止摄支、脂、微诸韵，在中世汉语里变为ï。（17）中古汉语的止摄合口支、脂、微诸韵与蟹摄合口齐、祭、废、灰、泰诸韵，在中世汉语里变为uei。以上是西田氏所列中古汉语到中世汉语（中原音韵体系）的主要语音变化。详见西田龙雄《西番馆译语之研究》第二章“明末汉语的音韵体系”（此条中的术语和音标引自西田氏原文，未做改动）。

在他的诗作里把入声作平声的毛病有数十见。①《中原音韵》的作者周德清在凡例中指出："平上去入四声，音韵无入声，派入平上去三声，前辈佳作中间，备载明白，但未有以集之者。今撮其同声，或有未当，与我同志，改而正诸。"②陶宗仪在《南村辍耕录》中也说："今中州之韵，入声似平声，又可作去声。"③可见，当时入声音的消失是事实，并不是周德清臆造出来的。从现代北方方言里看，山西、陕北、内蒙古西部河套方言中原来的入声音都被读作短促的音，很容易从一般的平声和去声中区别出来，而不同于北京普通话四声中的任何一声。周德清还说过："然呼吸言语之间，还有入声之别"④，大概就是指这种现象。

通过与中世纪蒙古语和女真语的语音比较就能够发现，明代《华夷译语》注音汉字体系中的入声字并不代表中古汉语的入声音。这就是说，元末明初的汉语语音，在《华夷译语》中得到了反映，《华夷译语》注音汉字的语音系统就是元末明初北方汉语的语音系统。

上述的语音事实，正是选择构拟《女真译语》注音汉字音值时所参考韵书的根据。所以，《中原音韵》是较为可靠的参考韵书。它不仅语音上代表了当时北方汉语的语音实际，而且在年代上也同《华夷译语》的编纂时间相差不远。

除了《中原音韵》，还有一本《蒙古字韵》。过去的音韵学家，沉溺于汉文韵书，往往忽视用别种文字撰写的韵书。元代的朱伯颜（又名朱宗元）于元至大戊申年（1308）撰成《蒙古字韵》一书。⑤这是一部用八思巴文撰写的韵书，全书分十五韵目，上冠八思巴字读音，下以四声罗列所对汉字，共列八思巴字汉语音约 800 多个，收汉字约 9400 多个。如果说发现和记录入声消失的第一个人是周德清的话，那就大错了，因为朱伯颜比周德清早十几

---

① 王国维《耶律文正公年谱余记》云："湛然集中律诗以入声作平声者凡数十见。此决非讹字，亦非拗体。盖公习用方言不自觉其为声病也。"
② 周德清《中原音韵》卷下，《中原音韵正语作词起例》，《四库全书》本。
③ 陶宗仪《南村辍耕录》卷四（中华书局 2004 年版）。
④ 周德清《中原音韵》卷下，《中原音韵正语作词起例》，《四库全书》本。
⑤ 《蒙古字韵》，现存一个旧写本，藏于英国大英博物馆。1956 年由日人壶井义正编辑，在日本刊布了其影印本："影印大英博物馆藏旧抄本《蒙古字韵》二卷，关西大学东西学术研究所刊，昭和三十一年八月三十日。发行责任者：壶井义正。"国内由于道泉先生提供胶卷，罗常培、蔡美彪二人于 1959 年刊布了它的影抄本（《八思巴字与元代汉语［资料汇编］》，科学出版社 1959 年版）。

年就把这种语音事实记录在这部书中了。可见当时的入声消失的现象比较明显，这二人敢于打破传统韵书的束缚，面对语音实际，确实是一件了不起的事情。

《蒙古字韵》一书载有“蒙古字韵总括变化之图”、“校正字样”、“字母”、“篆字”等项，是一部用八思巴字对译汉字读音的最为理想和可靠的语音工具书。八思巴字是音节字母式的文字，表现语音能力很强。用这种文字拼写汉语语音，要比汉字拼读汉语语音准确和优越。正因如此，朝鲜从十五世纪中叶开始进行文字改革时，多参考元代八思巴字制度，广为引用《蒙古字韵》。朝鲜李朝的申叔舟（1417—1475）在其《四声通考・凡例》中写道：“入声诸韵终声，今南音伤于太白，北音流于缓弛，《蒙古韵》亦因北音，故不用终声。”他注意到了《蒙古字韵》中入声消失的现象以及它代表北音的事实。又朝鲜李朝的崔世珍（1473—1542）在其《四声通解・凡例》中说：“《蒙古韵略》元朝所撰也。胡元入主中国，乃以字翻汉字之音，作韵书以教国人者也。其取音作字至精且切……”[①] 他又注意到了《蒙古字韵》的记音精细、准确。所有这一切都说明，《蒙古字韵》代表着元代北方官话语音，而且能够直接地、准确地反映语音实际，可以省去许多构拟、考证等工作，既简便，又可靠。用它来做构拟《女真译语》注音汉字音值的主要依据，是再合适不过的了。

元、明两代的汉语语音，同中古汉语语音还有千丝万缕的联系。在构拟《女真译语》注音汉字音值的同时必须注意到中古汉语语音，这样就可以互相参照、补足。出于这种考虑，选择宋代官修的《广韵》作为中古汉语语音的依据，还是非常有必要的。

西田龙雄认为，《女真译语》中译音汉字的音韵体系是以明代顺天音（即北京音）为基础的。从元代《中原音韵》转换到北京官话，其间有一个中间阶段，关于这一段的音韵体系，在当代的数种韵书，如兰茂的《韵略易通》、金尼阁的《西儒耳目资》、徐孝的《等韵图经》等韵书中，可以选择明代万历年间记录北京音的《等韵图经》为依据。[②] 清濑义三郎则府也同意西

① 转引自杨耐思、照那斯图《八思巴字研究概述》（《民族语文》1981 年第 1 期，第 26 页）。
② 西田龙雄《西番馆译语之研究》的第二章“明末汉语的音韵体系”。

田氏的看法。①

　　这就有必要对《女真译语》中的注音汉字系统做一番考究。《洪武译语》是洪武年间编定的，当时明朝的国都在南京，并不在北京。而《女真译语》是明朝国都迁到北京以后的永乐年间编定的。只要将《洪武译语》和永乐年间编的《鞑靼译语》做一比较，就可以看出二者在用字上的一致性。现举几例比较如下：

《洪武译语》：		永乐《鞑靼译语》：	
天	腾吉^舌里	天	腾吉里
月	撒^舌剌	月	撒剌
水	兀孙	水	兀孙
易	乞里巴儿	易	乞里把儿
春	^中合不儿	春	哈不儿
秋	纳木儿	秋	纳木儿
柏	阿儿察	柏	阿尔察
果	者迷失	果	者迷失
根	忽扎兀儿	根	忽扎兀儿
龙	禄	龙	禄
虎	巴儿思	虎	巴儿思
马	抹^舌邻	马	抹邻
难	别儿客	难	别儿客
听	莎那思	听	莎那思
见	兀者	见	兀者

　　从上几例中可以看到，两种译语用字高度一致。个别字的不同，并不影响所代表的具体音值。用字一致说明音韵体系的同一性，也说明两种译语的注音汉字都代表着当时北方汉语音。永乐年间的四夷馆属下的各馆都有各自语言的译语。这些译语的编撰，都是在同一个时期、同一个部门进行的，各

---

① 清濑义三郎则府《女真音再构成考》第 0.12 节。

馆所用汉字的语音体系毫无疑问是一致的。由此可以说,《女真译语》注音汉字的语音体系和《鞑靼译语》也是一致的。

既然永乐年间编定的《女真译语》音韵体系同于《洪武译语》,那么西田氏的看法年代上就有点落后了,音韵上也就会有出入。鉴于上述原因,选择《中原音韵》和《蒙古字韵》为构拟《女真译语》注音汉字音值的依据,同时参考《广韵》所代表的中古汉语语音,是比较合理的。

第三节 《女真译语》注音汉字的音值

弄清了《女真译语》注音汉字的音韵体系,选择好可做语音构拟依据的韵书后,就需要对《女真译语》的注音汉字做逐一的语音构拟工作。所谓语音构拟就是对某个历史时期语音的复原。正确地构拟《女真译语》的注音汉字音值是复原明代女真语读音和研究女真语音现象的首要工作。只有在此基础上才能进行其他的工作,如女真语音系统的确定、语音的比较和研究。

《女真译语》注音汉字共有 370 个。为了便于理解,在构拟其读音时,对注音汉字的声母系统不用传统的守温三十六母的顺序排列,而根据发音部位,按双唇、唇齿、舌尖、舌叶、舌面、舌根、半元音的顺序排列。每个声母的字,用《蒙古字韵》的韵目顺序排列,即一东、二庚、三阳、四支、五鱼、六佳、七真、八寒、九先、十萧、十一尤、十二覃、十三侵、十四歌、十五麻的顺序。

《广韵》的音值,采用丁声树、李荣编订的《古今字音对照手册》中的方法。① 即先注明《广韵》的反切,然后注明摄、开合口、等、声调、韵部、声母,最后用国际音标标出其音值。如:

公　古红切　通合一平东见 [kuŋ]

"公"字,《广韵》作古红切,通摄,合口一等,平声,东韵,见母。用国际音标标为 [kuŋ]。

---

① 丁声树编录,李荣参订《古今字音对照手册》(科学出版社 1958 年版)。

关于《广韵》所代表的汉字音值的标音，主要参考高本汉（Bernhard Karlgren）和王力的标音方法。①

《中原音韵》的音值参照赵荫棠先生《中原音韵研究》②一书中所做的语音构拟结果。

《蒙古字韵》一书，列有字母表，还有《蒙古字韵总括变化之图》明确地表明了每个八思巴字母的读音方法，所以有可能把每个八思巴字母的音值推定出来。并且《蒙古字韵》的八思巴字母用守温三十六母的顺序做了排列，根据前人对三十六母的音值拟定，可以拟定所有八思巴字母的音值。在标八思巴字的音值时，参考和运用了亦邻真的标音系统，同时也参考了鲍培的标音系统。③ 为了方便读者，首先对《蒙古字韵》的字母表用国际音标标音，并对其韵目做大概的介绍。

《蒙古字韵》字母表

八思巴字母	ꡀ	ꡁ	ꡂ	ꡃ
汉韵字母	见	溪	群	疑
音值	[k]	[kʻ]	[gʻ]	[ŋ]
八思巴字母	ꡊ	ꡋ	ꡌ	ꡍ
汉韵字母	端	透	定	泥
音值	[t]	[tʻ]	[dʻ]	[n]
八思巴字母	ꡆ	ꡇ	ꡈ	ꡉ
汉韵字母	知	撤	澄	娘
音值	[ʈ]	[ʈʻ]	[ɖʻ]	[ɳ]
八思巴字母	ꡎ	ꡏ	ꡐ	ꡑ
汉韵字母	帮	滂	并	明
音值	[p]	[pʻ]	[bʻ]	[m]

---

① Karlgren, B., *Grammata Serica Recensa*, Stockholm, 1957；又详王力《汉语音韵学》第二十一、二十三节（中华书局1956年版）；《汉语史稿》第二章"语音的发展"（科学出版社1958年版）。

② 赵荫棠《中原音韵研究》（商务印书馆1956年版）。

③ 亦邻真《读1276年龙门禹王庙八思巴字令旨碑》（《内蒙古大学学报》1963年第1期）；Поппе, Н., *Квадратная письменность*, Издательство Академии Наук СССР, 1941。

续表

八思巴字母	ꡤ	ꡤ	ꡰ	ꡓ	
汉韵字母	非	敷	奉	微	
音值	[f]	[f']	[V']	[ɱ] [w]	
八思巴字母	ꡐ	ꡑ	ꡒ	ꡛ	ꡕ
汉韵字母	精	清	从	心	邪
音值	[ts]	[ts']	[dz']	[s]	[z]
八思巴字母	ꡄ	ꡅ	ꡆ	ꡚ	ꡔ
汉韵字母	照	穿	床	审	禅
音值	[ʧ]	[ʧ']	[ʤ']	[ʃ]	[ʑ]
八思巴字母	ꡣ	ꡯ	ꡖ	ꡝ	
汉韵字母	晓	匣	影	喻	
音值	[x]	[ɣ]	[ʔ]	ɑ（零声母）	
八思巴字母	ꡙ	ꡘ	ꡜ	ꡗ	ꡗ
汉韵字母	来	日	匣	影	喻
音值	[l]	[r]	[h]	[j]	[y]

此外还有分别代表七个元音和音组的字母[①]，它们都归喻母。即：

ꡞ ꡞ	ꡟ	ꡧ	ꡡ	ꡠꡧ	ꡠ	ꡦ	ꡭ
[i]	[u]	[u̯]	[o]	[eu̯]	[e]	[ė]	[i̯]

《蒙古字韵》共分十五个韵目，书中称作"总目"，即：

ꡗꡞ	ꡔꡞ	ꡛꡏ	ꡛꡜꡞ	ꡟ	ꡙꡦꡟ
ꡊꡟꡃ	ꡂꡦꡞꡃ	ꡗꡃ	ꡆꡞ	ꡦꡟ	ꡂꡦꡞ
一东	二庚	三阳	四支	五鱼	六佳
yai tuŋ	ri keiŋ	sam yaŋ	sʅ ti	u eu	leu kej

① 《蒙古字韵》的字母表中说 ꡞ、ꡟ、ꡧ、ꡡ、ꡠꡧ、ꡠ 此七母归喻母，实际上只有六母，缺一 ꡦ 母，在这里补上。另外还缺一韵头符号 ꡭ。

续表

[illegible]	[illegible]	[illegible]	[illegible]	[illegible]	
[illegible]	[illegible]	[illegible]	[illegible]	[illegible]	
七真	八寒	九先	十萧	十一尤	
ʦʻi ȶin	pa ɣan	kiw sen	ʃi sew	ʃi yai ŋiw	
[illegible]	[illegible]	[illegible]	[illegible]		
[illegible]	[illegible]	[illegible]	[illegible]		
十二覃	十三侵	十四歌	十五麻		
ʃi ri tʻam	ʃi sam ʦʻim	ʃi sʅ ko	ʃi u ma		

还需要说明的是：

（1）八思巴字的所有辅音字母在音节之首或自成音节时，都自带元音［ɑ］。

（2）如果在辅音字母下边接写别的元音时，元音［ɑ］便自行消失，由接写元音代替。

根据以上条件，可以标注《蒙古字韵》的音值，由此进一步构拟《女真译语》注音汉字的音值。有了这样一个基础，我们就不会用今音训古音，有利于准确地构拟女真语音。

在以后章节里，除国际音标外还要运用拉丁音标。国际音标主要用于构拟注音汉字的音值，这是由于牵涉到音韵学上的问题，而且我国和国外的音韵学家都用国际音标标注汉语声母和韵部。在其他场合，如在女真语音的描写上，女真语读音构拟以及女真字音值的确定时采用拉丁标音系统，这样既适用于音位记音，又适用于语言比较和描写，看起来方便、明了。

本书所用拉丁字母标音符号同国际音标对照表

ɑ	［ɑ］	b	［p］
e	［e、ɛ］［ə］	p	［pʻ］
i	［i］	m	［m］
è	［I］	f	［f、ɸ］
o	［o、ɔ］	d	［t］
u	［u］	t	［tʻ］
ū	［ɷ］	n	［n］
ö	［ø］	ŋ、ng	［ŋ］（［ng］用于标注满语中的 ŋ 音）

续表

ü	[y]	l	[l]
y	[j]	g	[k]
w	[w]	k	[k‘]
j	[tɕ、ʧ]	h	[h]
c	[tɕ‘、ʧ‘]	γ	[ɣ]
š	[ɕ、ʃ]	q	[q]
z	[ts]	x	[x]
r	[r]		

第四节 《女真译语》注音汉字音值构拟表

以下为《女真译语》注音汉字音值构拟表。

双唇音：帮母[p]、并母[b‘]、滂母[p‘]、明母[m]

序号	字	广韵	中原音韵	蒙古字韵	拟定音值
1	必	卑吉切 臻开三入质帮 [pǐět]	齐微韵 [pi]	[pi]	[pi]
2	背	补妹切 蟹合一去队帮 [puɒi]	齐微韵 [pei]	[b‘uė]	[buė]
3	卜	博木切 通合一入屋帮 [puk]	鱼模韵 [pu]	[pu]	[pu]
4	步	薄故切 遇合一去暮并 [b‘u]	鱼模韵 [pu]	[b‘u]	[pu]
5	不①	分勿切 臻合三入物非 [fĭuət]	鱼模韵 [pu]	[pu]	[pu]
6	伯	博陌切 梗开二入陌帮 [pɐk]	皆来韵 [pɑi]	[pɑj]	[pɑi]
7	百	博陌切 梗开二入陌帮 [pɐk]	皆来韵 [pɑi]	[pɑj]	[pɑi]
8	本	布忖切 臻合一上混帮 [puən]	真文韵 [puen]	[pun]	[pun]
9	班	布还切 山开二平删帮 [pan]	寒山韵 [puɑn]	[pan]	[pan]

① 《切韵指掌图》列“不”为没韵、帮母。

续表

序号	字	广韵	中原音韵	蒙古字韵	拟定音值
10	半	博慢切 山合一去换帮 [puɑn]	桓欢韵 [puœn]	[pon]	[pon] [pan]
11	薄	傍各切 宕开一入铎并 [b‘ɑk]	萧豪韵 [pau]	[b‘aw]	[pau]
12	别	方别切 山开三入薛帮 [pĭɛ]	车遮韵 [piɛ]	[pe]	[pie]
13	波	博禾切 果合一平戈帮 [puɑ]	歌戈韵 [puo]	[pu̯o]	[pu̯o]
14	巴	伯加切 假开二平麻帮 [pɑ]	家麻韵 [pɑ]	[pɑ] ①	[pɑ]
15	八	博拔切 山开二入黠帮 [pæt]	家麻韵 [pɑ]	[pɑ] ②	[pɑ]
16	胖	匹绛切 江开二去绛滂 [p‘ɔŋ]	江阳韵 [p‘ɑŋ]	[p‘ɑŋ]	[p‘ɑŋ]
17	匹	譬吉切 臻开三入质滂 [p‘ĭĕt]	齐微韵 [p‘i]	[p‘i]	[p‘i]
18	普	滂古切 遇合一上姥滂 [p‘u]	鱼模韵 [p‘u]	[p‘u]	[p‘u]
19	珀	普伯切 梗开二入陌滂 [p‘ɐk]	皆来韵 [p‘ ai]	[p‘ai]	[p‘ai]
20	蒙	莫红切 通合一平东明 [muŋ]	东钟韵 [muŋ]	[muŋ]	[muŋ]
21	皿	武永切 梗开三上梗明 [mĭɐŋ]	庚青韵 [miŋ]	[miŋ]	[miŋ]
22	莽	模朗切 宕开一上荡明 [mɑŋ]	江阳韵 [mɑŋ]	[mɑŋ]	[mɑŋ]
23	梅	莫杯切 蟹合一平灰明 [muɑi]	齐微韵 [mei]	[muė]	[muei] [mei]
24	昧	莫佩切 蟹合一去队明 [muɑi]	齐微韵 [muei]	[mɑj]	[mui] [mei]
25	迷	莫兮切 蟹开四平齐明 [miei]	齐微韵 [mi]	[mi]	[mi]
26	密	美笔切 臻开三入质明 [mĭĕt]	齐微韵 [mei]	[muė]	[mu]
27	没	莫勃切 臻合一入没明 [muət]	鱼模韵 [mu]	[mu]	[um]

① 此字应属“麻”韵，《蒙古字韵》佚。据照那斯图、杨耐思《蒙古字韵校本》补。

② 此字应属“麻”韵，《蒙古字韵》佚。据照那斯图、杨耐思《蒙古字韵校本》补。

续表

序号	字	广韵	中原音韵	蒙古字韵	拟定音值
28	木	莫卜切　通合一入屋明［muk］	鱼模韵［mu］	［mu］	［mu］
29	目	莫六切　通合三入屋明［mĭuk］	鱼模韵［mu］	［mu］	［mu］
30	母	莫厚切　流开一上厚明［məu］	鱼模韵［mu］	［ɱu］	［mu］
31	埋	莫皆切　蟹开二平皆明［mɐi］	皆来韵［mai］	［maj］	［mai］
32	脉	莫获切　梗开二入麦明［mæk］	皆来韵［mai］	［maj］	［mai］
33	民	弥邻切　臻开三平真明［mĭĕn］	真文韵［min］	［min］	［min］
34	门	莫奔切　臻合一平魂明［muən］	真文韵［muen］	［mun］	［mun］
35	蛮	莫还切　山开二平删明［man］	寒山韵［muɑn］	［man］	［man］
36	满	莫旱切　山合一上缓明［muɑn］	桓欢韵［muœn］	［mon］	［mon］
37	缅	弥兖切　山开三上獮明［miɛn］	先天韵［miɛn］	［mėn］	［men］
38	莫	慕各切　宕开一入铎明［mɑk］	萧豪韵［mɑu］	［maw］	［mɑu］
39	灭	亡列切　山开三入薛明［mĭɛt］	车遮韵［miɛ］	［me］	［mie］
40	马	莫下切　假开二上马明［ma］	家麻韵［ma］	［ma］	［ma］
41	麻	莫霞切　假开二平麻明［ma］	家麻韵［ma］	［ma］	［ma］

唇齿音：非母［f］、奉母［β‘］、敷母［f‘］

序号	字	广韵	中原音韵	蒙古字韵	拟定音值
42	非	甫微切　止合三平微非［fĭwi］	齐微韵［fei］	［fi］	［fi］
43	肥	符非切　止合三平微奉［β‘ĭwaĭ］	齐微韵［fei］	［v‘i］	［fei］
44	府	方矩切　遇合三上麌非［fĭu］	鱼模韵［fu］	［fu̯u］	［fu］
45	弗	分勿切　臻合三入物非［fiuət］	鱼模韵［fu］	［fu̯u］	［fu］

续表

序号	字	广韵	中原音韵	蒙古字韵	拟定音值
46	夫	甫无切 遇合三平虞非［fĭu］	鱼模韵［fu］	［fu̯u］	［fu］
47	伏	房六切 通合三入屋奉［βʻĭuk］	鱼模韵［fu］	［fu̯u］	［fu］
48	抚	芳武切 遇合三上麌俌［fʻĭu］	鱼模韵［fu］	［fu̯u］	［fu］
49	付	方遇切 遇合三去遇非［fĭu］	鱼模韵［fu］	［fu̯u］	［fu］
50	富	方副切 流开三去宥非［fĭəu］	鱼模韵［fu］	—①	［fu］
51	粉	方吻切 臻合三上吻非［fĭuen］	真文韵［fuen］	［fun］	［fun］
52	分	府文切 臻合三平文非［fĭuen］	真文韵［fuen］	［fun］	［fɑn］
53	凡	符梵切 咸合三平凡奉［βʻĭwam］	寒山韵［fuɑn］	［fɑn］	［fun］
54	番	孚袁切 山合三平元敷［fʻĭwɐn］	寒山韵［fuɑn］	［fɑn］	［fɑn］
55	缚	符鑊切 宕合三入药奉［βʻĭwɑk］	歌戈韵［fuo］	［fu̯u］	［fu］
56	法	方乏切 咸合三入乏非［fĭwɑp］	家麻韵［fɑ］	［fu̯ɑ］②	［fɑ］

舌尖塞音：端母［t］、定母［dʻ］、透母［tʻ］

序号	字	广韵	中原音韵	蒙古字韵	拟定音值
57	东	德红切 通合一平东端［tuŋ］	东钟韵［tuŋ］	［tuŋ］	［tuŋ］
58	冬	都宗切 通合一平冬端［tuŋ］	东钟韵［tuŋ］	［tuŋ］	［tuŋ］
59	丁	当经切 梗开四平青端［tieŋ］	庚青韵［tiŋ］	［tiŋ］	［tiŋ］
60	登	都滕切 曾开一平登端［təŋ］	庚青韵［teŋ］	［təŋ］	［təŋ］
61	的	都历切 梗开四入锡端［tiek］	齐微韵［ti］	［ti］	［ti］

① 此字应属“鱼”韵，《蒙古字韵》佚。

② 此字应属“麻”韵，《蒙古字韵》佚。据照那斯图、杨耐思《蒙古字韵校本》补。

续表

序号	字	广韵	中原音韵	蒙古字韵	拟定音值
62	德	多则切　曾开一入德端 [tək]	齐微韵 [tei]	[təj]	[təj]
63	都	当孤切　遇合一平模端 [tu]	鱼模韵 [tu]	[tu]	[tu]
64	督	冬毒切　遇合一入沃端 [tuok]	鱼模韵 [tu]	[tu]	[tu]
65	独	徒谷切　通合一入屋定 [d'uk]	鱼模韵 [tu]	[d'u]	[tu]
66	杜	徒古切　通合一上姥定 [d'u] [d'uo]	鱼模韵 [tu]	[d'u]	[tu]
67	大	徒盖切　蟹开一去泰定 [d'ɑi]	皆来韵 [tɑi]	[d'ɑj]	[tɑj]
68	带	当盖切　蟹开一去泰端 [tɑi]	皆来韵 [tɑi]	[tɑj]	[tɑi]
69	丹	都寒切　山开一平寒端 [tɑn]	寒山韵 [tɑn]	[tɑn]	[tɑn]
70	端	多官切　山合一平桓端 [tuɑn]	桓欢韵 [tuɔn]	[ton]	[ton]
71	殿	都甸切　山开四去霰端 [tien]	先天韵 [tiɛn]	[d'ėn]	[tien]
72	甸	堂练切　山开四去霰定 [d'ien]	先天韵 [tiɛn]	[d'ėn]	[tien]
73	道	徒皓切　效开一上皓定 [d'ɑu]	萧豪韵 [tɑu]	[d'ɑw]	[tɑu]
74	斗	当口切　流开一上厚端 [təu]	尤侯韵 [tou]	[təw]	[təu]
75	玷	多忝切　咸开四上忝端 [tiem]	廉纤韵 [tiɛm]	[tėm]	[tem]
76	多	得何切　果开一平歌端 [tɑ]	歌戈韵 [to]	[to]	[to]
77	朵	丁果切　果合一上果断 [tuɑ]	歌戈韵 [to]	[to]	[to]
78	答	都合切　咸开一入合端 [tɐp]	家麻韵 [tɑ]	[tɑ] ①	[t'ɑ]
79	达	唐割切　山开一入曷定 [d'ɑt]	家麻韵 [tɑ]	[d'ɑ] ②	[tɑ]

① 此字应属“麻”韵，《蒙古字韵》佚。据照那斯图、杨耐思《蒙古字韵校本》补。
② 此字应属“麻”韵，《蒙古字韵》佚。据照那斯图、杨耐思《蒙古字韵校本》补。

续表

序号	字	广韵	中原音韵	蒙古字韵	拟定音值
80	桶	他孔切 通合一上董透 [t'uŋ]	东钟韵 [t'uŋ]	[t'uŋ]	[t'uŋ]
81	通	他红切 通合一平东透 [t'uŋ]	东钟韵 [t'uŋ]	[t'uŋ]	[t'uŋ]
82	同	徒红切 通合一平东定 [d'uŋ]	东钟韵 [t'uŋ]	[d'uŋ]	[t'uŋ]
83	听	他丁切 梗开四平青透 [t'ieŋ]	庚青韵 [t'iŋ]	[t'iŋ]	[t'iŋ]
84	腾	徒登切 曾开一平登定 [d'əŋ]	庚青韵 [t'eŋ]	[d'əŋ]	[t'əŋ]
85	汤	吐郎切 宕开一平唐透 [t'ɑŋ]	江阳韵 [t'ɑŋ]	[d'ɑŋ]	[t'ɑŋ]
86	替	他计切 蟹开四去霁透 [t'iei]	齐微韵 [t'i]	[t'i]	[t'i]
87	退	他内切 蟹开一去队透 [t'uɑi]	齐微韵 [t'uei]	[t'uė]	[t'ui]
88	秃	他谷切 通合一入屋透 [t'uk]	鱼模韵 [t'u]	[t'u]	[t'u]
89	突[①]	他骨切 臻合一入没透 [t'uət]	鱼模韵 [t'u]	[t'u]	[t'u]
90	土	他鲁切 遇合一上姥透 [t'u]	鱼模韵 [t'u]	[t'u]	[t'ɑi]
91	台[②]	土来切 蟹开一平咍透 [t'ɒi]	皆来韵 [t'ɑi]	[t'ɑj]	[t'u]
92	太	他盖切 蟹开一去泰透 [t'ɑi]	皆来韵 [t'ɑi]	[t'ɑj]	[t'ɑi]
93	忒	他德切 曾开一入德透 [t'ək]	—[③]	[t'əj]	[t'əi] [t'ə]
94	屯	徒浑切 臻合一平魂定 [d'uən]	真文韵 [t'uen]	[d'un]	[t'un]
95	弹	徒干切 山开一平寒定 [d'ɑn]	寒山韵 [t'ɑn]	[d'ɑn]	[t'ɑn]
96	团	度官切 山合一平桓定 [d'uɑn]	桓欢韵 [t'uœn]	[d'on]	[t'on]
97	天	他前切 山开四平先透 [t'ien]	先天韵 [t'iɛn]	[t'ėn]	[t'ien]

① "突"字,《广韵》另有一读音,陀骨切,臻合一入没定 [d'uət],《中原音韵》另一读音 [tu]。

② "台"字,《广韵》另有一读音,为徒哀切,蟹开一平咍定 [d'ɒi]。

③ 此字《中原音韵》未收。

续表

序号	字	广韵	中原音韵	蒙古字韵	拟定音值
98	套	叨号切 效开一去号透 [tʻɑu]	萧豪韵 [tʻɑu]	ꡉꡓ [tʻaw]	[tʻɑu]
99	头	度候切 流开一平候定 [dʻəu]	尤候韵 [tʻou]	ꡊꡦꡓ [dʻəw]	[tʻəu]
100	贪	他含切 咸开一平覃透 [tʻɒm]	监咸韵 [tʻam]	ꡉꡏ [tʻam]	[tʻam]
101	踥	他协切 咸开四入帖透 [tʻiep]	车遮韵 [tʻiɛ]	ꡉꡠ [tʻe]	[tʻie]
102	脱	他括切 山合一入末透 [tʻuat]	歌戈韵 [tʻuo]	ꡉꡡ [tʻuo]	[tʻuo]
103	他	讬何切 果开一平歌透 [tʻɑ]	家麻韵 [tʻa]	ꡉ [tʻɒ]①	[tʻa]
104	塔	吐盍切 咸开一入盍透 [tʻɑp]	家麻韵 [tʻa]	ꡉ [tʻa]②	[tʻa]

舌尖塞擦音：精母 [ts]、崇母 [dʒʻ]、清母 [tsʻ]

序号	字	广韵	中原音韵	蒙古字韵	拟定音值
105	将	即良切 宕开三平阳精 [tsʻiɑŋ]	江阳韵 [tsiaŋ]	ꡒꡞꡃ [tsǐaŋ]	[tsiaŋ]
106	子	即里切 止开三上止精 [tsǐ]	支思韵 [tsɿ]	ꡒꡛ [tsɿ]	[tsɿ]
107	左	藏可切 果开一上哿精 [tsa]	歌戈韵 [tso]	ꡒꡡ [tso]	[tso]
108	乍	锄驾切 假开二去祃崇 [dʒʻa]	家麻韵 [tʂa]	ꡐ [dʒʻa]③	[tʂa]
109	寸	仓困切 臻合一去恩清 [tsʻuən]	真文韵 [tsʻuən]	ꡔꡟꡋ [tsʻun]	[tsʻun]
110	千	苍先切 山开四平先清 [tsʻien]	先天韵 [tsʻiɛn]	ꡔꡠꡋ [tsʻen]	[tsʻien]

舌尖前擦音：心母 [s]、邪母 [z]

序号	字	广韵	中原音韵	蒙古字韵	拟定音值
111	松	思恭切 通合三平钟心 [sǐwoŋ]	东钟韵 [syŋ]	ꡛꡦꡃ [zyŋ]	[syŋ]

---

① 此字应属"麻"韵，《蒙古字韵》佚。据《中原音韵》补。
② 此字应属"麻"韵，《蒙古字韵》佚。据照那斯图、杨耐思《蒙古字韵校本》补。
③ 此字应属"麻"韵，《蒙古字韵》佚。据照那斯图、杨耐思《蒙古字韵校本》补。

续表

序号	字	广韵	中原音韵	蒙古字韵	拟定音值
112	送	苏弄切 通合一去送心 [suŋ]	东钟韵 [suŋ]	[suŋ]	[suŋ]
113	桑	息郎切 宕开一平唐心 [saŋ]	江阳韵 [saŋ]	[saŋ]	[saŋ]
114	思	息兹切 止开三平之心 [sĭə]	支思韵 [sɿ]	[sɿ]	[sɿ]
115	斯	息移切 止开三平之心 [sĭe]	支思韵 [sɿ]	[sɿ]	[sɿ]
116	赐	斯义切 止开三去寘心 [sĭe]	支思韵 [sɿ]	[sɿ]	[sɿ]
117	随	旬为切 止合三平支邪 [zĭwe]	齐微韵 [suei]	[zuė]	[suei]
118	西	先稽切 蟹开四平齐心 [siei]	齐微韵 [si]	[si]	[si]
119	犀	先稽切 蟹开四平齐心 [siei]	齐微韵 [si]	[si]	[si]
120	速	桑古切 通合一入屋心 [suk]	鱼模韵 [su]	[su]	[su]
121	素	桑故切 通合一去暮心 [su]	鱼模韵 [su]	[su]	[su]
122	酥	素姑切 遇合一平模心 [su]	鱼模韵 [su]	[su]	[su]
123	塞	先代切 蟹开一去代心 [sɒi]	皆来韵 [sai]	[saj]	[sai]
124	赛	先代切 蟹开一去代心 [sɒi]	皆来韵 [sai]	[saj]	[sai]
125	孙	思浑切 臻合一平魂心 [suən]	真文韵 [suen]	[sun]	[sun]
126	先	苏前切 山开四平先心 [sien]	先天韵 [siɛn]	[sen]	[sien]
127	宣	须缘切 山合三平仙心 [siwɛn]	先天韵 [syɛn]	[sṷen]	[suen]
128	小	私兆切 效开三上小心 [sĭɛu]	萧豪韵 [siau]	[sew]	[sieu]
129	琐	苏果切 果合一上果心 [suo]	歌戈韵 [suo]	[sṷo]	[suo]
130	撒	桑割切 山开一入曷心 [sat]	家麻韵 [sa]	[sa] ①	[sa]

① 此字应属“麻”韵，《蒙古字韵》佚。据《中原音韵》补。

舌尖颤音：日母［r］

序号	字	广韵	中原音韵	蒙古字韵	拟定音值
131	儿	汝移切　止开三平支日［rĭ］	支思韵［rʅ］	［ri］	［ri］
132	日	人质切　臻开三入质日［rĭĕt］	支思韵［rʅ］	［ri］	［ri］
133	尔	儿氏切　止开三上纸日［rĭe］	支思韵［ʑʅ］	［ri］	［ri］
134	如	人诸切　遇合三平鱼日［rĭwo］	鱼模韵［ʑy］	［ry］	［ry］
135	然	如延切　山开三平仙日［riɛn］	先天韵［ʑiɛn］	［rėn］	［ren］
136	惹	人者切　假开三上马日［rĭɑ］	车遮韵［ʑiɛ］	［re］	［rie］

舌尖边音：来母［l］

序号	字	广韵	中原音韵	蒙古字韵	拟定音值
137	龙	卢红切　通合一平东来［luŋ］	东钟韵［luŋ］	［luŋ］	［luŋ］
138	弄	卢贡切　通合一去送来［luŋ］	东钟韵［luŋ］	［luŋ］	［luŋ］
139	稜	鲁登切　曾开一平登来［ləŋ］	庚青韵［leŋ］	［ləŋ］	［ləŋ］
140	良	吕张切　宕开三平阳来［lĭaŋ］	江阳韵［liaŋ］	［li̯aŋ］	［liaŋ］
141	浪	来宕切　宕开一去宕来［laŋ］	江阳韵［laŋ］	［laŋ］	［laŋ］
142	力	林直切　曾开三入职来［lĭək］	齐微韵［li］	［li］	［li］
143	里	良士切　止开三上止来［li］	齐微韵［li］	［li］	［li］
144	立	力入切　深开三入缉来［lĭəp］	齐微韵［li］	［li］	［li］
145	勒	卢则切　曾开一入德来［lək］	齐微韵［lei］	［ləj］	［ləj］
146	路	洛故切　遇合一去暮来［lu］	鱼模韵［lu］	［lu］	［lu］
147	鲁	郎古切　遇合一上姥来［lu］	鱼模韵［lu］	［lu］	［lu］
148	绿	力玉切　通合三入烛来［lĭwok］	鱼模韵［ly］	［ly］	［ly］

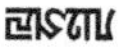

续表

序号	字	广韵	中原音韵	蒙古字韵	拟定音值
149	炉	落胡切 遇合一平模来 [lu]	鱼模韵 [lu]	ꡙꡟ [lu]	[lu]
150	伦	力迍切 臻合三平谆来 [liuĕn]	真文韵 [lyn]	ꡙꡦꡋ [lyn]	[lyn]
151	连	力延切 山开三平仙来 [lien]	先天韵 [liɛn]	ꡙꡦꡋ [lèn]	[lien]
152	老	卢皓切 效开一上皓来 [lɑu]	萧豪韵 [lɑu]	ꡙꡓ [law]	[lau]
153	楼	落候切 流开一平候来 [ləu]	尤候韵 [leu]	ꡙꡦꡓ [wel]	[ləu]
154	蓝	鲁甘切 咸开一平谈来 [lam]	监咸韵 [lam]	ꡙꡏ [lam]	[lam]
155	林	力寻切 深开三平侵来 [lĭĕm]	侵寻韵 [lim]	ꡙꡞꡏ [lim]	[lim]
156	列	良薛切 山开三入薛来 [lĭɛt]	车遮韵 [liɛ]	ꡙꡠ [le]	[lie]
157	罗	鲁何切 果开一平歌来 [lɑ]	歌戈韵 [lo]	ꡙꡡ [lo]	[lo]
158	逻	鲁何切 果开一平歌来 [lɑ]	歌戈韵 [lo]	ꡙꡡ [lu̯o]	[lu̯o]
159	剌	卢达切 山开一入曷来 [lɑt]	—①	ꡙ [lɑ]②	[lɑ]

舌尖鼻音：泥母 [n]

序号	字	广韵	中原音韵	蒙古字韵	拟定音值
160	能	奴登切 曾开一平登泥 [nəŋ]	庚青韵 [neŋ]	ꡋꡦꡃ [nəŋ]	[nəŋ]
161	宁	奴丁切 梗开四平青泥 [nieŋ]	齐微韵 [niŋ]	ꡋꡞꡃ [niŋ]	[niŋ]
162	泥	奴低切 蟹开四平齐泥 [niei]	齐微韵 [ni]	ꡋꡞ [ni]	[ni]
163	你	乃里切 止开三上止泥 [nĭə]	齐微韵 [ni]	ꡋꡞ [ṇi]	[ni]
164	奴	乃都切 遇合一平模泥 [nu]	鱼模韵 [nu]	ꡋꡟ [nu]	[nu]

---

① 此字《中原音韵》、《蒙古字韵》未收。
② 此字《中原音韵》、《蒙古字韵》未收。据照那斯图、杨耐思《蒙古字韵校本》补。

续表

序号	字	广韵	中原音韵	蒙古字韵	拟定音值
165	努	奴古切　遇合一上姥泥 [nu]	鱼模韵 [nu]	[nu]	[nu]
166	弩	奴古切　遇合一上姥泥 [nu]	鱼模韵 [nu]	[nu]	[nu]
167	女	尼吕切　遇合三上语泥 [nĭwo]	鱼模韵 [ny]	[ŋy]	[ny]
168	嫩	奴困切　臻合一去慁泥 [nuən]	真文韵 [nuən]	[nun]	[nun]
169	年	奴颠切　山开四平先泥 [nien]	先天韵 [niɛn]	[nėn]	[nien]
170	南	那含切　咸开一平覃泥 [nɒm]	监咸韵 [nam]	[nam]	[nam]
171	捏	奴结切　山开四入屑泥 [net]	车遮韵 [niɛ]	[ne]	[nie]
172	那	奴箇切　果开一去箇泥 [nɑ]	歌戈韵 [no]	[no]	[no]
173	纳	奴答切　咸开一入合泥 [nɑp]	家麻韵 [nɑ]	[nɑ] ①	[nɑ]

舌叶、舌面音：审母 [ʃ]、禅母 [ʑ]、书母 [ɕ]、生母 [ʃ]、知母 [ȶ]、章母 [tɕ]、庄母 [ʧ]、撤母 [ȶ‘]、澄母 [ȡ‘]、船母 [dʑ‘]、昌母 [tɕ‘]、初母 [ʧ‘] ②

序号	字	广韵	中原音韵	蒙古字韵	拟定音值
174	上	时亮切　宕开三去漾禅 [ʑĭaŋ]	江阳韵 [ʂiaŋ]	[ʑaŋ]	[ʃaŋ]
175	尚	时亮切　宕开三去漾禅 [ʑĭaŋ]	江阳韵 [ʂiaŋ]	[ʑaŋ]	[ʃaŋ]
176	双	所江切　江开二平江生 [ʃɔŋ]	江阳韵 [ʂuaŋ]	[ʃu̯aŋ]	[ʃu̯aŋ]
177	失	式质切　臻开三入质舒 [ɕĭět]	齐微韵 [ʂi]	[ʃi]	[ʃi]
178	师	疏夷切　止开三平脂生 [ʃi]	支思韵 [ʂʅ]	[ʃʅ]	[ʃʅ]
179	十	是执切　深开三入缉禅 [ʑĭěp]	齐微韵 [ʂi]	[ʑi]	[ʃi]
180	石	常只切　梗开三入昔禅 [ʑĭɛk]	齐微韵 [ʂi]	[ʑi]	[ʃi]

---

① 此字应属“麻”韵，《蒙古字韵》佚。据照那斯图、杨耐思《蒙古字韵校本》补。

② “书”、“生”、“庄”、“昌”、“初”、“船”等字母是《广韵》的声母系统。

续表

序号	字	广韵	中原音韵	蒙古字韵	拟定音值
181	食	乘力切 曾开三入职船 [dʑ'ĭək]	齐微韵 [ʂi]	[zʅ]	[ʃʅ]
182	史	踈士切 止开三上止生 [ʃĭə]	支思韵 [ʂʅ]	[ʃʅ]	[ʃʅ]
183	侍	时吏切 止开三去志禅 [ʑĭə]	支思韵 [ʂʅ]	[ʑi]	[ʃi]
184	士	鉏里切 止开三上止崇 [ʤ'ĭə]	支思韵 [ʂʅ]	[ɖ'ʅ]	[ʃʅ]
185	舒	伤鱼切 遇合三平鱼书 [ɕĭwo]	鱼模韵 [ʂy]	[ʃy]	[ʃy]
186	书	伤鱼切 遇合三平鱼书 [ɕĭwo]	鱼模韵 [ʂy]	[ʃy]	[ʃy]
187	申	失人切 臻开三平真书 [ɕĭĕn]	真文韵 [ʂin]	[ʃin]	[ʃin]
188	顺	食闰切 臻合三去稕船 [dʑ'ĭuĕn]	真文韵 [ʂyn]	[zyn]	[ʃyn]
189	山	所间切 山开二平山生 [ʃæn]	寒山韵 [ʂan]	[ʑan]	[ʃan]
190	珊	苏干切 山开一平寒心 [san]	寒山韵 [ʂan]	[san]	[san]
191	善	常演切 山开三上狝禅 [ʑiɛn]	先天韵 [ʂiɛn]	[ʑėn]	[ʃen]
192	少	书诏切 效开三上小书 [ɕĭɛu]	萧豪韵 [ʂiau]	[ʃėw]	[ʃeu]
193	朔	所角切 江开二入觉生 [ʃɔk]	萧豪韵 [ʂau]	[ʑu̯aw]	[ʃu̯au]
194	受	殖酉切 流开三上有禅 [ʑĭəu]	尤候韵 [ʂiou]	[ʑiw]	[ʃiu]
195	深	式针切 深开三平侵书 [ɕĭĕm]	侵寻韵 [ʂim]	[ʃim]	[ʃim]
196	说	失爇切 山合三入薛书 [ɕĭwɛt]	车遮韵 [ʂyɛ]	[ʑu̯e]	[ʃyɛ]
197	舍	书冶切 假开三上马书 [ɕĭa]	车遮韵 [ʂiɛ]	[ʑe]	[ʃe]
198	沙	所加切 假开二平麻生 [ʃa]	家麻韵 [ʂa]	[ʃa] ①	[ʃa]
199	纱	所加切 假开二平麻生 [ʃa]	家麻韵 [ʂa]	[ʃa] ②	[ʃa]

① 此字应属“麻”韵，《蒙古字韵》佚。据照那斯图、杨耐思《蒙古字韵校本》补。

② 此字应属“麻”韵，《蒙古字韵》佚。据照那斯图、杨耐思《蒙古字韵校本》补。

续表

序号	字	广韵	中原音韵	蒙古字韵	拟定音值
200	正	之盛切　梗开三去劲章 [tɕĭɛŋ]	庚青韵 [tʂiŋ]	[ʧiŋ]	[ʧiŋ]
201	知	陟离切　止开三上止章 [zĭə]	齐微韵 [tʂi]	[ʧi]	[ʧi]
202	旨	职雉切　止开三上旨章 [tɕĭ]	支思韵 [tʂʅ]	[ʧi]	[ʧi]
203	指	职雉切　止开三上旨章 [tɕĭ]	支思韵 [tʂʅ]	[ʧi]	[ʧi]
204	只	诸氏切　止开三上纸章 [tɕĭe]	齐微韵 [tʂʅ]	[ʧi]	[ʧi]
205	追	陟佳切　止合三平脂知 [ʈwi]	齐微韵 [tʂuei]	[ʧuė]	[ʧui]
206	朱	章俱切　遇合三平虞章 [tɕĭu]	鱼模韵 [tʂy]	[ʧy]	[ʧy]
207	诸	章鱼切　遇合三平鱼章 [tɕĭwo]	鱼模韵 [tʂy]	[ʧy]	[ʧy]
208	住	持遇切　遇合三去遇澄 [ɖ‘ĭu]	鱼模韵 [tʂy]	[ʤ‘y]	[ʧy]
209	真	职邻切　臻开三平真章 [tɕĭĕn]	真文韵 [tʂin]	[ʧin]	[ʧin]
210	镇	陟刃切　臻开三去震知 [ʈĭĕn]	真文韵 [tʂin]	[ʧin]	[ʧin]
211	准	之尹切　臻开三去震知 [ʈĭuĕn]	真文韵 [tʂyn]	[ʧeun]	[ʧyn]
212	砖	职缘切　山合三平仙章 [ʈĭwæn]	先天韵 [tʂyɛn]	[ʧu͓en]	[ʧuen]
213	卓	竹角切　江开二入觉知 [ʈɔk]	萧豪韵 [tʂɑu]	[ʧu͓ɑw]	[ʧɑu]
214	召	止遥切　效开三平宵章 [tɕĭɛu]	萧豪韵 [tʂiɑu]	[ʤ‘ėu]	[ʧew]
215	州	职流切　流开三平尤章 [tɕĭəu]	尤候韵 [tʂiou]	[ʧiw]	[ʧiu]
216	站	陟陷切　咸开二去陷知 [ʈɐm]	监咸韵 [ʧɑm]	[ʧɑm]	[ʧɑm]
217	拙	职悦切　山合三入薛章 [tɕĭwet]	车遮韵 [tʂyɛ]	[ʧeu]	[ʧye]
218	者	章也切　假开三上马章 [tɕĭɑ]	车遮韵 [tʂiɛ]	[ʧe]	[ʧe]
219	札	侧八切　山开二入黠庄 [ʧæt]	家麻韵 [tʂɑ]	[ʧɑ] ①	[ʧɑ]

① 此字应属“麻”韵，《蒙古字韵》佚。据照那斯图、杨耐思《蒙古字韵校本》补。

续表

序号	字	广韵	中原音韵	蒙古字韵	拟定音值
220	扎	侧八切 山开二入黠庄 [ʧæt]	家麻韵 [tʂa]	[ʧa] ①	[ʧa]
221	挝	陟瓜切 假合二平麻知 [ʈwa]	家麻韵 [tʂua]	[ʧṷa]	[ʧua]
222	称	昌孕切 曾开三去澄昌 [tɕʻĭəŋ]	庚青韵 [tʂiŋ]	[ʧʻiŋ]	[ʧʻiŋ]
223	赤	昌石切 梗开三入昔昌 [tɕʻĭɛt]	齐微韵 [tʂʻi]	[ʧʻi]	[ʧi]
224	出	赤律切 臻合三入术昌 [tɕʻĭuĕt]	鱼模韵 [ʧʻy]	[ʧʻy]	[ʧʻy]
225	楚	创举切 遇合三上语初 [ʧʻĭwo]	鱼模韵 [tʂʻu]	[ʧʻu]	[ʧʻu]
226	春	昌脣切 臻合三平谆昌 [tɕʻĭuĕn]	真文韵 [tʂʻyn]	[ʧʻyn]	[ʧʻyn]
227	戳[2]	敕角切 江开二入觉彻 [ʈʻɔk]	萧豪韵 [tʂʻau]	[ʧʻṷaw]	[ʧʻau]
228	朝	直遥切 效开三平宵澄 [ɖʻĭɛu]	萧豪韵 [ʧʻiau]	[ʧʻėw]	[ʧʻeu]
229	钞	楚交切 效开二平肴初 [ʧʻau]	萧豪韵 [tʂʻau]	[ʧʻaw]	[ʧʻau]
230	扯	昌者切 假开三上马昌 [tɕʻĭa]	—③	—	[ʧʻe]
231	车	尺遮切 假开三平麻昌 [tɕʻĭa]	车遮韵 [tʂʻiɛ]	[ʧʻe]	[ʧʻe]
232	叉	初牙切 假开二平麻初 [ʧʻa]	家麻韵 [tʂʻa]	[ʧʻa] ④	[ʧʻa]
233	茶	宅加切 假开二平麻澄 [ɖʻa]	家麻韵 [tʂʻa]	[ɖʻa] ⑤	[ʧʻa]
234	察	初入切 山开二入黠初 [ʧʻæt]	家麻韵 [ʧʻa]	[ʧʻa] ⑥	[ʧʻa]

① 此字应属“麻”韵，《蒙古字韵》佚。据照那斯图、杨耐思《蒙古字韵校本》补。

② 此字在《女真译语》里误写为“截”，对照满语应改正为“戳”。此字《蒙古字韵》未收，据同音字补。

③ 此字《中原音韵》、《蒙古字韵》均未收入。

④ 此字应属“麻”韵，《蒙古字韵》佚。据照那斯图、杨耐思《蒙古字韵校本》补。

⑤ 此字应属“麻”韵，《蒙古字韵》佚。据照那斯图、杨耐思《蒙古字韵校本》补。

⑥ 此字应属“麻”韵，《蒙古字韵》佚。据照那斯图、杨耐思《蒙古字韵校本》补。

舌根音：见母 [k]、群母 [g']、溪母 [k']、晓母 [x]、匣母 [ɣ]

序号	字	广韵	中原音韵	蒙古字韵	拟定音值
235	公	古红切　通合一平东见 [kuŋ]	东钟韵 [kuŋ]	ꡂꡟꡃ [kuŋ]	[kuŋ]
236	宫	居戎切　通合三平东见 [kǐuŋ]	东钟韵 [kuŋ]	ꡂꡦꡟꡃ [kǐuŋ]	[kǐuŋ]
237	共	渠用切　通合三去用群 [g'ǐuŋ]	东钟韵 [kuŋ]	ꡂꡦꡟꡃ [g'ǐuŋ]	[kǐuŋ]
238	更	古行切　梗开二平庚见 [keŋ]	庚青韵 [keŋ]	ꡂꡠꡃ [keiŋ]	[keŋ]
239	京	举卿切　梗开三平庚见 [kǐeŋ]	庚青韵 [tɕiŋ]①	ꡂꡞꡃ [kiŋ]	[kiŋ]
240	江	古双切　江开二平江见 [kɔŋ]	江阳韵 [tɕɑŋ]②	ꡂꡨꡃ [kjaŋ]	[kjaŋ]
241	吉	居质切　臻开三入质见 [kǐět]	齐微韵 [tɕi]③	ꡂꡞ [kei]	[ki]
242	归	举伟切　止合三平微见 [kǐwəi]	齐微韵 [kuei]	ꡂꡟꡠ [kuė]	[kui]
243	圭	古携切　蟹合四平齐见 [kiwei]	齐微韵 [kuei]	ꡂꡦꡠ [kyė]	[kye]
244	贵	居胃切　止合三去未见 [kǐwəi]	齐微韵 [kuei]	ꡂꡟꡠ [kuė]	[kuei]
245	国	古或切　曾合一入得见 [kuək]	齐微韵 [kuei]	ꡂꡟꡠ [kuė]	[kuei]
246	谷	古绿切　通合一入屋见 [kuk]	鱼模韵 [ku]	ꡂꡟ [ku]	[ku]
247	古	公户切　遇合一上姥见 [kuo]、[ku]	鱼模韵 [ku]	ꡂꡟ [ku]	[ku]
248	该	古哀切　蟹开一平哈见 [kɒi]	皆来韵 [kai]	ꡂꡗ [kaj]	[kɑi]
249	革	古核切　梗开二入麦见 [kæk]	皆来韵 [kai]	ꡂꡠꡗ [kėj]	[kej]
250	乖	古怀切　蟹合二平皆见 [kwɒi]	皆来韵 [kuai]	ꡂꡟꡗ [ku̯aj]	[kuai]
251	解	佳买切　蟹开二上蟹见 [kai]	皆来韵 [kai]	ꡂꡠꡗ [kėj]	[kej]

---

① 赵荫棠先生构拟"京"字的读音时，没有注意尖团音的区别。此字应为"见"母，不应列入"精"母。
② "江"字应属"见"母，不应列入"精"母，赵荫棠先生构拟有误。
③ "吉"字应属"见"母，赵荫棠先生构拟有误。

续表

序号	字	广韵	中原音韵	蒙古字韵	拟定音值
252	根	古痕切 臻开一平痕见［kən］	真文韵［ken］	［kən］	［kən］
253	斤	举欣切 臻开三平殷见［kĭen］	真文韵［tɕin］①	［kin］	［kin］
254	君	举云切 臻合三平文见［kĭuen］	真文韵［tɕyn］②	［kyn］	［kyn］
255	军	举云切 臻合三平文见［kĭuen］	真文韵［tɕyn］③	［kyn］	［kyn］
256	干	古案切 山开一去翰见［kɑn］	寒山韵［kɑn］	［kɑn］	［kɑn］
257	关	古还切 山合二平删减［kuɑn］	寒山韵［kuɑn］	［kṷɑn］	［kuɑn］
258	观	古玩切 山合一上缓见［kuɑn］	桓欢韵［kuœn］	［kon］	［kuœn］
259	馆	古玩切 山合一上缓见［kuɑn］	桓欢韵［kuœn］	［kon］	［kuœn］
260	冠	古丸切 山合一平丸见［kuɑn］	桓欢韵［kuœn］	［kon］	［kuœn］
261	见	古电切 山开回去霰见［kien］	先天韵［tɕiɛn］④	［ken］	［kiɛn］
262	绢	吉缘切 山合三去线见［kĭwɑn］	先天韵［tɕiɛn］⑤	［kṷen］	［kṷen］
263	高	古劳切 效开一平豪见［kɑu］	萧豪韵［kɑu］	［kɑw］	［kɑu］
264	交	古肴切 效开二平豪见［kɑu］	萧豪韵［kɑu］	［ki̭ɑw］	［kiɑu］
265	监	古衔切 咸开二平衔见［kɑm］	监咸韵［kɛm］	［kem］	［kem］
266	獗	居月切 山合三入月见［kĭwɐn］	车遮韵［tɕyɛ］⑥	［kuė］	［kye］
267	戈	古禾切 果合一平戈见［kuɑ］	歌戈韵［kuo］	［kṷo］	［kṷo］

① “斤”字应属“见”母，赵荫棠先生构拟有误。
② “君”字应属“见”母，赵荫棠先生构拟有误。
③ “军”字应属“见”母，赵荫棠先生构拟有误。
④ “见”字应属“见”母，赵荫棠先生构拟有误。
⑤ “绢”字应属“见”母，赵荫棠先生构拟有误。
⑥ “獗”字应属“见”母，赵荫棠先生构拟有误。

续表

序号	字	广韵	中原音韵	蒙古字韵	拟定音值
268	哥	古俄切　果开一平歌见 [kɑ]	歌戈韵 [ko]	[ko]	[ko]
269	果	古火切　果合一上果见 [kɑu]	歌戈韵 [kuo]	[ku̯o]	[ku̯o]
270	加	古牙切　假开二平麻见 [ka]	家麻韵 [tɕa] ①	[ki̯a]	[ki̯a]
271	甲	古狎切　咸开二入狎见 [kɐp]	家麻韵 [tɕa] ②	[ki̯a]	[ki̯a]
272	孔	康董切　通合一上董溪 [k‘uŋ]	东钟韵 [k‘uŋ]	[k‘uŋ]	[k‘uŋ]
273	康	苦冈切　宕开一平唐溪 [k‘ɑŋ]	江阳韵 [k‘ɑŋ]	[k‘ɑŋ]	[k‘ɑŋ]
274	庆	丘敬切　梗开三去映溪 [k‘ĭɛŋ]	庚青韵 [ʦ‘iŋ] ③	[k‘iŋ]	[k‘iŋ]
275	其	渠之切　止开三平之群 [g‘ĭə]	齐微韵 [tɕ‘ĭ] ④	[g‘i]	[k‘i]
276	苦	康杜切　遇合一上姥溪 [k‘u]	鱼模韵 [k‘u]	[k‘u]	[k‘u]
277	库	苦故切　遇合一去暮溪 [k‘u]	鱼模韵 [k‘u]	[k‘u]	[k‘u]
278	克	苦得切　曾开一入德溪 [k‘ək]	皆来韵 [k‘ei]	[k‘əj]	[k‘əj]
279	客	苦格切　梗开二入陌溪 [k‘ɐk]	皆来韵 [k‘ai]	[k‘ėj]	[k‘ei]
280	困	苦闷切　臻合一去慁溪 [k‘uən]	真文韵 [k‘uen]	[k‘un]	[k‘un]
281	肯	苦等切　曾开一上等溪 [k‘əŋ]	真文韵 [k‘ en]	[k‘əŋ]	[k‘əŋ]
282	口	苦后切　流开一上厚溪 [k‘əu]	尤候韵 [k‘ou]	[k‘əw]	[k‘əu]
283	谦	苦兼切　咸开四平添溪 [k‘iem]	廉纤韵 [tɕ‘iɛm] ⑤	[k‘em]	[k‘iem]

① “加”字应属“见”母，赵荫棠先生构拟有误。

② “甲”字应属“见”母，为舌根音。前高元音前的舌根音发生腭化音变是十八世纪初才开始的。元代汉音肯定没有发生如此变化。《蒙古字韵》所记音可以充分证明这一点，因为《蒙古字韵》和《中原音韵》成书时间仅隔十几年。赵荫棠先生构拟有误。

③ 此字应属“溪”[k‘] 母，赵荫棠先生构拟有误。

④ 此字应属“溪”[k‘] 母，赵荫棠先生构拟有误。

⑤ 此字应属“溪”[k‘] 母，赵荫棠先生构拟有误。

续表

序号	字	广韵	中原音韵	蒙古字韵	拟定音值
284	阙	去月切 山合三入月溪 [kʻĭwɐt]	车遮韵 [tɕʻyɛ]①	ꡁꡦ [kʻy̯ɛ]	[kʻy̯ɛ]
285	课	苦卧切 果合一去过溪 [kʻĭwɐt]	歌戈韵 [kʻuo]	ꡁꡡ [kʻy̯o]	[kʻy̯o]
286	骒②	苦卧切 果合一去过溪 [kʻĭwɐt]	歌戈韵 [kʻuo]	ꡁꡡ [kʻy̯o]	[kʻy̯o]
287	科	苦禾切 果合一平戈溪 [kʻuɑ]	歌戈韵 [kʻuo]	ꡁꡡ [kʻy̯o]	[kʻy̯o]
288	洪	户公切 通合一平东匣 [ɣuŋ]	东钟韵 [xuŋ]	ꡜꡟꡃ [ɣuŋ]	[xuŋ]
289	兴	许应切 曾开三去证晓 [xĭəŋ]	庚青韵 [ɕiŋ]③	ꡜꡠꡞꡃ [xeiŋ]	[xiŋ]
290	皇	呼光切 宕开一平唐匣 [ɣɑŋ]	江阳韵 [xuɑŋ]	ꡜꡡꡃ [ɣoŋ]	[ɣoŋ] [xuɑŋ]
291	黑	呼北切 曾开一入德晓 [xək]	齐微韵 [xei]	ꡜꡠꡭ [xėj]	[xei]
292	挥	许归切 止合三平微晓 [xĭuɐi]	齐微韵 [xuei]	ꡜꡦ [xyė]	[xyė]
293	回	户恢切 蟹合一平灰匣 [ɣuɒi]	齐微韵 [xuei]	ꡜꡦ [ɣuė]	[xui]
294	喜	虚里切 止开三上止晓 [xĭə]	齐微韵 [ɕi]④	ꡜꡞ [xi]	[xi]
295	希	香衣切 止开三平微晓 [xĭəi]	齐微韵 [ɕi]⑤	ꡜꡞ [xi]	[xi]
296	忽	呼骨切 臻合一入没见 [kuət]	鱼模韵 [xu]	ꡜꡟ [xu]	[xu]
297	许	虚吕切 遇合三上语晓 [xĭwo]	鱼模韵 [ɕy]⑥	ꡜꡦ [xy]	[xy]
298	虎	呼古切 遇合一上姥晓 [xu]	鱼模韵 [xu]	ꡜꡟ [xu]	[xu]
299	琥	呼古切 遇合一上姥晓 [xu]	鱼模韵 [xu]	ꡜꡟ [xu]	[xu]
300	户	候古切 遇合一上姥匣 [ɣu]	鱼模韵 [xu]	ꡜꡟ [ɣu]	[xu]

---

① 此字应属"溪"[kʻ]母,赵荫棠先生构拟有误。
② 《广韵》无此字,《康熙字典》云:"《正字通》:苦卧切,音课。"《蒙古字韵》亦无此字,音同"课"。
③ 此字应属"晓"[x]母,赵荫棠先生构拟有误。
④ 此字应属"晓"[x]母,赵荫棠先生构拟有误。
⑤ 此字应属"晓"[x]母,没有发生腭化音变。
⑥ 此字应属"晓"[x]母,没有发生腭化音变。

续表

序号	字	广韵	中原音韵	蒙古字韵	拟定音值
301	瑚	户吴切　遇合一平模匣 [ɣu]	鱼模韵 [xu]	[ɣu]	[xu]
302	孩	户来切　蟹开一平咍匣 [ɣɒi]	皆来韵 [xai]	[ɣaj]	[xai]
303	赫	呼格切　梗开二入陌晓 [xɒk]	皆来韵 [ɣai]	[xėj]	[xei]
304	恨	胡艮切　臻开一去恨匣 [ɣen]	真文韵 [xen]	[ɣėn]	[xen]
305	浑	户昆切　臻合一平魂匣 [ɣuən]	真文韵 [xuen]	[ɣun]	[xun]
306	罕	呼旱切　山开一上旱晓 [xan]	寒山韵 [xan]	[ɣan]	[xan]
307	寒	胡安切　山开一平寒匣 [ɣan]	寒山韵 [xan]	[ɣan]	[xan]
308	欢	呼官切　山合一平桓晓 [xuan]	桓欢韵 [xuœn]	[xon]	[xon]
309	貛	呼官切　山合一平桓晓 [xuan]	桓欢韵 [xuœn]	[xon]	[xon]
310	贤	胡田切　山开四平先匣 [ɣien]	先天韵 [ɕiɛn] ①	[xeėn]	[xi̯en]
311	县	黄练切　山合回去霰匣 [ɣiwen]	先天韵 [ɕiɛn] ②	[xu̯en]	[xiɛn]
312	好	呼皓切　效开一上皓晓 [xau]	萧豪韵 [xau]	[xaw]	[xau]
313	候	胡遘切　流开一去候匣 [ɣəu]	尤候韵 [xou]	[ɣėw]	[xeu]
314	咸	胡谗切　咸开二平咸匣 [ɣɐm]	监咸韵 [ɣam]	[ɣem]	[xem]
315	盒	候阁切　咸开一平合匣 [ɣɐp]	歌戈韵 [xo]	[ɣo]	[xo]
316	和	户戈切　果合一平戈匣 [ɣua]	歌戈韵 [xuo]	[ɣu̯o]	[xu̯o]
317	哈	许加切　假开二平麻晓 [xa]	家麻韵 [xa]	—③	[xa]
318	下	胡雅切　假开二上马匣 [ɣa]	家麻韵 [ɕa] ④	[ɣia]	[xia]

① 此字应属“匣”[ɣ] 母，不应拟音为 [ɕ]，赵荫棠先生构拟有误。

② 此字应属“匣”[ɣ] 母，不应拟音为 [ɕ]。

③ 此字应属“麻”韵，《蒙古字韵》佚。

④ 此字赵荫棠先生构拟有误。匣母尚未发生音变，《蒙古字韵》可证明这点。

半元音、零声母：影母［ʔ］、喻母［y］、云母 O_3、以母 $O_4$①、疑母［ŋ］、微母［ɱ］

序号	字	广韵	中原音韵	蒙古字韵	拟定音值
319	委	于诡切　止合三上纸影［ʔǐwe］	齐微韵［uei］	［ʔuė］	［ʔui］
320	一	于悉切　臻开三入质影［ʔǐět］	齐微韵［i］	［yai］	［uei］
321	乙	于笔切　臻开三入质影［ʔǐět］	齐微韵［i］	［ʔi］	［i］
322	椅	于绮切　止开三上纸影［ʔǐe］	齐微韵［i］	［ʔi］	［i］
323	哀	乌开切　蟹开一平咍影［ʔɒi］	皆来韵［ai］	［ʔaj］	［ai］
324	爱	乌代切　蟹开一去代影［ʔɒi］	皆来韵［ai］	［ʔaj］	［ai］
325	厄	于革切　梗开二入麦影［ʔæk］	皆来韵［ai］	［yaj］	［ej］
326	温	乌浑切　臻合一平魂影［ʔuən］	真文韵［uen］	［ʔun］	［un］［ʔun］
327	因	于真切　臻开三去震影［ʔǐěn］	真文韵［in］	［yin］	［in］
328	印	于刃切　臻开三去震影［ʔǐěn］	真文韵［in］	［yin］	［in］
329	恩	乌痕切　臻开一平痕影［ʔən］	真文韵［en］	［ʔən］	［en］
330	湾	乌关切　山合二平删影［ʔan］	寒山韵［uan］	［ʔṷan］	［ʔṷan］
331	安	乌寒切　山开一平寒影［ʔan］	寒山韵［an］	［ʔan］	［ʔan］［an］
332	烟	乌前切　山开四平寒影［ʔien］	先天韵［iɛn］	［yen］	［ien］
333	约	于略切　宕开三入药影［ʔǐak］	萧豪韵［iau］	［ʔėw］	［ieu］
334	幼	伊谬切　流开三去幼影［ʔiəu］	尤侯韵［iou］	［yiw］	［iu］
335	呕	乌后切　流开一上厚影［ʔəu］	尤侯韵［ou］	［ʔəw］	［əu］［ʔəu］
336	斡	乌括切　山合一入末影［ʔuat］	—②	［ʔṷo］	［uo］［o］

① O_3、O_4 表示的是零声母的三等、四等韵。

② 此字《中原音韵》未收。

续表

序号	字	广韵	中原音韵	蒙古字韵	拟定音值
337	阿	乌何切　果开一平歌影［ʔa］	歌戈韵［o］	［ʔo］	［ʔo］［a］
338	倭	乌禾切　果合一平戈影［ʔuɑ］	歌戈韵［uo］	［ʔu̯o］	［uo］［o］
339	永	于憬切　梗合三上梗云［ĭweŋ］	东钟韵［yŋ］	［yŋ］	［yŋ］
340	容	余封切　通合三平钟以［iwoŋ］	东钟韵［yŋ］	［yŋ］	［yŋ］
341	羊	与章切　宕开三平阳以［ĭaŋ］	江阳韵［iaŋ］	［yaŋ］	［yaŋ］
342	夷	以脂切　止开三平脂以［i］	齐微韵［i］	［yaj］	［i］
343	以	羊已切　止开三上止以［ĭə］	齐微韵［i］	［yai］	［i］
344	亦	羊益切　梗开三入昔以［ĭɜk］	齐微韵［i］	［yai］	［i］
345	驿	羊益切　梗开三入昔以［ĭɛk］	齐微韵［i］	［yai］	［i］
346	卫	于岁切　蟹合三去祭云［ĭwɛi］	齐微韵［uei］	［uė］	［uei］
347	为	于伪切　止合三去寘云［ĭwe］	齐微韵［uei］	［uė］	［uei］
348	于	羽俱切　遇合三平虞云［ĭu］	鱼模韵［y］	［ʔy］	［y］
349	云	王分切　臻合三平文云［ĭuen］	真文韵［yn］	［iun］	［yn］
350	引	余忍切　臻开三上轸以［ĭěn］	真文韵［in］	［yin］	［in］
351	晚	无远切　山合三上阮微［ɱiuan］	寒山韵［vuan］	［wan］	［wan］
352	延	以然切　山开三平仙以［iɛn］	先天韵［iɛn］	［yėn］	［iɛn］
353	姚	余昭切　效开三平宵以［ĭɛu］	萧豪韵［iau］	［yėw］	［iɛu］
354	又	于救切　流开三去宥云［ĭəu］	尤侯韵［iou］	［ŋiw］	［iu］
355	也	羊者切　假开三上马以［ĭa］	车遮韵［iɛ］	［yė］①	［iɛ］

① 此字《蒙古字韵》佚。据照那斯图、杨耐思《蒙古字韵校本》补。

续表

序号	字	广韵	中原音韵	蒙古字韵	拟定音值
356	袜	望发切　山合三入月微 [ɱĭwɒt]	家麻韵 [va]	[wa] ①	[ɱa] [wa]
357	王	雨方切　宕合三平阳云 [ĭaŋ]	江阳韵 [yaŋ]	[u̯aŋ]	[waŋ]
358	逆	宜戟切　梗开三入陌疑 [ŋĭɐk]	齐微韵 [i]	[ŋi]	[ŋi]
359	兀	五勿切　臻合一入没疑 [ŋu]	鱼模韵 [u]	[u]	[u] [ŋu]
360	御	牛倨切　遇合三去御疑 [ŋĭwo]	鱼模韵 [y]	[y]	[y]
361	吴	五乎切　遇合一平模疑 [ŋu]	鱼模韵 [u]	[u]	[u]
362	武	文甫切　遇合三上虞微 [ɱĭu]	鱼模韵 [vu]	[ɱu] [wu]	[u]
363	舞	文甫切　遇合三上虞微 [ɱĭu]	鱼模韵 [vu]	[ɱu] [wu]	[u]
364	岸	五旰切　山开一去翰疑 [ŋan]	寒山韵 [an]	[ŋan]	[an] [ŋan]
365	言	语轩切　山开三平元疑 [ŋĭɐn]	先天韵 [iɛn]	[ŋėn]	[iɛn] [ŋen]
366	彦	鱼变切　山开三去线疑 [ŋian]	先天韵 [iɛn]	[ŋėn]	[ŋen]
367	元	愚袁切　山合三平元疑 [ŋĭwɐn]	先天韵 [yɛn]	[u̯en]	[uen]
368	熬	五劳切　效开一平豪疑 [ŋau]	萧豪韵 [ŋau]	[ŋaw]	[au]
369	牙	五加切　假开二平麻疑 [ŋa]	家麻韵 [ia]	[ya] ②	[ya]
370	瓦	五寡切　假合二上马疑 [ŋa]	家麻韵 [ua]	[ʔua]	[ua]

① 此字《蒙古字韵》佚。据照那斯图、杨耐思《蒙古字韵校本》补。

② 此字《蒙古字韵》佚。据照那斯图、杨耐思《蒙古字韵校本》补。

第三章 女真语音系统

第一节 构拟女真语音系统的途径

构拟《女真译语》注音汉字的音值，仅仅是探讨女真语音现象和规律的第一步。随着这一步的完成，需要深入一步来探讨女真语音的特点，确定女真语音系统。

任何一种语言，在语音上都有自己独特的结构和特点，有其语音和音位体系。简单地用汉字读音来确定女真语音，必然会出现语音矛盾，何况汉语同女真语分属不同的语系，语法形态、语音结构完全不同。虽然《女真译语》的作者尽量挑选了注音汉字，以此来克服不同语音之间的语音差别，但还是不够的。要准确地构拟女真词汇读音和女真字的音值，必须弄清女真语音的特点和规律，并确定了它的语音体系之后才有可能。所以，本章的主要目的就是通过归纳注音汉字所表示的语音，经过同满语和其他语言之间的比较来确定女真语音系统，了解和掌握女真语音的规律和特点。在语言材料比较缺少的情况下，很难准确无误地构拟复原几百年前的语音事实。能做到接近或比较接近当时语音实际的程度，那就达到笔者努力的目标了。

任何一种语言的语音现象都是非常丰富和复杂的。即使从现代诸语言来看，每个语音音位受到发音器官的调节而都有各种变体。要详细地记录所有语音，需要大量的标音符号和语音鉴别工作。通常的语言调查，尽量严格地记录语音现象，这是为了深入研究其语音规律和特点做准备；在这种语音记录的基础上再进行音位归纳，确定其语音系统和进行其他方面的研究。但是，已经死亡了的女真语言，没有给我们留下详细的语音记录，我们只能凭借汉字注音来确定当时的语音。《女真译语》的注音汉字的记音无论如何不能达到现今音标那样的精确，只是把女真语中能够辨别词意的基本音节表示出来了。这正是从音位学的角度加以归纳和研究的一个基本条件。只要对《女真译语》注音汉字做一次语音上的归纳、合并，就能得到大致的宽式的语音系统，再加上语音的比较和审音勘同，就能得出女真语音的音位系统。

方便起见，表内相关名词简称如下：

满语：[满]

蒙古语：[蒙]

索伦语：[索]

北部通古斯语：[北通]

汉语：[汉]

赫哲语：[赫]

喀尔喀方言：[喀]

会同馆《女直馆译语》：[会]

《洪武译语》：[洪]

第二节 女真语的辅音系统

从前文注音汉字音值构拟表中可以看出，所有注音汉字的声母系统基本上代表了双唇音 *b、*p、*m，唇齿音 *f，舌尖音 *d、*t，舌尖边音 *l，舌尖颤音 *r，舌尖鼻音 *n 和舌根鼻音 *ŋ，舌根音 *g、*k、*h，半元音 *w、*y。下面逐一讨论这些语音在女真语词中所处的地位和条件，以便确定女真语的辅音系统。

（一）双唇音 *b、*p、*m

1. *b、*p

*b 是双唇不吐气塞音，《女真译语》的注音汉字用帮母字和并母字表示。这个语音音位，在阿尔泰语系诸语言中都存在，女真语里必然是一个重要的音位。它的音值相当于国际音标 [p]。

*p 是双唇吐气塞音，在《女真译语》里用旁母字来表示此音。相当于国

际音标［p‘］。这个音位在《女真译语》表示的明代女真语中已经消失，仅在汉语借词里出现。

从《金史》记录的女真语看，在当时尚存以 *p 音为词首音素的现象，这种 *p 音，在明代女真语和满语里却变成唇齿音 *f。

《金史 · 金国语解》谓“侏儒”为“保活里”，此语作为人名在《金史》里屡有出现。保，《广韵》作博抱切，效摄、开口一等，皓韵、帮母，应构拟为［pɑu］；活，户括切，山摄、合口一等，入声、末韵、匣母，应构拟为［ɣuɑt］，《蒙古字韵》作 [illegible]，音［ku̯o］；里，良士切，音［li］。复合元音 ɑu 在女真语环境里应构拟为圆唇音 o，活是入声字，这里不表现入声特点，根据元音和谐应构拟为 *γo。这样，此语应构拟为 *boγoli。《女真译语》通用门（26）“玫夭早”，音“弗和罗”，满语音 foholon，意为“短”，和“保活里”同义。这个音变关系应标示为：

《金史》*boγoli>《女真译语》*foholo> 满语 foholon。

《金史》卷八七有“蒲里衍”一词，又作“蒲辇”。“里衍”和“辇”同音异译，如同《金史》中“撒曷辇”作“撒曷里衍”（意为“黑”）一样。“蒲里衍”，音 *puliyen，意为“谋克之副”。满语 feniyen，意为“群”，与“蒲辇”意合。[①] *puliyen>*feniyen。

《金史 · 金国语解》谓“幼子”为“蒲阳温”*puyɑŋŋūn，满语 fiyɑnggū，意合。*puyɑŋŋūn>fiyɑnggū。

《金史 · 金国语解》谓“槌”为“婆卢火”*poloho，满语 folho，意合。*poloho>folho。

《金史 · 金国语解》谓“布囊”为“蒲卢浑”*puluhun，满语 fulhu，意合。*puluhun>fulhu。

金代的蒲与路如果以乌裕尔河取名这个说法可以成立的话[②]，也可以提供

---

① 钦定《金史语解》解释“蒲辇”为“群也”，解释“蒲里衍”为“惠也”。渡部薰太郎《金史名词解》一书中“蒲辇”作 feniyen（群）解释，“蒲里衍”作 fulehun（恩惠）解释。实际上二者是同名异译。

② 详景爱《关于金代蒲与路的考察》（《文史》1980 年第 10 辑）。他说：“蒲与路与乌裕尔河有密切关系，它是以乌裕尔河得名。……蒲与路有许多异名，又称作浦峪路、普一路、夫余路、浦峪路、部与路；乌裕尔河也有许多异名，又作忽兰叶尔河、乌叶尔河、乌羽尔河、瑚裕尔河、富裕尔河、呼雨里河。蒲与即乌裕尔的转音。……据屠寄考证：瑚裕尔河，亦作乌羽尔、国语‘涝也’。”又见李士良《金代北疆重镇 ——蒲峪路治所》（《求是学刊》1981 年第 1 期）。

如下的语音转化规律：*puyur>*fuyir>*huyur>uyur。

以上几例说明，*p → f 的转化在金代尚未完成，金代女真语中有双唇吐气音的音位。到了明代才完成了这个语音演变，*p 变为 f。p 音在明代女真语里用于记录汉语借词，如东洋文库本《女真译语》中“休”字为“胖”的译音字①。来文中的量词“寺”为“匹”的译音字②，“东”为“普”的译音字③。

下面讨论 *b 音位出现在女真语各音节中的情况。

在首音节，*b 音可以自带元音或音组组成一个音节而存在。举例如下：

庋垚　　卜和 *boho>［会］伯和 *boiho>［满］boihon（土）

金冊　　伯羊 *bayan>［会］拜牙 *baya>［满］bayan（富）

支其　　卜勒其 *bureki>［会］卜剌其 *buraki>［满］buraki（尘）

伎　　必忒黑 *bithe >［会］必忒额 *bitŋe>［满］bithe（书）

*b 音还可以处于音节末尾，形成闭音节。如：

夻　　阿卜哈 *abka>［会］阿瓜 *agua>［满］abka（天）

五　　脱卜欢 *tobhon>［满］tofohon>［赫］*［t‘ɔphɔn］（十五）④

壬　　答卜孙 *dabsun>［会］答粗 *daču>［满］dabsun（盐）

从上几例中可以看到，处于词首音节的 *b，没有音变现象。在口语中，处于两个元音之间的 *b 音会发生弱化音变。如：

戊　　秃斡黑 *tuwehe（果）；［满语书面语］tubihe

《女真译语》的注音主要是以口语语音来标注的，因为当时的女真文字没有严格的正字、正音法。满语书面语中规范的记音为 tubihe，是严格的正字、正音法在起作用。这个例词说明处于两个元音之间的双唇塞音往往弱化而成为双唇擦音。即 b>w。

*b 音在非首音节的其他场合，尤其在词末音节的特点与词首音节基本相同。如：

---

① 见东洋文库本《女真译语》的新增门。

② “寺”字在《女真译语》的来文中屡有出现，用于音写汉字“匹”的读音。罗福成《女真译语二编——肃慎馆来文》所录的第 2 通来文中汉字“马匹”作“伢列寺”，第 4 通中“大马十匹”作“夆米伢列千寺”。类似例子很多。

③ 罗福成《女真译语二编——肃慎馆来文》第 69 通中作“东”，以记汉字“普”字之音。东洋文库本《女真译语》的来文第 9 通“失普你充哥洛”作“盂东关乩叉庆早”。

④ 赫哲语资料主要引自凌纯声著《松花江下游的赫哲族》一书中的赫哲语词汇，详见国立中央研究院历史语言研究所单刊甲种之十四，南京，1934 年。

刃　　非本 *fibun（灯）；［会］非兀剌顾 *fiŋulagū（灯台）

圤刃　　牙本 *yabun>［满］yabu；［蒙］yabu（走）

杀先　　撒步 *sabu>［会］扫 *sau>［满］sabu（鞋）

矢娄　　革卜 *gebu>［会］革卜 *gebu >［满］gebu（名）

处于词末音节的 *b 音，受到词的重音影响而不发生弱化音变。在满语里也是如此，词的重音往往在词末音节。在女真语里没有以 -b 收音的单词，以 -b 结尾的闭音节只能在非词末音节里出现。

女真语动词现在时陈述式词尾“尨”*-bie，在满语里变为 -mbi。如：

肓尨　　八哈别 *bahabie>（获）>［满］bahambi

芖尨　　扎法别 *jafabie>（擒）>［满］jafambi

南吞尨　　哈察别 *hačabie>（见）>［满］acambi

在明末编纂的《会同馆译语》里，相当于女真语“尨”-bie 的词尾以“必”-bi 音表示。如：

打围	撒哈答必	*sahadabi>［满］sahadambi
寻	伯因必	*bainbi>［满］baimbi
疼	倪门必	*nimenbi>［满］nimembi
舞	麻失必	*magsibi>［满］maksimbi

清初无圈点满文记录的《满文老档》以及碑刻中，有大量的以 -bi 结尾的动词。这些动词所代表的时态意义不尽是现在时的终止形态，有些是相当于有圈点满文中的提前副动词词缀 -fi。在有圈点满文中把无圈点满文的 -bi 词缀都改为 -fi。为什么用 -fi 来改正 bi 呢？有不少人认为，因为借自蒙古文字母的无圈点满文，不具备表示唇齿音 f 的字母，只能用蒙古文字母的 -bi 来代表 -fi。实际上，满语中的唇齿音 f，在无圈点满文中都用 wa 行字母代替。如：

天聪四年建立的辽阳《大金喇嘛法师宝记》碑的第 2、第 4、第 5 行中把 fucihi（佛）写作 WOČIKI，第 6 行的 abkai fulingga（天命）写作 AABAAAI WOLINKAA。[①]《满文老档》“天命八年七月”条中把 oforo（鼻子）写作

① 鸳渊一《满洲碑记考》（目黑书店发行，1943 年）。又见鸳渊一《辽阳喇嘛坟碑文之解说》一文（《内藤博士还历祝贺支那学论丛》，1926 年）。

OWORO，《满文老档》“天命九年正月”条中把 efu（驸马）写作 AWO[①]，词首、词中、词末音节的由唇齿音 f 开头的音节都用蒙古文 wa 行字母来表示，并不用 ba 行字母来代替。这就说明，清初满语口语里用后缀 -bi 至少表示两种时态意义，即现在时态陈述式和提前副动词词缀。无圈点满文尚不健全，尚无严格的正字、正音法，但在一定程度上反映了当时的语音实际。

达海创制了有圈点满文，克服了无圈点满文分音不细、字母不备等缺陷，使满文成为完善的音节字母式的文字体系。随着这种文字体系的创立，在其正字、正音法的作用下，使无圈点满文中混淆不清的动词词缀得到了纠正，使满语口语语音得到了文字规范的指导。用 -fi 代替了提前副动词词缀 -bi；用 -bi 表示动词过去时词尾的一部分，如 -habi；也表示现在时陈述式词缀的一部分，如 -me 加 ilihabi；用 -mbi 表示动词不定式，以代替无圈点满文中用 -bi 代表的动词不定式词尾。这样就使不同时态的动词词缀在语音上得到区别，文字上得到规范。

在《女真译语》里“有”作“更仑”，音“别厄”*bie，《会同馆译语》里“有”作“必”*bi，如：

天有雾　阿瓜　塔儿麻吉　必（天文门）

天气有雪　阿瓜　得勒　秃吉　必（天文门）

无圈点满文中也作 -bi，如：

amba beile maidari ama beile gaiha tun de gūsin čuwan bi. ilan inenggi
大　贝勒　迈答礼　父　贝勒　取得岛上的　三十　船　有　三　日

tuwači gemuni bi.[②]
视之　俱　在。

意为：大贝勒、迈答礼父贝勒所得岛上有船三十艘，三日视之，俱在。

此例中的两个 bi，相当于有圈点满文 bimbi，义为“有”、“在”，蒙古书面语作 bui 或 baimui。

以上几例都说明，满文动词不定式（也可认为现在时陈述式或将来时）-mbi 是由女真语 *bie（龙、更仑）音演变而来。其演变规律是 -*bie>bi >mbi。在

---

① 见《东洋文库丛刊》第十二集《满文老档》II（满文老档研究会译注，1956 年）图版六所示原档照片（参看该书第 901—902 页）。

② 见《东洋文库丛刊》第十二集《满文老档》II 图版七所示原档照片（参看该书第 842—843 页）。

满语口语和有些方言中也作 -bie、-bi 音，更能证明这一点。

上述语音演变的原因可以归结为双唇音 b 和双唇鼻音 m 相类化的结果。在动词词干上接 -bi 词缀而连读时，在词干和词缀连接部（即融合部）产生时隐时现的双唇鼻音 m，尤其在以鼻音 -n 结尾的词干之后更是如此。有圈点满文的正字法，把这种语音现象表现在文字上，以区别其他形态的词缀。

通过女真语同满语相应语词之间的比较可以得出如下结论：女真语词首双唇音 b 在满语里也保持为 b，没有发生音变。词中、词末音节的 *b 音因受前后语音（主要是元音）的影响而有弱化现象。以 -*b 辅音收尾的闭音节不在词末音节出现，仅在词首、词中音节里出现。

2.*m

*m 是双唇鼻音，相当于国际音标［m］。《女真译语》注音汉字用“明”母字来表示。如：

元	马 *ma	右	昧 *mei	爻	莫 *mo (mau)
乒	密 *mi	戈	没 *mu	戋	灭 *mie

*m 音出现于女真语的词首、词中、词末各音节。它自带元音成为一个音节，也可以作为音节末音素而处于非词末音节中。例：

词首音节：

炎苹　木杜儿 *muduri>［会］木都力 *muduri>［满］muduri（龙）

夯 乇 夭　麻纳剌 *manala>［满］manambi（损坏）

仔列　母林 *murin>［会］木力 *muri>［满］morin（马）

戈　没 *mu>［会］木克 *muke>［满］muke；［索］mu（水）

词首音节里以 -m 收尾的闭音节：

吏壬右　贪孙昧 *tamsunmei>［满］tomsombi（收）

乐争秀　南哈洪 *namhahūn（安）

尿昃　深温 *šimŋun（冷）>［会］失木兀 *šimŋu（寒）①

词中音节：

炅且　古鲁麻孩 *gulumahai>［会］姑麻洪 *gumahūn>［满］gulmahūn（兔）

① 《会同馆译语》“寒”作“失木兀”，“冷”作“厦忽鲁”。寒与冷词义相近，程度有别。

盍早　　　　斡莫罗 *omolo > [满] omolo（孙）
玉吞　　　　兀灭哈 *umiaha > [满] umiyaha（虫）

处于词中音节的 -m- 音，有时发生弱化音变。如：

朵甲　　　　里袜哈 *liwaha > [会] 尼木哈 *nimuha > [满] nimaha（鱼）

在金代女真语里称"鱼"为"尼忙古"，词中的双唇鼻音 -m- 非常明显，而且《女真译语》里则用微母字表示①，在满语里还是 -m- 音未变。这是书面语言，实际口语音中受前后音节的影响而发生音变的现象是很多的。

在词末音节里，同词中形态无别，-m- 音自带元音或音组组成一个音节而存在。以 -m 收尾的闭音节不在词末音节里出现。例：

兄　　　　　斡莫 *omo > [满] omo（湖）
仵　　　　　捏儿麻 *niarma > [满] niyalma（人）
奐千　　　　兀鲁脉 *ulume > [满] ulme（针）
兄　　　　　阿民 *amin > [索] amin（父）

《女真译语》的动词中，有大量的以"夈"*mai、"右"*mei 结尾的词，这是与现在时动词连用的并列副动词形式，属于形态学上的语音现象。"夈"*mai 一般缀于阳性动词词干之后，"右"*mei 缀于阴性动词词干之后，其作用基本同于满文的 -me。在《女真译语》中收入的女真动词，没有统一的时态标准，各种不同时态的动词、副动词和形动词都有出现。欲要搞清这些动词的时态，必须对照碑文来鉴别。这里仅举几例。

《女真译语》里以"夈"、"右"结尾的动词：

夛友夈　　　召剌埋 *jaulamai（奏），比较满语 joolame，义同
关仵右　　　秃替昧 *tutimei（出），比较满语 tucime，义同

为了证明"夈"、"右"等于满语 -me，必须对照碑文加以观察。

（1）丕　田丈更　右屏　更夳　乖呆乘　右关　田丈
　　　abka te e bie mei geŋ gien ? doro ba dasi mei dien te ru（《永宁寺碑》1 行）
　　　天　　高 而　　　明　　地　把　覆盖　　能

意为：天高而明，[故] 能覆地。

"更右"，相当于满语 bime，意为"而"、"而且"，等于蒙古语 büged，不是

---

① "袜"字，《广韵》属山摄，微母三等合口入声韵，据王力等人的研究，微母的音值是 [ɱ]，是唇齿鼻音。

动词，而是连接词。"秉右"是副动词，做动词"关业太"的状语。所以此字相当于满语 dasime（盖）。

（2）夅 夛 斉□　店昊旲右　叐甲
　　amba oso gemu　ur ŋun je mei　ta ha（《永宁寺碑》9 行）
　　大　小　皆　　欢　欣　　从服

意为：大小皆欣悦归服。

"店昊旲右"，相当于满语 urgunjeme（高兴），做"叐甲"的状语。此例又说明"右"=[满]-me。

（3）朱 夫 芉 茶 可 厌 叐甲夂 甪右
　　bei la ri sa gai adi ta ha mai di mei（《得胜陀颂碑》7 行）
　　国　相　撒改　等　从　来

意为：国相撒改等从来。

此句中的"叐甲夂"是阳性副动词，用以说明动词"甪右"的行为状态。此例也说明"夂"等于满语并列副动词词尾 -me①，二者所起的语法作用完全相同。可以说满语的 -me 词缀来源于女真语的"夂"、"右"。即 *-mai、*-mei>-me。

女真语里词首出现的 m，在满语里有时变为 n。这种现象多出现在 m 音之后接有 -ia、-ie 复合元音的场合。如：

　　呑舟丈　　灭苦鲁 *miakūru>[会] 捏苦鲁 *niakūru>[满] niakūra（跪）
　　戈夬　　　灭黑 *miehe>[会] 捏黑 *niehe>[满] niyehe（鸭）

在洪皓的《松漠纪闻》里说："彼言灭骨地者即跪也。"《四夷广记》"女真国"条中谓"跪"曰"捏骨地"。《会同馆译语》作"捏苦鲁"。金代尚称"捏骨地"，为何在《女真译语》里成为"灭苦鲁"呢？最大的可能是方言差别所致。

（二）唇齿音 *f

*f 音是女真语和满语的一个重要音位，在蒙古语里却没有这个音位。发音时上齿和下唇之间气流受到阻碍而产生摩擦，相当于国际音标 [f]。《女

---

① 满语里词缀 -me 表示动词不定式。见穆麟德夫（Paul Georg von Möllendorff）《满文文法》（*A Manchu Grammar*）第二章第四节"动词"（张世焜译，赵展校，内蒙古大学蒙古史研究室油印本）。

真译语》的注音汉字用“非”母、“敷”母、“奉”母字来表示。如：

犮　法 *fa　　玫　弗 *fu　　平　非 *fi

盂　番 *fan　　东　府 *fu

*f 是比较稳定的音位，在词首音节没有音变现象，在满语里仍保持为 f。*f 自带元音或音组组成一个音节而存在，而且不出现在音节末。例如：

词首音节：

夜斗　法马阿 *famaa（邦）

犮甬米　法答岸 *fadan>［会］发的剌 *fadira>［满］fajiran（墙）

𡈼买　伏勒吉 *fuleŋgi>［会］伏令吉 *fuliŋgi >［满］fulenggi（灰）

甪　非剌 *fila >［会］非剌 *fila>［满］fila（楪）

词中音节：

伴　黑夫里 *hefuli>［会］后力 *heuli>［满］hefeli（肚）[①]

芺尨　扎法别 *jafabie>［会］札发哈 *jafaha>［满］jafambi（擒）

更苔　别弗脉 *biefume（在）；［会］必 *bi（在）；［满］bimbi（在）[②]

词末音节：

肖平　忽非 *hūfi<［汉］（壶）

禾犮　素法 *sufa>［会］速发 *sufa>［满］sufan（象）

罕舟　梅番 *meifan>［满］meifan（项）

在口语里，处于词中音节的 f 音有弱化现象。《会同馆译语》称“肚”（即腹）为“后力”（《女真译语》“伴”作“黑夫里”），f 音弱化为 w 或 u。

有不少阿尔泰语学者和蒙古语学者认为，从原始阿尔泰语分化出来的蒙古共同语中有许多词是以 *p 或 *ɸ 作为词首的。到中古蒙古语则变为舌根音 h，在现代蒙古语中变为零声母。如果在女真语里也有这种语音现象的话，就会为阿尔泰语系诸语言的比较研究提供新的语音现象。

在讨论 *b 音位时曾谈到女真语到满语的发展过程中词首双唇音 *p 向唇齿音 *f 转化的问题。可以说明代女真语和满语（清代）的一部分词 f 音是从

① 《会同馆译语》“腹”作“后力”。

② 《女真译语》“有”作“更乇 *bie”，“在”作“更苔 *biefume”，“有”、“在”两词的表示法不同。《会同馆译语》天文门中“天有雾”作“阿瓜塔儿麻吉必”，“天上有云”作“阿瓜得勒秃吉必”。“必”音与 *bie 音相近。满语里“在”、“有”都作 bimbi。

词首 *p 音变过来的。但是 f 音一到明代女真语后一直处于非常稳定的状态，没有发生其他音变的迹象，更没有发生 f → h →零声母的音变。现在不妨举几例看看，并同蒙古语做一比较。

女真语里“保活里”（侏儒）*boγoli> 玫 禾 早 弗 和 罗（短）*foholo>［满］foholon；共同蒙古语 *poqar, *ɸoqar“短的”，中古蒙古语 hoqar，蒙古书面语 oqor。

女真语充羊非如儿 *firuri（神）>［满］firumbi（祈祷）；共同蒙古语 *piru, *ɸirü“祈祷”，中古蒙古语（《秘史》、八思巴文）hirü’er，蒙古书面语 irü’er（祝愿）。

女真语金介弗剌江 *fulagian>［满］fulgian（红）；共同蒙古语 *pulaγan, *ɸulaγan“红”，中古蒙古语（《秘史》）hula’an，蒙古书面语 ulaγan。

女真语玫戈伏湾 *foŋon（时）>［满］fon（时间）；共同蒙古语 *pon, *ɸon“年”，中古蒙古语（《秘史》）hon，蒙古书面语 on。[①]

在《金史》里，几乎找不到以唇齿音 *f（汉字非、奉、敷等母）记录的女真语，说明金代女真语的 *f 音不发达。明代女真语的 *f 音来自金代女真语的 *p 音，即 *p>*f。这样就使金代女真语的 *p 音转换同鲍培等人所构拟的共同蒙古语的 *p、*ɸ 音相近似了。明代女真语的 *f 音却再没有发生语音的演变，这一点与蒙古语的 *ɸ 音演变趋势不同。

（三）舌尖塞音 *d、*t

1.*d

*d 音是气流在舌尖和齿龈之间受到阻碍而发出的塞音，音值相当于国际音标［t］。《女真译语》的端母字和部分定母字代表 *d 音。如：

重	答 *da	甬	的 *di	半	朵 *do
丹	都 *du	关	殿 *dien	矢	大 *dai

*d 音在词首、词中、词末各音节里自带元音或音组成为一个音节而存在，女真语里尚未发现以 -d 结尾的闭音节。

词首音节：

① 参看 N. 鲍培《蒙古语比较研究绪论》第 46 节（卢弼译，内蒙古大学蒙古语文研究室油印本）。

甪土　　都鲁温 *dulun（阳）；［蒙］dulaɣan（暖和）[1]

癸吏　　多罗斡 *dolowo>［赫］[tɔlɔpu]；［会］多博力 *dobori>［满］dobori（夜）［索］dulbo[2]，同义

杲　　都哈 *duka>［满］duka（门）

角兄　　的孩 *dihai>［会］的哈 *diha>［满］jaha（船）

弁甲　　都哈 *duha>［会］肚哈 *duha>［满］duha（肚）[3]

先米　　的勒岸 *dilŋan>［会］的鲁阿 *dilŋa>［满］jilgan（声）

词中音节：

炎斝　　木杜儿 *muduri>［会］木都力 *muduri>［满］muduri（龙）

库勇　　引答洪 *indahūn>［会］因答忽 *indahū>［满］indahūn（犬）

肖角夭　　忽的刺 *hūdira>［会］忽答刺 *hūdara>［满］hūdaraha（鞦）；［蒙］hudarɣa，同义

千角压　　脉的厄 *mediŋe>［满］mejige；［蒙］medege（声息）

词末音节：

甪土　　厄都温 *edun>［会］额都 *edu>［满］edun（风）

帝复　　和朵莫 *holdo mo（松）>［满］holdon（果松）

犀天　　希大 *hidai>［满］hida（帘）

臾羊　　团朵 *tondo>［满］tondo（忠）

女真语的处于前高元音之前的 d 音，在满语里变成舌叶音 j，即 di>ji。如：

夻角乍　　言的洪 *yamdihūn>［会］样的哈 *yamdiha>［满］yamji（夕），同义

角兄　　的孩 *dihai>［会］的哈 *diha>［满］jaha（船），同义

冉　　哈的 *hadi（贵）；［满］haji（友）[4]，近义

伃壬　　端的松 *dondisun>［满］dojimbi（听），同义

先米　　的勒岸 *dilŋan>［会］的鲁阿 *dilŋa>［满］jilgan（声息），同义

---

① 此语的音和义同蒙古语的 dulaɣan 相近，可能是同源词。

② 此语同满语 dobori 不合，却与赫哲语、索伦语相合，说明《女真译语》无误，赫哲语、索伦语里保存了女真语的读音。

③ 《会同馆译语》“肠”作“肚哈”，而“腹”作“后力”。

④ 女真语 *hadi 义为“贵”，满语 haǰi 义为“友”，两词意义相近，可以进行比较。

芊条兲　　的儿哈剌 *dirgala> ［满］jirgambi（快乐），同义

旱甬乐　　一儿的洪 *irdihun> ［会］亦的希 *idihi> ［满］ijifun（梳），同义

圣忌　　半的孩 *bandihai> ［会］伴的哈 *bandiha> ［满］banjiha（生活），同义

甬丰　　的黑黑 *dihehe> ［会］丢 *diu> ［满］jitehe（归、来），同义

千甬压　　脉的厄 *mediŋe> ［满］mejige（声息），同义

这种 di → ji 语音变化，到了清代满语里才发生，在明代女真语里尚未发生此种音变。天聪四年（1630）的辽阳《大金喇嘛法师宝记》碑里谓“生”为 banjibi，谓“来”为 jibi。[①] 这个碑文是用无圈点满文刻写的，记录的是清初满语音。从此碑文看，在清初的满语里已经发生了 di>ji 的音变。

2.*t

*t 音发音方法和部位与 *d 音相同，区别在于 *t 是吐气音，*d 是不吐气音。在《女真译语》注音汉字里，透母字和部分定母字代表 *t 音，其音值相当于国际音标［t‘］。如：

币	塔 *ta	夲	忒 *te	反	秃 tu
关	秃 *tu	仵	替 *ti	计	套 *tau

*t 音在词首同元音或音组组成一个音节而存在，纯辅音的 t，在非词末音节的音节末出现，从而使这个音节成为一个闭音节。

词中音节：

敁兮　　塔里江 *taligian> ［会］塔儿恰 *tarkia> ［满］talkian（霆）

乇　　替和 *tiko> ［会］替课 *tiko> ［满］coko（鸡）

乎压　　忒厄 *temŋe> ［会］忒木革 *temge > ［满］temen；［蒙］temege（驼），同义

広哭　　秃吉 *tuŋgi；［北通］*tuŋgi；［会］秃吉 *tugi> ［满］tugi（云）

仗　　必忒黑 *bithe> ［会］必忒额 *bitŋe> ［满］bithe（书）

① 参看鸳渊一《满洲碑记考》。

走矣　　卜的黑 *buthe>［会］伯帖 *bete>［满］bethe（脚）

天歹　　太本 *taibun>［会］太伏 *taifu>［满］taibu（梁）

在《洪武译语》里，纯辅音的 t 音专门用小字“惕”注明，非常容易识别。《女真译语》中的纯辅音 t，只能同满语比较后才能断定。在满语里这种 t 音多在 t 或舌根音 h 前出现。如：

bithe（书）　　bethe（脚）　　uttu（如此）　　uthai（立即）

词中音节：

关件右　　秃替昧 *tutimei>［会］秃提黑 *tutihe>［满］tucimbi（出）

帯件丈　　塔替卜鲁 *tatiburu>［会］塔替 *tati>［满］tacibumbi（使学）

盅盅尽　　塔塔孩 *tatahai>［满］tatambi（宿营、下营）

秉右　　弗忒昧 *futemei>［满］fudembi（送）

在词中音节的 *t 音，与元音结合而成为一个音节，一般都做动词词干的最末音节。女真语的词干一般不超过两个音节，多音节的语词都是加了词缀而变成的动词。

女真语的注音汉字里用“忒” *te 表示的音节，在满语里多变为 de 音节。如：

为条　　忒杜勒 *tedule>［会］得都 *dedu>［满］dedumbi（睡、卧）

秉右　　弗忒昧 *futemei>［满］fudembi（宴送）①

举皿　　厄鲁忒 *erte>［满］erde（早）

词末音节：

举皿　　厄鲁忒 *erte>［满］erde（早）；［蒙］erte，同义

未皿　　黑卜忒 *hebte>［会］黑兀忒 *hewte>［满］habta（韂）

付矢　　哈贪 *hatan（强）；［蒙］qatan（坚韧）②

千炁　　肥塔 *faita>［会］发塔 *fata>［满］faitan（眉）

甸件　　番替 *fanti（南）

史炁　　黑屯 *hetun>［满］hetu（横）

以上的例子说明，凡是“t+ 元音”、“t+ 元音 + 辅音”的音节结尾的词都是名词。从音变规律来说，处在前列高元音 i 前的 t，在满语里变为舌叶音 c，

① 《会同馆译语》“送”作“伴的黑”，据满语和《女真译语》，显然有误。

② 此语同蒙古语 hatan（坚韧）音义相近。

*ti>ci。如：

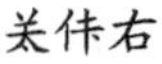

秃替昧 *tutimei> ［满］tucimbi（出）

替和 *tiko> ［会］替课 *tiko> ［满］coko（鸡）

塔替卜鲁 *tatiburu> ［满］tacibumbi（使学）

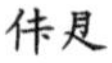

替孩 *tihai> ［满］ciha（从）

替勒库 *tireku> ［满］cirku（枕）

在前高元音前的舌尖塞音 d、t，在满语里变为舌叶音 j、c，这是女真语音发展变化的极其重要的音变规律。这是一种类化现象，是属于历史性音变的范畴。

（四）舌尖擦音 *s

*s 音是舌尖和上齿背之间气流通过而发生的摩擦音，相当于国际音标［s］。《女真译语》的注音汉字用心母字表示。如：

撒 *sa　塞 *sai　素 *su

琐 *so　孙 *sun

*s 是比较稳定的音位，在满语的相应语词里仍保持为 s 音，不发生变化。*s 音可以同元音或音组组成一个音节而在女真语的词首、词中、词末存在。以 -s 结尾的闭音节只是在非词末音节的场合出现。下面看 *s 音出现在词中各音节的情形。

词首音节：

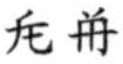

撒叉 *saca> ［会］撒叉 *saca> ［满］saca（盔）

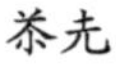

撒卜 *sabu> ［会］扫 *sau> ［满］sabu（鞋）

塞革 *sege> ［会］塞 *se> ［满］se（岁）

塞因 *sain> ［会］塞 *sai> ［满］sain（好）

词中音节：

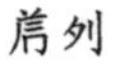

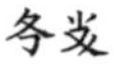

斡速湾 *osoŋon> ［会］阿沙 *aša> ［满］osohon（小）

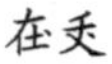

忽素鲁 *husur（怠）

失塞里 *sigseri> ［满］sikseri（晚）

兀塞天 *useten（别种）；［蒙］ösiyeten（仇人）

词末音节：

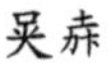

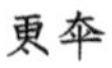

晃岺　　木先 *musen>［会］木彻 *muce>［满］mucen（锅）

系庑　　巴撒 *basa>［蒙］basa（再）

杢　　非撒 *fisa>［满］fisa（背）

仐壬　　忽孙 *hūsun>［满］hūsun（力）

以 -s 结尾的闭音节：

生乐　　兀速洪 *ushun>［满］eshun（生）①

係臾　　失失黑 *šishe>［满］šishe（褥）；［蒙］šisgei（毡）②

庠吴　　伏塞古 *fushegu>［会］伏塞古 *fushegu>［满］fusheku（扇）

观察以 -s 音结尾的闭音节出现的场合，可以发现，它是很有规律地出现在舌根音开始的音节之前。

前元音 i 前的 s 音都腭化为舌面音［ɕ］，本文将它归入 *š 音位。

（五）舌尖颤音 *r

*r 是舌尖颤音，同于蒙古语中的 r 音和满语中的 r 音，相当于国际音标的［r］。《女真译语》的注音汉字不分 l、r，多用来母字表示，有些是用日母字表示的，如“儿”、“尔”。

在注音汉字不分 l、r 音的情况下，只能通过语言比较来确定哪个字代表 r 音。

根据阿尔泰语系语言的语音特点，可以肯定女真语的词首不存在 r 音。在蒙古语里以 r 做词首音素的字，多是借词。而且在实际口语中，往往根据元音和谐规则，在 r 音前添加一个元音来拼读。在满语里同样不存在以 r 做词首音素的词。所以，音位 *r 的出现，都在词中和词末音节以及词首闭音节里。

词中音节：

支其　　卜勒其 *bureki>［会］不剌其 *buraki>［满］buraki（尘）

係壳　　哈剌安 *karaŋan>［满］karun（哨探）

先夹　　失剌哈替 *širahati（古）

---

① 这里是“生熟”的“生”，而不是“出生”的“生”。

② 女真语的“褥”，音 *šishe，与蒙古语的 šisgei（毡子）相同。毡子既可做蒙古包，又可用于铺垫。在《蒙古秘史》里“昔思该”、“亦思该”通用，现代蒙古语里是 isegei。

丙米　　吉浪吉 *girangi>［会］吉郎吉 *giraŋgi>［满］giranggi（骨）

词末音节：

毛　　厄林 *erin>［会］额力 *eri>［满］erin（季、时）

压犴　　番纳儿 *fannar（旗）

手　　你鲁 *niru>［会］捏鲁 *nieru>［满］niru（矢）

发羊　　木杜儿 *muduri>［会］木都力 *muduri>［满］muduri（龙）

以 -r 结尾的词首闭音节：

弟盃　　厄鲁忒 *erte>［满］erde（早）

戈　　扎鲁兀 *jarŋū>［满］jarhū（豺）

尔　　只儿欢 *jirhon>［满］jorgon（十二）

犴千　　纳儿洪 *narhūn>［满］narhūn（细）

*r 音在词中、词末音节出现时，与元音或音组组成一个音节，并能做闭音节末尾音而出现于词首、词末音节中。

清濑氏认为，在女真语里词末尚有以 -r 音收尾的闭音节。这个看法是对的，如：

压犴　　番纳儿 *fannar（旗）　　在矢　　忽素鲁 *husur（怠）

“犴”，音“纳儿”，在其他场合出现时代表 nar- 这样一个音节，“矢”，音“素鲁”，在其他场合出现时代表 sur- 这样一个音节。

犴千　　纳儿洪 *narhūn（细），比较满语 narhūn，同

矢千　　素鲁脱戈 *surtogo（皮袄），比较满语 surdehe，同

这种字出现在女真语的最末音节，说明 -r 音收尾的闭音节在女真语词末出现是有可能的。这一点同满语不同。满语里没有以 -r 收尾的闭音节出现在词末，就是说没有以 -r 收声的词。

可是清濑氏所举的例子是“羊”字，认为此字的音值就是纯粹的 *r 辅音。[1] 这样就出现了女真字中是否有表示音素的音素字的问题。女真字是意字和音字结合的文字体系，还没有完成向音节字母式文字体系的过渡。所以根本没有可能产生音素字。如果有了音素字，绝不会用如此众多的文字来表示女真语言的。又“羊”字的注音汉字是“儿”字，《蒙古字韵》用“[illegible]”

① 清濑义三郎则府《女真音再构成考》第 7.5 节。

字来表示，其音值是 ri，与满语的词尾音 -ri 相符。这样一来，清濑氏的构拟"木杜儿"*mudur 便不能成立，而应当构拟为 *muduri。

还有同动词形态有关的一个问题，在这里略为提及。动词词缀"㝵"，音"卜连"*buren。金光平、金启孮先生认为可能是"叏"bu 与"夭"ra 两个词缀的结合。① 现在举例看这个问题。

   斗丠㝵 兀忽卜连 *ulhuburen（晓喻），比较满语 ulhibumbi
       （使晓得）
   肖㝵   果卜连 *goburen（饶），比较满语 gombi（反悔）
   戍店   卓斡卜连 *jurburen（违），比较满语 jurčembi（违背）

上几例的词干部分的意义和读音与满语基本相同，词缀部分则不同，在满语里根本没有 -buren 这样的动词词缀。可是在索伦语的动词词缀里却有表示现在时的 -rɑn、-ren、-ron、-rin 词缀。② "-bu-"在满语里是动词互动态词缀，往往加在动词词尾 -mbi 之前以表示互动意义。以此看来，女真语的词缀 -buren，似乎是表示动词互动意义的现在时词缀。

（六）舌音 *j、*c、*š

1. *j

*j 音是舌叶音，发音时舌面边缘跟上臼齿接触，舌面向硬腭翘起，其音值相当于国际音标［ʤ］，在前高元音前其音值相当于［tɕ］。《女真译语》的注音汉字里用知母、部分澄母、精母、崇母字来表示。如：

   杰 扎 *ja 矢 者 *je 米 只 *ji
   血 住 *ju 夯 召 *jeu 夷 朱 *jur

在满语里根本没有 di、ti 音节，因为这些音节都腭变为 ji、ci 音节。可是在明代女真语里，di 音节和 ji 音节都存在。di 音节的读音，《女真译语》的注音汉字用端母四等字来表示，ji 音节的读音则用知母（章母）三等字来表示，泾渭分明，互不相混。这种现象直到明末《会同馆译语》时期还得到保存。下边举例探讨 *j 音在女真语中的地位。

词首音节：

---

① 金光平、金启孮《女真语言文字研究》第六章第三节"词类分述·动词与助动词"。
② 上牧濑三郎《索伦族的社会》的"索伦语文法"（生活社 1940 年版）。

兂戾　　朱黑 *juhe> ［会］珠黑 *juhe> ［满］juhe（冰）

矢乎　　者车 *jece> ［会］者尺 *jeci[①]> ［满］jecen（塞、边境）

盂岙　　住兀 *juŋū> ［会］住 *ju> ［满］jugūn（路）

米币　　只哈 *jiha> ［会］只哈 *jiha> ［满］jiha（钱）

芖龙　　扎法别 *jafabie> ［会］札发哈 *jafaha> ［满］jafambi（擒）

词中音节：

讦戾　　宁住黑 *ninjuhe> ［会］泥出 *nicu> ［满］nicuhe（珠）

庑仟叉　　斡温者勒 *urŋunjele> ［满］urgunjembi（喜）

岸臾丈　　哈扎鲁 *gajaru> ［满］gajimbi（要）

㑥　　番住埋 *fanjumai> ［满］fonjimbi（问）[②]

矢条右　　者只昧 *jejimei> ［会］迓迟 *yaci（谨）

词末音节：

亏盂　　捏住 *nieju> ［会］念木住 *niemju（萝卜）

用圭　　兀者 *uje> ［满］ujen（重）

甬　　兀住 *uju> ［会］兀住 *uju> ［满］uju（头）

犿　　和卓 *hojo> ［会］活着 *hojo> ［满］hojo（美、俊）

讦　　宁住 *ninju> ［会］宁住 *ninju> ［满］ninju（六十）

上几例说明，*j 音在词首、词中、词末音节中与元音或音组组成一个音节而存在，没有以 *-j 音结尾的闭音节。

2.*c

*c 是 j 的吐气音，音值相当于国际音标［ʧʻ］，在前高元音前其音值相当于［ʨʻ］。《女真译语》的注音汉字用徹母，一部分用清母、澄母字来表示此音。如：

呑	察 *ca	千	车 *ce	秉	赤 *ci
缶	钞 *cau	扎	出 *cu	寸	称 *cin

满语里的一些 ci 音节是由 ti 音节变化而来的。女真语里，这种腭化音变尚未发生。ci 音节用徹母三等字表示，ti 音节则用透母四等字表示，也是互不干扰的。

① 《会同馆译语》地理门中，“山边”作“阿力者尺”，“江边”作“兀剌者尺”。

② 《女真译语》将此字的注音汉字误作“埋番住”，应为“番住埋”。

词首音节：

缶币　钞哈 *cauha>［会］朝哈 *cauha>［满］cooha（军）

伏乩斧尺　出出瓦孩 *cucuwahai（照例）

寸庆夭　称哥刺 *cingela（受用）

词中形态：

买秉升　失赤黑 *sigcihe>［会］舍徹 *šece>［满］cecihe（雀）

某币升　其车黑 *kicehe（用）>［满］kicembi（用功）

肖缶斥　忽朝吉 *hūcaugi（荣）

斉柬　阿赤都鲁 *aciduru（动）

甪呑龙　哈察别 *hacabie>［会］阿察 *aca>［满］acambi（见）

词末形态：

仒　卜楚 *bucu>［满］boco（颜色）

矢乒　者车 *jece>［会］者尺 *jeci>［满］jecen（边境）

乜刌　哈称因 *hacin>［满］hacin（节）

千乩　脉出 *mecu>［满］mucu（葡萄）

乩寸　非称 *ficin（光）

c 与元音或音组组成一个音节，可以在词首、词中、词末各节中存在。在女真语里没有以 -c 结尾的闭音节。

女真语和满语之间，存在着 c 与 s 交替的现象。如：

买秉升　失赤黑 *sigcihe>［满］cecihe（雀）

买龙千　失别洪 *sigbiehun>［满］cibin（燕）

3.*š

*š 音是舌叶音，发音时舌面边缘跟上臼齿接触、舌面向上腭翘起而发出的一种摩擦音，相当于国际音标［ʃ］。在前高元音前其音值相当于［ɕ］。《女真译语》的注音汉字用审母、禅母等字来表示。如：

舍　沙 *ša　　氶　舍 *še　　缶　失 *ši

圣　舒 *šu　　秉　申 *šin　　七　安朔 *amšo

*š 音自带元音或音组组成一个音节，可以出现在词首、词中和词末。在女真语里没有以 -š 音结尾的闭音节。以下讨论 *š 音出现在词中各音节中的情形。

词首音节：
　　舍牛　　沙哈（阿）*šaa>［会］尚 *šaŋ>［满］šan（耳）
　　夭伐止　失勒温 *šilun>［会］失雷 *šilui>［满］silmen（露）
　　兄个　　上江 *šaŋgian>［会］尚加 *šaŋgia>［满］šanggiyan（烟）
　　氚孛　　舍厄 *šee>［会］舍 *še>［满］šeri（泉）

词中音节：
　　禾甲　　斡失哈 *ušiha>［会］兀失哈 *ušiha>［满］usiha（星）
　　禾盂可　素失该 *sušigai>［会］速失哈 *sušiha>［满］susiha（鞭）
　　杰盂早　扎失非 *jašifi>［满］jašimbi（吩咐）
　　冬盂夂　斡失卜鲁 *wešiburu>［满］wesibumbi（升）

词末音节：
　　丬舍　　哈沙 *gaša>［会］哈厦 *gaša>［满］gašan（村）
　　米列　　兀失因 *ušin>［会］兀失 *uši>［满］usin（田）
　　压盂　　寒食 *hanši>［满］hanši<［汉］寒食（清明）
　　太列　　奴失因 *nušin>［会］奴失 *nuši（和、和劝）

汉语借词里，i 音前的 s 没有发生音变，仍保持为 si。如：
　　盂伞　　西天 sitien　　盂矣　　西番 sifan

汉语借词里的 si 音和女真语里的 ši 音，在女真字上都有区别。汉语借词里的 si 音用"盂"字表示，女真语里的 ši 音用"盂"字表示，只是一个点的差别而已。

（七）舌根音 *g~γ、*k~q、*h~x

这是互相对应的三组音：g 和 γ、k 和 q、h 和 x。从区别语义的角度来看，可以认为是 *g、*k、*h 三个音位。*γ 可以作为 *g 的变体，*x 可以作为 *h 的变体，*q 可以作为 *k 的变体而加以归纳。正因为有这种可能，满文字母中以"ᡤ"表示 g 音位，以"ᠺ"表示 k 音位，以"ᡥ"表示 h 音位。下边逐一讨论这三个音位。

1. *g

*g 是舌根音，发音时舌根向软腭翘起，发出一种闭塞音。其音值相当于国际音标 [k]。《女真译语》的注音汉字用见母，一部分用群母字来表

示。如：

圀土 国伦 *gurun 戋 归 *gui 忝 革 *ge

仟 吉 *gi 吴 古 *gu 仐 江 *gian

但是，与元音 a 相拼的 g，有一些特点。《女真译语》的注音汉字不分 ga、ka、ha 音节，一律用晓母二等字来表示，这就需要比较满语加以区别。如：

夵 阿卜哈，比较满语 abka，应构拟为 *abka（天）

凫甶 哈勒哈，比较满语 galaka，应构拟为 *galha（晴了）

岸舍 哈沙，比较满语 gašan，应构拟为 *gaša（村）

序土 哈儿温，比较满语 garu，应构拟为 *garun（天鹅）

下面举例说明 *g 音出现在词里的情形。

词首音节：

凫甶 哈勒哈 *galha>［会］哈剌哈 *galaha>［满］galga（晴）

圀土 国伦 *gurun >［满］gurun（国）

岸舍 哈沙 *gaša>［会］哈厦 *gaša>［满］gašan（村）

兆脊升 革捏黑 *genehe>［会］革捏 *gene>［满］genehe（去了）

戋秂炁 归法剌 *guifala>［会］贵 *gui>［满］guilehe（杏）

词中音节：

芉条炁 的儿哈剌 *dirgala>［满］jirgambi（快乐）

向芈伏 恩革埋 *engemai>［会］案革木 *engemu>［满］engemu（鞍）

秀旲 哈答温 *hagdaŋun>［满］akdun（诚、信）

老 阿玷 *agdien>［赫］agdi，［满］akjan（雷）

词末音节：

畝仐 塔里江 *taligian>［会］塔儿恰 *tarkia>［满］talkiyan（霆）

庅吴 秃吉 *tuŋgi>［北通］tuŋgi，［会］秃吉 *tugi>［满］tugi（云）

夾岸 阿哈 *aga>［会］阿古 *agu>［满］aga（雨）

俘叓 根见 *gengien>［满］genggiyen（明）

另旲 塞鲁温 *seruŋun>［满］seruken（凉）；［蒙］serigün，同义

综合上例，*g 音与元音或音组组成一个音节，可以在词首、词中、词尾出现。并可以在一个音节末尾做收声，成为一个闭音节。这种闭音节不在词末出现。在注音汉字里，都不表现以 -g 音收声的闭音节，所以必须比较满语以及其他亲属语言加以构拟。如：

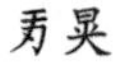

哈答温，比较满语 akdun，应构拟为 *hagdaŋun（诚、信义）

阿玷，比较满语 akjan，赫哲语 agdi，应构拟为 *agdien（雷）

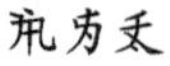

琐脱和，比较满语 soktoho，赫哲语 sogto，蒙古语 soqtoqu，应构拟为 *sogtoho（醉）

*γ 音是小舌音。在女真语里只有后列元音的前面才有出现的可能。如：

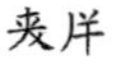

阿哈 *aγa~aga　哈勒哈 *γalha~galha

古申 *γūšin~gūšin　哈儿温 *γarun~garun

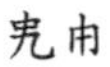

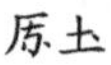

*γ 音根据其出现的语音条件以及在语词中并不具有区别语义的功能，可以并到 *g 音里，作为一个音位处理。

2.*k

*k 是 *g 的吐气音，相当于国际音标［k‘］。《女真译语》的注音汉字用溪母、群母字来表示此音。如：

哈 *ka　克 *ke (ki)　其 *ki

库、苦 *ku　替和 *tiko　苦 *kū

《女真译语》里，把 ka 音节标注为“哈”，ko 音节标注为“和”，所以需要同满语和其他亲属语言相比较之后才能确定。*k 音出现在词里的情形同 *g 音基本相同，现举例来看。

词首音节：

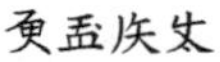

克失哥卜鲁 *kesigeburu（闷、忧）

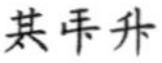

其车黑 *kicehe>［满］kicembi（用、用功）

词中音节：

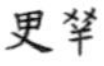

捏苦鲁 *nekuru（朋友）<［蒙］nökör，同义。

灭苦鲁 *miakūru>［会］捏苦鲁 *niakūru>［满］niyakūrambi（跪）

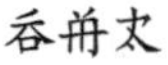

尹　　　　　扎困住 *jakūnju>［会］札空住 *jakūnju>［满］jakūnju
　　　　　　　（八十）
　　亥币义艮　塔苦剌孩 *takūrahai>［会］塔苦哈 *takūha>［满］
　　　　　　　takūrambi（差、使）

词末音节：

　　呑　　　　阿卜哈 *abka>［会］阿瓜 *agua>［满］abka（天）
　　苯义　　　朵和莫 *doko mo（树）
　　厇　　　　替和 *tiko>［会］替课 *tiko>［满］coko（鸡）
　　桌　　　　都哈 *duka>［会］都哈 *duka>［满］duka（门）
　　庋舟　　　哈剌库 *halakū>［会］哈剌古 *halagū>［满］halakū（裤）

*k 音如同 *g，结合元音或音组成一个音节，可以出现在词首、词中、词末。以 -k 收尾的闭音节，实际上同以 -g 收尾的闭音节是一回事。在满文里用"ᠩ"表示阳性词中出现的纯辅音 -g 或 -k，用"ᠨ"表示阴性词中出现的纯辅音 -g 或 -k。二者都做音节收声音素，读时需要一带而过，读音上更接近于 -g 音。因此将这种纯辅音划入 -g 音比较合理些。日本的羽田亨在其《满和辞典》里将此音划入 k 音位。

作为 *k 音位的变体，*q 音是小舌音，同中古蒙古语中的 *q 音相当。出现 *q 音的原因是，舌根吐气音 k 受到后列低中元音 a、o、ū 的影响而其发音部位自然后移的结果。如：

　　呑　　　　阿卜哈 *abqa~abka
　　桌　　　　都哈 *duqa~duka
　　亥币义艮　塔苦剌孩 *taqūrahai~takūrahai
　　厇　　　　替和 *tiqo~tiko

在前列元音、央元音、后列高元音前，其发音部位自然地前移，发出舌根吐气塞音 *k。如：

　　其千升　　其车黑 *kicehe（前元音）
　　奐兔　　　黑克 *heke（央元音）
　　另舟　　　卜弄库 *bulunku（后列高元音）

这种语音现象，对于辨别和确定女真语音位系统具有很大的意义。

3.*h

*h 音是舌根擦音，音值相当于国际音标的［x］。《女真译语》的注音汉字用晓母、匣母字来表示此音。如：

千　哈 *ha　臾　黑 *he　夭　和 *ho

艮　孩 *hai　肖　忽 *hu　压　寒 *han

*h 音是女真语里的重要音位之一，而它的语音现象非常值得注意。清濑氏在其论文中曾指出 h 音在满语中变为零声母的语音现象。[①] 如果这种语音演变规律能够成立的话，说明 h> 零声母的音变规律不仅在蒙古语中存在，而且在满—通古斯语族中也存在。请看以下几例：

毋五　哈都 *hadu>［满］adu（衣服）h>o（，）

甪右尧　哈察别 *hacabie>［满］acambi（见）h>o（，）

秀昊　哈答温 *hagdaŋun>［满］agdun（诚、信）h>o（，）

又《金史·金国语解》的姓氏类里说：“呵不哈曰田。”“田”即“天”的谐音，女真人改汉姓时取“呵不哈”之意“天”，以谐“田”姓之音。“呵”是晓母歌韵字，音值应为［xa］。[②] 明代女真语中词首 h 音消失，成为 abka。说明金明之际，也有这种音变。和蒙古语不同的是 h 音的来源问题。女真语的 h 音绝不是来源于 *f 或 *ɸ、*p。下边讨论 *h 音出现在词里的情形。

词首音节：

乇列　哈称因 *hacin>［会］哈失 *hasi>［满］hacin（节）

臾共　黑其 *heki（堤）

平斥　和脱斡 *hoto>［满］hoton（池）

压盂　寒食 *hansi>［满］hansi（清明）<［汉］寒食

釆亦　黑车 *hece>［会］黑彻 *hece>［满］hecen（城）

词中音节：

先夹件　失剌哈替 *sirahati（古）

东千叏　南哈洪 *namhahūn（安）

---

① 清濑义三郎则府《女真音再构成考》第 7.62 节。

② “呵”字《广韵》作虎何切，果摄开口一等，平声、歌韵、晓母。按照王力的构拟，歌戈同韵，应为 a 韵，故构拟为［xa］。

词中音节：

  朱甲　　　斡失哈 *usiha> [会] 兀失哈 *usiha> [满] usiha（星）

  冘炅　　　朱黑 *juhe> [满] juhe（冰）

  夻干　　　纳儿洪 *narhūn> [满] narhūn（细）

  呑角乑　　言的洪 *yamdihūn> [会] 样的哈 *yamdiha> [满] yamjiha（夕）

  任天　　　斡儿和 *orho> [满] orho（草）

 *h 与元音或音组组成一个音节后，可以在词首、词中、词末音节里存在。没有以 -h 结尾的闭音节。

 *h 音也随着其后边元音的前后、高低程度的不同而发生音变。这种现象蒙古语和满语里都有，并在文字上得到反映。前列元音、中元音和后高元音前的 h 音，在满文中以 "ᠾi"、"ᠾe"、"ᠾu" 来表示，后列元音的 h 音则用 "ᡣa"、"ᡣo"、"ᡣū" 来表示。这种语音上的区别并不影响词义的辨别，完全可以归结到一个音位中去。

 如上所述，女真语中的 *ha、*ho、*hū 音节发音部位靠后，相当于国际音标的 [xɑ]、[xɔ]、[xɷ]；*he、*hi、*hu 的发音部位靠前，相当于国际音标 [xe]、[xi]、[xu]。这两组不同的音，同样可以归并到 *h，成为一个音位。

（八）舌尖边音 *l

 *l 是个边音，发音时舌尖抵住前上齿龈，成阻后气流从舌头的两边通过，并且随即除阻。其音值相当于国际音标 [l]，《女真译语》的注音汉字用来母字表示。如：

  犮　刺 *la　　佸　勒 *le

  休　里 *li　　旱　罗 *lo

 *l 与元音或音组组成一个音节后，可以在词首、词中、词末存在，也可以作为音节末音素而处于非词末音节里。

 词首音节：

亩　罗和 *loho> ［会］ 罗火 *loho> ［满］ loho（刀）[①]
万　勒付 *lefu> ［会］ 勒伏 *lefu> ［满］ lefu（熊）
火友关　老剌埋 *laulamai< ［汉］ 劳（劳）
关米　老撒 *lausa< ［汉］ 骡子（骡）

词中音节：

敢亇　塔里江 *taligian> ［会］ 塔儿恰 *tarkia> ［满］ talkiyan（霆）
夭化土　失勒温 *šilun> ［会］ 失雷 *šilei> ［满］ silenggi（露）
壴买　伏勒吉 *fuleŋgi> ［会］ 伏令吉 *fuliŋgi> ［满］ fulenggi（灰）
于夷　一勒哈 *ilha> ［会］ 亦剌 *ila> ［满］ ilha（花）
夊　兀里彦 *uliŋen> ［会］ 兀甲 *ulgia> ［满］ ulgiyan（猪）

词末音节：

圥列　阿里因 *alin> ［会］ 阿力 *ali> ［满］ alin（山）
券　兀剌 *ula> ［会］ 兀拉 *ula> ［满］ ula（江）
凨化　背勒 *beile> ［会］ 背勒 *beile> ［满］ beile（官）
玫壬早　弗和罗 *foholo> ［会］ 佛活罗 *foholo> ［满］ foholon（短）
贵休　牙里 *yali> ［会］ 牙力 *yali> ［满］ yali（肉）

个别的 la 音节，在满语里变为 na 音节。如：

尗条　阿剌哈 *alaga> ［满］ anagan（闰）

（九）舌尖鼻音 *n 和舌根鼻音 *ŋ

1.*n

*n 是个鼻音，其音值相当于国际音标［n］。《女真译语》的注音汉字用泥母字，一部分用娘母字来表示此音。如：

尝	纳 *na	亏	捏 *nie/*nia	庄	那 *no
杀	你 *ni	乇	嫩 *nun/*non	斥	奴 *nu

*n 音在女真语里是个很重要的音位。它可以在词的任何音节里存在，并且以 -n 收尾的闭音节可以在词首音节、词末音节出现。现举例如下。

词首音节：

① 《会同馆译语》器用门中，“刀”作“或失”，“腰刀”作“罗火”。满语中“loho”亦是“腰刀”。阿波文库本和静嘉堂文库本之《会同馆译语》各有异同，前者作“或失”，后者作“或夫”。

冭	纳 *na> [会] 纳 *na> [满] na（地）
朵毛	捏年厄林 *nienien erin> [会] 捏捏里 *nienieri> niyengniyeri（春）
亐盂	捏住 *nieju> [会] 念木住 *niemju（萝卜）
冇攵禾	嫩木和 *nonmuho> [会] 那木活 *nomho> [满] nomhon（善）
乐	弩列 *nure> [会] 奴勒 *nure> [满] nure（酒）

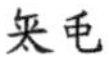

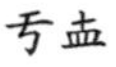

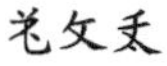

词中音节：

日	一能吉 *inengi> [会] 能吉 *nengi①> [满] inenggi（日）
希亐甲	嫩捏哈 *nionniaha> [会] 牛捏哈 *niuniaha> [满] niongniyaha（鹅）
岳反乑	巴奴洪 *banuhūn> [会] 伴忽 *banhū> [满] banuhūn（惰）
七	斡女欢 *oniohon（十九）

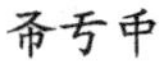

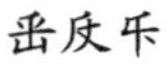

词末音节：

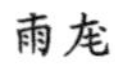

雨尨	一那 *ino> [满] inu（是）；[蒙] inu，同义②
毛	厄林 *erin> [会] 额力 *eri> [满] erin（时）
雨朱雨朱	一你一你 *ini ini> (各)；[满] ini（他的）
比列	阿里因 *alin> [会] 阿力 *ali> [满] alin（山）
金	伯羊 *bayan> [会] 拜牙 *baya> [满] bayan（富）

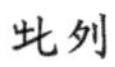

女真语里有大量的 -n 收尾的名词，可见 n 音有时候表现为名词的一种主要标志或词缀。与满语相比较时，n 音的一些现象值得注意。

（1）词尾 -n 音不稳定。女真语名词的 -n 词尾在满语里则消失，女真语里不带 -n 的词在满语里却增生。如：

---

① 《会同馆译语》时令门中，"初一"作"亦扯能吉"，"十五日"作"托伏能吉"。在口语里，词首 i 音脱落。
② 此语同于蒙古语的 inu。在蒙古书面语中，inu 是第三人称物主附加成分，有时充当主语或逻辑重音的标志。是指示意义的小品词，"tere inu"意为"那是"，"ene inu"意为"这是"。由此来看，此语在《女真译语》中表示的不是肯定意义的"是"，而是近似于系词"是"。

减音	㐅乇	卜嫩 *bonon> [满] bono（雹）
	芆弎	莫嫩 *monion> [满] monio（猴）
	攵秂	木申 *mušin> [满] musi（炒面）
	吴弎	古温 *gun> [满] gu（玉）
增音	失秉	者车 *jece> [满] jecen（边境）
	岸舍	哈沙 *gaša> [满] gašan（村）
	盂臿	住兀 *juŋū> [满] jugūn（路）
	帀舍	好沙 *hauša> [满] hoošan（纸）

（2）女真语以 i 元音开头的词首音节前，满语里增加 n 音。如：

禹哭　　一麻吉 *imaŋgi> [会] 亦忙吉 *imaŋgi> [满] nimaggi（雪）

隶宂炙　　因麻剌 *inmala> [满] nimalan（桑）

甬宂炙　　一马剌 *imala> [满] niman（山羊）

甬矢哭　　一门吉 *imeŋgi> [会] 亦猛吉 *imeŋgi> [满] nimenggi（油）

（3）词中 -n- 音的脱落。如：

另舟　　卜弄库 *bulunku> [满] buleku（镜）

杀歹　　撒本哈 *sabunha> [满] sabka（箸）

隶宂炙　　因麻剌 *inmala> [满] nimalan（桑）

2.*ŋ

*ŋ 是舌根鼻音，相当于国际音标 [ŋ]。《女真译语》的注音汉字主要靠以 -ŋ 音收声的韵部来表示。另外一些场合则用疑母字、影母字来表示女真语词中出现的弱化了的音节首音素 *g。

*ŋ 音不出现在词首，主要出现在音节末，而且往往出现在舌根音 -g 前。如：

日·　　一能吉 *ineŋgi> [满] inenggi（日）

旡仒　　上江 *šaŋgian> [会] 尚加 *šanggia> [满] šanggian（烟）

犳吴　　一稜古 *ileŋgu> [会] 一冷吉 *ileŋgi> [满] ilenggi（舌）

电　　双吉 *šoŋgi> [会] 宋吉 *suŋgi> [满] songgiha（鼻）

注音汉字用疑母、影母字表示弱化了的音节首音素 *g，这时应构拟为鼻音 *ŋ。如：

盂臿　　住兀 *juŋū> [满] jugūn（路）

夂　　兀里彦 *uliŋen>［会］兀甲 *ulgia>［满］ulgiyan（猪）

女真字炅、压、宂三字分别代表“温”、“厄”、“安”音。根据这三个字出现的场合和所起的作用，并在语言比较的基础上，可以认为这些音节的首音都有鼻音 *ŋ。所以，有必要对此做出语音构拟。即：

炅　温 *ŋun　　压　厄 *ŋe　　宂　安 *ŋan

这三个音节都在词末出现，而且以这三个音节结尾的词都是名词。

有趣的是，女真语中没有以 -ŋ 结尾的词，甚至汉语借词里 -ŋ 收声的词在女真语里却被改造为 -n 收声。如：

侍郎　岂友庁　侍剌安 *šilan

都堂　舟帯庁　都塔安 *dutan

总兵　禾叉粃夂　素温必因 *sunbin

高昌　爷呑庁　高察安 *gaucan

一些特殊的借词中 -ŋ 音不变，如：

京　亦　京 *giŋ　　王　佘　王 *waŋ

综上所述，女真语里的舌根鼻音 *ŋ 作为音节末音，常常出现在舌根音 *g 前。一些弱化了的音节首音 *g，注音汉字用疑母、影母字转写。在构拟女真语音时，有必要构拟音节首音 *ŋ。

（十）半元音 *y、*w

1.*y

*y 是半元音，相当于国际音标［j］。《女真译语》的注音汉字则用喻母字，一部分用影母、微母字来表示。如：

圤　牙 *ya　　同　约 *yo　　kj　也 *ye

冊　羊 *yan　　外　又 *yu

*y 音总是和元音、音组组成一个音节，在词首、词中、词末位置上出现，单独不能成为音节。

词首音节：

炎休　　牙里 *yali>［会］牙力 *yali>［满］yali（肉）

圤乎　　牙哈 *yaha>［会］牙哈 *yaha>［满］yaha（炭）

袖　　姚希 *yohi（套）

司司右　约约昧 *yoyomei（饥）

圤夯　牙本 *yabun>［满］yabumbi（走）

词中音节：

朩叟　兀也黑 *uyehe>［会］未黑 *uihe>［满］uihe（角）

吴圤肖　古牙忽 *guyahū>［会］谷牙洪 *guyahūn（鸳鸯）

侟㸚右　背也昧 *buyemei>［会］背因必 *buyimbi>［满］buyembi（爱）

玊㸚右　忒也昧 *teyemei>［满］deyembi（起、飞）①

词末音节：

金冊　伯羊 *bayan>［会］拜牙 *baya>［满］bayan（富）

女真语里的一些 ia、ie 复合元音，在满语里成为 ya、ye 音节，这是属于满文正字法范畴的问题，实际读音与女真语无异。如：

敨仒　塔里江 *talgian>［满］talkiyan（霆）

奀毛　捏年厄林 *nienien erin>［满］niyengniyeri（春）

戈叟　灭黑 *miehe>［满］niyehe（鸭）

吞甬太　灭苦鲁 *miakūru>［满］niyakūrambi（跪）

2.*w

*w 也是半元音，相当于国际音标［w］。《女真译语》的注音汉字用疑母、喻母、微母字来表示。如：

斧　瓦 *wa　　支　委勒 *weile　　隶　斡 *wo

女真译语里有四个以 *w 音开头的音节，即：*wa、we、wei、wo。举例如下：

斧舟夊　瓦都剌 *wadula>［满］wambi（杀）

支　委勒 *weile>［满］weile（事）

茂叟　秃斡黑 *tuwehe>［满］tubihe（果）

岔隶　多罗斡 *dorowo>［满］dobori（夜）

女真语里的复合元音 ua、ue 在满语里成为 wa、we 音节。这也是由满文的正字法规则所致。如：

---

① 此语在女真语里表示“起”，在满语里表示“飞”的意思。“起”与“飞”意义相近。

叏毛　　朱阿厄林 *jua erin>［满］juwari（夏）

ニ　　拙 *jue>［满］juwe（二）

キ　　拙 *jua >［满］juwan（十）

女真语的处于词中音节的 w 音，在满语里（书面语）成为 b 音。如：

茂㑹　　秃斡黑 *tuwehe>［满］tubihe（果）

※　　※　　※

女真语的辅音系统大致如此，同满语书面语的辅音系统相差不大。有些语音变化也是有规律可循的。

在女真语里没有不吐气塞擦音 *z［ʦ］的音位。汉语借词里的 *z 音，在女真语里被改造为 *s 音。如：

英杀　　老撒 lausa<［汉］骡子 *luo zɿ

禾冗朼夊　素温必因 sunbin<［汉］总兵 *zuŋ bin

女真语里用“舟”字代表“子”音，根据 *z >*s 的音变规律，“舟”字的音值应构拟为 *se。在满语、蒙古语中把借词里的 z 音读作 s 音的情况屡见不鲜。如满语：

maise<［汉］麦子　　hoseri<［汉］盒子

清濑氏认为，汉语借词里的“子”音，应构拟为 *ǰi 音，因为女真语里的 *ǰ 音在满语里变成 s 音的例子很多，如：

雨刲卓　　一乍剌 *ijara>［满］isa（聚会）①

他所举例子的“乍”字是精母字，应构拟为［ʦ］。女真语里有明显的把 z［ʦ］音改读为 s 音的例子，对此音只能构拟为 *sa，没有理由构拟为 *ǰa。

根据以上描写，现把明代女真语的辅音列入下表中。

表中所列的是明代永乐年间编的《女真译语》所代表的明代女真语的辅音系统。根据已知的语音演变规律，参考《金史》中的语音记录，可以大概地推断金代女真语的辅音系统。

除明代女真语中所具有的辅音之外，可以肯定金代尚存双唇吐气塞音 *p。唇齿音 *f 可能停留在双唇擦音 *ɸ 的阶段。鼻音 *ŋ 的辨义功能一定比

① 清濑义三郎则府《女真音再构成考》第 3.22 节。

明代女真语里的 *ŋ 音要强。此外，舌根音 *h 也较发达，在明代有一部分 *h 音变成零声母。

明代女真语辅音表

发音方法		发音部位					
		双唇	唇齿	舌尖	舌叶	舌根	小舌
塞音	吐气			t		k	q*
	不吐气	b		d		g	γ*
擦音	不腭化		f	s		h	x*
	腭化				š		
塞擦音	吐气				c		
	不吐气				j		
鼻音		m		n		ŋ	
边音				l			
颤舌音				r			
半元音		w			y		
备注		标有 * 号的音属于音位变体。					

第三节　女真语的元音系统

女真语元音系统的确定要比辅音系统困难一些。需要归纳注音汉字所代表的韵母系统，根据女真语音规律，通过与满语和其他亲属语言之间的比较之后才能逐一确定每个元音音位。

据一些学者对满语口语的研究，满语有八个基本元音，即：ɑ、o、u、ä、ö、ü、ï、i。四个后列元音同四个前列元音相对应：ɑ 和 ä、o 和 ö、u 和 ü、i 和 ï。①

从满语书面语来看，它有六个基本元音音位，即：后列元音 ɑ［ɑ］、o

① Б. Пашков, *МАНЬЧЖУРСКИЙ ЯЗЫК*, стр16, Издательство Восточно Литературы Москова, 1963 года. 又参看穆麟德夫《满文文法》“语音学”。

[ɔ]、ū [ɷ]（也称刚元音或阳性元音）；前列元音 i [i]，后列元音 u [u]（此二元音也称为中性元音）；央元音 e [ə]（也称柔元音或阴性元音）。

据前人的研究，古阿尔泰诸语言的元音系统基本相同。元代蒙古语的元音音位同满语口语一样，也是由八个元音所组成，即：后元音 a、o、u、ï 和前元音 ä、ö、ü、i，互相形成对应关系。这些元音音位在明初《洪武译语》和永乐《鞑靼译语》中都有反映。前人对蒙古语音的研究有许多成果，在确定女真语元音系统时，完全可以利用这些成果进行比较。这样一来，除了满语、赫哲语、索伦语资料外，又增添了《洪武译语》、永乐《鞑靼译语》等可资比较的蒙古语言资料。

下面本着这个途径讨论女真语元音系统。

（一）*a

*a 音在女真语中存在是非常明显的。《女真译语》的注音汉字用"阿"字表示纯粹的 *a 音。此外，"撒"、"哈"、"巴"、"八"、"塔"、"答"、"剌"、"察"、"牙"、"麻"、"法"、"纳"、"叉"、"沙"等"麻"韵字的韵母都是纯粹的 *a 音。

*a 音在满语里也是 a，明代蒙古语中的 a 音，在《洪武译语》、永乐《鞑靼译语》中也是用同样的汉字表示的。举例如下：

克土　　阿浑温 *ahūn> [满] ahūn（兄）；[洪] 阿ᵈ合 *aqa> [蒙] aqa

卦刃　　牙本 *yabun> [满] yabu（走）；[洪] 牙卜 *yabu> [蒙] yabu

冃伃列　阿答母林 *agda murin> [满] akta morin（骟马）；[洪] 阿黑塔 *agta> [蒙] aɣta

*a 元音是很稳定的音素，在词里的音变现象不明显。从 *a 音在词里出现的位置来看，它可以做词首音节的首声，更多的场合是与辅音结成音节、与元音结成复合元音，在词首、词中、词末出现。如：

禾　　阿卜哈 *abka（天）　　金丹右　爱晚都昧 *aiwandumei（买）

夯　　阿捏 *ania（年）　　　甬㠯　的孩 *dihai（船）

兄夲　上江 *šaŋgian（烟）

（二）*e

*e 音在女真语里基本上代表［e］和［ə］两音。《女真译语》的注音汉字用“厄”字代表 *e 音。此外，“也”、“脉”、“忒”、“列”、“车”、“者”、“惹”、“塞”、“革”、“克”、“黑”、“赫”、“客”、“德”、“别”、“舍”、“勒”等字的韵母也代表 *e 音。

满语书面语的 e 音，实际读音基本上是央元音［ə］，而在口语里不可能全是［ə］音。不用说方言之间的语音差别，就是不同的人之间发同一个语音时也会由于口腔开合程度、声音的洪细程度以及气流的强弱程度的不同而略有差异。满语书面语里的 e 音就是在语音规范化的前提下，通过语音归纳而确定的音位。所以，书面语言同实际口语之间往往有一定的区别，但也不会完全不同。女真语言虽然以注音汉字的形式保留下来其基本的语音特点，但是通过它还不能细辨其语音成分，只能以音位归纳的方法进行探讨。*e 音也是如此，只能认为此音一定存在，却不能细辨 e 音位的变体。通过比较，基本上能确定其音值就算可以了。

从汉语音韵上看，《中原音韵》的车遮韵，《蒙古字韵》的 ［ėj］、［əj］、［e］韵代表女真语的 *e 音。下面举例来看。

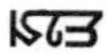

厄恨 *eihen>［满］eihen（驴），同

厄都温 *edun>［满］edun（风），同

厄申 *ešin>［索］ešin（不），同

例 1 的“厄”字代表的是复合元音 ei，例 2、3 中代表的是短元音 e。“厄”字既然可以表示复合元音 ei 和短元音 e，说明二者之间的语音差别不大。这几例中，“厄”字所代表的是前元音［e］和［ė］。又例：

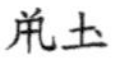

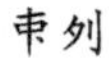

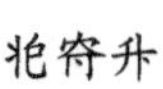

革捏黑 *genehe<［满］genehe（去），同

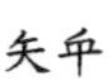

者车 *jece>［满］jecen（边），同

伯黑 *behe>［满］behe（墨），同

背勒 *beile>［满］beile（官），同

例 1 中的“革”、“黑”的韵母都是 ei，“捏”字的韵母 ie。因为汉语泥母里没有 ei 韵字，所以“捏”字的韵母除代表 ie 外，还能代表短元音 e。满语书面语里读此语为［kənəxə］，与“革捏黑”所代表的音值［kenexe］有差别。

例 2 中的“者”、“车”二字的韵母均为［e］，《蒙古字韵》恰好用 ［e］

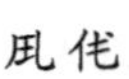

韵来表示。说明此音在女真语中确实存在。

例 3 中的 "伯" 字，韵母是 ɑi，与 e 音差距较大。但词末音节是 "黑" 音，按元音和谐律，"伯" 音应为 [pė]。从此例中又可看出 [ė] 音的存在。

例 4 在金代作 "勃极烈"。"烈" 字之韵母显然代表前元音 [e]。

以上几例说明，女真语中的 *e 音位中包含有 [ė] 这个变体。但是也有央元音 [ə] 出现的场合。如：

 日   一能吉 *ineŋgi [inəŋki]（日）；[满] inenggi
 佴呆 一稜古 *ileŋgu [iləŋku]（舌）；[满] ilenggu
 伴㚍 根见 *geŋgien [kəŋkien]（明）；[满] genggiyen

在以鼻音 -ŋ 结尾的闭音节里，e 音成为央元音 [ə]。如果说满语里的 e 音位发音部位靠后，基本等于央元音 [ə] 的话，女真语 *e 音位的发音部位靠前，基本等于前元音 [e]。央元音 [ə] 只是在极个别的语音环境中出现。

这样一来，女真语中后列元音 *ɑ 和前列元音 *e 形成对应关系。这种关系对女真语里的元音和谐现象的解释，具有重要的作用。如：

 e）伴㚍 根见 *geŋgien> [满] genggien（明）见 gien
 ɑ）肯㚍 法里见 *faligian> [满] farhūn（暗）见 gian
 ɑ）耒禸夂 听答埋 *tindamai> [满] sindame（放）埋 mai
 e）玉乣右 忒也昧 *teyemei> [满] deyeme（起、飞）昧 mei

（三）*i

*i 是前高元音，相当于国际音标 [i]。《女真译语》里的 "一"、"亦" 就是这个音的记音字。去掉 "吉"、"必"、"非"、"迷"、"密"、"的"、"泥"、"你"、"逆"、"里"、"赤"、"只"、"失"、"十"、"食"、"其" 等字的声母，剩下来的韵母就是 i 音。

*i 音可以出现在词首、词中、词末。如：

 甬呆 一麻吉 *imanggi> [满] nimanggi（雪）
 朱夂 一十埋 *išimai> [满] isime（至）
 雨夊呆 一门吉 *imeŋgi> [满] nimenggi（油）
 米甲 只哈 *jiha> [满] jiha（钱）

元代蒙古语尚分前元音 *i 和后元音 *ï。但在八思巴字里只有一个 "ᠵ"

字表示前高元音 i，可见当时有了 i 和 ï 合并的趋势。在明代女真语里 *i 音可以出现在后列元音音系的词里，也可以出现在前列元音音系的词中，说明 i 音是个中性元音。同时说明了在女真语中不存在 i 和 ï 的对立关系，二者已经合并为一个音位。可是从注音汉字的音值来看，ï 音在一些场合还有出现。

汉字“克”、“委”的韵母是［əj］、［ei］，这同前元音 i 的音值不同，应是后元音 ï。见例：

舟叓侂右　康克勒昧 *kaŋkilemei>［满］hengkileme（叩）

中米　委罕 *wïhan>ihan（牛）

在蒙古语的口语里（尤其是喀尔喀方言）有第一音节的 i 音受到第二音节的影响而发生逆同化的现象。如：

蒙古书面语 ǰida>［喀］ǰada（枪）

蒙古书面语 miŋγa>［喀］miaŋγa（千）

蒙古书面语 imaγa>［喀］yamaa（山羊）

在满语里有极个别的词有逆同化现象。如：

女真语角㞤 *dihai>［满］jaha（船）

女真语庑 *tiko>［满］coko（鸡）

绝大多数情况下不发生逆同化。如：

女真语仟甬 *gida>［满］gida（枪）

女真语五 *miŋgan>［满］minggan（千）

汉语借词里的卷舌元音［ʅ］，在女真语的环境里应构拟为 *ï 音。如：

关岜　道士［tauʂʅ］>*daušï（道士）

岜友庁　侍刺安［ʂʅlan］>*šïlan（侍郎）

怔岜　御史［yuʂʅ］>*yušï（御史）

岙夫　指挥［tʂʅhui］>*jïhui（指挥）

岙　旨［tʂʅ］>*jï（旨）

现代汉语的［tʂ］、［tʂ‘］、［ʂ］三辅音后边只能结合舌尖后元音［ʅ］，［ʦ］、［ʦ‘］、［s］三辅音后边只能结合舌尖前元音［ɿ］，前元音［i］是不能结合的。可是在中古汉语里还没有这种卷舌音。到元代汉语里才有出现，八思巴字用[illegible]［ʅ］来表示。《中原音韵》的支思韵也是表示［ʅ］音。但不是所有知母、彻母、审母、清母、心母、精母字后边的［i］音都变成了［ʅ］

音，有些字还保留着[i]。女真语中的汉语借词，不可能被原封不动地加以应用，必然改造成适应自己语音特点的读音。上面所举几例中的[ʅ]音，在女真语音的环境里构拟为 *ï，这样可能更适应女真语音的特点。

女真语的 *ši、*ji、*ci 音节，注音汉字用"失"、"只"、"赤"三字来表示。这三个字的韵母还没有发生变化，仍然保持为[i]音。"失"字《中原音韵》入齐微韵，《蒙古字韵》标为"ᠰᡳ"[ʃi]，其他"十"、"石"、"良"字亦如此。"只"字《中原音韵》入齐微韵，《蒙古字韵》标为"ᠵᡳ"[ʧi]。"赤"字《中原音韵》入齐微韵，《蒙古字韵》标为"ᡱᡳ"[ʧʻi]。

（四）*u

*u 是后列圆唇高元音，相当于国际音标[u]。满文用"ᡠ"字母来表示。《女真译语》的注音汉字用"兀"字表示 *u 音。此外，"卜"、"步"、"不"、"夫"、"府"、"没"、"木"、"母"、"都"、"杜"、"奴"、"弩"、"出"、"朱"、"诸"、"住"、"舒"、"如"、"素"、"古"、"库"、"忽"等字的韵母都代表 *u 音。

在满语的词干里，u 音能同前列元音和后列元音结合，是中性元音。如：

a+u	[满] basumbi（耻笑）
	[满] baturu（勇）
	[满] banuhūn（懒惰）<[女真] *banuhūn，同
e+u	[满] edun（风）<[女真] *edun 同
	[满] getuken（明白）
	[满] sure（聪明）<[女真] *sure 同
i+u	[满] firumbi（祝、祷）<[女真] *firu（神）
	[满] jisumbi（刺）
	[满] kidumbi（想念）

唯独不与圆唇后音 o 结合。然而，以 u 音为主要元音的词缀可以接于以任何元音为主要元音的词干之后。如：

taci+bumbi（使学）　　　　　jibsi+bumbi（使重叠）

kerci+bumbi（使切割）　　　　olho+bumbi（使畏惧）

在明代女真语里，*u 音的性质与满语的音没有区别，也是中性元音。如：

名词：

i+u	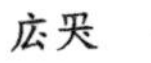 广吴	秃吉 *tuŋgi>［满］tugi（云）同
	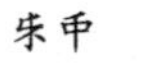 朱甲	斡失哈 *usiha>［满］usiha（星）同
	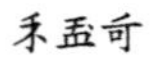 禾孟可	素失该 *susigai>［满］susiha（鞭）同
e+u	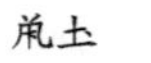 尚土	厄都温 *edun>［满］edun（风）同
	 羌臾	朱黑 *juhe>［满］juhe（冰）同
	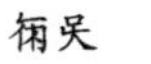 㐱吴	一棱古 *ileŋgu>［满］ilenggu（舌）同
a+u	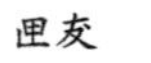 㽼友	哈都 *hadu>［满］adu（衣）同
	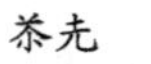 㭒先	撒卜 *sabu>［满］sabu（鞋）同
	 㠱	速撒一 *susai>［满］susai（五十）同

词缀连接上：

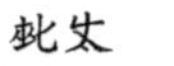

蚘夨　　阿于卜鲁 *ayuburu（救）a+buru

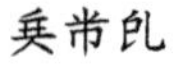

兵帯㔾　密塔卜为 *mitabuwi（退）a+buwi

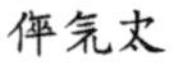

俤氘丈　桑戈鲁 *soŋoru（哭）o+ru

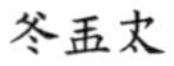

冬盂丈　斡失卜鲁 *wesiburu（升）e+buru

㞢万　　一立本 *ilibun（立）i+bun

从上例中可以看出，女真语的 *u 音同满语一样，与 o 音不在同一个词干里出现，只可以同 a、e、i 音结合；有 u 音的词缀则可以同任何元音的词干相结合。这一点也说明，明代女真语里已经不存在 ü 音，ü 音并到 u 音成为一个音位。

（五）*ū

*ū 音在女真语里也有表现。它是后元音，从舌位的高低程度来说，要比 u 音低一些，却比 o 音高一些，是介于二音之间的圆唇音。此音出现在阳性词的舌根音后面，在满语里也是如此，其音值相当于国际音标的 [ɷ]。满语里用"ᡜ"字母表示此音。

在《女真译语》的注音汉字里用舌根辅音作为声母的带有 ū 音的字是"忽"、"洪"、"浑"、"古"、"苦"、"困"等。下边举例观察 ū 音出现的场合和条件。

  圶   忽浑 *huhun（奶子）>［蒙］kökön>［满］huhun，同
蒙古语 kökön 是阴性词。女真语和满语音同，*u 在满语里相当于"ᠣ u"。这里"忽"读 *hu，"浑"读 *hun。

  库勇 引答洪 *indɑhūn（犬）>［满］indɑhūn，同
此字的主要元音是 ɑ，所以是阳性字。主要元音 ɑ 使舌根音 h 的发音部位后移，h 音后边的 u 音也随着下移，成为后列次高元音 *ū。

  肙叐 素古 *sugu（皮）>［满］sukū，同
此语在满语里已经发生音变。女真语 *sugu 应是阴性词，"古"应音 *gu。

  亥昰 古鲁麻孩 *gūlmahai（兔）>［满］gūlmahūn，同
此字是阳性词，"古"应音 *gū。

  更芉 捏苦鲁 *nekuru（朋友）<［蒙］nökör，同
此字属阴性，"苦"应音 *ku。

  呑舟夬 灭苦鲁 *miakūru（跪）>［满］niyakūrambi，同
此字属阳性，"苦"应音 *kū。

  另舟 卜弄库 *buluŋku（镜）>［满］buleku，同
此字属阴性，"库"应音 *ku。

  屹列 阿里库 *alikū（盘）>［满］alikū，同
此字属阳性，"库"应音 *kū。

  义乇 厄木洪 *emhun（独）>［满］emhun，同
此字属阴性，"洪"应音 *hun。

  奼乇 纳儿洪 *narhūn（细）>［满］narhūn，同
此字属阳性，"洪"应音 *hūn。

以上几例的比较表明，ū 音的出现是有条件的。只有在阳性词的舌根音之后才有可能出现 ū 音。汉语里 u、ū 都属于一个音位，不能分别标注女真语中的 u 和 ū 音，一律用合口韵来表示[①]，这是受到汉语语音体系的限制之故。

[①] 在汉语音韵学里，合口韵是指主要元音为 u 和韵头为 u 的韵母。

这种情况下，只能一方面同满语相比较，一方面努力观察语音现象，摸索出一些规律后，才能得出较为切合实际的语音。

（六）*o

*o 是后列圆唇元音，舌位要比 ū 音低，要比 ɑ 音高。国际音标注为 [ɔ]。*o 音在满语里用不加点的"ᠣ"字母来表示。《女真译语》的注音汉字用"斡"、"倭"字来表示此音。此外，"姚"、"约"、"薄"、"缚"、"弗"、"莫"、"脱"、"多"、"朵"、"罗"、"戳"、"卓"、"朔"、"琐"、"戈"、"和"等字的韵母均代表 *o 音。如：

  ス   倭林 *orin＞［满］orin（二十），同；［洪］豁^舌邻 *qorin

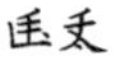

  丟天   斡儿和 *orho＞［满］orho（草），同

  帚   和朵 *holdo＞［满］holdon（松），同

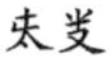

  朱夨   缚约莫 *foyomo＞［满］foyoro（李树），同

  旡   莫罗 *moro＞［满］moro（碗），同

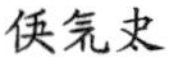

  侯气史   桑戈鲁 *soŋgoru＞［满］songgombi（哭），同

  夭   和你 *honi＞［满］honin（羊），同；［洪］^中豁纫 *qonin

*o 音可以出现在词首，也可以出现在词中、词末各音节，已如上述。

*o 音的圆唇特点非常明显，排他性也很强。从上述例词里可以发现，除了中性音 *i 音外，在名词和动词词干里根本不同其他元音结合。

令人奇怪的是，女真语的动词词缀里没有以 *o 音作为主要元音的词缀。在满语里，根据元音和谐的原则，为配 ɑ、e、o 三个元音而有三套意义相同的词缀。如：-tala、-tele、-tolo；-ha、-he、-ho；-ra、-re、-ro 等。在女真语里只有"巩歹夭"（琐脱和 *sogtoho）一词有"夭"词缀。而这个"夭"（ho）究竟是否同满语的动词过去时形态相等，不无疑问。

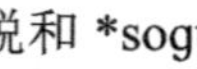

至于前元音 ö，在女真语里没有明显的存在形式。同女真语词相应的蒙古语词的 *ö 音，在女真语里则变为 *e 和 *u。这种例子在《女真译语》里只有几例。如：

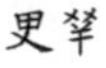

  叓羋   捏苦鲁 *nekuru＞［蒙］nökör（朋友），同

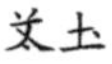

  艾土   蒙古温 *muŋgun＞［蒙］möŋgön（银），同

  天   忽浑 *huhun＞［蒙］kökön（奶子），同

在《女真译语》里只有一个方位格后置词“半”，音“朵”*do。但在金代碑文及明永乐十一年的《永宁寺碑》中屡屡出现与“半”字作用完全相同的“羊”字。金光平、金启孮先生根据此字经常出现在阴性词之后的特点，拟音为*du，认为是“半”的异形，专接于阴性词之后。清濑氏认为“羊”字应音 dö。[①] 如果“半”*do 和“羊”*dö 两音的对应关系可以成立的话，根据元音和谐规则，在金代肯定存在前元音 ü 和 ö。至于明代的《永宁寺碑》里的“羊”字，清濑氏认为它承袭了金代确立的正字法。[②] 这种看法有待研究。“半”、“羊”两字的作用和性质，金光平、金启孮先生的看法还是可信的。[③]

（七）复合元音

女真语的复合元音表现比较明显。《女真译语》注音汉字的“熬”、“套”、“老”、“钞”、“朝”、“高”、“好”等字的韵母代表 au；“伯”、“肥”、“埋”、“太”、“台”、“赛”、“塞”、“该”、“孩”等字的韵母代表 ai；“呕”、“楼”、“受”、“候”等字的韵母代表 eu；“灭”、“捏”的韵母代表 ia、ie；“梅”、“昧”、“退”、“随”、“归”等字的韵母代表 ei、ui；“乖”字的韵母代表 uai；“贵”、“回”的韵母代表 oi；“拙”、“挝”的韵母代表 ue、ua 等音。

*au 音在满语里成为长元音 oo。如：

盂乎	钞哈 *cauha>cooho（军）
帀舍	好沙 *hauša>hooša（纸）
讣車支	套答剌 *taudara>［满］toodambi（还）

*eu、*ei、*ui、*ai、*oi 等音在满语里保持原样不变。如：

举舟	楼子 *leuse>［满］leuse（楼）
罕舟	梅番 *meifan>［满］meifan（项）
曳我夭	归法剌 *guifala>［满］guilehe（杏）
丸夭	孩剌 *haila>［满］haila（榆）
肩列	塞因 *sain>［满］sain（好）

---

① 清濑义三郎则府《女真音再构成考》第 2.12 节。

② 清濑义三郎则府《女真音再构成考》第 2.12 节。

③ 金光平、金启孮《女真语言文字研究》第六章第三节“词类分述”的后置词条。

疗重太　　贵答剌 *goidala> [满] goidambi（迟）

*ia、*ie 音在满语里是 ya、ye 音节的一个来源。如：

矢毛　　捏年厄林 *nienien erin> [满] niyengniyeri（春）

呑舟太　　灭苦鲁 *mia kūru> [满] niyakūrambi（跪）

月　　必阿 *bia> [满] biya（月）

*ua、*ue 音在满语里也是 wa、we 音节的一个来源。如：

要毛　　朱阿厄林 *jua erin> [满] juwari（夏）

二　　拙 *jue> [满] juwe（二）

十　　拙 *jua> [满] juwan（十）

（八）长元音

女真语里也存在长元音。表示长元音时，注音汉字往往在词干后边加一个元音相同的代表一个元音音素的字来表示。女真文字也是在词干后加一个相同的元音字来表示。如：

舍秝　　沙阿 *šaa> [满] šan（耳）；[赫] [ʃɛ]

伐秝　　法阿 *faa> [满] fa（窗）；[赫] [fa]

仓圭　　黑黑厄 *hehee> [满] hehe（妇）；[赫] [hehe]

用圭　　兀者厄 *ujee> [满] ujen（重）

飛庑　　扎阿 *jaa> [满] ja（易）

这些词的末音节都有长元音，但在满语里成为短元音。反而，女真语里的一些短元音，在满语里却成为长元音。如：

爻　　没（莫）*mo> [满] moo（木）

女真语和满语里，长元音的辨义作用远不如蒙古语，在满语里只有圆唇长元音 oo。

女真语上述长元音，是原始长元音的继续。满语里的圆唇长元音 oo 是通过女真语的复合元音 *au 转变而成的。这同蒙古语的长元音来源不同。[①]

① N. 鲍培认为蒙古语中的长元音有两个来源。一是音组的演变，如元音 +γ+ 元音→长元音；另一个是短元音的延长。详见《蒙古语比较研究绪论》第 32 节的“长元音”条。

第四节　元音和谐和反切拼合法

同阿尔泰语系诸语言一样，女真语也有元音和谐现象。在讨论女真语音的元音系统时，也曾谈到这个问题，所以在这里从简一些。

元音和谐是指一个词里的元音相互影响、同化的现象。观察女真语的元音和谐现象，可以得出如下结论：

（1）后列元音（最高元音除外）为一组，*ɑ、*o、*ū；前列元音（最高元音除外）为一组，*e；前列最高元音和后列最高元音为一组，*i、*u。

（2）第一组是阳性音（刚元音），第二组是阴性音（柔元音），第三组是中性音。在具体的词中，阳性音和阴性音相互排斥，不能在一个词中共存。中性音则可以同阳性音和阴性音结合，不受排斥。

另外还有圆唇和谐现象。女真语的圆唇音 *o 有很强的排他性，只允许 *o 音和中性音 *i 存在于以唇音 *o 为主要元音的词里。

对圆唇音 *u 的属性问题，现在也有不同的看法。有的学者认为 *u 音是阴性音，有的学者认为是中性音。[①] 对于满语的 u 音也有同样的分歧意见。

关于女真语中阳性音同阳性音和中性音结合，阴性音同阴性音和中性音结合的问题，前辈佳作中都有论述，这里不再赘述。所要谈的就是圆唇和谐和 *u 音的属性问题。

关于圆唇和谐，即 *o 音和谐问题：

*o 音因为是后列元音，口唇张开程度较大，在词中的元音之间具有较大的影响力。排列《女真译语》里所有带有 *o 音的词，几乎找不出 *o 音与 e、u、ɑ 音结合的例子。绝大多数是 *o +*o、*o +*i 的情况。如：

乏毛	卜嫩 *bonon（雹）	垩	和脱斡 *hoto（池）
兂	斡莫 *omo（湖）	帍爻	和朵莫 *holdo mo（松）
朩	和你 *honi（羊）	亩	多里必 *dorbi（狐）
亩	罗和 *loho（刀）	㙾早	斡莫罗 *omolo（孙）
芈矣	多申 *dosin（进）	龙	一那 *ino（是）
臾芈	团朵 *tondo（忠）	秆	和卓 *hojo（俊）

① 金光平、金启孮先生认为是阴性音，详见《女真语言文字研究》第五章第五节“元音和谐与拼音方法”。清濑义三郎则府认为是中性元音，详见《女真音再构成考》第 2.11 节。

有几个例词需要说明。即：

乇文夭　　嫩木哈 *nomho<［蒙］nomuqan（善）

夻文奚　　拙木申 *jomsin（借）

此二例的中间音节是“木”mu，在这里可以作为纯辅音处理。第一词中的“夭”字注音汉字有误，应注“和”。在其他词中“夭”字都注为“和”。如：

乇夭　　斡儿和 *orho（草）

乇夭甬　　斡儿和答 *orhoda（人参）

这两个词中的“攵”（木），实际上是首音节的收声音，读时急读而过，本身不带任何元音。

*o 音不尽在女真语里是这样，在满语里也是严守圆唇和谐原则的，并且比女真语进一步，具备了完备的相应的词缀系统。

关于 *u 音的属性问题：

中性元音的特征就是它既能够同阳性音结合，也能够同阴性音结合。*i 音在女真语里毫无疑问是中性，*u 音的特征实际上也是如此。如：

岳皮斥　　巴奴洪 *banuhūn（惰）a+u+ū

禾戋　　素法 *sufa（象）u+a

危弓乎　　扎鲁哈 *jaluha（满）a+u+a

角土　　厄都温 *edun（风）e+u

奚乇升　　分一里黑 *funilhe（发）u+i+e

凧旲　　一速温 *isuŋun（酱）i+u+u

広哭　　秃吉 *tuŋgi（云）u+i

夫妥　　卜古 *bugu（鹿）u+u

炭芊　　木杜儿 *muduri（龙）u+u+i

上几例说明，*u 音能同阳性音、阴性音结合在一起，说明 *u 音不同于蒙古语的 u 音（在蒙古语里 u 音属阴性），应属中性音。又从词缀来看：

形动词现在时词缀“太”*ru、“丈”*buru 能接于阴阳两性音之后。如：

佚気太　　桑戈鲁 *soŋgoru（哭）o+ru

岸臾太　　哈扎鲁 *gajaru（要）a+ru

芇件丈　　塔替卜鲁 *tatiburu（学习）a+buru

攵亥丈　　木忒卜鲁 *muteburu（成）e+buru

另外还有“充”*buma（bume）、“乩”*buwi、“房”*lu 等词缀在同词干结合时不分阳性、阴性的。所有这些都说明 *u 音在女真语中的属性问题，即 *u 音是中性元音。

仔细观察《女真译语》中所录的女真字，除了完全意字外，不完全意字、表示音节的音字之间都有一定的结合规则。显而易见，女真文字的创造者巧妙地利用了汉语的反切知识，以弥补女真文字记录女真语言时所出现的不足。所谓反切就是取反切上字的声母（其声母必与被切字的声母相同）和反切下字的韵母（其韵母必与被切字的韵母相同），合而读之，我们通过注音汉字便能了解女真字的反切拼合法。如：

克土　　阿浑温 *ahūn（兄）

反切上字“浑”的声母 *h+ 反切下字“温”的韵母 *ūn=*hūn。

丈土　　厄云温 *eyun（姐）

反切上字“云”的声母 *y+ 反切下字“温”的韵母 un=*yun。

实际上，《女真译语》的反切上下字的选择（指注音汉字）是很有讲究的。为了比较准确地表达女真语音，运用和发展了汉字的反切法。这种反切法多用在词干和词尾的融合部，而且多采用元音榫接的方式。如：

虬列　　阿里因 *alin 里 *li+ 因 *in=*lin

甪土　　厄都温 *edun 都 *du+ 温 *un=*dun

秖土　　斗兀温 *deŋun 兀 *ŋu+ 温 *un=*ŋun

歼秖米　　法答岸 *fadan 答 *da+ 岸 *an=*dan

炏列　　奴失因 *nusin 失 *si+ 因 *in=*sin

朳米　　木剌岸 *mulan 剌 *la+ 岸 *an=*lan

尾友米　　扎剌岸 *jalan 剌 *la+ 岸 *an=*lan

乖土　　多罗温 *doron 罗 *ro+ 温 *un=*ron

※　　※　　※

综上所述，我们可以得出明代女真语的元音系统。《女真译语》所表示的元音系统是：后元音 *a、*o、*u、*ū，前元音 *e、*i。同满语书面语比较，除 *e 音不同外，其他元音基本相同。现列表表示：

明代女真语元音表

后元音	ɑ	o	*ï	u	ū
前元音	*ė	e	i		
央元音		*ə			
备注	带有 * 号的是音位变体。				

至于金代女真语的元音系统，可以大致推定为后元音 ɑ、o、u、ï，前元音 ä、e、ö、ü、i。

第四章 《女真译语》的读音构拟

第一节 《女真译语》读音构拟之条件

柏林本《女真译语》共收871条女真语词汇，分别编入19个门中。具体数目是：天文门30条、地理门42条、时令门31条、花木门31条、鸟兽门59条、宫室门22条、器用门56条、人物门68条、人事门150条、身体门30条、饮食门22条、衣服门26条、珍宝门22条、方隅门26条、声色门20条、数目门30条、通用门94条、续添门62条、新增门50条。东洋文库本《女真译语》仅存续添、新增两门，而较之柏林本续添、新增两门多出46条词汇，两种本子相加，共有917条词汇，是极其珍贵的女真语言文字资料。

上两章里拟定了女真语注音汉字的音值，确定了《女真译语》所代表的明代女真语的语音系统，探讨了女真语音的特点以及各个音位在词中的地位和相互之间的语音关系。有了这样的条件，下一步就可以拟定《女真译语》的读音，进而确定女真文字的正确音值。所以，本章拟对《女真译语》所收女真语词汇做逐一的读音构拟复原。

构拟古代语言的读音，通常的方法就是依靠古代文献资料和活的语言材料的比较。女真语的读音构拟也是如此。所要依靠的古代文献资料，首先是《女真译语》本身的注音汉字，其次是《金史》以及其他史籍所记录的女真语言材料；所要比较的活的语言材料，首先是满语，其次是赫哲、索伦、通古斯等亲属语言。有注音汉字，又有亲属语言材料的比较，还有上两章的基础，就有可能较为准确地构拟女真语读音了。

第二节 《女真译语》读音构拟之说明

自从葛鲁贝发表《女真语言文字考》一书后，就有不少学者致力于女真语言文字的研究，利用《女真译语》识读碑文，考订史实。但是对《女真译语》本身进行系统研究，构拟《女真译语》所有词汇读音的人还是太少了。这个情况在第一章里曾经提到过。

日本的山路广明在其《女真文字制字研究》一书的附录中对柏林本《女真译语》所收词汇的读音做过构拟，但不完全。美籍日本学者清濑义三郎则府在他的博士论文《女真语言及文字研究》中曾对柏林本和东洋文库本《女真译语》所收词汇做了读音构拟。[①] 在我国，还没有人做这项工作。所以更有必要对《女真译语》所收女真词汇进行读音构拟。

对《女真译语》的读音构拟，本章采用构拟表的形式。表中设有编号、女真字、注音汉字、汉字音值（用第二章构拟结果，采用国际音标表示）、词义、语言比较、拟定音值（此项附山路广明、清濑义三郎则府的构拟结果）等格。

最后的构拟结果是参照注音汉字的音值，遵循女真语音规律，结合满语、赫哲语、索伦语、鄂温克语、通古斯语、玛涅格尔语、鄂伦春语、蒙古语等语言的比较而得出来的。《会同馆译语》表现了明末女真口语的特点，对女真语读音构拟有很高的参考价值，因此，有必要在表中附上相同词的读音，以便比较。

表中注音汉字的音值，参照第二章的构拟结果。女真语的读音构拟和满语、鄂温克语、蒙古语则用拉丁字母标注。其他语言资料都是引自他人的著作，音标系统互不相同。为了忠实于原文，本文不做改动，原样引用。

表中用两套编号表示女真语词的顺序。没有括弧的编号，表示柏林本和东洋文库本所有"杂字"的顺序；带有括弧的编号，表示每个门中"杂字"的顺序。此表中包括柏林本和东洋文库本"杂字"的全部女真语词汇。东洋文库本"杂字"中有46条柏林本未见之词，放在最后一门处理，但不另编号，其数并入总数。清濑义三郎则府用三位数排列柏林本"杂字"的顺序，

[①] Kiyose, Gisaburo N., *A Study of the Jurchen Language and Script, Reconstruction and Decipherment*, Hōritsubunka-Sha, Kyoto, 1977.

把东洋文库本"杂字",以新增门另列顺序重新编号,未将其46条词汇并入总数。

语言比较格里的满语资料,主要引自《五体清文鉴》和日本羽田亨编的《满和辞典》;赫哲语资料引自凌春声《松花江下游的赫哲族》一书中记录的赫哲语词汇;索伦语资料引自日本上牧濑三郎《索伦族的社会》一书中记录的索伦语词汇;玛涅格尔语、维柳伊通古斯语、阿穆尔河(即黑龙江)下游通古斯语、中游通古斯语资料引自俄人马克(P. Маакь)《黑龙江旅行记》一书中的《通古斯语词汇》①,以及金光平、金启孮先生《女真语言文字研究》一书中引用的通古斯语资料;鄂温克语资料由内蒙古大学蒙语系鄂温克族学生林娜提供。

脚注对构拟中的问题做必要的说明。

方便起见,表内相关名词简称如下:

  满语:[满]

  赫哲语:[赫]

  索伦语:[索]

  鄂温克语:[鄂]

  蒙古语:[蒙]

  玛涅格尔语:[玛]

  维柳伊通古斯语:[维]

  黑龙江中下游通古斯语:[中]、[下]

  山路广明:[山]

  清濑义三郎则府:[清]

第三节 《女真译语》读音构拟表

以下为《女真译语》读音构拟表。

---

① 见 P. 马克(P. Маакь)《黑龙江旅行记》的《通古斯语汇表》(吉林省哲学社会科学研究所翻译组译,商务印书馆1977年版)。

天文门

编号	女真字	注音汉字	汉字音值	词义	语言比较	拟定音值
1 (1)	乔戈	阿卜哈、以 [会] 阿瓜	ɑ、pu、xɑ、i	天 [之]	[满] abkɑ [赫] [apk‘ɑ]	*abkɑ i[①] [山] abkɑ [清] abkɑi
2 (2)	敁佘	塔里、江 [会] 塔儿恰（电）	t‘ɑ、li、kiaŋ	霆	[满] talkiyan [鄂] talijiran [玛] talinjuran	*talgian [山] talgiyan [清] talgiyan
3 (3)	日	一能吉 [会] 能吉	i、nəŋ、ki	日	[满] inenggi [索] inige [玛] inäŋi	*ineŋgi[②] [山] inengi [清] inengi
4 (4)	丹	必阿 [会] 别阿	pi、ɑ	月	[满] biyɑ[③] [赫] [piɑ] [索] biyɑgɑ [玛] bä [维通] bägɑ	*biɑ [山] biyɑ [清] biyɑ
5 (5)	弟土	厄都、温 [会] 厄都	ej、tu、un	风	[满] edun [赫] [hə t‘ɔ] [索] edein [鄂] ediin [维]、[玛] ödin	*edun [山] edun [清] edun

① 《金史·金国语解·姓氏》："呵不哈曰天。"金代有此语，首音为 *h，《女真译语》里变为 *ɑ。"戈" *i 是属格后缀，接于以元音结尾的名词之后，同于满语的"-i"。"哈"音根据满语，应构拟为 *kɑ。注音汉字不分 kɑ、gɑ、xɑ 三音，都用"哈"字表示。

② 此语本指时间概念，即天亮到天黑一段时间，同夜相对。天体太阳的"日"，满语作 šun。

③ 在满语里，月亮和时间概念的"月"，都用 biyɑ 表示，女真语同于满语。

续表

编号	女真字	注音汉字	汉字音值	词义	语言比较	拟定音值
6（6）	广哭[1]	秃、吉 [会] 秃吉	t'u、ki	云	[满] tugi [赫] [t'uksu] [索] togca [北] tuŋgi	*tuŋgi [山] tugi [清] tugi
7（7）	老	阿玷 [会] 阿甸	a、tem	雷	[满] akjan [赫] [agti] [索] agdu [玛] agdy [维] agdi	*agdien[2] [山] akjan [清] akdiyan
8（8）	夹岸	阿、哈 [会] 阿古	a、xa	雨	[满] aga	*aga[3] [山] aga [清] aga
9（9）	午元哭[4]	塞、马、吉 [会] 塞忙吉	sai、ma、ki	霜	[满] gečen [赫] [saihəsə] [索] sanugca [鄂] sanu	*saimaŋgi [山] simagi [清] saimagi
10（10）	夭佬土[5]	失、勒、温 [会] 失雷	ʃi、ləj、un	露	[满] silenggi	*šilun [山] sileun [清] šileun

① “哭”音相当于满语中的 -nggi。在北部通古斯语中作 tuŋgi，满语中 -ng- 音已脱落。

② 《会同馆译语》：“阿典，曰雷。”也没有标出词中舌根音 *g。在赫哲语、索伦语、玛捏格尔语、通古斯语中尚保持前元音前的 d 音，在满语里已经发生音变成为 j 音。

③ 《金史 · 金国语解》里称“雨”为“阿古”，“古”的声母是舌根音 *g，说明在明代称“雨”为 *aga，与满语无别。注音汉字没有区别 *ga 和 *ha 音。

④ 《会同馆译语》作“塞忙吉”，与“哭”音（*ŋgi）相符。

⑤ “佬土”，应按反切拼合法拼读，le+un=*lun。

续表

编号	女真字	注音汉字	汉字音值	词义	语言比较	拟定音值
11（11）	乗[1]	头 ［会］纳答	t‘əu	斗	［满］naihū（北斗） demtu（斗）	*tu ［山］to ［清］tou
12（12）	未币	斡失、哈 ［会］兀失哈	uo、ʃi、xa	星	［满］usiha ［赫］［uʃihət‘ə］ ［中］osikta ［鄂］osidto	*ušiha ［山］usiha ［清］ušiha
13（13）	旡今	上、江 ［会］尚加	ʃaŋ、kiaŋ	烟	［满］šanggiyan ［索］sangan ［玛］saŋñān ［下］saŋijan ［维］haŋñan	*šaŋgian ［山］šanggiyan ［清］šangiyan
14（14）	个広巺[2]	卜楚、秃、吉	pu、ʧ‘u、t‘u、ki	霞	［满］boconggo jaksan	*bucu tuŋgi ［山］bočo tugi ［清］bočo tugi
15（15）	夨叏	朱、黑 ［会］珠黑	ʧu、xei	冰	［满］juhe ［维］ʒjuka	*juhe ［山］juhe ［清］ǰuhe
16（16）	乭乇	卜、嫩 ［会］博虐吉	pu、nun	雹	［满］bono[3] ［索］bonun ［维］bona	*bonon ［山］bono ［清］bonon

① 汉语借词。tu< 斗。

② “个”*buču，意为颜色，与满语 boco 同。有颜色之云，便是霞。

③ 在满语里已失去尾辅音 -n，而在索伦语中保持着尾辅音 -n。

第四章 《女真译语》的读音构拟 | 105

续表

编号	女真字	注音汉字	汉字音值	词义	语言比较	拟定音值
17（17）	秊哭	一麻、吉 ［会］亦忙吉	i、ma、ki	雪	［满］nimanggi ［赫］［imana］ ［索］imande ［鄂］imaŋde	*imaŋgi ［山］imagi ［清］imagi
18（18）	岺禿哭	塔、马、吉 ［会］塔儿麻吉	t'a、ma、ki	雾	［满］talman ［赫］［t'amnəhə］	*talmaŋgi[1] ［山］tamagi ［清］tamagi
19（19）	夅土	受温 ［会］秃鲁兀	ʃiu、un	阴	［满］silmen, tulhun	*šiun[2] ［山］šun ［清］šun
20（20）	甪土	都鲁、温	tu、lu、un	阳	［满］fiyakiyan ［蒙］dūlayan（暖） ［鄂］dūūljiran（天晴）	*dulun[3] ［山］dulun ［清］dulhun
21（21）	戈	脱委 ［会］他	t'uo、uei	火	［满］tuwa ［索］togu ［鄂］togo ［维］、［玛］tog'o	*tuei ［山］tuwa, tu ［清］tuwe
22（22）	仐舟乇	晚、都、洪	wan、tu、xuŋ	空	［满］untuhun	*wenduhun ［山］untuhun ［清］wenduhun
23（23）	夬天	以蓝、台	i、lam、t'ai	三台	［满］ilan（三） tai< 台	*ilan tai ［山］ilan dai ［清］ilan dai

① 《会同馆译语》作“塔儿麻吉”，说明词中的 l 音漏缀，根据《会同馆译语》所记音应构拟为 *talmaŋgi。

② 在满语里称背阴处为 silmen，天阴为 tulhun，与此语不合。疑此语是满语“太阳”一词的读音，这里可能有误。静嘉堂本《女真译语》里日曰“受温”，阴曰“秃鲁兀”。

③ 此语同蒙古语 dulaγan（暖和）音义相近似。

续表

编号	女真字	注音汉字	汉字音值	词义	语言比较	拟定音值
24（24）	圠乎[①]	顺扎、头	ʃyn、ʧa、t‘əu	五斗	［满］sunja（五）tu< 头 < 斗	*šunja tu ［山］sunja to ［清］šunǰa tou
25（25）	日关件右	一能吉、秃、替、昧 ［会］受温秃提黑	i、nəŋ、ki、t‘u、t‘i、mei	日出	［满］šun tucimbi	*ineŋgi tutimei[②] ［山］inenggi tuči-mbi? ［清］inengi tutimei
26（26）	月夯阜升	必阿、秃、斡、黑 ［会］别秃黑黑	pi、a、tu、uo、xei	月落	［满］biya tuhembi ［鄂］bie tihijiren	*bia tuwehe ［山］biya tuwe-mbi ［清］biya tutimei
27（27）	乔凩土	阿卜哈、秃鲁温 ［会］阿瓜秃鲁兀	a、pu、xa、tu、lu、un	天阴[③]	［满］abka tulhun	*abka tulŋun ［山］abka tulhun ［清］abka tulhun
28（28）	乔先由	阿卜哈、哈勒、哈 ［会］阿瓜哈剌哈	a、pu、xa、xa、ləj、xa	天晴	［满］abkagalaka	*abka galaha ［山］abka garha ［清］abka garha
29（29）	夆米[④]凩土	安班、厄都、温 ［会］昂八厄都	an、ban、ej、tu、un	大风	［满］ambaedun	*amban edun ［山］amban edun ［清］amban edun
30（30）	钌乐夹岸	纳儿、洪、阿、哈	na、ri、xuŋ、a、xa	细雨	［满］narhūn aga	*narhūn aga ［山］narhun aga ［清］narhun aga

① 汉语借词的“斗”，女真语里作“头”，变不吐气音为吐气音。

② 应为 šun tutimei，这里 ineŋgi 与 šun 不分，误。

③ 这里的“阴”，女真语作“秃鲁温”，与《会同馆译语》、满语合。此门（19）“夲土”，意为“阴”，与此音不合，显然有误。*šiun 音可能就是女真语“太阳”的语音。

④ “夆米”*anban，在满语里 n 音变为 m，作 amba，这是由于位于双唇音 b 之前的 n 音同化为双唇鼻音 m 的结果。

地理门

编号	女真字	注音汉字	汉字音值	词义	语言比较	拟定音值
31 (1)	⿰[1]	京	kiŋ	京	[满] giŋ、gemun	*giŋ [山] ging [清] gin
32 (2)	圂土羊[2]	国伦、你	kuei、lyn、ni	国（之）	[满] gurun [赫] [kuru] [索] gurun	*gurun ni [山] gurun [清] gurun ni
33 (3)	来亦羊	黑、车、你 [会] 黑彻	xei、ʧʻe、ni	城（之）	[满] hečen	*hecen ni [山] hečen [清] hečeni
34 (4)	垩库羊	和、脱、斡你	xuo、tʻuo、uo、ni	池（之）	[满] hoton [赫] [hoton] [索] hoton	*hoton[3] ni [山] hoton [清] hotō ni
35 (5)	丘丸朱[4]	黑勒、厄、甲	xei、lej、ej、kiɑ	街	[满] giyɑi< 街	*helee giɑ [山] hele-giyɑ [清] heriye giyɑ
36 (6)	丘丸	黑勒、厄	xei、ləj、ej	市		*helee [山] hele [清] heriye
37 (7)	尖	纳 [会] 纳	nɑ	地	[满] nɑ [赫] [nɑ]	*nɑ [山] nɑ [清] nɑ

① 汉语借词。古音见母四等，现代汉语中变为［tɕ］音。在女真语和满语中保存了“京”字的本来读音，这对研究汉语音韵具有一定的价值。*giŋ< 京。

② “羊”ni 字系属格后缀，接于辅音结尾的名词之后。

③ 《金史·地理志》：“……北自蒲与路之北三千余里，火鲁火疃谋克地为边……”火疃，即 *hoton。

④ 从词的结构来看，“丘丸”是“市”的意思。“朱”*giɑ 可能就是“街”的译音。两词合起来就是“市街”的意思。

续表

编号	女真字	注音汉字	汉字音值	词义	语言比较	拟定音值
38（8）	庋舌	卜和 [会] 伯和	pu、xuo	土	[满] boihon	*boho [山] boiho [清] boiho
39（9）	叱列	阿里、因 [会] 阿力	ɑ、li、in	山	[满] ɑlin [赫] [ɑlin]	*ɑlin① [山] ɑlin [清] ɑlin
40（10）	倚	必阿 [会] 必剌	pi、ɑ	河	[满] pirɑ [维] birɑ	*birɑ② [山] birɑ [清] birɑ
41（11）	夜斗	法马、阿③	fɑ、mɑ、ɑ	邦	[满] fɑlimbi（结交）	*fɑmɑɑ [山] fɑmɑɑ [清] fɑmā
42（12）	庠舍	哈、沙	xɑ、ʃɑ	村	[满] gɑšɑn [赫] [gɑʃɛ̃]	*gɑšɑ [山] gɑšɑ [清] gɑšɑ
43（13）	忝荅④	关、口	kuan、k‘əu	关	[满] fordɑn	*guɑn keu [山] guɑn-ko [清] guwɑn kou
44（14）	矢乍	者、车	ʧe、ʧ‘e	塞	[满] ǰečen	*jece [山] fɑmɑɑ [清] ǰeče

① 《金史·金国语解·物象》："阿邻，山。"

② 《金史·地理志》中称水为"必剌"之处很多，如兀鲁忽必剌（东梁河），叩隈必剌（清河）。《会同馆译语》亦作"必剌"，所以应构拟为 *birɑ。汉字注音可能有误。

③ 在"马"字后加"阿"，表示长元音。

④ 汉语借词。

续表

编号	女真字	注音汉字	汉字音值	词义	语言比较	拟定音值
45（15）	充	斡莫	uo、mau	湖	［满］omo ［索］amuzi ［鄂］amǰi	*omo ［山］omo ［清］omo
46（16）	嵐毛	脉忒、厄林 ［会］墨得	mai、əi、ej、lim	海	［满］mederi	*meterin[①] ［山］meterin ［清］meterin
47（17）	朩夌[②]	扎、卜 ［会］阿力不章（山林）	ʧa、pu	林	［满］buǰan	*buja ［山］jabu ［清］ǰabu?
48（18）	氣佘	舍、厄 ［会］舍亦木克	ʃe、ej	泉	［满］šeri	*šee[③] ［清］šere
49（19）	券	兀剌 ［会］兀剌	u、la	江	［满］ula	*ula ［山］ula ［清］ula
50（20）	杀列	兀失、因 ［会］兀失	u、ʃi、in	田	［满］usin ［赫］［usin］	*ušin ［山］usin ［清］ušin
51（21）	戈	没 ［会］木克	mu	水	［满］muke ［赫］［muk'ə］ ［索］mu ［鄂］mu ［维］mu	*mu[④] ［山］mu ［清］mu

① 《金史·金国语解》：“忒邻曰海”，首音节 me- 不存。

② 《金史·金国语解·姓氏》：“仆散曰林。”《会同馆译语》亦作“不章”，可见此语的音节颠倒了，应为“夌朩”*buja。

③ 《会同馆译语》作“舍”，说明在明代女真语中确实是 *šee。

④ 在索伦语、鄂温克语、维柳伊通古斯语中都作 mu，保持了女真语的原形。

续表

编号	女真字	注音汉字	汉字音值	词义	语言比较	拟定音值
52（22）	乌叟	斡、黑 ［会］兀黑	uo、xei	石	［满］wehe ［维］iho	*wehe[①] ［山］wehe ［清］wehe
53（23）	东[②]	府	fu	府	［满］fu	*fu ［山］fu ［清］fu
54（24）	ㄨ[③]	州	ʧiu	州	［满］jeu	*jiu ［山］jun ［清］ǰou
55（25）	叓[④]	县	xiɛn	县	［满］hiyen	*hien ［山］giyɑn ［清］hiyen
56（26）	卉	希石 ［会］忽提[⑤]	xi、ʃi	井	［满］hūcin ［蒙］qūdūg ［鄂］hudori	*hisi ［山］hisi ［清］hiši
57（27）	盂岳	住、兀[⑥]	ʧy、u(ŋu)	路	［满］jugūn	*juŋu ［山］jugu ［清］ǰugu

① 《金史·金国语解·姓氏》："斡勒曰石。"又《进士题名碑》碑额作"乌叟"，应音 wehe。
② 汉语借词。fu< 府。
③ 汉语借词。jiu< 州。
④ 汉语借词。hien< 县。
⑤ 《会同馆译语》作"忽提"hūti，与蒙古语、鄂温克语相近似。满语 hūcin，显然是由 hūti 变来的。
⑥ "兀"字属疑母，在中古汉音里不是零声母，应音 *ŋu。

续表

编号	女真字	注音汉字	汉字音值	词义	语言比较	拟定音值
58（28）	务炎盉岳	斡速、湾、住、兀	uo、su、ʔɥan、ʧy、ŋu	径	［满］osohon jugūn	*osoŋon juŋu[①] ［山］osohon jugu ［清］osogon ǰugu
59（29）	支共	卜勒[②]、其 ［会］不剌其	pu、ləj、k'i	尘	［满］buraki ［赫］［purəŋ k'i］	*bureki ［山］buraki ［清］bureki
60（30）	竏犮	替、法 ［会］提扒	t'i、fa	泥	［满］lifahan	*tifa ［山］čifa ［清］tifa
61（31）	失压	兀的、厄	u、di、ej	野	［满］bigan ［蒙］hudege（野外）	*udige[③] ［山］ujige ［清］udige
62（32）	盉岳史[④]	住、兀、伯	ʧu、ŋu、pai	道	［满］jugūn	*juŋu be ［山］jugu ［清］ǰugu be
63（33）	艾羊[⑤]	粉都、儿 ［会］牙发	fun、tu、ri	园	［满］yafan	*funduri ［山］fendur ［清］fundur
64（34）	犮甬米	法、答、岸 ［会］发的刺	fa、ta、an	墙	［满］fajiran ［赫］［fadərin］	*fadan ［山］fatan ［清］fadan

① 此语意为“小路”。“湾”字系影母，其声母应为喉音［ʔ］，在女真语里应构拟为鼻音 *ŋ。

② “勒”字，根据满语、赫哲语，可拟定为 *re。注音汉字不分 le、re 音。

③ “兀者野人”的“兀者”，就是从“失压” *udige 变来的。*di 音节变为 *ji/je，*ge 音节脱落，便成“兀者”。“赫哲”族名的渊源可能就在于此。

④ “史”字系处置格后缀，相当于满语的 be，蒙古语的 -i、-yi。附在名词之后，便形成“把路”的意思。

⑤ “羊”字应构拟为 *ri 音。按女真字尚未发展到音节文字，更不可能出现纯辅音字。

续表

编号	女真字	注音汉字	汉字音值	词义	语言比较	拟定音值
65（35）	𘴂𘴃[1]	伏勒、吉 ［会］伏令吉	fu、ləj、ki	灰	［满］fulenggi	*fuleŋgi ［山］fulegi ［清］fulegi
66（36）	圤乎	牙、哈 ［会］他牙哈（火炭）	ya、xa	炭	［满］yaha ［索］yaaga	*yaha ［山］yaha ［清］yaha
67（37）	夹叟	失里、黑 ［会］灼儿窝	ʃi、li、xei	沙	［满］yongge	*sirihe ［山］sirihe ［清］širihe
68（38）	叟共	黑、其	xẹi、k'i	堤	［满］dalan ［鄂］dalan	*heki ［山］heki ［清］heki
69（39）	失乒	者、车	ʧe、ʧ'e	边境	［满］jecen	*jece ［山］ječe ［清］ǰeče
70（40）	奎羊[2]	卜阿、朵	pu、a、to	地面	［满］ba de ［赫］［pa］	*ba do ［山］buwa de ［清］buwa do
71（41）	奎戈[3]	卜阿、以	pu、a、i	地方	［满］ba i	*ba i ［山］buwa-i ［清］buwa i

① 《会同馆译语》作"伏令吉"，又可证明"e"音 *ŋgi。

② "羊" *do 相当于满语 de 和蒙古语 du/tu、dur/tur，是所在格后缀。

③ "戈"字是属格后缀。

续表

编号	女真字	注音汉字	汉字音值	词义	语言比较	拟定音值
72（42）	矢平toggle㐬米	者、车、法、答、岸	ʧe、ʧʻe、fa、ta、an	藩篱	[满] jecen ni fajiran	*jece fadan [山] ǰeče fadan [清] ǰeče fadan

时令门

编号	女真字	注音汉字	汉字音值	词义	语言比较	拟定音值
73（1）	qu毛[①]	捏年、厄林 [会] 捏捏里	nie、nien、ej、lin	春	[满] niyengniyeri [赫] [ɲinɲə]	*nienien erin [山] niyengniye erin [清] niyeniyen erin
74（2）	叏毛	朱阿、厄林 [会] 庄里	ʧy、a、ej、lim	夏	[满] ǰuwari [赫] [tʃua] [鄂] jūga	*jua erin [山] juwa erin [清] ǰuwa erin
75（3）	针毛	卜罗、厄林 [会] 博罗里	pu、lo、ej、lim	秋	[满] bolori [赫] [pɔlɔ] [鄂] boloniorin [索] boloni orin [维] bolono [玛] boloni	*bolo erin [山] bolo erin [清] bolo erin
76（4）	夅毛	秃厄[②]、厄林	tʻu、ej、ej、lim	冬	[满] tuweri [赫] [tʻua] [索] toge erin [鄂] tuge erin [玛] toga	*tuŋe erin [山] tuwe erin [清] tuwe erin

① “毛”音“厄林”*erin，意为“季节”。这里组成一个词组，意为“春季”，满语里已经并为一个词。其他季节的表示都是如此。

② “厄”字系影母，中古音读［ʔæk］，音节首音为喉音［ʔ］。在这个词里“厄”音构拟为 *ŋe 比较合适，因为索伦语、鄂温克语、玛拇格尔语中都作 toge、tuge、toga，都有舌根音 g。

续表

编号	女真字	注音汉字	汉字音值	词义	语言比较	拟定音值
77（5）	日乔	一能吉、革里	i、nəŋ、ki、kej、li	昼	［满］nienggi geli ［赫］［inəŋgi］	*ineŋgi geli ［山］inenggi geli ［清］inengi geli
78（6）	空吏	多罗、斡 ［会］多博力	to、lo、uo	夜	［满］dobori ［赫］［tɔlɔpu］ ［索］dulbo ［玛］dolbo	*dolowo[①] ［山］dorowo ［清］dorowo
79（7）	弁	阿捏	ɑ、nie	年	［满］ɑniya ［赫］［ɑni］ ［索］ɑne ［鄂］ɑnie	*ɑniɑ ［山］ɑniyɑ ［清］ɑniyɑ
80（8）	乜列	哈称、因 ［会］哈失	xɑ、ʧʻiŋ、in	节	［满］hačin（上元、正月十五）	*hɑcin ［山］hɑcin ［清］hɑčin
81（9）	玫发羊[②]	伏、湾、朵 ［会］额力	fu、ʔu̯ɑn、to	时	［满］fon、forgon ［索］horogon	*foŋon do ［山］— ［清］fondo
82（10）	关秀	塞、革 ［会］塞	sɑj、kej	岁	［满］se ［索］sə	*sege ［山］sege ［清］sege
83（11）	举峀	厄鲁、忒	ej、lu、tʻei	早	［满］erde ［赫］［ɜridə］ ［蒙］erte	*erte ［山］erte ［清］erte

① 赫哲语、索伦语、鄂温克语的词中都有 l 音，据此构拟为 *dolowo。《会同馆译语》与满语相同。

② “羊”是所在格后缀。

续表

编号	女真字	注音汉字	汉字音值	词义	语言比较	拟定音值
84（12）	吴㚘	失、塞里	ʃi、sai、li	晚	［满］sikseri ［赫］［ʃikserin］ ［玛］siksä	*sigseri[①] ［山］si(k)seri ［清］šiseri
85（13）	㐅日	一车、一能吉 ［会］亦址能吉（初一）	i、ʧ‘e、i、nəŋ、ki	朔	［满］ice inenggi	*ice ineŋgi ［山］iče inenggi ［清］iče inenig
86（14）	五日	脱卜欢、一能吉 ［会］扽伏能吉	t‘uo、pu、xon、i、nəŋ、ki	望	［满］tofohon	*tobhon ineŋgi ［山］tofohon inenggi ［清］tobohon inengi
87（15）	先夹仵	失剌、哈、替	ʃi、la、xa、t‘i	古	［满］seibeni	*širahati ［山］sirahate ［清］širahati
88（16）	夲斧	忒、厄 ［会］额能吉	t‘ə、ej	今	［满］te	*tee ［山］teo? tee? ［清］tē
89（17）	乇	厄林	ej、lim	季	［满］erin ［索］orin ［鄂］erin	*erin ［山］erin ［清］erin
90（18）	夿条	阿剌、哈	a、la、xa	闰	［满］anagan ［鄂］anagan	*alaga ［山］alaha? ［清］alaga
91（19）	尿吴	深[②]、温 ［会］失木兀（寒） 厦忽鲁（冷）	ʃim、ŋun	冷	［满］beiguwan šahūrun	*šimŋun ［山］sen’un ［清］šingun

① 根据满语、赫哲语、玛涅格尔语，“吴”字应音 *sig。

② “深”字中古音属深摄侵寻韵，以 -m 音结尾。在这里保存 -m 音，正与《会同馆译语》所注“失木兀”相合。

续表

编号	女真字	注音汉字	汉字音值	词义	语言比较	拟定音值
92（20）	釆炅[①]	哈鲁、温 ［会］哈鲁兀	xa、lu、ŋun(un)(ʔun)	热	［满］halahūn ［蒙］qalaγun	*haluŋun ［山］halhun ［清］halgun
93（21）	另炅[②]	塞鲁、温	sai、lu、ŋun(un)(ʔun)	凉	［满］seruken ［索］serun ［蒙］serigün	*seruŋun ［山］sergun ［清］sergun
94（22）	办炅	都鲁、温 ［会］都儿兀（暖）	tu、lu、ŋun(un)(ʔun)	温	［满］halukan ［蒙］dulaγan	*duluŋun ［山］dulun ［清］dulgun
95（23）	乇	背 ［会］失木兀	pue	寒	［满］beiguwan šahūrun	*bui ［山］beye ［清］bei
96（24）	夯仵佬	革、替、勒	ke、t'i、ləj	冻	［满］gecuhun ［鄂］getio	*getile ［山］— ［清］getile
97（25）	卒岀	厄鲁、忒	ej、lu、təi	朝	［满］erde ［蒙］erte	*erte ［山］erde ［清］erte
98（26）	杏角千	言、的洪 ［会］样的哈	iɛn、ti、xuŋ	夕	［满］yamjiha	*yamdihūn ［山］yamjihun ［清］yamdihun
99（27）	压盂乜列[③]	寒、食、哈称、因	xan、ʃi、xa、ʧ'iŋ、in	清明	［满］hangši ［蒙］haŋši ［鄂］hanši	*hanši hacin ［山］hanši hacin ［清］hanši hačin

① 此语同于蒙古语。

② 此语同于蒙古语。

③ 汉语借词。*hansi< 寒食。

续表

编号	女真字	注音汉字	汉字音值	词义	语言比较	拟定音值
100（28）	弘月乜列[1]	顺扎、必阿、哈称、因	ʃyn、ʧa、pi、a、xa、ʧʻiŋ、in	端午	［满］sunǰa biya i hačin sunǰangga inenggi	*šunja bia hačin ［山］sunja biya hačin ［清］šunja biya hačin
101（29）	乩㕚甬土[2]	出、温、都鲁、温	ʧʻy、un、tu、lu、un	重阳	［满］uyungga inenggi	*cun duluŋun ［山］čun-dulun ［清］čun dulun
102（30）	犯脊升夬秀	革、捏、黑、塞、革	kəj、niə、xəi、sai、kəj	去岁	［满］genehe aniya	*genehe sege ［山］genehe sege ［清］genehei sege
103（31）	甪仟舟	的、温、阿捏	ti、un(ɿun)、a、nie	来年	［满］jitere aniya	*diŋun ania ［山］jiun aniya ［清］digun aniya

花木门

编号	女真字	注音汉字	汉字音值	词义	语言比较	拟定音值
104（1）	帇炗[3]	和朵、莫 ［会］换多莫	xu̯o、to、mau	松	［满］jakdan, holdonmoo	*holdo mo ［山］holdon mo ［清］holdo mo

① 此语意为“五月节”。

② “乩㕚”，是汉语“重”的译音，拼读完全同汉语反切，出温切＝重 *cun。“甬土” *duluŋun，即阳。九月九日重阳，拜天射柳是女真习俗。但此语似堆砌而成，疑是后加的。

③ 《金史·金国语解·物类》：“桓端曰松。”又卷一二〇《石家奴传》：“祖斛鲁短，世祖外孙。”《辽东行部志》的“松山”译音为“和鲁夺徒”，意为“有松之山”。又根据满语，此语应构拟为 *holdo。注音汉字没有标出词中的辅音。

续表

编号	女真字	注音汉字	汉字音值	词义	语言比较	拟定音值
105（2）	朱戈	一十、莫	i、ʃi、mau	柏	［满］isi moo（落叶松）	*isi mo ［山］isi-mo ［清］iši mo
106（3）	肖压	忽如	xu、ry	桃	［满］toro	*hūru ［山］huju ［清］huǰu
107（4）	夫戈[1]	缚约、莫 ［会］佛约	fo、ieu、mau	李	［满］foyoro	*foyo mo ［山］foyoro mo ［清］foyo mo
108（5）	耒元夭	因、马、剌	in、ma、la	桑	［满］nimalan ［蒙］ilam-a	*inmala ［山］inmala ［清］immala
109（6）	冇夭	孩、剌 ［会］亥剌莫	xai、la	榆	［满］haila ［蒙］qayilasun	*haila ［山］haila ［清］haila
110（7）	戋扎夭	归、法、剌 ［会］贵	kui、fa、la	杏	［满］guilehe ［蒙］gülesün ［赫］［kuiləhə］	*guifala ［山］guifala ［清］guifala
111（8）	右戈[2]	昧、莫	mei、mau	梅	［满］nenden	*mei mo ［山］mei mo ［清］mei mo
112（9）	序	失鲁 ［会］失鲁	ʃi、lu	梨	［满］šulhe	*silu ［山］šulhe ［清］šilu

① 《金史·金国语解·姓氏》："蒲察曰李。"

② "右"*mei 音是汉语"梅"的译音。*mei< 梅。

续表

编号	女真字	注音汉字	汉字音值	词义	语言比较	拟定音值
113（10）	五弓	兀鲁 [会] 皂儿	u、lu	枣	[满] soro	*ulu [山] ulu [清] ulu
114（11）	禾史[1]	素、黑 [会] 素黑莫	su、xei	柳	[满] fodoho [赫] [purkɛ̃] [蒙] suqai（红柳）	*suhei [山] suhe [清] suhe
115（12）	夆爻[2]	朵和、莫	to、xuo、mau	树	[满] doko（街道）mo（树）	*doko mo [山] doko-mo [清] doko mo
116（13）	乕叐	斡儿、和	uo、ri、xuo	草	[满] orho [鄂] oroot	*orho [山] orho [清] orho
117（14）	爻[3]	没 [会] 莫	mu	木	[满] moo [维] mo	*mo [山] mo [清] mo
118（15）	于叏	一勒哈 [会] 亦勒	i、ləj、xɑ	花	[满] liha [赫] [liga] [索] ilege	*ilha [山] ilha [清] ilha
119（16）	牛夭	阿、不哈 [会] 哈浦哈	ɑ、pu、xɑ	叶	[满] abdaha，abuha（荠菜）	*abuha [清] abuha [山] abha

① 此语同蒙古语的 suqai（红柳）相似。

② 清濑义三郎则府认为此语的意思是“街道两旁的树”。

③ “没”音 *mu，这是注音迁就词义（即汉语“木”）的现象。“爻”字音“莫”，以前出现多次。

续表

编号	女真字	注音汉字	汉字音值	词义	语言比较	拟定音值
120（17）	币	答 ［会］答	ta	根	［满］da	*da ［山］da ［清］da
121（18）	尸爻	分脱、莫 ［会］忽夏莫	fun、t'uo、mau	栗	［满］jancuhūn	*fonto mo ［山］fonto-mo ［清］fonto mo
122（19）	旻舟	者库	ʧe、k'u	苗	［满］jeku（谷）	*jeku ［山］jeku ［清］ǰeku
123（20）	仝	哈儿 ［会］哈儿哈	xa、ri	枝	［满］gargan	*gar ［山］gar ［清］gar
124（21）	戊叟	秃斡、黑 ［会］秃于黑	t'u、uo、xei	果	［满］tubihe	*tuwehe ［山］tubihe ［清］tuwehe
125（22）	关舟[1]	埋子	mai、ʦʔ	麦	［满］maise ［索］maisu	*maise ［山］maise ［清］maise
126（23）	罗仐舟爻[2]	只、丁、库、莫	ʧi、tiŋ、k'u、mau	柴	［满］deijiku moo	*diŋjiku mo ［山］deijiku-mo ［清］ǰidinku mo

① 汉语借词。maise< 麦子。

② “罗仐舟”的顺序可能颠倒了。比较满语和《会同馆译语》，*diŋjiku 的音较为合理。

续表

编号	女真字	注音汉字	汉字音值	词义	语言比较	拟定音值
127（24）	忝[①]	忽里 ［会］忽力	xu、li	松子	［满］hūri	*hūri ［山］hūri ［清］huri
128（25）	俅	失失 ［会］失失	ʃi、ʃi	榛子	［满］šiši	*sisi ［山］sisi ［清］šiši
129（26）	肖㞐	忽、舒 ［会］忽书	xu、ʃy	核桃	［满］mase usiha ［蒙］qusiγ-a	*hūšu ［山］hušu ［清］hušu
130（27）	千乣	脉、出 ［会］莫戳斡	mai、ʧʻy	葡萄	［满］mucu ［赫］［moʧʻəktʻə］ ［中］muɔykta	*mecu ［山］meču ［清］meču
131（28）	臾更	黑、克	xei、kʻəi	西瓜	［满］henke ［赫］［səgɔ］	*heke ［山］hege ［清］heke
132（29）	亐盍	捏、住 ［会］念木住	nie、ʧy	萝卜	［满］mursa	*nieǰu ［山］niyaju ［清］niyaǰu
133（30）	垩夭	和脱、和	xu̯o、tʻu̯o、xu̯o	葫芦	［满］hoto	*hotoho ［山］hotoho ［清］hotoho
134（31）	兄仒禹哭[②]	上、江、琐、吉	ʃaŋ、kiaŋ、suo、ki	白菜	［满］šanyan（白）sogi（菜） ［北通］soŋgi	*šaŋgian soŋgi ［山］šanggiyan sogi ［清］šangiyan sogi

① 《金史·金国语解·物类》："阿虎里，松子。"词首 a 音在满语里脱落了。

② "哭"字音 *ŋgi，所以构拟为 *soŋgi。

鸟兽门

编号	女真字	注音汉字	汉字音值	词义	语言比较	拟定音值
135（1）	炎挲	木杜、儿 ［会］木都力	mu、tu、ri	龙	［满］muduri ［赫］［muduri］ ［鄂］mudur	*muduri ［山］muduri ［清］muduri
136（2）	犮	塔思哈 ［会］塔思哈	t'a、sɿ、xa	虎	［满］tasha ［赫］［t'asha］ ［鄂］t'asaga ［下］tasxa	*tasha ［山］tasha ［清］tasha
137（3）	乖厍[①]	忒、厄 ［会］忒木革	t'əj、ej	驼	［满］temen ［赫］［t'əme］ ［鄂］temgen ［蒙］temege	*temge ［山］temege ［清］temge
138（4）	伃列	母林 ［会］木力	mu、lin	马	［满］morin ［赫］［mɔrin］ ［索］morin ［蒙］morin ［玛］murin	*murin ［山］morin ［清］morin
139（5）	东米[②]	阿、非 ［会］阿非阿	a、fi	狮	［满］arsalan ［蒙］arslan	*afi ［山］afei ［清］afi
140（6）	禾戕	素、法 ［会］速发	su、fa	象	［满］sufan	*sufa ［山］sufa ［清］sufa

① “乖”字在西安碑林女真文书残页中有发现，后边不带音字，是表意字，肯定代表 temege 这样完整的读音。现在缀上“厍”字，词干保持 teme 是应当的。汉字注音有误。女真本土不产骆驼，其词汇一定从他族借来，蒙古语和《会同馆译语》都可以证“乖厍”即 *temge。

② 可能是外来语。日本有些学者认为狮子从非洲来，非洲名为阿非利加，所以名阿非。可是满语、蒙古语的 arslan 从何而来？

续表

编号	女真字	注音汉字	汉字音值	词义	语言比较	拟定音值
141（7）	肻	厄恨 [会] 额黑	ej、xen	驴	[满] eihen [赫] [ʒihəŋ]	*eihen [山] eihen [清] eihen
142（8）	关杀[①]	老撒 [会] 老撒	lau、sa	骡	[满] lorin	*lausa [山] losa [清] losa
143（9）	中米[②]	委罕 [会] 亦哈	uei、xan	牛	[满] ihan [赫] [iha]	*uihan [山] ihan [清] ihan
144（10）	夭	和你 [会] 贺泥	xuo、ni	羊	[满] honin [赫] [hɔnin] [索] hunin [蒙] qonin	*honi [山] honin [清] honi
145（11）	歹	勒伏 [会] 勒伏	ləj、fu	熊	[满] lefu	*lefu [山] lefu [清] lefu
146（12）	关乏	卜、古 [会] 布兀	pu、ku	鹿	[满] buhū [索] [bugu] [蒙] buɣu [玛] boɡ̃o	*bugu [山] buku [清] bugu
147（13）	库男	引答、洪 [会] 音答忽	in、ta、xuŋ	犬	[满] indahūn	*indahūn [山] indahun [清] indahun

① 汉语借词。lausa< 骡子。“关”字与人事门中的“关羊”hūturi 之 hūtu 同。查东洋文库本（17）“关友关”音 laulamai，此字似应“关”字之误。

② “米”字是音字，音值为 *an。汉字注音作“罕”有误。“中”字音值应为 *uiha。

续表

编号	女真字	注音汉字	汉字音值	词义	语言比较	拟定音值
148（14）	宋	牙剌 [会] 失鲁兀	ya、la	豹	[满] yarha	*yara [山] yarga [清] yarha
149（15）	利秀	申、革 [会] 兀剌	ʃin、kej	鼠	[满] šinggeri [赫] [ʃiŋarə]	*singe [山] šingge [清] singe
150（16）	叐足	古鲁麻、孩 [会] 故麻洪	ku、lu、ma、xai	兔	[满] gūlmahūn	*gūlumahai [山] gulmahai [清] gulmahai
151（17）	辛朮乇	朵、必、卜、嫩	tu、pi、pu、nun	猿	[满] bonio	*dobi bonon [山] dobi bonio [清] dobibonon
152（18）	芖乑	莫嫩 [会] 莫虐	mau、nun	猴	[满] monio [赫] [mɔniu] [鄂] monio	*monion [山] monoi [清] moniyon
153（19）	亩	朵里必 [会] 多必	to、li、pi	狐	[满] dobi	*doribi [山] dolibi, dobi? [清] doribi
154（20）	夹	失儿哈 [会] 失儿哈	ʃi、ri、xa	獐	[满] širga	*širga [山] sirga [清] širha
155（21）	半土	加浑、温[1]	kia、xun、un	鹰	[满] giyahūn	*giahūn [山] giyahun [清] giyahun

① 故宫博物院藏“夹浑山谋克印”，即此“加浑温”无疑。

续表

编号	女真字	注音汉字	汉字音值	词义	语言比较	拟定音值
156（22）	汞	舒目 [会] 费勒	ʃy、mu	鹞	[满] silmen	*šumu [山] šumu [清] sumu
157（23）	厈乇	哈、哈 [会] 哈哈	xa、xa	鸦	[满] gaha [赫] [gak'i] [鄂] gaga [中] gaki	*gaha [山] gaha [清] gaha
158（24）	吴夬升	失、赤、黑 [会] 舍彻	ʃi、ʧ'i、xei	雀	[满] cecihe [鄂] šikan	*sigcihe [山] sičihe [清] šičihei
159（25）	希亏乇	嫩、捏、哈 [会] 牛捏哈	nun、nie、xa	鹅	[满] niongniyaha [赫] [nugna] [索] nunaki [鄂] nūŋnihi	*nionniaha [山] niongniyaha [清] niyonniyaha
160（26）	戈臾	灭、黑 [会] 捏黑	mie、xei	鸭	[满] niyehe [赫] [nihe]	*miehe [山] niyehe [清] miyehe
161（27）	庀	替和 [会] 替课	t'i、xṷo	鸡	[满] čoko [赫] [t'ik'ɔ]	*tiko [山] čiho [清] tiko
162（28）	夂	兀黑[①]（里）彦 [会] 兀甲	u、li、ŋen	猪	[满] ulgiyen [索] ulgen [中] olga	*uliŋen [山] uliyen [清] uliyan

① 注音汉字“黑”当“里”字之讹。本门（38）“野猪”作“兀的厄兀里彦”，又有满语、索伦语对照，应作“里”。

续表

编号	女真字	注音汉字	汉字音值	词义	语言比较	拟定音值
163（29）	朿卋[①]	里袜、哈 [会] 泥木哈	li、ɱa、xa	鱼	[满] nimaha [赫] [imaha]	*limaha [山] liwaha? nimaha [清] liwaha
164（30）	犰兂	阿于、马 [会] 艾兀麻	a、y、ma	鳖	[满] aihūma	*ayuma [山] aihuma [清] aihuma
165（31）	龙臾	梅黑 [会] 妹黑	mei、xẹi	蛇	[满] meihe	*meihe [山] meihe [清] meihe
166（32）	乇吞卋	兀、灭、哈	u、mie、xa	虫	[满] umiyaha	*umiaha [山] umiyaha [清] umiyaha
167（33）	共休夂	其、里、因	k'i、li、in	麒麟	—	*kilin [山] kilin [清] kilin
168（34）	目仔列[②]	阿答、母林	a、ta、mu、lim	骟马	[满] akta morin [蒙] aγta [玛] akta murin	*agda murin [山] akta morin [清] akda morin
169（35）	戋	扎鲁兀	ʧa、lu、ŋu	豺狼	[满] jarhū	*jarŋū [山] jarhū [清] ǰargu

① 《金史・金国语解・姓氏》："尼忙古曰鱼。""袜"字中古音属微母［ɱ］，是唇齿鼻音，虽同双唇音［m］有别，但在女真语的环境中可作 *m 音处理。

② 据满语及蒙古语，"目"应音 *agta，注音汉字未标出 *g 音。

第四章 《女真译语》的读音构拟 | 127

续表

编号	女真字	注音汉字	汉字音值	词义	语言比较	拟定音值
170（36）	叉伢列	阿只儿、母、林 ［会］阿扎剌木力	a、ʧi、ri、mu、lim	儿马	［满］ajirgan morin ［索］ajirga ［赫］［aʒirka］ ［蒙］ajirγa	*ajir murin ［山］ajir morin ［清］ajir morin
171（37）	肖伢列	骒[①]、母、林 ［会］沟木力	pu、a、i	骒马	［满］gu morin ［蒙］güü	*gu murin ［山］ko-morin ［清］go morin
172（38）	失压夂	兀的、厄、兀、里、彦 ［会］艾答	u、ti、ej、u、li、ŋen	野猪	［满］aidagan	*udige uliŋen ［山］ujige uliyen ［清］udige uliyan
173（39）	甬兂夭	一、马、剌	i、ma、la	山羊	［满］niman, imahū ［赫］［imahɔ̃］ ［鄂］imagan ［蒙］imaγa	*imala ［山］imala ［清］imala
174（40）	失压伢列	兀的、厄、母林	u、ti、ej、mu、lin	野马	［满］aidagan morin	*udige murin ［山］ujige morin ［清］udige morin
175（41）	失压肎	兀的、厄、厄、恨	u、ti、ej、ej、xen	野驴	［满］aidgan eihen	*udige eihen ［山］ujige eihen ［清］udige eihen
176（42）	嵐乇库秀	脉忒、厄林、引答、洪	mai、t'əj、ej、lim、in、ta、huŋ	海狗	［满］mederi indahūn	*meterin indahūn ［山］mederin indahun ［清］meterin indahun
177（43）	嵐乇夬	脉忒、厄林、朵儿獾	mai、t'əj、ej、lim、to、ri、xon	海獾	［满］mederi dorgon	*meterin dorhon ［山］mederin dorgon ［清］meterin dorgon

① “骒”，直译汉音，又迁就词义，应音 *gu。

续表

编号	女真字	注音汉字	汉字音值	词义	语言比较	拟定音值
178（44）	朿[①]	勒付	ləj、fu	海豹	［满］huwethi	*lefu ［山］lefu ［清］lefu
179（45）	千生	哈里、兀	xɑ、li、ŋu	海獭	［满］hailun ［蒙］haliu	*haliŋu ［山］hara, harsa ［清］hariyu
180（46）	吳圵肖	古、牙、忽 ［会］谷牙洪	ku、yɑ、xu	鸳鸯	［满］ijifun niyehe	*gūyahū ［山］guyahu ［清］guyahu
181（47）	禾另	素、岸 ［会］厦	su、ɑn	鹭鸶	［满］suwan	*suan ［山］suwan ［清］suwan
182（48）	攴伲升	卜、勒、黑 ［会］卜勒黑	pu、ləj、xei	仙鹤	［满］bulehen	*bulehe ［山］bulehe ［清］bulehei
183（49）	吴龙千	失、别、洪 ［会］失别忽	ʃi、pie、xuŋ	燕子	［满］cibirgan（燕雀）	*šigbehun ［山］simbihun ［清］šibihun
184（50）	凫	回[②]和罗	xui、xu̯o、lo	鸦鹘	［满］nacin	*hoihoro ［山］guiholo ［清］guiholo
185（51）	厉土	哈儿、温 ［会］哈鲁	xɑ、ri、un	天鹅	［满］garu	*garun ［山］garun ［清］garun

① 音同“熊”的读音，译音可能有误。

② 根据元音和谐规律，“回”音可拟为*hoi。

续表

编号	女真字	注音汉字	汉字音值	词义	语言比较	拟定音值
186（52）	厉余升	只里、只、黑	ʧi、li、ʧi、xəj	麻雀	［满］sišargan	*jirijihe ［山］jiri-čihe（jirha-čečihe?） ［清］ǰiriǰihei
187（53）	乇米[1]	申科、岸	ʃin、k'ṷo、an	海青	［满］šongkoro	*šinkon ［山］šongko ［清］šinkoan
188（54）	千元	兀鲁兀、麻 ［会］兀鲁麻	u、lu、ŋu、ma	野鸡	［满］ulhuma ［赫］［ɔrkuma］	*uluŋūma ［山］ulhūma ［清］ulguma
189（55）	秉马土[2]	莽、鲁、温	maŋ、lu、un	莽龙	—	*maŋlun ［山］mang-lun ［清］man lun
190（56）	兄仐伞叓	上、江、塞、克	ʃaŋ、kiaŋ、sai、k'əj	银鼠	［满］šanggiyan seke	*šaŋgian seke ［山］sanggiyan segu ［清］šangiyan seke
191（57）	伞叓[3]	塞、克	sai、k'əj	貂鼠	［满］seke	*seke ［山］seke ［清］seke
192（58）	弎仐利秀	嫩、江、申、革	nun、kiaŋ、ʃin、kej	青鼠	［满］niwanggiyan singgeri	*niongian singe ［山］nioggiya šigge ［清］niyongiyan singe
193（59）	庠仐利秀	琐、江、申、革	suo、kiaŋ、ʃin、kej	黄鼠	［满］suwayan singgeri	*sogian singe ［山］sogiyan šingge ［清］sogiyan šinge

① 中古蒙古语称“隼”为 šingqor。

② 汉语借词。*maŋlun< 莽龙。

③ 《金史·金国语解·物类》：“斜哥，貂鼠。”

宫室门

编号	女真字	注音汉字	汉字音值	词义	语言比较	拟定音值
194（1）	刍[①]	宫	kĭuŋ	宫	［满］kurug	*giuŋ ［山］gung ［清］gun
195（2）	荷[②]	殿	tien	殿	［满］deyen	*dien ［山］diyen ［清］diyen
196（3）	平舟[③]	楼子	leu、tsʔ	楼	［满］leuse	*leuse ［山］lou-dzŭ ［清］lauji
197（4）	余伲	呕、勒	əu、ləj	院	［满］hūwa	*eure ［山］ele ［清］yule
198（5）	芇圬[④]	塔、安	t'a、an	堂	［满］tanggin	*tan ［山］tan ［清］tan
199（6）	庚支	哈、番 ［会］哈发	xa、fan	衙	［满］hafai yamun	*hafan ［山］hafan ［清］hafan
200（7）	夫阜	太乙、剌	t'ai、i、la	寺	［满］jugtehen	*taira ［山］taila ［清］taira

① 汉语借词。*giuŋ< 宫。这类宫殿建筑词汇，大都借自汉语。在满语中，其借词特点不如女真语明显，这是根据自己语言特点而逐渐改造的结果。
② 汉语借词。*dien< 殿。
③ 汉语借词。*leuse< 楼子。
④ 汉语借词。*tan< 堂。

续表

编号	女真字	注音汉字	汉字音值	词义	语言比较	拟定音值
201（8）	汞	都哈 ［会］兀尺	tu、xa	门	［满］duka ［赫］［duk'a］	*duka ［山］duka ［清］duka
202（9）	仵夂①	替、因	t'i、in	厅	［满］tinggin	*tin ［山］čin ［清］tin
203（10）	盂压	希儿、厄 ［会］能吉	xi、ri、ej	台	［满］tergin ［蒙］širege	*hirge ［山］hilge ［清］hirge
204（11）	条②	观	kuan	观	—	*guan ［山］guan ［清］guwan
205（12）	肖休	忽里 ［会］厄都	xu、li	阁	［满］taktu	*hūli ［山］huli ［清］huli
206（13）	戽夭	希、大	xi、tai	帘	［满］hida	*hidai ［山］hida ［清］hida
207（14）	夭夯	太、本	t'ai、pun	梁	［满］taibu	*taibun ［山］taiben ［清］taibun
208（15）	反戈	秃、剌 ［会］秃剌	t'u、la	柱	［满］tura	*tura ［山］tura ［清］tura

① 汉语借词。*tin< 厅。

② 汉语借词。*guan< 观。

续表

编号	女真字	注音汉字	汉字音值	词义	语言比较	拟定音值
209（16）	伲牛	法、阿 [会] 发	fɑ、ɑ	窗	[满] fa	*faa [山] faa [清] faa
210（17）	庚①	砖	ʧuen	砖	[满] feise	*juan [山] juwan [清] ǰuwan
211（18）	斧舟	瓦、子 [会] 瓦子	uɑ、tsɿ	瓦	[满] wase	*wase [山] wa-dzǔ [清] waǰi
212（19）	止当②	下、敖 [会] 兀失哈	xiɑ、ɑu	学	[满] tacikū	*hiau [山] šiao [清] hiyau
213（20）	庋氘	卜、戈 [会] 博	pu、kṷo	房	[满] bao	*bogo [山] boogo [清] bogo
214（21）	杰秉休	扎、赤、里	ʧɑ、ʧʻi、li	账房	[满] cacari [蒙] čačar	*jacili [山] čačili [清] ǰačili
215（22）	条甬③	馆、驿 [会] 馆亦	kuɑn、i	馆驿	—	*guan yi [山] guan-i [清] guwanni

① 汉语借词。*juan< 砖。
② 汉语借词。*hiau< 学。
③ 汉语借词。*guan yi< 馆驿。

第四章 《女真译语》的读音构拟 | 133

器用门

编号	女真字	注音汉字	汉字音值	词义	语言比较	拟定音值
216（1）	伕	必忒黑 ［会］必忒额	pi、tʻəj、xei	书	［满］bithe ［赫］［pitʻəhə］ ［索］bitege ［玛］bitiġa	*bithe ［山］bithe ［清］bitehe
217（2）	芜攴	罕、麻	xan、ma	剑	［满］dabcikū	*hanma ［山］hanma ［清］hanma
218（3）	朼斥[①]	下、安	xia、an	香	［满］hiyang	*hian ［山］hiyan ［清］hiyan
219（4）	弖[②]	炉	lu	炉	［满］dabukū	*lu ［山］— ［清］lu
220（5）	迋土	番、纳儿	fan、na、ri	旗	［满］kiru	*fannar ［山］fannor ［清］fannar
221（6）	庠旲	伏塞、古 ［会］伏塞古	fu、sai、ku	扇	［满］fusheku	*fushegu ［山］fushegu ［清］fushegu
222（7）	帀舍	好、沙 ［会］好沙	xau、ʃa	纸	［满］hoošan	*hauša ［山］hooša ［清］hauša

① 汉语借词。*hian< 香。

② 汉语借词。*lu< 炉。

续表

编号	女真字	注音汉字	汉字音值	词义	语言比较	拟定音值
223（8）	夭吏	伯、黑	pai、xẹi	墨	［满］behe ［蒙］beke ［索］behe ［鄂］behe	*behe ［山］behe ［清］behe
224（9）	乎	非 ［会］非	fi	笔	［满］fi ［索］pi	*fi ［山］pi, fi ［清］fi
225（10）	尗	塞 ［会］塞	sai	砚	［满］yuwan	*se ［山］sai ［清］se
226（11）	向羊伏	恩、革、埋 ［会］案革木	ən、kej、mai	鞍	［满］enggemu	*engeme ［山］engemu ［清］engemer
227（12）	矣盀	黑卜、忒 ［会］黑兀忒	xej、pu、t'əj	鞊	［满］habta	*hebte ［山］hebte ［清］hebte
228（13）	肖角夭	忽、的、剌 ［会］忽答剌	xu、ti、la	鞦	［满］hūdaraha ［蒙］qūdaraγa ［玛］kodurga	*hūdira ［山］hujira ［清］hudila
229（14）	芇甬	塔、答 ［会］哈塔剌	t'a、ta	辔	［满］hadala ［鄂］hadal	*tada ［山］tada ［清］tada
230（15）	禾盂可	素、失、该 ［会］速失该	su、si、kai	鞭	［满］susiha ［鄂］šisuga	*susigai ［山］susigai ［清］sušigai
231（16）	禾东	秃、府 ［会］秃府	t'u、fu	镫	［满］tufun	*tufu ［山］tufu ［清］tufu

续表

编号	女真字	注音汉字	汉字音值	词义	语言比较	拟定音值
232（17）	庋光	撒、叉 ［会］撒叉	sa、ʧʻa	盔	［满］saca	*saca ［山］sača ［清］sača
233（18）	更列[1]	兀称、因 ［会］兀失	u、ʧʻiŋ、in	甲	［满］uksin	*ugcin ［山］uksin ［清］ukčin
234（19）	仟甬	吉、答 ［会］吉答	ki、ta	枪	［满］gita ［索］geda ［维］gida ［玛］gida ［中］gida	*gida ［山］giḍa ［清］gida
235（20）	亩	罗和 ［会］罗火（腰刀）或失（刀）	lo、xuo	刀	［满］loho ［赫］［loho］	*loho ［山］loho ［清］loho
236（21）	牟	薄里 ［会］伯力	pau、li	弓	［满］beri ［赫］［beri］ ［索］beri	*beri ［山］beri ［清］beri
237（22）	毛	你鲁 ［会］捏鲁	ni、ru	矢	［满］niru ［赫］［ɲili］ ［索］nuru ［中］ñoro	*niru ［山］niru ［清］niru
238（23）	王夲	忒、厄 ［会］得勒	tʻəj、ej	卓	［满］dere ［中］dyra	*tee, teel ［山］deʻe, dere ［清］tere

① “更”字音 *ugci，加上“列”，-in，与满语近似。

续表

编号	女真字	注音汉字	汉字音值	词义	语言比较	拟定音值
239（24）	凧米[①]	木剌、（安） ［会］木郎	mu、la、（an）	凳	［满］mulan	*mulan ［山］mulan ［清］mulan
240（25）	圤禿	又、安	iu、ʔan	床	［满］besergen	*yuŋan ［山］yuan ［清］yagan
241（26）	伻甬[②]	交、椅	kiau、i	椅	［满］nikeku mulan	*giau yi ［山］jiao-i ［清］giyauwi
242（27）	乩列[③]	阿里、库 ［会］阿力苦	a、li、k'u	盘	［满］alikū	*alikū ［山］aligu ［清］aliku
243（28）	甬	非剌 ［会］非剌	fi、la	楪	［满］fila ［鄂］pila ［蒙］pila	*fila ［山］fila ［清］fila
244（29）	晃㕹	木、先 ［会］木彻	mu、sien	锅	［满］mucen	*mušen ［山］mušen ［清］mušen
245（30）	㣛平[④]	忽非 ［会］汤平	xu、fi	壶	［满］tampin	*hūfi ［山］hupi ［清］hufi

① 佚“米”字的注音汉字“安”。

② 汉语借词。*giau yi< 交椅。

③ “列”字本音 *in。这里可能有误。“乩”字音 *ali，撰写人可能习惯于写“山”的“乩列”，从而本应写“甬”字的时候，误写为“列”字。

④ 汉语借词。*hufi< 壶。

续表

编号	女真字	注音汉字	汉字音值	词义	语言比较	拟定音值
246（31）	券	莫罗 ［会］莫罗	mau、lo	碗	［满］moro	*moro ［山］moro ［清］moro
247（32）	米歹	非、本	fi、pun	灯	［满］dengjan	*fibun ［山］fiben ［清］fibun
248（33）	东册米歹	阿、羊、非、本	a、yaŋ、fi、pun	烛	［满］ayan dengjan	*ayan fibun ［山］ayan fiben ［清］ayan fiben
249（34）	奂千	兀鲁、脉 ［会］兀墨	u、lu、maj	针	［满］ulme	*ulme ［山］ulme ［清］ulme
250（35）	方氕	脱、戈 ［会］同谷	t‘uo、kuo	线	［满］tonggo	*togo (toŋgo) ［山］togo ［清］togo
251（36）	另冊	卜弄、库 ［会］墨勒苦	pu、luŋ、k‘u	镜	［满］buleku ［赫］［pulk‘u］ ［索］biluhu ［玛］biliku	*buluŋku ［山］bulenggu ［清］bulunku
252（37）	付舟币	哈、子、哈 ［会］哈杂	xa、tsɿ、xa	剪	［满］hasaha ［赫］［haʧ‘i］ ［索］haisi ［玛］kaic‘i ［中］xaʒa	*hasha ［山］hadzŭha ［清］haǰiha
253（38）	琙旻	塞、者 ［会］塞者	sai、ʧe	车	［满］sejen ［赫］［seʧən］	*seje ［山］seje ［清］seǰe

续表

编号	女真字	注音汉字	汉字音值	词义	语言比较	拟定音值
254（39）	甪乬[1]	的、孩 ［会］的哈	ti、xai	船	［满］jaha, jahūdai	*dihai ［山］jihai ［清］dihai
255（40）	乖土	多罗、温	to、lo、un	印	［满］doron ［鄂］doron	*doron ［山］doroun ［清］doron
256（41）	庂夹	同、肯 ［会］痛克	t'uŋ、k'əŋ	鼓	［满］tunken ［索］toŋke ［鄂］tuŋke	*tuŋken ［山］tungken ［清］tunken
257（42）	杀万千	撒、本、哈 ［会］撒扒	sa、bun、xa	箸	［满］sabka ［赫］［sabk'i］ ［蒙］sabha ［鄂］saba	*sabunha ［山］— ［清］sabunha
258（43）	关压	忽秃、罕 ［会］中	xu、t'u、xan	钟	［满］hūntahan	*hūtuhan ［山］hutuha ［清］hutuhan
259（44）	夭舟[2]	和、子	xu̯o、tsɿ	盒	—	*hose ［山］ho-ʥu ［清］hoǰi
260（45）	尜[3]	斤	kiŋ	斤	［满］ginggen	*giŋ ［山］čin ［清］gin

① 《金史·金国语解·物象》："沙忽带，舟也。"

② 汉语借词。*hose< 盒子。

③ 汉语借词。*giŋ< 斤。

续表

编号	女真字	注音汉字	汉字音值	词义	语言比较	拟定音值
261（46）	冊[1]	羊	yaŋ	两	［满］yan	*yaŋ ［山］yang ［清］yan
262（47）	朱乎	只、阿	ʧi、xa	钱	［满］jiha ［赫］［gaha］	*jiha ［山］ǰiha ［清］ǰiha
263（48）	肓	兀卜	u、pu	分	［满］fuwen	*ubu ［山］— ［清］ubu
264（49）	吞压	察、罕	ʧʻa、xan	尺	［满］jusuru	*cahan ［山］čahan, čan ［清］čahan
265（50）	夊府[2]	寸、木儿	tsʻun、mu、ri	寸	［满］furhun	*cunmur ［山］tsun-mur ［清］čunmur
266（51）	伞[3]	头	tʻəu	斗	［满］hiyase	*teu ［山］to ［清］tou
267（52）	吞萕乎	灭、良、哈	mie、liaŋ、xa	升	［满］moro hiyasa	*mialiaŋha ［山］miyalinha ［清］miyaliyanha

① 汉语借词。*yaŋ< 两。

② 汉语借词。*cunmur< 寸。

③ 汉语借词。*teu< 斗。

续表

编号	女真字	注音汉字	汉字音值	词义	语言比较	拟定音值
268（53）	尖尖是[①]	塔、塔、孩	tʻa、tʻa、xai	下营	［满］tatambi	*tatahai ［山］tata-mbi ［清］tatahai
269（54）	兄仐孟厗[②]	上、江、希儿、厄	ʃaŋ、kiaŋ、xi、ri、ej	烟墩	［满］hulan	*šaŋgian hirŋe ［山］šanggyan hirge ［清］šangiyan hirge
270（55）	禿禿千乔	扎失、安、肥、子	ʧa、ʃi、ɿan、fei、ʦɿ	令牌	［满］salgiyan temgetu, jasag ［蒙］ǰasaγ	*jasiŋan fise[③] ［山］jasian feiʤŭ ［清］jašigan faiji
271（56）	夕友矢支丈[④]	召、刺、埋、委勒、伯	ʧew、la、mai、uei、ləj、pai	奏事	［满］wešimbumbi	*weile be jeulamai ［山］— ［清］jaulamai weilebe

人物门

编号	女真字	注音汉字	汉字音值	词义	语言比较	拟定音值
272（1）	爪禿关[⑤]	罕、安、你 ［会］哈安	xan、ɿan、ni	皇帝（之）	［满］han ［蒙］qaγan ［鄂］haan	*haŋan ni ［山］hagan, han ［清］haganni

① 动词，意为“宿营”、“驻扎”。动词不应该收进器用门中，疑是后来加的词。

② “兄仐”意为“烟”，“孟厗”意为“台”，同“墩”意义相近。这种牵强附会的词，很可能是后加的。

③ 满语、蒙古语里的 jasag，是蒙古各“旗”执政者的称呼，与衙门同义。这里称令牌为 jasiŋan fise 非常有道理。*fise< 牌子。

④ 女真语语法顺序是主宾谓式，这里显然是按汉语句法顺序排列的。应把顺序颠倒过来。*jeulamai，词干是由汉语“奏”而来。

⑤ “关”字是属格后缀，接于以 -n 音结尾的名词之后。

第四章 《女真译语》的读音构拟 | 141

续表

编号	女真字	注音汉字	汉字音值	词义	语言比较	拟定音值
273（2）	令丈件	阿赤、卜鲁、捏儿麻	a、ʧʻi、pu、lu、nie、ri、ma	圣人	［满］enduriŋge niyalma	*aciburu niarma ［山］ačiburu niyalma ［清］ačiburu niyarma
274（3）	囷土杀余	国伦、你、王	kuei、lyn、ni、waŋ	国王	［满］gurun i waŋ	*gurun ni waŋ ［山］gurun ni wang ［清］gurun ni wan
275（4）	朱[1]	君	kyn	君	［满］ejen	*giyun ［山］chün ［清］giyun
276（5）	伲夫	卜斡、厄	pu、uo、ej	臣	［满］amban	*bueŋe ［山］buwo（buya） ［清］buwe
277（6）	仗凨伲[2]	必忒黑、背、勒	pi、tʻəj、xẹi、pui、ləj	文官	［满］bithesi, bithei hafan	*bithe beile ［山］buwo（buya） ［清］bithe beile
278（7）	缶乎床叉升[3]	钞、哈、厄、者、黑	ʧʻau、xa、ej、ʧe、xei	武职	［满］coohai jergi	*cauha ejehe ［山］čooha ejelehe ［清］čauha ejehei
279（8）	卉朱[4]	将、军	tsiaŋ、kyn	将军	［满］jiyanggiyūn	*jiaŋ giyun ［山］jiyang chün ［清］jangiyun

① 汉语借词。*giyun< 君。
② “凨伲”，金代尚称“勃极烈”。到明代，中间音节 -gi- 已脱落。在满语里，“背勒”一词成为清代贵族的爵位。
③ “床叉升”可能是动词，同蒙古语 ejekü（管理、做主）意义相似。管理军旅之人，便是武职，可以讲通。
④ 汉语借词。*jiaŋ giyun< 将军。

续表

编号	女真字	注音汉字	汉字音值	词义	语言比较	拟定音值
280（9）	仐秉[1]	厄、赤	ej、ʧʻi	使臣	［满］elcin ［蒙］elčin	*elci ［山］elči ［清］eči
281（10）	尙件	哈的、捏儿麻	xa、ti、nie、ri、ma	贵人	［满］wesihun niyalma	*hadi niarma ［山］xadi niyalma ［清］hadi niyarma
282（11）	朰	阿民 ［会］阿麻	a、min	父	［满］ama ［索］amin ［赫］［ama］ ［鄂］amin ［玛］ami	*amin ［山］amin ［清］amin
283（12）	侖	厄宁 ［会］额墨	ej、niŋ	母	［满］eme, eniye ［赫］［ʒɲiā］ ［鄂］ənin ［维通］öñi ［玛］öñi	*enin ［山］eniye ［清］eniyen
284（13）	亾秀乑殳	忒、革、马、法	tʻəj、kej、ma、fa	高祖	［满］den mafa, da mafa	*tege mafa ［山］tege mafa ［清］tege mafa
285（14）	岦早	斡莫、罗 ［会］斡莫罗	uo、mau、lo	孙子	［满］omolo ［赫］［ɔmɔli］ ［鄂］omlai	*omolo ［山］omolo ［清］omolo

① 《金史》称“使者”为“亦里只”。“仐”字应音 *el。

第四章 《女真译语》的读音构拟 | 143

续表

编号	女真字	注音汉字	汉字音值	词义	语言比较	拟定音值
286（15）	尭土[1]	阿浑、温 ［会］阿洪	ɑ、xun、un	兄	［满］ɑhūn ［赫］［ɑhɔ̃］ ［索］ɑhin ［蒙］ɑqɑ ［鄂］ɑhin	*ɑhūn ［山］ɑhun ［清］ɑhun
287（16）	弟土	斗兀[2]、温 ［会］豆	təu、ŋu、un	弟	［满］deo ［蒙］degün	*deŋun ［山］deoun ［清］degun
288（17）	肖伍	一忒、厄 ［会］亦忒	i、t'əj、ej	黎民	［满］irgen	*iteŋe ［山］irge ［清］itege
289（18）	库	和的斡 ［会］活的	xuo̯、ti、uo	女婿	［满］hoǰihon ［赫］［hɔdio］	*hodio ［山］— ［清］hodiho
290（19）	丈土	厄云、温 ［会］革革	ej、yn、un	姐	［满］eyun ［赫］［keke］ ［鄂］ehin	*eyun ［山］eyun, eyūn ［清］eyun
291（20）	关土	捏浑、温 ［会］耨兀	nie、xun、un	妹	［满］non ［索］nühün	*niehun ［山］nehu ［清］niyohun
292（21）	许压[3]	厄一、厄	ej、i、ʅej	丈夫	［满］eigen ［赫］［ʒikəŋ］	*eige ［山］eigə ［清］eige

① 《金史·宗义传》："女直谓子阿浑。"两词词义完全不同。

② "斗"字就具备了现在满语的 deo 音。"兀"音，实际上是鼻音 *ŋu。所以构拟为 *deŋun，正与蒙古语相合。

③ 《三朝北盟会编·政宣上帙二》："妻谓夫为爱根。"词尾有 -n 音。在这里却没有，说明词尾 -n 辅音在女真语里是非常不稳定的。又《松漠纪闻》："妻谓夫为爱根。"

续表

编号	女真字	注音汉字	汉字音值	词义	语言比较	拟定音值
293（22）	朮禿[①]	撒里、安	sa、li、ɿan	妻	［满］sargan	*sariŋan ［山］sargan ［清］sarigan
294（23）	舟于	追、一 ［会］追（子）	ʧuei、i	孩儿	［满］jui	*jui ［山］jui ［清］ǰuwii
295（24）	吴乩[②]	古、出	ku、ʧʻu	皂隶	［满］gucu（朋友） undeči（皂隶）	*gucu ［山］guču ［清］guču
296（25）	岙甲	钞、哈 ［会］朝哈	ʧʻau、xa	军	［满］cooha ［赫］［ʧʻɔha］	*cauha ［山］čooha ［清］čauha
297（26）	肖伍	一忒、厄 ［会］亦忒	i、tʻəj、ej	民	［满］irgen	*iteŋe ［山］irge ［清］itege
298（27）	尗兑	哈、哈、爱 ［会］样的哈	xa、xa、ai	男子	［满］haha niyalma ［赫］［haha nai］	*hahai ［山］hahai ［清］hahai
299（28）	仓圣件	黑黑、厄、捏儿麻	xei、xei、nie、ri、ma	妇人	［满］hehe niyalma ［赫］［hehe］	*hehee niyarma ［山］həhəo niyalma ［清］hehe niyarma
300（29）	王[③]	公	kuŋ	公	［满］kuŋ	*guŋ ［山］kung ［清］gun

① 《松漠纪闻》、《三朝北盟会编》都作“夫谓妻为萨那罕”。
② 满语的“古出”和女真的“古出”，词汇意义相差很大。
③ 汉语借词。*guŋ< 公。

续表

编号	女真字	注音汉字	汉字音值	词义	语言比较	拟定音值
301（30）	希[①]	侯	xeu	侯	[满] heo	*heu [山] hou [清] hao
302（31）	金[②]	伯	pai	伯	[满] be	*bai [山] bai [清] bai
303（32）	禾更[③]	太、监	t‘ai、kem	太监	[满] taigiyan	*taigian [山] taigiyen [清] taigiyen
304（33）	仕叁[④]	尚、书	ʃaŋ、sy	尚书	[满] aliha amban	*šaŋšu [山] šang-šu [清] šanšu
305（34）	岜友斥[⑤]	侍、剌、安	ʃi、la、an	侍郎	[满] asahai amban	*šilan [山] ši-lan [清] šilan
306（35）	舟帯斥[⑥]	都、塔、安	tu、t‘a、an	都堂	—	*dutan [山] dūtan [清] dutan

① 汉语借词。*heu< 侯。
② 汉语借词。*bai< 伯。
③ 汉语借词。*taigian< 太监。
④ 汉语借词。*šaŋšu< 尚书。
⑤ 汉语借词。*silan< 侍郎。
⑥ 汉语借词。*dutan< 都堂。

续表

编号	女真字	注音汉字	汉字音值	词义	语言比较	拟定音值
307（36）	伍岂[①]	御、史	y、ʃʅ	御史	［满］baisara amban	*yuši ［山］yu-ši ［清］yuši
308（37）	来叐朼夂[②]	素、温、必、因	su、un、pi、in	总兵	［满］uheri gadalara da	*sunbin ［山］sun-bin ［清］sunbin
309（38）	来[③]	都督	tu、tu	都督	［满］dudu	*dudu ［山］du-tu ［清］dudu
310（39）	岳夷[④]	指挥	ʧi、xui	指挥	［满］jorisi	*jihui ［山］ji-ki ［清］ǰihuwi
311（40）	庥杀[⑤]	同知	t'uŋ、ʧi	同知	［满］uheri saraci	*tuŋji ［山］tung-či ［清］tunǰi
312（41）	夷肖[⑥]	千户	ʦ'ien、xu	千户	［满］minggan boo	*cenhu ［山］— ［清］čiyenhu

① 汉语借词。*yusi< 御史。

② 汉语借词。*sunbin< 总兵。

③ 汉语借词。*dudu< 都督。

④ 汉语借词。*jihui< 指挥。

⑤ 汉语借词。*tuŋji< 同知。

⑥ 汉语借词。*cenhu< 千户。《金史》作“猛安”、“萌安”；《三朝北盟会编》作“萌眼”。

续表

编号	女真字	注音汉字	汉字音值	词义	语言比较	拟定音值
313（42）	金 肖①	百户	pai、xu	百户	—	*baihu ［山］baihu ［清］baihu
314（43）	𠂇 东②	镇抚	ʧin、fu	镇抚	—	*jinfu ［山］čən-fu ［清］ǰinfu
315（44）	托 盂 件③	法、失、捏儿麻 ［会］发失捏麻	fa、ʃi、nie、ri、ma	匠人	［满］faksi niyalma ［赫］［fahaʃi］	*fagsi niarma ［山］faši niyalma ［清］faši niyarma
316（45）	夫 仕④	和尚	xuo、ʃaŋ	和尚	［满］huwašan	*huašan ［山］ho-ṣan ［清］hošan
317（46）	失 岜⑤	道士 ［会］亦忙吉	tau、ʃʅ	道士	［满］dooši	*dauši ［山］dooši ［清］dauši
318（47）	毛 戎⑥	蒙古、鲁	muŋ、ku、lu	蒙古	［满］monggo ［蒙］mongγol	*muŋgulu ［山］monggol ［清］mongul

① 《金史》作“谋克”；《三朝北盟会编》作“毛毛可”。满语 mukūn da，意为“族长”。*baihu< 百户。

② 汉语借词。*jinfu< 镇抚。

③ “托”字应音 *fag-，注音汉字未表示词中 -g- 辅音。

④ 汉语借词。*huašan< 和尚。

⑤ 汉语借词。*dausi< 道士。

⑥ *muŋgulu< ［蒙］mongγol。

续表

编号	女真字	注音汉字	汉字音值	词义	语言比较	拟定音值
319（48）	来来[①]	回、回	xui、xui	回回	—	*huihui ［山］huihui ［清］huwihuwi
320（49）	券吞斥[②]	高、察、安	kau、ʧʻa、an	高昌	—	*goocan ［山］gau-čan ［清］gaučan
321（50）	舌臭[③]	西、番	si、fan	西番	—	*sifan ［山］šifan ［清］sifan
322（51）	金甬[④]	百、夷	pai、i	百夷	—	*bayi ［山］bai-yi ［清］bai
323（52）	毛荷[⑤]	缅、甸	men、tien	缅甸	—	*men dien ［山］mien-diyen ［清］miyen diyen
324（53）	更坐[⑥]	朱、先	ʧy、sien	女直	— ［蒙］ǰurčin	*jursen ［山］ǰusen ［清］ǰusen

① 汉语借词。*huihui< 回回。

② 汉语借词。*goocan< 高昌。

③ 汉语借词。*sifan< 西番。

④ 汉语借词。*baiyi< 百夷。

⑤ 汉语借词。*men dien< 缅甸。

⑥ 《三朝北盟会编》："女真本名朱里真。"带有词中辅音 *-r-，这里却脱落，或者注音汉字未表。根据《三朝北盟会编》和蒙古语，应构拟为 *jursen。

续表

编号	女真字	注音汉字	汉字音值	词义	语言比较	拟定音值
325（54）	盂夲[①]	西、天	si、t'ien	西天	—	*sitien ［山］šitiyen ［清］sitiyen
326（55）	肴仸[②]	琐、戈 ［会］素罗斡	suo、ku̯o	高丽	［满］solho	*solgo ［山］soho ［清］sogo
327（56）	早早[③]	逻逻	lu̯o、lu̯o	逻逻	—	*lolo ［山］lolo ［清］lolo
328（57）	夹哭 虫[④]	塞更革	sai、keŋ、kej	亲戚	［满］sadun nimangga	*segiŋge ［山］segige ［清］sengige
329（58）	更羊[⑤]	捏苦、鲁（儿）	nie、k'u、lu	朋友	［满］gucu ［蒙］nökör	*nekuri ［山］nukur ［清］nekur
330（59）	杀甬且件[⑥]	岸、答、孩、捏儿麻	an、ta、xai、nie、ri、ma	宾客	［满］andahai n yalma ［赫］［ādaha］	*andahai niarma ［山］antahai niyalma ［清］andahai niyarma

① 汉语借词。sitien< 西天。

② 根据《会同馆译语》注音和满语音，应构拟出词中 *-l 音，作 *solgo。

③ 汉语借词。*lolo< 逻逻。

④ “哭”字音 *ŋgi，可能与后边的“虫”相拼而发“更”音。

⑤ 与蒙古语 nökör 音义相近。“羊”字音“儿”，注音“鲁”误。

⑥ 《金史·金国语解·人事》：“按答海，客之通称。”

续表

编号	女真字	注音汉字	汉字音值	词义	语言比较	拟定音值
331（60）	秀杀件	厄然、你、捏儿麻	ej、ren、ni、nie、ri、ma	主人	［满］ejen ［蒙］eǰen ［赫］［ŋəʧən］［əʧən］	*eren ni niarma ［山］ejenni niyalma ［清］eǰen ni niyarma
332（61）	弄伥件[1]	秃里、勒、捏儿麻 ［会］蒙过捏麻	t'u、li、ləj、nie、ri、ma	夷人	［满］tulergi niyalma	*tulile niarma ［山］turile niyalma ［清］tulile niyarma
333（62）	失压件[2]	兀的、厄、捏儿麻	u、ti、ej、nie、ri、ma	野人	［满］aidaga n niyalma	*udige niarma ［山］ujige niyalma ［清］udige nitarma
334（63）	甬友昃	兀住、剌、孩	u、ʧu、la、xai	酋长	［满］ujungga niyalma	*ujulahai ［山］uǰulahai ［清］uǰulahai
335（64）	卑攵[3]	头、目 ［会］答哈剌捏麻	t'eu、mu	头目	［满］da, dalaha	*teumu ［山］tou-mu ［清］tou mu
336（65）	夆昃件	虎剌、孩、捏儿麻 ［会］忽鲁哈捏麻	xu、la、hai、nie、ri、ma	贱人	［满］hūlahai niyalma ［赫］hūlaha bəi ［玛］kolaká ［蒙］qulaγai	*hūlahai niarma ［山］hūlahai niyalma ［清］hulahai niyarma
337（66）	寻史件	厄黑、伯、捏儿麻	ej、xei、pai、nie、ri、ma	歹人	［满］ehe niyalma	*ehe be niarma ［山］ehe niyalma ［清］ehebe niyarma

① 意为“外边的人”。《会同馆译语》把蒙古人作为“夷”，可见明王朝认为“夷”的，首先是蒙古。

② “兀者野人”，此语的渊源可能就在于此。《金史·地理志》卷首就有“金之壤地封疆，东极吉里迷兀的改诸野人之境……”之语。其中的“兀的改”便是“兀的厄”无误。*udigei>udiŋe>uje，这是此语的音变过程。

③ 汉语借词。*teu mu< 头目。

续表

编号	女真字	注音汉字	汉字音值	词义	语言比较	拟定音值
338（67）	弡兑[①]	阿哈、爱 [会] 阿哈	a、xa、ai	奴婢	[满] aha [赫] [aha]	*ahai [山] ahai [清] ahai
339（68）	叁屎件	弗只、希、捏儿麻	fu、ʧi、xi、nie、ri、ma	部下	[满] fejergi niyalma	*fejihi niarma [山] fusihi niyalma [清] fujihi niyarma

人事门

编号	女真字	注音汉字	汉字音值	词义	语言比较	拟定音值
340（1）	乇攵禾[②]	嫩、木、哈	nun、mu、xa	善	[满] nomhon [蒙] nomuqan [鄂] nomhon	*nomho [山] nomoho [清] non muho
341（2）	导史[③]	厄黑、伯	ej、xei、pai	恶	[满] ehe [赫] [ʒhə]	*ehe be [山] ehe [清] ehebe
342（3）	乇杀兂	哈、撒、安	xa、sa、an	祸	[满] gashan	*gasaŋan [山] gashan [清] gasagan
343（4）	关犁[④]	忽秃、儿	xu、t'u、ri	福	[满] hūturi [鄂] hūtar	*hūturi [山] hutur [清] hutur

① 《金史 · 金国语解 · 人事》："阿哈，人奴也。"又《松漠纪闻》："奴曰亚海，婢曰亚海轸。"
② "禾"字应音"和"，见花木门（13）。"嫩"音由于处在唇音"木"前，词尾 -n 音同化于 m。构拟时可以不表现 -n 音。这样就成为 *nomho。
③ "史"字是处置格后缀。
④ 《金史 · 金国语解 · 人事》："与人同受福曰忽都。"

续表

编号	女真字	注音汉字	汉字音值	词义	语言比较	拟定音值
344（5）	肖金斥	忽、朝、吉	xu、ʧʻau、ki	荣	—	*hucaugi ［山］hučenggi ［清］hučaugi
345（6）	秘乩	吉鲁、出	ki、lu、ʧʻy	辱	［满］girucun	*girucu ［山］giruču ［清］giruču
346（7）	金册	伯、羊 ［会］拜牙	pai、yaŋ	富	［满］bayan ［赫］［bajã］ ［蒙］bayan ［鄂］bayan	*bayan ［山］baiyan, bayan ［清］bayan
347（8）	毌	哈的	xa、ti	贵	［满］wesihun, haji （亲密）	*hadi ［山］haji ［清］hadi
348（9）	伞土	兀速、温	u、su、un	贫	［满］yadahūn	*usun ［山］usun ［清］usun
349（10）	禿斗斥[①]	扎、阿、吉	ʧa、a、ki	贱	［满］ja	*jaagi ［山］jaagi ［清］ǰaagi
350（11）	芜禿末	罕、安、丹	xan、ʔan、tan	敢	［满］helhun akū	*hanŋandan ［山］handan ［清］hangandan
351（12）	伢壬	端的、孙 ［会］断的	ton、ti、sun	听	［满］donjimbi ［鄂］dooldiran ［维］doldim	*dondisun ［山］donji-mbi ［清］dondisun

① “斥”字似应为造格后缀。

续表

编号	女真字	注音汉字	汉字音值	词义	语言比较	拟定音值
352（13）	甬舌尧	哈、察、别 [会] 哈察	xa、ʧʻa、pie	见	[满] acambi	*hacabie [山] hača-mbi [清] hačabi
353（14）	兄㕛	撒、希	sa、xi	知	[满] sambi [鄂] saami	*sahi [山] šan-hi? [清] sahi
354（15）	伢云	端的、吴	ton、ti、u	闻	[满] donjimbi	*dondiu [山] donji-mi [清] dondigu
355（16）	甪条	忒杜、勒 [会] 得都	tʻəj、tu、ləj	睡	[满] dedumbi	*tedule [山] dedule-mbi [清] tedure
356（17）	肎𫝀[1]	脱兴 [会] 托力希	tʻuo、xiŋ	梦	[满] tolgin [鄂] tūlkin	*tolhin [山] tolgin [清] tolgin
357（18）	东亏丈	弗、捏、鲁	fu、nie、lu	念	[满] niyelembi	*funieru [山] funiyeru [清] funiyaru
358（19）	讣土戈	套、温、剌	tʻau、un、la	读	[满] hūlambi	*taunra [山] — [清] taunra
359（20）	弋条庋	秃鲁、哈、剌	tʻu、lu、xa、la	视	[满] tuwambi	*turugara [山] turuhala [清] turugala

① 根据《会同馆译语》和满语，"肎"字音值应为 *tol。

续表

编号	女真字	注音汉字	汉字音值	词义	语言比较	拟定音值
360（21）	叐中[①]	塔、哈	t‘a、xa	体	［满］dahambi	*taha ［山］taha ［清］taha
361（22）	叐中	塔、哈	t‘a、xa	顺	［满］dahambi	*taha ［山］taha ［清］taha
362（23）	厷叐	厄兀、鲁 ［会］欧深必（忙）	ej、ŋu、lu	即	［满］eksimbi buhu abuhū	*eŋuru ［山］ebuhulu ［清］egur
363（24）	厷叐	厄兀、鲁 ［会］欧深必	ej、ŋu、lu	忙	［满］eksimbi	*eŋuru ［山］ebuhulu ［清］egur
364（25）	芺尧	扎法、别 ［会］扎发哈	ʧa、fa、pie	擒	［满］jafambi ［赫］［ʤafa］	*jafabie ［山］jafa-mbi ［清］ǰafabi
365（26）	芺尧	扎法、别 ［会］扎发哈	ʧa、fa、pie	捕	［满］jafambi ［赫］［ʤafa］	*jafabie ［山］jafa-mbi ［清］ǰafabi
366（27）	肓尧	八哈、别 ［会］八哈	pa、xa、pie	得	［满］bahambi	*bahabie ［山］baha-mbi ［清］bahabi
367（28）	肓尧	八哈、别 ［会］八哈	pa、xa、pie	获	［满］bahambi	*bahabie ［山］baha-mbi ［清］bahabi

① 参考“叐中夫”*tahara（归服，《永宁寺碑》第2行）、“叐中尧”*tahabie（依照、随从，《奥屯良弼饯饮碑》第1行）、“叐庋”*tahala（随从，《女真进士题名碑》第5行）等词，可证此字有“顺从”、“服从”、“依例”等含义。“体”在汉语文言中有“一例”、“包涵”、“体贴”等义，与“顺”字意义相近似。

续表

编号	女真字	注音汉字	汉字音值	词义	语言比较	拟定音值
368（29）	叐盂庆丈	克、失、哥、卜鲁	k‘əj、ʃi、ko、pu、lu	闷	［满］gingkambi, gusucumbi	*kesigeburu ［山］kusigo-mbi ［清］kešigeburu
369（30）	叐盂庆丈	克、失、哥、卜鲁	k‘əj、ʃi、ko、bu、lu	忧	［满］gingkambi, gusucumbi	*kesigeburu ［山］kusigo-mbi ［清］kešigeburu
370（31）	㐌伲条	革、勒、勒 ［会］革勒必	kej、ləj、ləj	惧	［满］gelembi	*gelere ［山］gele-mbi ［清］gelere
371（32）	㐌伲条	革、勒、勒 ［会］革勒必	kej、ləj、ləj	怕	［满］gelembi	*gelere ［山］gele-mbi ［清］gelere
372（33）	厇仟叒条①	斡、温、者、勒	uo、un、ʧe、ləj	喜	［满］urgunjembi ［维］urunom	*urŋunjere ［山］urgunǰe-mbi ［清］urgunjere
373（34）	侊庰夭	肥、希、剌 ［会］的力秃提	fei、xi、la	怒	［满］feshembi, jilidambi fuhiyembi	*fishila ［山］feshe-mbi ［清］feshila
374（35）	厇仟叒条	斡、温、者、勒	uo、un（ɿun）、ʧe、ləj	欢	［满］urgunjembi	*urŋunjere ［山］urgunje-mbi ［清］urgunǰere
375（36）	壬乇夭②	申、纳、剌	ʃin、na、la	愁	［满］suilambi ［蒙］šinalamoi	*sinala ［山］sinala-mbi ［清］sinnala

① “厇”字，根据满语，应音 *ur，汉字注音不全。

② 此语同于蒙古语。

续表

编号	女真字	注音汉字	汉字音值	词义	语言比较	拟定音值
376（37）	友朿戈昃	塔、苦、剌、孩 ［会］塔苦哈	t‘a、k‘u、la、xai	差	［满］takūrambi	*takūrahai ［山］takūra-mbi ［清］takurahai
377（38）	友朿戈昃	塔、苦、剌、孩 ［会］塔苦哈	t‘a、k‘u、la、xai	使	［满］takūrambi	*takūrahai ［山］takūra-mbi ［清］takurahai
378（39）	千历[1]	木塔、本 ［会］木力	mu、t‘a、pun	回	［满］marimbi, mitambi	*mutabun ［山］mita-mbi ［清］mutabun
379（40）	千历	木塔、本 ［会］木力	mu、t‘a、pun	还	［满］marimbi, mitabun	*mutabun ［山］mita-mbi ［清］mutabun
380（41）	朱矢	一十、埋 ［会］亦失哈	i、ʃi、mai	至	［满］isimbi ［鄂］išinaša	*isimai ［山］isi-mbi ［清］išimai
381（42）	朱矢	一十、埋	i、ʃi、mai	到	［满］isimbi ［鄂］išinasa	*isimai ［山］isi-mbi ［清］išimai
382（43）	夅臾斥[2]	厄、黑、吉	ej、xẹi、ki	快	［满］sebjelembi, elhe	*elhe gi ［山］ehegi ［清］ehegi
383（44）	芉夈夫	的儿、哈、剌	ti、ri、xa、la	乐	［满］jirgambi ［蒙］jirɣal	*dirgala ［山］ǰirga-mbi ［清］dirgala

① “千”字还有“肥”的读音，因为没有进一步的证据，尚难确定其正确的读音。

② 意为“平安”、“无恙”，与满语 elhe 同。“斥”字应为造格后缀，相当于蒙古语 -ber/-iyer。

续表

编号	女真字	注音汉字	汉字音值	词义	语言比较	拟定音值
384（45）	舟条夫	兀速、哈、卜连	u、su、xa、pu、lien	怨	［满］ushambi	*usgaburen ［山］usa-mbi, usaha-mbi ［清］usgaburen
385（46）	俥判右	背、也、昧 ［会］背因必	pui、iɛ、mei	爱	［满］buyembi	*buyemei ［山］buye-mbi ［清］beyemei
386（47）	侊屏夭	肥、希、剌 ［会］伏欣必	fei、xi、la	恼	［满］feshembi, fucembi, fuhiyembi	*fehila ［山］feshe-mbi ［清］feshila
387（48）	长友矣	只、剌、埋	ʧi、la、mai	怜	［满］jilambi	*jilamai ［山］jila-mbi ［清］ǰilamai
388（49）	子兄	半的、孩 ［会］伴的哈	pon、di、xai	生	［满］banjimbi ［赫］［pati］	*bandihai ［山］banji-mbi ［清］bandihai
389（50）	丆干升	卜、车、黑 ［会］卜尺黑	pu、ʧʻe、xei	死	［满］bucembi	*bucehe ［山］buče-mbi ［清］bučehei
390（51）	戊臾	忒勒、黑	tʻəj、ləj、xei	离	［满］delhembi	*telehe ［山］telhe-mbi ［清］telhehe
391（52）	库吞尧	斡、灭、别	uo、mie、pie	会	［满］acamhi	*omiebie ［山］omi-mbi ［清］omiebie
392（53）	玉判右	忒、也、昧 ［会］亦立	tʻəj、ləj、xei	起	［满］deyembi ［赫］［tʻəku］	*teyemei ［山］deye-mbi ［清］teyemei

续表

编号	女真字	注音汉字	汉字音值	词义	语言比较	拟定音值
393（54）	庋尧	哈剌、别	xa、la、pie	改	［满］halambi ［赫］［halaran］	*halabie ［山］hala-mbi ［清］halabi
394（55）	弁右	古里、昧	ku，li、mei	迁	［满］gurimbi	*gurimei ［山］guri-mbi ［清］gurimei
395（56）	用芜右	兀者、必、昧	u、ʧe、pi、mei	敬	［满］ujelembi	*ujebimei ［山］ujele-mbi ［清］uǰebimei
396（57）	用圣[①]	兀者、（厄）	u、ʧe、（ej）	重	［满］uje	*ujee ［山］ujen ［清］uǰee
397（58）	血禾夋右	住、兀、忒、昧	ʧu、u、t'əj、mei	尊	［满］jugtembi	*juŋutemei ［山］juute-mbi ［清］ǰuutemei
398（59）	支史[②]	委勒、伯	uei、ləj、pai	事	［满］uilembi ［赫］［uile］	*uilebe ［山］weile-be ［清］weilebe
399（60）	岸夹弋[③]	哈、化、以	xa、xua、i	取	［满］gaimbi ［鄂］gadami	*gahuai ［山］gahai ［清］gahoi
400（61）	袁甬矢	听、答、埋	t'iŋ、ta、mai	放	［满］sindambi	*tindamai ［山］tengta-mbi ［清］tindamai

① 此门（56）的“敬”，作“用芜右”*ujebimei，“用”字应音 *uje。在其后又加“圣”*ei，说明是个长元音，应构拟为 *ujee。

② “史”字是处置格后缀，附在名词词干上，形成宾语结构。人事门中的词汇应是动词，这里却把名词当成动词，其随意性随处可见。

③ “弋”字是属格后缀，不应附在词干上。

第四章 《女真译语》的读音构拟 | 159

续表

编号	女真字	注音汉字	汉字音值	词义	语言比较	拟定音值
401（62）	叏壬右	贪、孙、昧	t‘ɑm、sun、mei	收	［满］tomsombi	*tɑmsunmei ［山］tomson-mbi ［清］tomsunmei
402（63）	炎右	兀、里、昧	u、li、mei	留	［满］werimbi ［蒙］ülimüi ［鄂］weliren	*ulimei ［山］ulɑ-mbi ［清］ulimei
403（64）	伏臾	脉儿、黑 ［会］尚四	mɑi、ri、xẹi	赏	［满］šɑngnɑhɑ	*merhe ［山］merhe ［清］merhe
404（65）	圥盅井	恩、忒、黑	en、t‘əj、xei	罚	［满］entebumbi	*entehe ［山］endehe ［清］entehei
405（66）	圥阜尧	都、善、别	tu、ʃen、pie	勤	［满］dosombi	*dušenbie ［山］tušɑ-mbi ［清］dušɑnbi
406（67）	岳庋斤	巴、奴、洪 ［会］伴忽	pɑ、nu、xuŋ	惰	［满］bɑnuhūn	*bɑnuhūn ［山］bɑnuhun ［清］bɑnuhun
407（68）	臾芈	团、朵	t‘on、to	忠	［满］tondo ［鄂］tondo	*tondo① ［山］tondo ［清］tondo
408（69）	夭买屮②	塞、更、革	sɑi、keŋ、kẹi	孝	［满］senggime	*seŋgige ［山］segige ［清］sengige

① 《金史》卷一〇一《抹然尽忠传》：“抹然尽忠，本名彖多。”“彖多”即女真语 tondo“忠”。

② 此语同于人事门（57），但不知“孝”同“亲戚”有什么关系。这里可能有误。从女真字面上看，“e”字音 *ŋgi，此语应构拟为 *seŋgige。

续表

编号	女真字	注音汉字	汉字音值	词义	语言比较	拟定音值
409（70）	夯昊[①]	哈答、温	xa、ta、ʔun	诚	［满］akdun（信义）	*hagdaŋun ［山］hadaun ［清］kadagun
410（71）	汞右	弗忒、昧 ［会］佯的黑？	fu、tʻəj、mei	送	［满］fudembi ［蒙］üdemüi	*futemei ［山］fude-mbi ［清］futemei
411（72）	夫吞尧	安、察、别	an、ʧʻa、pie	追	［满］amcambi	*amcabie ［山］anča-mbi ［清］amčabi
412（73）	凧光早	卜、朵、罗	pu、to、lo	赶	［满］bodombi ［赫］［pɔtu］	*bodolo ［山］bodoro ［清］bodolo
413（74）	半兲	朵、申 ［会］朵申丢	to、ʃin	进	［满］dosimbi	*dosin ［山］dosin ［清］došin
414（75）	兲芇𠃋	密、塔、卜为 ［会］木刀	mi、ta、pu、iei	退	［满］mitambi	*mitabuwi ［山］mita-mbi ［清］mitabuwi
415（76）	金兲	伯、申 ［会］拜失	pai、ʃin	讨	［满］baisu, baimbi	*baisin ［山］bai-mbi ［清］baišin
416（77）	金兲	伯、申 ［会］伯因必	pai、ʃin	寻	［满］baimbi ［赫］bahami	*baisin ［山］bai-mbi ［清］baišin

① 此语出现在苏联出土的银牌上。“诚”即“信”，满语里“信义”、“实在”作 akdun，与此语意正合。读音的差异是由音变造成的。即词首的 *h 音在满语中变为零声母。词中的舌根鼻音脱落，由 *hagdaŋun 变为 *akdun。从银牌照片上可以清晰地看到“夯”字未加点，可证《女真译语》之误。

续表

编号	女真字	注音汉字	汉字音值	词义	语言比较	拟定音值
417（78）	会卉右	爱晚、都、昧 ［会］兀答	ai、wan、tu、mai	买	［满］udambi	*aiwandumei ［山］aiwandu-mbi ［清］aiwandumei
418（79）	肖甬兔关	忽、答、沙、埋 ［会］翁察	xu、ta、ʃa、mai	卖	［满］hūdašambi, uncambi ［赫］［hɔda］	*hūdašamai ［山］hudaša-mbi ［清］hudašamai
419（80）	虬丈	阿于、卜鲁	a、y、pu、lu	救	［满］aitumbi	*ayuburu ［山］aihu-mbi ［清］aihuburu
420（81）	肖关	斡端、埋	uo、ton、mai	许	—	*odonmai ［山］okdo-mbi ［清］odonmai
421（82）	子卅	弗里、随 ［会］伏力速	fu、li、suei	行	［满］feliyembi ［赫］［fuli］	*fulisui ［山］felisui ［清］fulisuwi
422（83）	圤歹[①]	牙步（本）	ya、pu	走	［满］yabumbi	*yabun ［山］yabu-mbi ［清］yabun
423（84）	舟麦	忒别 ［会］忒	t‘əj、pie	坐	［满］tembi ［赫］［t‘əre］ ［鄂］t‘egke	*tebie ［山］tebie ［清］tebi
424（85）	写歹	一立、本	i、lu、pun	立	［满］ilimbi ［赫］［ili］ ［鄂］ilami	*ilibun ［山］ilimbi ［清］ilibun

① “歹”字音“本”*bun，已多次出现。这里作“步”，误。

续表

编号	女真字	注音汉字	汉字音值	词义	语言比较	拟定音值
425（86）	先史	失刺、鲁	ʃi、la、lu	袭	［满］sirambi ［鄂］siraran	*siraru[①] ［山］sira-mbi ［清］širaru
426（87）	东余	弗、只	fu、ʧi	替	［满］orolombi	*fuji ［山］fuji-mb ［清］fuǰi
427（88）	冬盂丈	斡、失、卜鲁	uo、ʃi、pu、lu	升	［满］wesimbi	*wesiburu ［山］wesi-mbi ［清］wešiburu
428（89）	圬旻	秃斡、黑	t'u、uo、xei	授	［满］tuwembi	*tuwehe ［山］tuwe-mbi ［清］tuwehe
429（90）	斉夯	塔法、卜麻	t'a、fa、pu、ma	交	［满］tafabumbi	*tafabuma ［山］tafa-mbi ［清］tafabuma
430（91）	孑友矢	哈答、刺、埋	xa、ta、la、mai	管	［满］kadalambi	*kadalampi ［山］kadala-mbi ［清］kadalamai
431（92）	仗[②]	本	pun	本	—	*bun ［山］bun ［清］bun
432（93）	火列[③]	奴失、因 ［会］奴失（和劝）	nu、ʃi、in	和	［满］necin	*nusin ［山］nečin ［清］nušin

① 词根 si，来自汉语的“袭”音。*si< 袭。

② 汉语借词。*bun< 本。

③ 《金史·金国语解·人事》：“奴申，和睦之义。”

续表

编号	女真字	注音汉字	汉字音值	词义	语言比较	拟定音值
433（94）	亗土	卜、温	pu、un	自	［满］ereci ［鄂］boŋga（头一个）	*bun ［山］bun ［清］bun
434（95）	芾犳	塔、哈	t‘a、xa	且	［满］taka	*taka ［山］taka ［清］taka
435（96）	乑圤丈	头、牙、卜鲁	t‘əu、ya、pu、lu	传	［满］ulambi	*tuyaburu ［山］— ［清］touyaburu
436（97）	戌岦	奴、兀鲁	nu、ŋu、lu	每	［满］dari	*nuŋuru ［山］nuur, nurhūme? ［清］nugur
437（98）	夲柔	忒、屯	t‘əj、t‘un	常	［满］enteheme	*tetun ［山］tebi ［清］tetun
438（99）	讣甬尖	套、答、剌 ［会］套答	t‘au、ta、la	还	［满］toodambi	*taudara ［山］tooda-mbi ［清］taudara
439（100）	豕庛	巴、撒	pa、sa	再	［满］geli ［蒙］basa	*basa[①] ［山］basa ［清］basa
440（101）	庠臾太	哈、扎、鲁	xa、ʧa、lu	要	［满］gajimbi	*gajaru ［山］gajalu ［清］gajaru

① *basa< ［蒙］basa。

续表

编号	女真字	注音汉字	汉字音值	词义	语言比较	拟定音值
441(102)	矣卜	退、本	t'ui、pun	请	［满］solimbi	*tuibun ［山］tuibu-mbi ［清］tuwibun
442(103)	庚兑夫[①]	哈、沙、埋	xa、ʃa、mai	告	［满］habšambi	*habšamai ［山］haša-mbi ［清］hašamai
443(104)	击文美	拙、木、申 ［会］拙兀	ʧye、mu、ʃin	借	［满］jolimbi	*jomusin ［山］jomi-mbi ［清］juwemušin
444(105)	歹	埋番住[②] ［会］弗你	mai、fan、ʧy	问	［满］fonjimbi	*fanjumai ［山］maifanju ［清］fanǰumai
445(106)	朮方乏[③]	琐、脱、和	suo、t'uo、xuo	醉	［满］soktombi ［蒙］soγtomoi ［赫］［sɔkt'ɔ］ ［鄂］sott'o	*sogtoho ［山］soktoho ［清］soktoho
446(107)	肖角夭	忽、的、剌	xu、ti、la	唱	［满］uculembi	*hūdila ［山］hujita-mbi ［清］hudila
447(108)	斉東	阿赤、都鲁	a、ʧ'i、tu、lu	动	［满］aššambi, acinggiyambi	*aciduru ［山］ačidulu ［清］ačiduru

① 根据满语，构拟“庚”字音为*hab。

② 注音汉字“埋番住”有误，应为“番住埋”。

③ “朮”字音应为*sog。凡这类闭音节的音节末音，《女真译语》的注音汉字几乎都没有标出来。

续表

编号	女真字	注音汉字	汉字音值	词义	语言比较	拟定音值
448(109)	㐌马昊	卜、鲁、温	pu、lu、ʔun	静	[满] bolgo	*buluŋun [山] bolun [清] bolugun
449(110)	乇哭夭	嫩、吉、剌	nun、ki、la	添	[满] nuggimbi	*nuŋgila [山] nonggi-mbi [清] nongila
450(111)	屰更千	厄、克、洪	ej、k‘əj、xuŋ	咸	[满] ekiyehun	*ekehun [山] — [清] ekehun
451(112)	丹甬夭	贵、答、剌	kuei、ta、la	迟	[满] goidambi	*guidala [山] goida-mbi [清] goidala
452(113)	夲盅	厄鲁、忒	ej、lu、t‘əj	早	[满] erde [蒙] erte [赫] [erde]	*erte [山] erde [清] erte
453(114)	在毛	忽、素鲁	xu、su、lu	怠	—	*husur [山] husulu? [清] husur
454(115)	戌压	奴、罕	nu、xan	慢	[满] nuhan	*nuhan [山] nuhan [清] nuhan
455(116)	冬币[1]	琐里、都蛮 [会] 素力必（撕杀）	suo、li、tu、man	战	[满] sucumbi [蒙] sorilduqu	*soriduman [山] — [清] soriduman

① “币”字音“苦”，不音“都蛮”，这里有误。

续表

编号	女真字	注音汉字	汉字音值	词义	语言比较	拟定音值
456(117)	弃皃关	少、沙、埋	ʃeu、ʃa、mai	征	［满］dailambi	*šaušamai ［山］šaoša-mbi ［清］saušamai
457(118)	关休右	道、里、昧	tau、li、mei	抢	［满］durimbi ［赫］［tuli］ ［蒙］dauliqu	*daulimei ［山］duri-mbi ［清］daulimei
458(119)	为判右	卫、也、昧	uei、ie、mei	夺	［满］durimbi	*wiyemei ［山］weye-mbi ［清］wiyemei
459(120)	弁舟夭	瓦、都、刺	ua、tu、la	杀	［满］wambi ［赫］［waa］ ［索］waaren ［鄂］waami ［维］wanäm	*wadula ［山］wadu-mbi ［清］wadula
460(121)	侠氣太	桑、戈、鲁 ［会］宋谷必	saŋ、kuo、lu	哭	［满］songgombi ［赫］［sɔŋgɔ］ ［索］songoron ［鄂］songomi ［维］hoŋom	*soŋgoru ［山］songgo-mbi ［清］sangolu
461(122)	兮	印者 ［会］因者必	in、ʧe	笑	［满］injembi	*inje ［山］inje ［清］inǰe
462(123)	付夬[1]	哈、贪	xa、t'am	强	［满］hatan（硬）	*hatan ［山］hadan ［清］hatan

① 苏联 1957 年出版的《通古斯满语比较词典》中认为“付夬”同于满语 akdun。

第四章 《女真译语》的读音构拟 | 167

续表

编号	女真字	注音汉字	汉字音值	词义	语言比较	拟定音值
463(124)	守市系	逆、塔、巴	ni、ta、pa	弱	［满］yadalinggu	*nitaba ［山］nitaba ［清］nitaba
464(125)	弁夬右	都、古、昧	tu、ku、mei	打	［满］tūmbi	*dugumei ［山］dugu-mbi ［清］dugumei
465(126)	计土爻	套、温、剌	t'au、un、la	骂	［满］toombi	*taunra ［山］dugu-mbi ［清］taunra
466(127)	吞舟太①	灭、苦、鲁 ［会］捏苦鲁	mie、k'、lu	跪	［满］niyakūrambi	*miakūru ［山］miyakura-mbi ［清］miyakuru
467(128)	艾弁太	恨、都、鲁	xen、tu、lu	说	［满］hendumbi	*henduru ［山］hendu-mbi ［清］henduru
468(129)	夫盂平	扎、失、非	ʧa、ʃi、fi	分付	［满］jasimbi ［蒙］ǰaqimoi	*jasifi ［山］ǰasifi? ［清］ǰasifi
469(130)	侏禿	哈、剌、安	xa、la、ɿan	哨探	［满］karan ［蒙］qaraɣul	*karaŋan ［山］halan ［清］karagan
470(131)	件足斥厹夋②	替、孩、吉、厄兀、鲁	t'i、xai、ki、ej、ŋu、lu	随即	［满］cihai（任意、随便）	*tihai gi eŋuru ［山］cihai gi eulu ［清］tihai gi egur

① 《松漠纪闻》："彼言捏骨地者即跪也。"

② 把两个词用造格后缀"斥"连接起来，实际上不成一词组，是词的堆砌。

续表

编号	女真字	注音汉字	汉字音值	词义	语言比较	拟定音值
471(132)	予友矢東尧	哈答、剌、埋、答鲁、别	xa、ta、la、mai、ta、lu、pie、	率领	［满］hatalara dacimbi	*kadalamai darubie ［山］kadalamai dalu-mbi ［清］kadalamai dalubi
472(133)	冇	兀脉	u、mai	不许	［满］ume	*ume ［山］ume ［清］ume
473(134)	乇乇戊危号[1]	别、厄、卓、斡、卜连	pie、ej、ʧau、uo、pu、lien	有违	［满］jurcembi	*bie jurburen ［山］beye joo-mbi ［清］biye ǰurburen
474(135)	牿朱	厄一、吉撒	ej、i、ki、sa	不可	［满］ojorakū	*ei gisa ［山］eigisa ［清］eigisa
475(136)	岸兔朼夫矢乎	哈、沙、下、剌、者、车[2] ［会］得道力剌	xa、ʃa、xia、la、ʧe、ʧʻe	犯边	［满］jcen be necimbi	*gašahiala jece ［山］gašahiy-mbi ［清］gašahiyala ǰeče
476(137)	牿良	厄一、黑	ej、i、xei	不曾	［满］urui waka	*eihe ［山］eihe ［清］eihe
477(138)	仼支导史	只速、剌、厄黑、伯[3] ［会］额黑吉劄发剌	ʧi、su、la、ej、xei、pai	作歹	［满］ehe be arambi	*ǰisura ehe be ［山］jise-mbi ［清］jisura ehe be

① “戊”字音*jo，“危”字音*ur，两字合读为*jur。“乇乇”二字，相当于《会同馆译语》的“必”，满语的bi或bimbi，意为“有”、“在”。显然是生造的词组。

② 词序应为“者车哈沙下剌”。

③ 词序应为“厄黑伯只速剌”。

续表

编号	女真字	注音汉字	汉字音值	词义	语言比较	拟定音值
478(139)	角委斥叏巾	的、黑黑、吉、塔、哈 [会] 看哈安答哈	ti、xei、xei、ki、t'a、xa	归顺	[满] tahame jimbi	*dihe gi taha [山] jihehe gi taha [清] dihe gi taha
479(140)	乍列史[①]	哈里、因、伯	xa、li、in、pai	朝廷	[满] hargašan	*halin be [山] harin [清] harin be
480(141)	夅丢育尧	忒、屯、八哈、别	t'əj、t'un、pa、xa、pie	永享	[满] entehme bahambi	*tetun bahabie [山] tebi baha-mbi [清] tetun bahabi
481(142)	苘甬右[②]	撒、答、昧 [会] 撒哈答必	sa、ta、mai	打围	[满] sahadambi	*sahadamai [山] sahada-mbi [清] sahadamei
482(143)	尭盅为	忒、忒、不麻 [会] 忒得墨	t'əj、t'əj、pu、ma	进贡	[满] alban ǰafambi	*tetebuma [山] tetebuma [清] tetebuma
483(144)	千角压	脉、的、厄	mai、ti、ej	声息	[满] medege, mejige [蒙] medege	*mediŋe [山] mejige [清] medige
484(145)	冬乕	琐里、都蛮 [会] 素力必	suo、li、tu、man	厮杀	[满] sušumbi [蒙] sorildumoi	*soriduman [山] soriduman [清] soriduman
485(146)	丢杰丈	屯、扎、鲁	t'un、ʧa、lu	镇守	[满] tosombi	*tunjaru [山] bija-mbi [清] tunǰaru

① “丈”字是处置格后缀。

② 声色门（5）“苘弇”，音撒哈良，意为“黑”，“弇”字音“良”，“苘”字当然音“撒哈”。这里的注音汉字漏一“哈”字。又《会同馆译语》和满语都可以证明此字音 *saha。根据元音和谐规律，动词词缀“右”可能有误，应该用“夬”字。又《金史·金国语解·人事》云：“阿里喜，围猎也。”与此音不合。

续表

编号	女真字	注音汉字	汉字音值	词义	语言比较	拟定音值
486(147)	于卧方	一、的、卜麻	i、ti、pu、ma	抚恤	[满] isimbi	*idibuma [山] ijibuma [清] idibuma
487(148)	举史臾	恩、伯、黑	en、pai、xei	出产	—	*enbehe [山] enbe-mbi [清] enbehe
488(149)	东千叐圣足	南、哈、洪、半的、孩	nam、xa、xuŋ、pon、ti、xai	安生	[满] elhe banjimbi	*namhahūn [山] nanhahun banji-mbi [清] namhahun bandihai
489(150)	芊条夭	的儿、哈、刺	ti、ri、xa、la	快乐	[满] jirgambi [蒙] jiryal	*dirgala [山] jirha-mbi [清] dirgala

身体门

编号	女真字	注音汉字	汉字音值	词义	语言比较	拟定音值
490 (1)	夯	背也 [会] 背夜	pue̯、ie	身	[满] beye [索] beye [蒙] beye	*beye [山] beye [清] beye
491 (2)	壬斗[①]	忒、厄 [会] 得勒	t'əj、ej	面	[满] dere [赫] [dərə] [鄂] derel	*teel [山] dere [清] tē
492 (3)	帀	兀住[②] [会] 兀住	u、ʧy	头	[满] uju [索] uzu（上等） [清] uju	*uju [山] uju

① “斗”字音 *el。

② 《金史・金国语解・人事》：“兀术，曰头。”

续表

编号	女真字	注音汉字	汉字音值	词义	语言比较	拟定音值
493（4）

旲毛升 | 分、一里、黑
[会] 分黑 | fun、i、li、xẹi | 发 | [满] funiyehe | *funirhe
[山] funiyehe
[清] funirhei |
494（5）	关皂	安、哈 [会] 昂哈	an、ha	口	[满] angga [赫] [amgə] [鄂] aŋma [下] aŋma [维] amŋan	*anga [山] angga [清] amga
495（6）	余臾[①]	委、黑 [会] 未黑	uei、xei	齿	[满] weihe	*weihe [山] weihe [清] weihe
496（7）	光岜	牙、师 [会] 牙撒	ya、ʃʅ	眼	[满] yasa [下] jäša	*yasi [山] yasa yašī [清] yaši
497（8）	舍午[②]	沙、哈 [会] 尚	ʃa、xa	耳	[满] šan [赫] [ʃɛ̃] [索] ʃen [鄂] šiven	*šaa [山] šaa [清] šaa
498（9）	岦攵	弗、木	fu、mu	唇	[满] femu [赫] [həmɔ] [索] emü	*fumu [山] feme [清] fumu
499（10）	𥑮旲	一稜、古 [会] 亦冷吉	i、ləŋ、ku	舌	[满] ilenggu [赫] [iləŋgu] [索] ingi	*ileŋgu [山] ilenggu [清] ilengu

① 《金史·金国语解·人事》："畏可，牙，又曰吾亦可。"
② "午"字音"阿"，不音"哈"。

续表

编号	女真字	注音汉字	汉字音值	词义	语言比较	拟定音值
500（11）	千秃	肥、塔 [会] 发塔	fei、t'a	眉	[满] faitan	*faita [山] feitai [清] faita
501（12）	乇	双吉 [会] 宋吉	ʃɥaŋ、ki	鼻	[满] songgiha	*šoŋgi [山] songgi [清] šongi
502（13）	床压	桶、厄 [会] 痛革	t'uŋ、ɿej	胸	[满] tunggen	*tuŋge [山] tunggen [清] tungge
503（14）	夲	非撒 [会] 非撒	fi、sa	背	[满] fisa	*fisa [山] fisa [清] fisa
504（15）	乇友	哈、剌 [会] 哈剌	xa、la	手	[满] gala [维] ŋala [玛] ŋala	*gala [山] gala [清] gala
505（16）	走臾	卜的、黑 [会] 伯贴	pu、ti、xei	脚	[满] bethe	*buthe [山] bethe [清] budihe
506（17）	半史[①]	脉日蓝、伯 [会] 捏麻	mai、ri、lam、pai	心	[满] mujilen niyaman（心）	*merilen be [山] mujilen [清] muǰilenbe
507（18）	舟中	都、哈 [会] 肚哈	tu、xa	肠	[满] duha	*duha [山] duha [清] duha

① "史"字是处置格后缀。在满语里与"半"相当的 mujilen 是指精神、心情等抽象的意义。生理上的心脏，是 niyaman。《金史·金国语解·人事》："粘罕，心也。""粘"字中古音属泥母盐韵，音 *[niɪ̆ɛm]。《蒙古字韵》作 [illegible] [nėm]。粘罕 *niemhan 与满语 niyaman 相近。

续表

编号	女真字	注音汉字	汉字音值	词义	语言比较	拟定音值
508（19）	伴	黑夫里 [会] 后力	xei、fu、li	肚	[满] hefeli [赫] [hɜpəli]	*hefuli [山] hefeli [清] hefuli
509（20）	罕舟	梅番	mei、fan	项	[满] meifen	*meifen [山] meifen [清] meifan
510（21）	鬲米斥	吉、波（浪）①、吉 [会] 即郎吉	ki、laŋ、ki	骨	[满] giranggi [索] gerende [鄂] giaranda [维] girämnan	*girangi [山] giranggi [清] girangi
511（22）	炎休	牙、里 [会] 牙力	ya、li	肉	[满] yali	*yali [山] yali [清] yali
512（23）	釆买	塞、吉 [会] 生吉	sai、ki	血	[满] senggi	*seŋgi [山] segi [清] segi
513（24）	乎壬	忽孙 [会] 忽速	xu、sun	力	[满] husūn [鄂] husun	*husūn [山] husūn [清] husun
514（25）	看爻	素、古	su、ku	皮	[满] sukū	*sugu [山] suku [清] sugu
515（26）	买毛廾	分、一里、黑	fun、i、li、xei	毛	[满] funiyehe	*funirhe [山] funiyehe [清] funirhei

① 注音汉字“波”有误，应为“浪”，因为“米”字音值 *-an，而在注音汉字里没有以 *-an 结尾的字。“鬲”字音 *gil 或 *gila，同“米”-an 拼读，正是“浪”字语音，与满语音也相合。

续表

编号	女真字	注音汉字	汉字音值	词义	语言比较	拟定音值
516（27）	盉休屖	失、里、希 ［会］失力希	ʃi、li、xi	胆	［满］silhi	*silihi ［山］silihi ［清］šilihi
517（28）	毛压	厄林、厄	ej、lim、ɿej	气	［满］ergen	*eriŋe ［山］— ［清］eringe
518（29）	夯旲[①]	塔、温 ［会］塔鲁兀	t'a、ɿun	肥	［满］tarhon	*tarŋūn ［山］tahun ［清］targun
519（30）	反币[②]	秃、哈	t'u、xa	瘦	［满］turga	*turha ［山］tu(r)ha ［清］turha

饮食门

编号	女真字	注音汉字	汉字音值	词义	语言比较	拟定音值
520（1）	庥	弩列 ［会］奴勒	nu、lie	酒	［满］nure	*nure ［山］nure ［清］nure
521（2）	岗休	牙、里 ［会］牙力	ya、li	肉	［满］yali	*yali ［山］yali ［清］yali

① “夯”字应音 *tar，注音汉字未标音节末纯辅音 *-r。《洪武译语》作“塔鲁浑”。

② “反”字应音 *tur。此语在《洪武译语》作土[舌]鲁罕。

续表

编号	女真字	注音汉字	汉字音值	词义	语言比较	拟定音值
522（3）	呑[1]	茶 [会] 插	ʧʻɑ	茶	[满] cɑ [赫] [ʧʻai] [蒙] čai [鄂] sai	*cɑ [山] čɑ [清] čɑ
523（4）	盐光	卜都、乖 [会] 不答	pu、tu、kuai	饭	[满] budɑ [赫] [putɑ]	*budugoi [山] bdɑ-kuwai [清] budgai
524（5）	矛买	琐、吉 [会] 素吉	suo、ki	菜	[满] sogi	*soŋgi [山] sogi, solgi [清] sogi
525（6）	茂曳	秃斡、黑	tʻu、uo、xẹi	果	[满] tubihe [索] tobigu	*tuwehe [山] tubihe [清] tuwehe
526（7）	甬矢买	一、门、吉	i、mun、ki	油	[满] nimenggi [赫] [iməksə]	*imeŋgi [山] imenggi [清] imengi
527（8）	肤壬[2]	答卜、孙 [会] 答粗	tɑ、pu、sun	盐	[满] dɑbusun [赫] [tausɷ̃]	*dɑbusun [山] dɑbusun [清] dɑbsun
528（9）	帍昊	一速、温 [会] 迷速	i、su、ʅun	酱	[满] misun	*isŋun [山] isun [清] isgun
529（10）	尘乐	都速、洪 [会] 粗	tu、su、xuŋ	醋	[满] jusun	*dushun [山] dušun, ǰusun [清] dushun

① 汉语借词。*ʧʻɑ< 茶。

② 《洪武译语》作“答不孙”。

续表

编号	女真字	注音汉字	汉字音值	词义	语言比较	拟定音值
530（11）	来伲	卜、勒	pu、ləj	米	［满］bele	*bule ［山］bele ［清］bule
531（12）	生犽	兀、法 ［会］兀法	u、fɑ	面	［满］ufa ［赫］［ufɑ］	*ufɑ ［山］ufa ［清］ufa
532（13）	秌甬矢罘	酥、一、门、吉	su、i、mun、ki	酥	［满］oromu	*su imeŋgi ［山］su imenggi ［清］su imengi
533（14）	乜	他	t'ɑ	酪	［满］tara ［蒙］taraγ	*tɑ ［山］tɑ ［清］tɑ
534（15）	夫卓	兀迷、剌 ［会］兀迷	u、mi、lɑ	喝	［满］omimbi ［赫］［ɔmi］	*umira ［山］om-mbi ［清］omira
535（16）	旻东	者、弗 ［会］者伏	ʧe、fu	吃	［满］jefu ［赫］［ʤəfə］ ［维］ʒ'abaŋnam	*jefu ［山］jefu ［清］ǰefu
536（17）	同同右	约、约、昧	ieu、ieu、mei	饥	［满］omin	*yoyomei ［山］yuyu-mbi ［清］yuyumei
537（18）	床杙条	厄、必、勒	ej、pi、ləj	地	［满］ebimbi	*ebire ［山］ebi-mbi ［清］ebire
538（19）	攵夫	木、申	mu、ʃin	炒面	［满］musi	*musin ［山］mušen ［清］mušin

续表

编号	女真字	注音汉字	汉字音值	词义	语言比较	拟定音值
539（20）	馬千失臾	兀速、洪、兀鲁、黑	u、su、xuŋ、u、lu、xui	生熟	［满］eshun（生）urehe（熟）	*ushun urhe ［山］eshun urehe ［清］ushun urhe
540（21）	丮早夬	失、罗、回	ʃɿ、lo、xui	烧饼	［满］šoobin	*silohoi ［山］siloho ［清］šilohuwi
541（22）	夭	忽浑	xu、xun	奶子[1]	［满］sun、huhu（乳房） ［鄂］uhun ［维］ukun ［玛］ukun	*huhun ［山］huhun ［清］huhun

衣服门

编号	女真字	注音汉字	汉字音值	词义	语言比较	拟定音值
542（1）	桼	冠 ［会］兀切（带子）	kuœn	冠	［满］mahala	*guan[2] ［山］guan ［清］guwan
543（2）	夭	带 ［会］兀切（带子）	tai	带	［满］umiyesun	*dai[3] ［山］dai ［清］dai
544（3）	攸	秃科 ［会］秃苦	t‘u、k‘u̯o	表	［满］tuku ［鄂］tulgu	*tuku ［山］tuku ［清］tuko

① 不少人认为这里的“奶子”是指乳房，不应编到饮食门中。但根据鄂温克语称奶为 uhun，称乳房为 delen，女真语里“奶子”作为 *huhun 是有可能的，很难认为这里有误。

② *guan< 冠。

③ *dai< 带。

续表

编号	女真字	注音汉字	汉字音值	词义	语言比较	拟定音值
545（4）	仵	朵课 ［会］多课	to、k'uo	里	［满］doko ［鄂］dogu	*doko ［山］doko ［清］doko
546（5）	夯ф	古刺、哈 ［会］谷鲁哈	ku、la、xa	靴	［满］gūlha	*gūlaha ［山］gulha ［清］gulaha
547（6）	爿友	麻希、刺 ［会］麻希刺	mai、xi、la	帽	［满］mahala	*mahila ［山］mahila ［清］mahila
548（7）	肖弓	忽、鲁	xu、lu	环	［满］gori	*hulu ［山］hulu ［清］hulu
549（8）	早角仟	一儿、的、洪 ［会］亦的希	i、ri、ti、xuŋ	梳	［满］ijifun ［玛］igdiwun ［维］ygdybun	*irdihun ［山］irjihun ［清］irdihun
550（9）	兀冉	替勒、库 ［会］替儿库	t'i、ləj、k'u	枕	［满］cirku ［赫］［t'irəŋk'u］	*tireku ［山］čirku ［清］tireku
551（10）	罒左	哈、都 ［会］阿都	xa、tu	服	［满］adu	*hadu ［山］adu, hadu? ［清］hadu
552（11）	卦秃	忽十、安 ［会］忽失哈	xu、ʃi、ɿan	裙	［满］hūsihan	*hūsiŋan ［山］hūsian ［清］hušigan
553（12）	庚冉	哈刺、库 ［会］哈刺古	xa、la、k'u	裤	［满］halukū	*halakū ［山］halakū ［清］halaku

续表

编号	女真字	注音汉字	汉字音值	词义	语言比较	拟定音值
554（13）	卑五	哈、都 ［会］阿都	xa、tu	衣	［满］adu	*hadu ［山］adu, hadu? ［清］hadu
555（14）	杀尧	撒、卜 ［会］扫	sa、pu	鞋	［满］sabu ［赫］［sabu］ ［鄂］sawi	*sabu ［山］sabu ［清］sabu
556（15）	玫秉	弗、赤 ［会］伏莫赤	fu、ʧ‘i	袜	［满］foji, fomoci	*foci ［山］foci ［清］foči
557（16）	将乐	卜的[①]、洪 ［会］的伯洪	pu、ti、xuŋ	被	［满］jibehun	*dibuhun ［山］bujihun ［清］dibohun
558（17）	係史	失失、黑 ［会］失塞	ʃi、ʃi、hei	褥	［满］sishe ［赫］［səkt‘ək‘u］	*sishe[②] ［山］— ［清］šišihe
559（18）	旡禾	卜、素 ［会］薄素	pu、su	布	［满］boso ［蒙］büs ［鄂］boos	*busu ［山］boso ［清］bosu
560（19）	吊弁[③]	绢、子	kuen、ʧʅ	绢	［满］ceceri	*guense ［山］chuau-dʑu ［清］giyuwanǰi

① “卜的”的位置颠倒了，应为“的卜”。

② 在《蒙古秘史》里，“毡子”作“昔思该”、“亦思该”，主要用于铺垫和制作蒙古包，*sishe< ［蒙］šisgei。《洪武译语》作“洗思该”，永乐《鞑靼译语》亦作“洗思格”。

③ 汉语借词。*guense< 绢子。

续表

编号	女真字	注音汉字	汉字音值	词义	语言比较	拟定音值
561（20）	灸[1]	纱 ［会］厦	ʃɑ	纱	［满］cece	*ša ［山］ša ［清］ša
562（21）	早[2]	罗 ［会］络	lo	罗	［满］ceri	*lo ［山］lo ［清］lo
563（22）	禾叉	素、者 ［会］素者	su、ʧe	段	［满］suje	*suje ［山］— ［清］suǰe
564（23）	斥土友戾	安春、温、剌、孩	ɑn、ʧʻyn、lɑ、xɑi	织金	—	*alcunlahai ［山］ančun-lahai ［清］ančunlahai
565（24）	圮扎佬升	革、出、勒、黑	kej、ʧʻy、ləj、xei	膝襕[3]	—	*geculehei ［山］gečulehe ［清］gečulehei
566（25）	夭乎氕	素鲁、脱、戈	su、lu、tʻu̯o、ku̯o	皮袄	［满］furdehe dahū	*sur togo ［山］surdehe, furdehe? ［清］surtogo
567（26）	舍攵币	沙、木、哈	ʃɑ、mu、xɑ	暖耳	［满］šabtun	*šamuha ［山］šamuha ［清］šamuha

① 汉语借词。*ša< 纱。

② 汉语借词。*lo< 罗。

③ “襕”是指古代上下衣相连的服装。《类篇》：“衣与裳连曰襕。”《金史·舆服志》：“（大定）十五年，制曰：袍不加襕者非古也。遂命文资官公服皆加襕带。”这里所说的膝襕，是指下身穿的裙子类的服装。

珍宝门

编号	女真字	注音汉字	汉字音值	词义	语言比较	拟定音值
568（1）	斥土	安春、温 ［会］安出	an、ʧʻyn、un	金	［满］aisin ［赫］［aiʃin］	*alcun[①] ［山］ančun ［清］ančun
569（2）	夭土	古、温 ［会］顾兀	ku、un	玉	［满］gu	*gun ［山］gun ［清］gun
570（3）	戈土	蒙古、温 ［会］猛古	muŋ、gu、un	银	［满］menggun ［赫］［menggū］ ［维］moŋun ［蒙］möŋgün	*muŋgun ［山］monggun ［清］mengun
571（4）	弟	哈的	xa、ti	宝	［满］baobei	*hadi ［山］hadi ［清］hadi
572（5）	仟叏	宁住、黑 ［会］泥出	niŋ、ʧy、xei	珠[②]	［满］nicuhe	*ninjuhe ［山］ninjuhe ［清］ninǰuhe

① 关于 alcun 的演变过程，田村实造考证认为，古突厥语称“金”为 altun，蒙古语为 altan。ancun 可能是由 altun、altan 转化而成为 alcun，再由 alcun 变为 ancun 的。《建炎以来系年要录》卷一所收张汇的《金虏节要》云：“阿古达为帝，以本土爱新为国号。爱新，女真语金也，以其水生金而名之，犹辽以辽水名国也。”现在的阿什河，实际上就是爱新的音转。又《三朝北盟会编・政宣上帙三》中说：“以本土阿禄阻为国号，阿禄阻，女真语金也。以其水产金而名之，曰大金，犹辽人以辽名国也。”又《金史》卷五五“白号之姓”中有姓爱申的。《金史》卷一二三《爱申传》：“爱申逸其族与名，或曰一名忙哥。”所有这些说明，在金代爱新、安春的称法都存在。从《三朝北盟会编》的记载看，*alcun 就是阿禄阻的音变。金代爱新一词的词义不可考。在满语里 ancun 是“耳坠”的意思。但在《会同馆译语》中称“金耳坠”为“安出遂忽”。“遂忽”，同于蒙古语 suihe（耳坠），而 suihe 一词在满语里成为“穗子”、“绶”等意，“安出”显然是“金”之义，说明明末女真方言里还将“金”称作“安出”ancu~alcu。altan 在阿尔泰诸语里是共同语。古突厥语“金”作 altun，女真语“按春”，所记音值当为 *alcun。

② 《金史・金国语解・物象》：“银术可，珠也。”

续表

编号	女真字	注音汉字	汉字音值	词义	语言比较	拟定音值
573（6）	釆	失里 ［会］失力	ʃi、li	铜	［满］sirin ［赫］［ɲinɲə］	*siri ［山］siri ［清］širi
574（7）	圭	塞勒	sai、ləj	錬	［满］sele ［赫］［sələ］ ［索］sele ［鄂］sele ［维］hölö	*sele ［山］sele ［清］sele
575（8）	米 乇	只、哈 ［会］只哈	ʧi、xa	钱	［满］jiha ［赫］［gaha］	*jiha ［山］jiha ［清］jiha
576（9）	豸 斥①	阿剌瓦、吉 ［会］阿儿八（敕书）	a、la、ua、ki	敕	［满］hese	*alawagi ［山］alawagi ［清］arawagi
577（10）	乖 土	多罗、温 ［会］多罗（印信）	to、lo、un	玺	［满］doron	*doron ［山］doroun ［清］doron
578（11）	兄 仐 圭	上江、塞勒 ［会］托活罗	ʃaŋ、kiaŋ、sai、ləj	锡	［满］toholon ［赫］［tʻɔhɔga］	*šaŋgian sele ［山］šanggiyan sele ［清］šangiyan sele
579（12）	东 冊 米 夯②	阿、羊、非、本	a、yaŋ、fi、bun	蜡	［满］ayan	*ayan fibun ［山］ayang feiben ［清］ayan fibun

① “斥”字是造格后缀。

② 器用门（33）中作“烛”为“东冊米夯”。“烛”与“蜡”音义同。但在此珍宝门中的“蜡”，应指白蜡等女真特产。

续表

编号	女真字	注音汉字	汉字音值	词义	语言比较	拟定音值
580（13）	夹列	兀里、因	u、li、in	财	［满］ulin	*ulin ［山］ulin ［清］ulin
581（14）	乜列	哈称、因	xɑ、ʧʻiŋ、in	物	［满］hacin	*hacin ［山］hačin ［清］hačin
582（15）	禾羖余臾	素、法、委、黑	su、fɑ、uei、xei	象牙	［满］sufan i weihe	*sufɑ weihe ［山］sufɑ weihe ［清］sufɑ weihe
583（16）	盂[1]朩臾	犀、兀也、黑 ［会］末黑（角）	si、u、iɛ、xei	犀角	［满］ihasi i uihe	*si uyehe ［山］ši-uyehe ［清］si uyehe
584（17）	肖金[2]	琥、珀	xu、pʻɑi	琥珀	［满］boisilɑ	*hūbɑi ［山］hu-pɑi ［清］hubɑi
585（18）	宂乏出[3]	马、纳、敖	mɑ、nɑ、ɑu	玛瑙	［满］marimbu wehe	*mɑnɑu ［山］mɑnɑo ［清］mɑnɑw
586（19）	斥肖[4]	珊、瑚	ʃɑn、xu	珊瑚	［满］šuru	*šɑnhū ［山］sɑn-hu ［清］šɑnhu

① 汉语借词。*si< 犀。

② 汉语借词。*hubɑi< 琥珀。

③ 汉语借词。*mɑnɑo< 玛瑙。

④ 汉语借词。*šɑnhū< 珊瑚。

续表

编号	女真字	注音汉字	汉字音值	词义	语言比较	拟定音值
587（20）	金㐃吴土	弗刺、江、古、温	fu、lɑ、kiaŋ、ku、un	赤玉	［满］fulgiyan gu	*fulagian gun ［山］fulgiyang gun ［清］fulagiyan gun
588（21）	㐂支丙	斡儿、和、答	uo、ri、xụo、tɑ	人参	［满］orhoda	*orhoda ［山］orhoda ［清］orhoda
589（22）	由秉元	哈、赤、马	xɑ、ʧʻi、mɑ	呵胶	—	*hacima ［山］hačima ［清］hačima

方隅门

编号	女真字	注音汉字	汉字音值	词义	语言比较	拟定音值
590（1）	朱盂	诸勒、失 ［会］爱温秃提勒革	ʧy、ləj、ʃi	东	［满］dergi，julergi（南） ［赫］［ʧuləʃi］（南）	*julesi[①] ［山］juleši ［清］juleši
591（2）	㚇盂	弗里、失 ［会］受温秃黑勒革	fu、li、ʃi	西	［满］wargi	*fulisi ［山］fuliši ［清］fuliši
592（3）	㔾佧	番替 ［会］珠勒革	fɑn、tʻi	南	［满］julergi ［赫］［ʧuləʃi］ ［索］julile	*fanti ［山］fan-či ［清］fanti

① 满语里把 julergi 作南方向，赫哲语里把 julesi 也作南方向。在突厥方位里，是现代方位刚好左转 90°，把东作南，北作东，西作北，南作西。满语、赫哲语里也是循这个规律，把日出的方向 *julesi 作为南。现在在鄂尔多斯的一些地区，也把日出方向称为南。

第四章 《女真译语》的读音构拟 | 185

续表

编号	女真字	注音汉字	汉字音值	词义	语言比较	拟定音值
593（4）	乩件	兀里、替 ［会］伏希革	u、li、tʻi	北	［满］amargi ［鄂］amila	*uliti[①] ［山］uliči ［清］uliti(?)
594（5）	冬盂	斡、失	uo、ʃi	上	［满］dergi, wesihun ［赫］［uirkə］	*wesi ［山］wesi ［清］weši
595（6）	弗杀仛	弗、只、勒	fu、ʧi、ləj	下	［满］fejergi ［赫］［fəigirə］	*fujile ［山］fejile ［清］fujile
596（7）	庁[②]	左 ［会］哈速	tso	左	［满］hashū ［赫］［hasɔktʻə］	*so ［山］ʦo, ʣo ［清］jo
597（8）	旻仟	者、温 ［会］亦替	ʧe、ɟun	右	［满］uci	*jeŋun[③] ［山］jeun, jebele? ［清］jegun
598（9）	朱仛	诸勒[④]、勒 ［会］住勒革	ʧu、ləj	前	［满］juleri ［赫］［ʧulə］ ［索］julile ［鄂］julgu	*jule[⑤] ［山］jule ［清］ǰelee

① 东南西北四个方位词中没有一个与满语完全相同的。除 *julesi 一词在满语里留有变形外，另外三个方位词在满语里都消失了。

② 汉语借词。*so< 左。汉语借词中的 ts 音，在女真语里变为 *s 音。

③ *jeŋun，音同于蒙古语的“东”和“左”的语音 jegün。在古代，北方民族除东南西北的概念不同于中原汉族，左右的概念也与今相反。正因如此，出现 jeŋun 代表“右方”之现象。

④ “朱”应音诸勒，此处注音汉字佚“勒”字。据补。

⑤ 女真语的“南”和“前”的语音相同，正如蒙古语把“南”和“前”作为 emüne 一样。把日出方向作为中心，前边、东方都指一个方向。满语的“前”保持了古形 *jule。

续表

编号	女真字	注音汉字	汉字音值	词义	语言比较	拟定音值
599（10）	办房可	阿木、鲁、该 ［会］阿木剌	a、mu、lu、kai	后	［满］amargi[①] ［赫］［amidʒikə］ ［索］amela	*amurgai ［山］amargi ［清］amurgai
600（11）	半早	朵、罗 ［会］朵罗	to、lo	内	［满］dolo ［索］dolo ［鄂］dolo	*dolo ［山］dolo ［清］dolo
601（12）	弃伐	秃里、勒	tʻu、li、ləj	外	［满］tulergi ［索］tolle ［鄂］tulile	*tulile ［山］turile, tulergi? ［清］tulile
602（13）	朩臾	兀也、黑	u、ye、xej	角	［满］sala	*uyehe[②] ［山］uihe ［清］uyehe
603（14）	臾禿[③]	黑、屯	xei、tʻun	横	［满］hetu	*hetun ［山］hebi ［清］hetun
604（15）	写歹	一立、本	i、li、pun	竖	［满］ilibun	*ilibun ［山］ili-mbi ［清］ilibun
605（16）	千友	答勒巴、剌	ta、ləj、pa、la	傍	［满］dabaki	*dalbala ［山］dalbala ［清］dalbala

① 满语把 amargi 作“北方”和“后边”的通用词，却把古形 *uliti 淘汰了。

② *uyehe 是羊角的角，而不是方位概念中的角。这里显然有误。

③ 山路广明循着葛鲁贝之误，将所有“禿”字读音作“比”音处理。“禿”字记音汉字“屯”，和“比”在字形上不太容易混淆，却不知为何产生这种疏误。罗福成《女真译语》里也把“禿”字均标音为“比”。

续表

编号	女真字	注音汉字	汉字音值	词义	语言比较	拟定音值
606（17）	库史仐	斡、厄、忽	uo、ej、xu	斜	［满］waihū, waiku	*weihū ［山］waikū, waihū ［清］oehu
607（18）	圣史	舒、厄	ʃy、ʔej	直	［满］šuwe（辖、直） ilhu	*šuŋe ［山］šuwe ［清］šuhe
608（19）	伻東	根、见	kən、kiɛn	明	［满］genggiyen	*gengien ［山］genggiyen ［清］gengiyen
609（20）	肻東	法里、见	fɑ、li、kiɛn	暗	［满］farhūn	*faligian ［山］fargiyen ［清］farigiyen
610（21）	为友	杜里、剌	tu、li、lɑ	中	［满］dulimba ［索］dolindu ［鄂］dulinda	*dulila ［山］dulila ［清］dulila
611（22）	夅舟	洪、都	xuŋ、tu	正	［满］tob	*hundu ［山］hundu? tondu? ［清］hundu
612（23）	失乒	者、车	ʧe、ʧʻe	边	［满］jecen	*jece ［山］ječe ［清］ječe
613（24）	仵㞑斥朿�[1]	替、孩、吉、诸勒、勒[2]	tʻi、xɑi、ki、ʧy、ləj	从前	［满］julergi de	*tihaigi jule ［山］— ［清］tihaigi julē

① “仵㞑”是“随从”的意思。这显然是堆砌词汇而成的词组，其词义不是“从前”，而是“随从前面”。

② 此处注音汉字佚“勒”字。据补。

续表

编号	女真字	注音汉字	汉字音值	词义	语言比较	拟定音值
614（25）	叓台办房可[1]	别、弗脉、阿木、鲁、该	pie、fu、mai、amu、lu、kai	在后	［满］amargi de	*biefumai amurgai ［山］— ［清］bif umeamurgai
615（26）	弄伅玉夅	秃里、勒、忒、厄	tʻu、li、ləj、tʻəj、ej	外面	［满］tulergidere	*tulileteel ［山］— ［清］tulile tē

声色门

编号	女真字	注音汉字	汉字音值	词义	语言比较	拟定音值
616（1）	丮仐	嫩、江 ［会］念加	nun、kiaŋ	青	［满］niowanggiyan ［赫］［ɲiŋgiɛ̃］	*niongian ［山］niogiyan ［清］niyongiyan
617（2）	金仐	弗剌、江 ［会］亦忙吉	fu、la、kiaŋ	红	［满］fulgiyan ［赫］［fuligiā］	*fulagian[2] ［山］fulgiyan ［清］fulagiyan
618（3）	庎仐	琐、江 ［会］素羊	sṷo、kiaŋ	黄	［满］suwayan ［赫］［sɔjɛ̃］ ［索］songgarin ［鄂］šinggarin	*sogian ［山］sogiyan ［清］sogiyan

① 此语同样是词汇的堆砌。把表示“在”、“有”意义的 *biefumai 同表示“后边”意义的 *amurugai 拼在一起，都是不足取的。这都是不懂女真语的人根据汉文字意生硬配上的词组。

② 《金史 · 金国语解 · 物象》：“活腊胡，色之赤者也。”从此语看，金代的称法同明代的称法在语音上有很大的不同。金代的“活腊胡”，同当时的蒙古语 *qulaγan 非常近似，却与 *fulagian 差距很大。说明金、明两代女真语不仅存在纵的方面即时间上的演变而造成的语音差异，而且在横的方面即方言上也存在差异。

续表

编号	女真字	注音汉字	汉字音值	词义	语言比较	拟定音值
619（4）	兄仐	上江 [会] 尚加	ʃaŋ、kiaŋ	白	[满] šanggiyan, šanyan [赫] [ʃiɛ̃giŋ]	*šaŋgian [山] šanggiyan [清] šangiyan
620（5）	苘弄	撒哈、良 [会] 撒哈良	sa、xa、liaŋ	黑	[满] sahaliyan [赫] [sak'ark'i]	*sahalian[①] [山] sahaliyan [清] sahaliyan
621（6）	友斥[②]	剌、安	la、an	兰	[满] lamun	*lan [山] lan [清] lan
622（7）	玉[③]	绿 [会] 不儿哈博戮	ly	绿	[满] niowanggiyan	*lu [山] lü [清] lu
623（8）	舟出[④]	子、敖	tsɿ、au	皂	[满] kara	*sau [山] dzao [清] jiyao
624（9）	金仐	弗剌、江	fu、la、kiaŋ	丹	[满] fulgiyan	*fulagian [山] fulagian [清] fulagiyan
625（10）	乩寸	非、称	fi、ʧ'iŋ	光	[满] elden	*ficin [山] feičen [清] fečin

① 《金史·金国语解·人事》："撒合辇，黧黑之名。"与此语合。"辇"字，《中原音韵》属来母，先天韵，读音 [lien]；《蒙古字韵》也读作 [lèn]。

② 汉语借词。*lan< 兰。

③ 汉语借词。*lu< 绿。

④ 汉语借词。*sau< 皂。

续表

编号	女真字	注音汉字	汉字音值	词义	语言比较	拟定音值
626（11）	屰斥[①]	一车、吉	i、ʧʰe、ki	鲜	［满］ice ［鄂］ikin	*icegi ［山］ičegi ［清］ičegi
627（12）	乣为[②]	出、卫	ʧʰy、uei	翠	［满］gelfiyen lamun	*cui ［山］čuwe, čuwi ［清］čuwi
628（13）	今乇	卜、楚、该	pu、ʧʰu、kai	色	［满］boconggo	*bucugai ［山］bučugai ［清］bučugai
629（14）	夭玍介	阿卜哈、嫩、江	a、pu、xa、nun、kiaŋ	天青	［满］geyen lamun	*abka niongiyan ［山］abka niogiyan ［清］abka niyogiyan
630（15）	秉吴兄介	一麻、吉、上、江	i、ma、ki、ʃaŋ、kiaŋ	雪白	［满］nimanggi šanggiyan	*imaŋgi šaŋgian ［山］imagi šanggiyan ［清］imangi šangiyan
631（16）	戈叟丢	灭、黑、绿	mie、xei、ly	鸭绿	［满］niohon	*miehe lu ［山］niyehe-lü ［清］miyehe lu
632（17）	肖压金介	忽、如、弗拉、江	xu、ru、fu、la、kiaŋ	桃红	［满］jamu	*huru fulagian ［山］hujufulglan ［清］huju fulagiyan
633（18）	禾叟乣为	素、黑、出、卫	su、xei、ʧy、uei	柳翠	［满］niohon	*suhei cui ［山］— ［清］suhe čuwi

① “斥”字是处置格后缀。

② 汉语借词。*cui< 翠。

续表

编号	女真字	注音汉字	汉字音值	词义	语言比较	拟定音值
634（19）	呉土兄介	古、温、上、江	ku、un、ʃaŋ、kiaŋ	玉白	［满］gunšang giyan	*gunšaŋ gian ［山］gun šanggiyang ［清］gun šangiyan
635（20）	斥土厍介	安春、温、琐、江	an、ʧʻyn、un、suo、kiaŋ	金黄	［满］haksa	*alcun sogian ［山］ančun sogiyan ［清］ančun sogiyan

数目门

编号	女真字	注音汉字	汉字音值	词义	语言比较	拟定音值
636（1）	𠂉	厄木 ［会］额木	ej、mu	一	［满］emu ［赫］［ɜmu］ ［索］omun ［鄂］emun ［玛］omun	*emu ［山］emu ［清］emu
637（2）	𠄞	拙 ［会］拙	ʧye	二	［满］juwe ［赫］［ʧu］ ［索］ziul ［鄂］juur ［维］žurä ［玛］žur	*juwe ［山］juwe ［清］juwe
638（3）	头	以蓝 ［会］亦郎	i、lam	三	［满］ilan ［赫］［ilɛ̃］ ［索］ilan ［鄂］ilan ［维］ilan ［玛］ilan	*ilan ［山］ilan ［清］ilan

续表

编号	女真字	注音汉字	汉字音值	词义	语言比较	拟定音值
639（4）	キ	都因 ［会］对音	tu、in	四	［满］duin ［赫］［tuin］ ［索］zigin ［鄂］diain	*duin ［山］duin ［清］duwin
640（5）	乣	顺扎 ［会］顺剳	ʃyn、ʧa	五	［满］sunja ［赫］［sundʒia］ ［索］tonga ［鄂］tooŋ	*sunja ［山］sunja ［清］šunja
641（6）	亍	宁住（谷）① ［会］宁谷	niŋ、ʧy（ku）	六	［满］ninggun ［赫］［ninŋgu］ ［索］ningun ［鄂］ninŋun ［维］ñuŋun ［玛］ñugun	*ninŋgu ［山］ninjun ［清］ningu
642（7）	乔	纳丹 ［会］纳答	na、tan	七	［满］nadan ［赫］［natɛ̃］ ［索］nadan ［鄂］nadan	*nadan ［山］nadan ［清］nadan
643（8）	犮	扎困 ［会］剳空	ʧa、k'un	八	［满］jakūn ［赫］［ʤiak'ɔ̃］ ［索］zahon ［鄂］jahūn	*jakūn ［山］jakūn ［清］jakun
644（9）	先	兀也温 ［会］兀容	u、ie、un	九	［满］uyun ［赫］［ujun］ ［索］yugin ［鄂］yoŋin	*uyun② ［山］uyun ［清］uyun

① “宁住”是“六十”，注音汉字“住”有误，应为“谷”。

② 《金史·金国语解·人事》：“第九曰乌也。”近似。

续表

编号	女真字	注音汉字	汉字音值	词义	语言比较	拟定音值
645（10）	キ	掛 [会] 庄	ʧua	十	[满] juwan [赫] [ʧuã] [索] zan [鄂] jan [维] ʒän [玛] ʒän	*juwa [山] juwa [清] juwa
646（11）	乇	安朔	am、ʃu̯au	十一	[满] omšon[1] [玛] umsum bä [赫] [ʧuã ʒmək]	*omšo [山] amso [清] amšo
647（12）	不	只儿欢	ʧi、ri、xon	十二	[满] jorgon（十二月） [赫] [ʧuãʧu]	*jirhon[2] [山] jirhūn? [清] jirhon
648（13）	ㅍ	戈儿欢	ku̯o、ri、xon	十三	[满] juwan ilan [赫] [ʧuã ilɛ̃]	*gorhon [山] gorhon [清] gorhon
649（14）	ㄙ	独儿欢	tu、ri、xon	十四	[满] juwan duin [赫] [ʧʻuã ilɛ̃]	*dorhon [山] dorhon [清] dorhon
650（15）	五	脱卜欢	tʻuo、pu、xon	十五	[满] tofohon[3] [赫] [tʻɔphɔ̃]	*tobhon [山] tofohon [清] tobohon

① 满语里的“十一”，只在月份名称里保留着 omšon（十一月）的古形。在玛涅格尔语中，每个月的名称比实际数词少一个数，十二月的名称，正是十一数。

② “十二”的古形 *jirhon，在满语的十二月的月份名称里保存下来了。以后的数字都用复合式数词来表达。

③ 在满语中“十五”的数词还保留着古形。这可能与望日祭祀活动有关。

续表

编号	女真字	注音汉字	汉字音值	词义	语言比较	拟定音值
651（16）	厶	泥浑	ni、xun	十六[①]	［满］juwan ninggun ［赫］［ʧuaniŋgu］	*nirhun ［山］niolhun ［清］nilhun
652（17）	亻	答儿欢	ta、ri、xon	十七	［满］juwan nadan ［赫］［ʧuã natɛ̃］	*darhon ［山］darhon ［清］darhon
653（18）	方	女浑	ny、xun	十八	［满］juwan jakūn ［赫］［ʧuã ʤiakɔ̃］	*niuhun ［山］nuhun ［清］niyuhun
654（19）	乇	斡女欢	uo、ny、xon	十九	［满］juwan uyun ［赫］［ʧuã ujun］	*oniohon ［山］omhun ［清］oniyohon
655（20）	夂	倭林 ［会］斡里	uo、lim	二十	［满］orin ［赫］［ɔrin］ ［索］olin ［鄂］orin ［玛］orin	*orin ［山］orin ［清］orin
656（21）	攵	古申	ku、ʃin	三十[②]	［满］gūsin ［赫］［kuɔsin］ ［索］goten ［鄂］gutin ［玛］gutin	*gūsin ［山］gūsin ［清］gusin

① 《金史·金国语解·人事》："十六曰女鲁欢。"又卷一一六云："石盏女鲁欢，本名十六。"

② 《金史·完颜希尹传》中说他的本名为"谷神"，《三朝北盟会编》称"兀室"，《大金国志》也称"兀室"，《建炎以来系年要录》中称"固新"。完颜希尹所以有这个名字，是由于"母妊三十月而生"（《神麓记》）。这些都是"三十"的译音。

续表

编号	女真字	注音汉字	汉字音值	词义	语言比较	拟定音值
657（22）	圣	忒希 ［会］得希	t‘əj、xi	四十	［满］dehi ［赤］［təhi］ ［索］dohi ［鄂］dehi	*tehi ［山］dehi ［清］tehi
658（23）	叁	速撒一 ［会］速塞	su、sɑ、i	五十	［满］susɑi ［赫］［susuɑ̃］	*susɑi ［山］susɑi ［清］susɑi
659（24）	犴	宁住 ［会］宁住	niŋ、ʧy	六十	［满］ninju ［赫］［ninʧu］ ［索］nigunge ［鄂］ninŋue	*ninju ［山］ninju ［清］ninju
660（25）	彑	纳丹朱 ［会］纳答住	nɑ、tɑn、ʧy	七十	［满］nɑdɑnju ［赫］［nɑtɛ̃ʧu］ ［索］nɑdɑnge ［鄂］nɑdenŋe ［维］nɑdɑnʒɑr ［玛］nɑdɑɲi	*nɑdɑnju ［山］nɑdɑnju ［清］nɑdɑnju
661（26）	夕	扎困住 ［会］劄空住	ʧɑ、k‘un、ʧy	八十	［满］jɑkūnju ［赫］［ʥiɑk‘ɔ̃tsu］ ［索］zɑhonge ［鄂］jɑhūnŋə	*jɑkūnju ［山］jɑkūnju ［清］jɑkunju
662（27）	土	兀也温住 ［会］兀容住	u、iɛ、un、ʧy	九十	［满］uyunju ［赫］［ujunʧu］	*uyunju ［山］uyunju ［清］uyunju
663（28）	有	汤古 ［会］额木倘古	t‘ɑŋ、ku	百	［满］tɑnggū ［赫］［ʒmət‘ɑɔ̃］	*tɑŋgū ［山］tɑnggu ［清］tɑngu

续表

编号	女真字	注音汉字	汉字音值	词义	语言比较	拟定音值
664（29）	五	皿干 ［会］额木命哈	miŋ、kan	千	［满］minggan ［赫］［ʒmu miŋɑ］ ［索］omun minggan	*minŋgan[①] ［山］minggan ［清］mingan
665（30）	方	土满 ［会］额木秃墨	tʻu、mon	万	［满］tumen ［赫］［ʒmə tʻumɑn］ ［鄂］tumen	*tumen[②] ［山］tuman ［清］tuman

通用门

编号	女真字	注音汉字	汉字音值	词义	语言比较	拟定音值
666（1）	𘴢𘴣[③]	一车、吉 ［会］一车	i、ʧʻe、ki	新	［满］ice	*icegi ［山］— ［清］ičegi
667（2）	东史弋[④]	弗、厄、以	fu、ej、i	旧	［满］fe	*fuŋei ［山］fuei ［清］fuwei
668（3）	夅米	安班、剌[⑤] ［会］昂八	an、pan、la	大	［满］amban	*ambanla ［山］— ［清］amban

① 《金史》作“猛安”，《三朝北盟会编》作“萌安”。
② 《三朝北盟会编》中称万户为“忒母”。
③ “斥”字是造格后缀。
④ “弋”字是属格后缀。
⑤ “剌”字似多余。因“米”字音 *an，与“剌”无涉。《金史》称大为“谙版”。

续表

编号	女真字	注音汉字	汉字音值	词义	语言比较	拟定音值
669 (4)	务支	斡速、湾 [会] 阿沙	uo、su、ʅɥan	小	[满] osohon	*osŋon [山] osohon [清] osogon
670 (5)	钌斥	纳儿、吉	na、ri、ki	精	[满] narhūn	*nargi [山] nargi [清] buwa bo
671 (6)	呆甬	麻、儿	ma、ri	粗	[满] muwa	*mari [山] mur, mar [清] mar
672 (7)	钌千	纳儿、洪	na、ri、xuŋ	细	[满] narhūn [赫] [nəmənə]	*narhūn [山] narhūn [清] narhun
673 (8)	戈在千	兀鲁、忽、洪	u、lu、xu、xuŋ	软	[满] ulhuken [赫] [nəməri]	*ulhuhun [山] uluhuhun [清] ulhuhun
674 (9)	叏杀	忽屯、只	xu、t'un、ʧi	紧	[满] hūdun [赫] [hɔdɔ̃]	*hutūnji [山] ebsi [清] hutunji
675 (10)	叏杀	忽屯、只	xu、t'un、ʧi	急	[满] hutūn	*hutūnji [山] ebsi [清] hutunji
676 (11)	甬岁[1]丹	亦、宣、都	i、suen、tu	相	[满] ishunde	*ishundu [山] ishun-du [清] ishundu

① 根据满语，"岁"字代表的音节应音 *shun。

续表

编号	女真字	注音汉字	汉字音值	词义	语言比较	拟定音值
677 (12)	床尖	阿剌、埋	a、la、mai	似	［满］adali	*alamai ［山］ala-mbi ［清］alamai
678 (13)	角委斥[①]	的、黑黑、吉	ti、hei、hei、ki	归	［满］bederembi, jimbi（来）	*dihehe gi ［山］jihehe gi ［清］dihehe gi
679 (14)	伟足斥[②]	替、孩、吉	t'i、xai、ki	从	［满］sihambi（尾随） cihai（任意）	*tihai gi ［山］čihai gi ［清］tihai gi
680 (15)	可龙	该、别	kai、pie	将	［满］gaimbi（要、娶、取）	*gaibie ［山］gai-mbi ［清］gaibi
681 (16)	角条杀	的、哈、撒	ti、xa、sa	近	［满］jaka ［索］daga	*digasa ［山］jihasan ［清］digasa
682 (17)	乐市勇	南、哈、洪	man、xa、xuŋ	安	［满］elhe	*namhahūn ［山］namhahun ［清］namhahun
683 (18)	条可	撒都、该	sa、tu、kai	亲	［满］sadun	*sadugai ［山］sadugai ［清］sadugai
684 (19)	舟斥	都、吉	tu、ki	可	［满］—	*dugi ［山］dugi ［清］dugi

① "斥"字是造格后缀。

② "斥"字是造格后缀。

续表

编号	女真字	注音汉字	汉字音值	词义	语言比较	拟定音值
685 (20)	仵見厈[①]	替、孩、吉	t‘i、xai、ki	随	［满］cihai	*tihai gi ［山］cihai gi ［清］tihai gi
686 (21)	叉仐冊	只、丁[②]、库	ʧi、tiŋ、k‘u	烧	［满］deijimbi	*jidiŋku ［山］deiji-mbi ［清］jidinku(?)
687 (22)	夯阜升	秃、斡、黑	t‘u、uo、xei	落	［满］tuhembi	*tuwehe ［山］tuwe-mbi ［清］tuwehei
688 (23)	朱申	吉撒、哈	ki、sa、xa	碎	［满］girgambi（成灰）	*gisaha ［山］gisa-mbi ［清］gisaha
689 (24)	岕甶	阿剌、哈	a、la、xa	败	［满］efujembi	*alaha ［山］alaha ［清］alaha
690 (25)	式[③]厈	戈迷、吉 ［会］过迷	kuo̯、mi、ki	长	［满］golmin	*golmigi ［山］golmigi ［清］golmigi
691 (26)	玫丈早	弗、和、罗 ［会］佛活罗	fu、xuo̯、lu	短	［满］foholon ［赫］［fɔhɔlɔ̃］	*foholo[④] ［山］— ［清］foholo

① “厈”字是造格后缀。

② “只丁”位置颠倒了，应为“丁只”。

③ 根据满语，“式”字应音 *golmi，“厈”字是造格后缀。

④ 《金史·金国语解·人事》：“保活里，侏儒。”

续表

编号	女真字	注音汉字	汉字音值	词义	语言比较	拟定音值
692 (27)	屏右	的刺、昧 [会] 的刺迷	ti、la、mei	厚	[满] jiramin [赫] diran	*diramei [山] jiramei [清] diramei
693 (28)	叏叓千	南、克、洪 [会] 捏克叶	nam、k'əj、xuŋ	薄	[满] nekeliyen [鄂] nemikun [蒙] nimgen	*namkehun [山] nanggehun [清] nankehun
694 (29)	乇中千	一儿、哈、洪 [会] 迷察	i、ri、xa、xuŋ	浅	[满] micihiyen	*irhahūn [山] irhahun [清] irhahun
695 (30)	彑兵斥[①]	舒、迷、吉 [会] 说迷	sy、mi、ki	深	[满] šumin [赫] [ʃunt'a] [索] šunta	*šumigi [山] šumigi [清] šumigi
696 (31)	肩列	塞、音 [会] 塞哈（好生）	sai、in	好	[满] sain [赫] [ai] [索] aya	*sain[②] [山] sain [清] sain
697 (32)	导史[③]	厄黑、伯 [会] 额黑	ej、xei、pai	歹	[满] ehe [赫] [ʒhələ]	*ehe be [山] ehe [清] ehebe
698 (33)	禿牛斥[④]	扎、阿、吉	ʧa、a、ki	轻	[满] ja	*jaa gi [山] jaagi [清] ǰaagi

① “斥”字是造格后缀。

② 《三朝北盟会编·政宣上帙二》：“其言语则谓好为感，或为塞痕。”

③ “史”字是处置格后缀。

④ “斥”字是造格后缀。

第四章 《女真译语》的读音构拟 | 201

续表

编号	女真字	注音汉字	汉字音值	词义	语言比较	拟定音值
699 (34)	用圣[①]	兀者	u、ʧe	重	[满] ujen	*ujee [山] ujen [清] uǰee
700 (35)	益房	忒、革 [会] 得	tʻəj、kəj	高	[满] den	*tege[②] [山] tege [清] tege
701 (36)	伎彦	戈罗、斡 [会] 过罗	kuo̯、lo、uo	远	[满] goro	*goroo [山] goro [清] goroo
702 (37)	秉岸	莽、哈	maŋ、xa	难	[满] mangga	*maŋga [山] mangga [清] manga
703 (38)	兏牛斥[③]	扎、阿、吉	ʧa、a、ki	易	[满] ja	*jaa gi [山] jaagi [清] ǰaagi
704 (39)	叓仑[④]	别、厄 [会] 必	pie、ej	有	[满] bi, bimbi [赫] bišin	*bie [山] bi-mbi [清] biye
705 (40)	朩卅	阿、随	a、sui	无	[满] akū [索] aasin [维] aćin [玛] aʒin	*asui [山] asui [清] asuwi

① "圣"字音"厄"，这里未注其音。
② 《金史·金国语解·物象》："太神，高也。"
③ "斥"字是造格后缀。
④ "尨"、"叓仑"实际上是一个音，"尨"用于动词词缀，"叓仑"则是独立动词。

续表

编号	女真字	注音汉字	汉字音值	词义	语言比较	拟定音值
706 (41)	甬龙	一、那	i、no	是	［满］inu ［蒙］inu, anu	*ino ［山］ina ［清］ina
707 (42)	光枣	乖、于	kuai、y	非	［满］waka ［蒙］ügei	*guiyu ［山］guai-u? ［清］gaiyu
708 (43)	夅舟千	晚、都、洪	wan、tu、xuŋ	空	［满］unduhun	*wanduhun ［山］unduhn ［清］wenduhun
709 (44)	甬	牙剌	ya、la	实	［满］yala	*yala ［山］yala ［清］yala
710 (45)	丰列	厄申	ʔej、ʃin	不	［满］akū ［索］esin ［蒙］ese	*esin ［山］esin ［清］ešin
711 (46)	炇杀	厄木、只	ej、mu、ʧi	同	［满］emde emgi（一同）	*emji ［山］emuji ［清］emuji
712 (47)	角仟	的、温 ［会］丢	ti、ɿun	来	［满］jimbi, ǰiu ［赫］［didə］	*diŋun① ［山］jiun, ji-mbi ［清］digun
713 (48)	犯狞升	革、涅、黑 ［会］革捏黑（辞）	kej、nie、xei	去	［满］genembi ［赫］［ʒnə］	*genehe ［山］gene-mbi ［清］genehei

① 《金史·金国语解·人事》："迪古乃，来也。"

续表

编号	女真字	注音汉字	汉字音值	词义	语言比较	拟定音值
714 (49)	关件右	秃、替、昧	t'u、t'i、mei	出	[满] tucimbi	*tutimei [山] tuči-mbi [清] tutimei
715 (50)	戈丸	以、勒	i、ləj	入	[满] dosimbi [蒙] ire	*ire[①] [山] ire [清] iriye
716 (51)	可	厄舞	ej、u	丑	[满] efujen [鄂] eruhi [维] bona	*ewu [山] ewu? [清] eru
717 (52)	幵	和卓	xuo̯、ʧau	俊	[满] hojo	*hojo [山] hojo [清] hojo
718 (53)	乇夭	撒刺、大 [会] 撒刺	sa、la、tai	老	[满] sagda [赫] [sagdi] [鄂] sadie [维] [hagdi]	*saladai[②] [山] salada [清] salada
719 (54)	夭亐	失、捏	ʃi、nie	幼	[满] ajigan [蒙] sin-e（新）	*sine[③] [山] sine [清] šiniye
720 (55)	力乇	都塔、洪	tu、t'a、xuŋ	存	[满] tuta, tutambi	*dutahūn [山] duta-hun [清] dulhun

① 同蒙古语的 ire 意义相近。

② 《金史·金国语解·人事》："撒答，老人之称也。"

③ 蒙古语的 sin-e 为"新"。女真语的 sine，可能就是蒙古语借词。

续表

编号	女真字	注音汉字	汉字音值	词义	语言比较	拟定音值
721 (56)	从乐	厄木、洪	ej、mu、xuŋ	独	［满］emhun，emhehen	*emuhun ［山］emuhun ［清］emuhun
722 (57)	付来杰足	哈、富、扎、孩	xɑ、fu、ʧɑ、xai	透	［满］hafumbi	*hafujahai ［山］hafuja-mbi ［清］hafujahai
723 (58)	兄甬夭	撒、答、剌	sɑ、tɑ、lɑ	漏	［满］sabdambi	*sadala ［山］šand-mbi ［清］sadala
724 (59)	夅友	安班、剌	ɑn、pɑn、lɑ	多[1]	［满］labdu	*ambanla ［山］ambala ［清］ambala
725 (60)	卆更乐	厄、克、洪	ej、k'əj、xuŋ	少	［满］komso ［赫］［k'ɔmʧ'ɔ］	*ekehun ［山］ekuhun ［清］ekehun
726 (61)	尾弓中	扎、鲁、哈	ʧɑ、lu、xɑ	盈	［满］jalumbi	*jaluha ［山］jaluha ［清］jaluha
727 (62)	未手升	分、车、黑	fun、ʧ'e、xẹl	余	［满］funcembi	*funcehe ［山］funčehe ［清］funčehei
728 (63)	龙爻圣足[2]	晚、湾、半的、孩	wɑn、ɿʯɑn、pon、ti、xai	怎生	［满］ainambi	*wonŋon bandihai ［山］wanwan banji-mbi ［清］wanon bandihai

① 在女真语里，"大"、"多"同义，说明女真语词汇不太丰富，表现力不强。
② 这是根据汉字的意义，不顾女真语本意生硬堆砌词汇而成的词组。其词意是"怎么出生"，而根本不是"怎生"的意思。

续表

编号	女真字	注音汉字	汉字音值	词义	语言比较	拟定音值
729 (64)	美仟舟先	秃鲁、温、都、言	t'u、lu、ɿun、tu、iɛn	缘故	［满］turgun	*turŋun duyen ［山］— ［清］turgun duyen
730 (65)	肩丞	塞、舒 ［会］塞哈	sai、ʃy	好生	［满］sain	*saišu ［山］saišu ［清］saišu
731 (66)	五斥甪戈	厄勒、吉、扎、以	ej、ləj、ki、ʧa、i	因此	［满］ede	*eregi jai ［山］eregijai ［清］eregi ǰai
732 (67)	友五甬夜	斡、恩、一、那	uo、ɿen、i、no	虽是	［满］ocibe	*weŋen ino ［山］oen? ［清］wen inɑ
733 (68)	斗[①]友号	兀、忽、卜连	u、xu、pu、lien	晓谕	［满］ulhibumbi	*ulhuburen ［山］uhu ［清］ulhuburen
734 (69)	乑友旁	只、剌、兴	ʧi、la、xiŋ	怜悯	［满］jilakan	*jilahin ［山］jilašin, jilagin ［清］jilagin
735 (70)	史斥肖号	戈迷、吉、果、卜连	kuo̯、mi、ki、kuo、pu、lien	宽饶	［满］gobolombi	*gomigi goburen ［山］gomigi gobure? ［清］gomigi geburen
736 (71)	圪乐丰吏勇	革、洪、约、斡、洪	kej、xuŋ、ieu、uo、xuŋ	明白	［满］gehun, getuken	*gehun yowohūn ［山］gehun yobohun ［清］gehun yowohun

① “斗”字读“兀”，与满语比较，其读音应作 *ul。

续表

编号	女真字	注音汉字	汉字音值	词义	语言比较	拟定音值
737 (72)	亥龙퐁舟	该、别、兔、番	kai、pie、t'u、fan	将就	—	*gaibie tufan [山] gai-mbi tufan [清] gaibie tufan
738 (73)	申列兄屛	厄申、撒、希	ej、ʃin、sa、xi	不知	[满] sarakū	*esin sahi [山] esin sanhi [清] esin sahi
739 (74)	申列夫孟	厄申、殿、忒	ej、ʃin、tien、t'əj	不会	[满] muterakū	*esin diente [山] esin diyeti? [清] esin diyente
740 (75)	女攴攴	木、忒、卜鲁	mu、t'əj、pu、lu	作成	[满] mutembi	*muteburu [山] mute-mbi [清] muteburu
741 (76)	育龙夹列	八哈、别、埋、因	pa、xa、pie、mai、in	享禄	[满] fulun bahambi	*bahabie main [山] baha-mbi [清] bahabi main
742 (77)	矢攴屯粂禾	革、卜、兔鲁、哈、剌	kej、pu、t'u、lu、xa、la	名望	[满] gebu algi	*gebu tulugala [山] gebuduluhala [清] gebu turugala
743 (78)	雨刺卒	一、乍、剌	i、tsa、la	聚会	[满] isambi	*isara [山] ičela [清] ijara
744 (79)	朴夬	你下、剌	ui、xia、la	须臾	[满] taka	*nihiala [山] nišala? [清] nihiyala
745 (80)	屑伃兄盆攴禾	多罗、孛、斡、替弹、巴	to、lo、uo、pau、t'i、t'an、pa	法度	[满] kooli、doron、doro、ciktan	*doroobo tigtanba [山] doron bodidanba [清] doroobo tiktamba

续表

编号	女真字	注音汉字	汉字音值	词义	语言比较	拟定音值
746 (81)	未旻丂玊夅	木、者、革、忒、厄	mu、ʧe、kej、t'əj、ej	当面	[满] derede	*mujege teel [山] mujege tege [清] mUǰege tee
747 (82)	杀杀	撒、撒	sa、sa	整齐	[满] sasa	*sasa [山] sasa [清] sasa
748 (83)	靑昊孛㞒史[1]	哈答、温、脉鲁、厄、伯	xa、ta、ɿun、mai、lu、ɿej、pai	诚意	[满] akdun mergen	*hagdaŋun mergebe [山] hadaun merge [清] kadagun mergebe
749 (84)	来斥庑仟旻条	莽、吉、斡、温、者、勒	maŋ、ki、uo、ɿun、ʧe、ləj	可嘉	[满] manggi urgunjembi	*maŋgi urŋnjere [山] manggi onjele? [清] mangi urgunǰere
750 (85)	夺肖压夬	背也、忽、如、剌 [会] 忽如	puẹ、iɛ、xu、ru、la	鞠躬	[满] beye mehumbi	*beye hurula [山] beye hujula [清] beye huǰula
751 (86)	甬舟更仛右	兀住、康、克、勒、昧	u、ʧu、k'aŋ、k'əj、ləj、mei	叩头	[满] kengkilembi	*uju kaŋkilemei [山] uju hengkile-mbi [清] uǰu kankelemei
752 (87)	㞢[2]土先夾仵	卜、温、失剌、哈、替	pu、un、ʃi、la、xa、t'i	自古	[满] julge ci	*bun sirahati [山] bunsilahati [清] bun širahati
753 (88)	半	素勒	su、ləj	聪明	[满] sure [赫] [sure]	*sure [山] sure [清] sure

① “史”字是处置格后缀。

② “㞢”字字形有误。第433（人事门94）号字写作“㞢”，有别于“㞢”（音弗）。

续表

编号	女真字	注音汉字	汉字音值	词义	语言比较	拟定音值
754 (89)	寸庆夭	称、哥、剌	ʧʻiŋ、ko、la	受用	[满] baitalambi	*ciŋgela [山] čeŋggo-mbi [清] čiŋgela
755 (90)	夆佬臾	厄、勒、黑	ej、ləj、xei	自在	[满] elhe	*elehe [山] elehe [清] elehe
756 (91)	芊条夭	的儿、哈、剌	ti、ri、xa、la	快活	[满] jirgambi	*dirigala[①] [山] jirigala [清] dirigala
757 (92)	斋挚甬龙	革木、儿、一、那	kei、mu、ri、i、no	都是	[满] gemu inu	*gemuri ino [山] gemur ina [清] gemur ina
758 (93)	亠炎庆庍	厄木、你、哥、塞	ej、mu、ni、ko、sai	一般	[满] emu gese	*emuni gese [山] emuni gese [清] emuni gese
759 (94)	刭休斥	准、里、吉	ʧyn、li、ki	英雄	[满] baturu	*junligi [山] junligi [清] ǰunligi

续添门

编号	女真字	注音汉字	汉字音值	词义	语言比较	拟定音值
760 (1)	为友囡土炎[②]	杜里、剌、国、伦、你	tu、li、la、kuei、lyn、ni	中国	[满] dulimba gurun	*dulila gurun ni [山] dulila gurun [清] dulila gurun ni

① 《洪武译语》里“快活”标为“只儿合郎”。

② “炎”字是属格后缀。

续表

编号	女真字	注音汉字	汉字音值	词义	语言比较	拟定音值
761 (2)	亥犮[1]庠叏	兀鲁、麻、弗塞、登	u、lu、ma、fu、sai、teŋ	强盛	［满］etuhun dekjimbi	*uluma fusheden ［山］— ［清］uluma? fusheden
762 (3)	布史	赫路塞、伯	xei、lu、sai、pai	言语	［满］gisuren gisun	*heluse be ［山］herse ［清］herse be
763 (4)	岜夫旯戼佬[2]	一、受、孩、背、勒	i、lu、ʃiu、xai、pue、ləj	设官	［满］beile ilimbi	*ilišuhai beile ［山］ilimbi, beile ［清］ilisuhai beile
764 (5)	夂乇右关丢甬夭[3]	斡、洪、昧、安、失、答、剌	uo、xuŋ、mei、an、ʃi、ta、la	包含	［满］baktambi（包含、容纳）uhubumbi（包含、容纳）gansi（俱、全）	*uhun mei ansidala ［山］ohun mei ansidala ［清］uehun mei anšidala
765 (6)	灸九汞阜	忒、吉勒、答失、剌	t‘əj、ki、ləj、ta、ʃi、la	遍覆	［满］dele dasimbi	*tegile dasira ［山］tegile dasila? dasi-mbi ［清］tegile? dašira
766 (7)	冼[4]伏芇夭	延、脉儿、塔、剌	iɛn、mai、ri、t‘a、la	宴犒	［满］sarilambi	*yen mertala ［山］yen-merda-mbi ［清］yen mertala
767 (8)	尗夫炎右	退、卜连、兀里、昧	t‘uei、pu、lien、u、li、mei	延留	［满］tebumbi（使坐、使居住）	*tuiburen ulimei ［山］tuiburen uli-mbi ［清］tuwiburen ulmei

① “亥犮”的音义同蒙古语的 ulam（愈）相近。

② 词序颠倒。

③ 词序颠倒。

④ “冼”字是汉语“宴”的译音，*yen< 宴。

续表

编号	女真字	注音汉字	汉字音值	词义	语言比较	拟定音值
768 (9)	乃友矢㚈毛右	召、刺、埋、拙、厄林、昧	ʧew、la、mai、ʧye、ej、lim、mei	奏报	［满］wesimbumbi	*jeulamai jueriumei ［山］jori-mbi ［清］ǰaulamai ǰuwerinmei
769 (10)	伞圤太㚈毛右	头、牙、卜鲁、拙厄林、昧	t'əu、ya、bu、lu、ʧye、ej、lim、mei	传报	［满］medebumbi	*teuyaburu juerinmei ［山］jori-mbi ［清］tauyaburu ǰuwerinmei
770 (11)	斉伐美仟	秃里、勒、秃鲁、温	t'u、li、ləj、t'u、lu、ɿun	衷情	［满］tuleri baita, tuleri turgun	*tulile turŋun ［山］turile turgun, tulun ［清］tulile turgun
771 (12)	朴判太秉右	贵、也、鲁、弗忒、昧	kuei、iɛ、lu、fu、t'əj、mei	伴送	［满］dahame futemei	*guyeru futemei ［山］guiyelu? fude-mbi ［清］guyeru futemei
772 (13)	关尤矢来玐	牙鲁、乖、埋、分、厄	ya、lu、kuai、mai、fun、ej	纠合	［满］yarumbi（引、领）feniyen（群）	*yaruguaimai funei ［山］yaruguaime funiye ［清］yaruguwaimai feniye
773 (14)	庆尧夭太	答、别、刺、鲁	ta、pie、la、lu	备写	［满］arare be belhembi, dambi（掌管）	*dabielaru, dambielaru ［山］dambi ［清］dabilaru
774 (15)	关先矢秀圡	牙鲁、乖、埋、革、恩	ya、lu、kuai、mai、kei、ən	纠众	［满］geren be yarumbi ［赫］［ʧua］ ［鄂］jūga	*yaruguaimai gen ［山］yaruguaime geun ［清］yaruguwaimai gen
775 (16)	关吞尧奂右①	安、察、别、番住、昧	an、ʧa、pie、fan、ʧy、mei	追究	［满］amcambi（追）fonjimbi（问）	*ancabie fonjumei ［山］fonji-mbi ［清］amčabi fonǰumei

① “奂右”*fonjumei 与第 444（人事门 105）号字之“𠃌”*fonjumai 音义相同，区别就在于一个是完全意字，另一个是不完全意字。这里又是“追”与“究”两词的堆砌。

第四章 《女真译语》的读音构拟 | 211

续表

编号	女真字	注音汉字	汉字音值	词义	语言比较	拟定音值
776 (17)	平列更秉岵	爱、因、别、赤、巴勒	ai、in、pie、ʧʻi、pa、ləj	务要	［满］urunakū	*ainbie cibala? ［山］ainbečibale ［清］ain bičibala
777 (18)	伢壬夯艮	端的、孙、哈答、孩	ton、ti、sun、xa、ta、xai	听信	［满］donijimbi（听）akdambi（信）	*dondisun hagdahai ［山］hadahai ［清］dondisun kadahai
778 (19)	式岜右更夅[①]史[②]	忒勒、秃、昧、兀塞、天、伯	tʻəj、ləj、tʻu、mei、u、sai、tʻien、pai	别种	［满］—	*teretumei useten be ［山］deltumei usetenbe ［清］telhetumei usetiyenbe
779 (20)	矢盂朱	者、失、吉撒	ʧe、ʃi、ki、sa	哄诱	［满］eiterembi	*jesigisa ［山］jesi-gisa ［清］ǰesigisa
780 (21)	矢美米	革、卜、的勒、岸	kẹi、pu、ti、ləj、ŋan	名声	［满］gebu jilgan	*gebu dilŋan ［山］gebu jilgan ［清］gebu dilgan
781 (22)	戈甬戈甬孚卅	法、儿、法、儿、弗里、随	fa、ri、fa、ri、fu、li、sui	另行	［满］farfambi（乱） ［赫］［fuli］（行）	*farifari fulisui ［山］farfar fulsui ［清］farfar fulsuwi
782 (23)	虬夂[③]杰杀夭	出、因、扎、撒、剌	ʧʻy、in、ʧa、sa、la	处治	［满］acihiyambi	*cuin jasala ［山］čuin-časa-mbi ［清］čuwin ǰasala

① “更夅”，与蒙古语 üsiyeten（仇敌）相同。

② “史”字是处置格后缀。

③ “虬夂”是汉语“处”的译音，*cuin< 处。

续表

编号	女真字	注音汉字	汉字音值	词义	语言比较	拟定音值
783 (24)	釆毛乖戽旯	兀里、厄林、多罗、斡、薄	u、li、ej、lim、to、lo、uo、pau	伦理	［满］čiktan doro	*ulierin doroo bo? ［山］ulierin dolowenba ［清］ulhiyerin doroobo
784 (25)	岜杙豸卒委	秃、必、巴、忒、屯	t'u、pi、pa、t'əj、t'un	纲常	［满］tob[①]	*tubiba tetun ［山］tubiba tebi ［清］tubiba tetun
785 (26)	盂岙史伐[②]	住、兀、伯、德	ʧy、ŋu、pai、tej	道德	［满］doro	*juŋū be dei ［山］jugu be de ［清］ǰugube de
786 (27)	侯[③]戽忢	惹、希、纳	rie、xi、na	仁义	［满］jurgan	*yehina ［山］žohina ［清］ǰehina
787 (28)	岜状	突、獗	t'、kye	突獗	［满］—	*tukue ［山］turkiye ［清］tukiwe
788 (29)	午休戽交夭	塞、里、吉、忒你、和	sai、li、ki、t'əj、ni、xuo̯	危然	［满］gelecuke	*seligi teniho ［山］siligi teniho? ［清］sailigi teniho
789 (30)	讫戽令尧[④]	弗里、吉、该、别	fu、li、ki、kai、pie	命将	［满］fulin（命、命运）gaimbi（要、将）	*fuligi gaibie ［山］furigi-gaimb ［清］fuligi gaibi

① 满语 tob，意“忠”、“清”。“纲常”指的是封建社会的伦理道德，即三纲五常。这里的“卒委”是经常的意思，与“纲常”的原义不合。显然是硬性的词汇堆砌。

② “盂岙”是“道路”，与“道德”无涉。“伐”是汉字译音，*dei< 德。“史”是处置格后缀，用在这里完全错了。

③ “侯”字可能是汉语“仁”的译音。在阿尔泰语系诸语言中，词首没有 *r 音，故构拟为 *ye。

④ 词汇的堆砌。这类词在新增、续添门中很多，说明是由不懂女真语的人所创造的汉语式的女真语，这类词多是由两个词组成，对研究和掌握女真语的基本词汇、了解其读音方面有一定意义。

续表

编号	女真字	注音汉字	汉字音值	词义	语言比较	拟定音值
790 (31)	亥帀爻甬乞[①]	塔、苦、剌、谦、师	t'a、k'u、la、k'iem、ʃʅ	遣师	［满］takūrambi	*takūra kem šï ［山］takūra kiyen-ši ［清］takura kiyenši
791 (32)	早粆炅攵仗夭	非、也、吉、木、本、剌	fi、iɛ、ki、mu、bun、la	偏裨	［满］—	*fiyeŋgi[②] mubunla ［山］— ［清］fiyegi mubunla
792 (33)	乔关东[③]	厄然、你、府	ej、ren、ni、u	主辅	—	*eren ni fu ［山］ejen ni fu ［清］ejen ni fu
793 (34)	光关此卂	乖、你、阿里、卜为	kuai、ni、a、li、pu、uei	供给	［满］goibumbi（分派）alibumbi（送、给）	*goini alibuwi ［山］guwaini alibu-mbi ［清］guwai ni alibuwi
794 (35)	青臾岦由	厄忒、黑、阿剌、哈	ej、t'əj、xei、a、la、xa	胜负	［满］etembi（胜）burulambi（负）	*etehe alaha ［山］etehe alaha ［清］etehe alaha
795 (36)	庋弓厍庾灵夭	哈剌、鲁、斡、哈、沙、剌	xa、la、lu、uo、xa、ʃa、la	捷音	［满］halar（声响）eten medege	*halaluo hašala ［山］— ［清］halaluo hašala
796 (37)	冬盂犬伏臾	斡、失、卜鲁、脉儿、黑	uo、ʃʅ、pu、mai、ri、xei	升赏	［满］wesimbi（升）šanggambi（赏）	*wesiburu merhe ［山］wesibu-mbi merhe ［清］wešiburu merhe

① 汉语借词。*kem si< 遣师。
② 汉语借词。*fiyeŋgi< 偏。
③ 汉语借词。*fu< 辅。

续表

编号	女真字	注音汉字	汉字音值	词义	语言比较	拟定音值
797 (38)	半甶右甬	巴、住、昧、的	pa、ʧy、mei、ti	对敌	［满］bakcilambi（作对）	*bagjumei di[①] ［山］bakju-mbi, bakci-mbi ［清］bakǰumei di
798 (39)	肖叓挈	忽、捏苦、鲁	xu、nie、ku、lu	呼朋	［满］—	*hu[②] nekuru ［山］— ［清］hunekur
799 (40)	芈秉夂佬	朵、申、因、勒	to、ʃin、in、ləj	引类	［满］dosimbi	*dosin inlei[③] ［山］dosinin-le? ［清］došin inle
800 (41)	叓佬奀[④]	捏苦、勒、埋	nie、k'u、ləj、mai	呼朋	［满］— ［蒙］nökörlemüi	*nekulemei ［山］nekurlembi ［清］nekulemai
801 (42)	爿杀史甬乩斥	卓、你、伯、答、出、吉	ʧau、ni、pai、ta、ʧ'y、ki	锋锐	［满］jeyen（锋锐）dacun（锋利的刀）	*jonibe dacugi ［山］jonibe dačugi ［清］ǰonibe dačugi
802 (43)	夂友雨兯舟[⑤]	厄木、剌、亦、宣、都	ej、mu、la、i、suen、tu	互相	［满］ishunde	*emula ishundu ［山］emula ishundu ［清］emula ishundu
803 (44)	夅米英挈	安班、忽秃、儿	an、pan、xu、t'u、ri	洪福	［满］amban hūturi	*amban hūturi ［山］amban hūtur ［清］amban (la) hutur

① 汉语借词。*di< 敌。
② 汉语借词。*hu< 呼。
③ 汉语借词。*inlei< 引类。
④ 根据元音和谐规律，此语后边应缀阴性词缀“右”*mei。
⑤ “雨兯舟”，同于满语 ishunde。此语的意思是“一同”。

续表

编号	女真字	注音汉字	汉字音值	词义	语言比较	拟定音值
804 (45)	夹盁右岑夭	千、忒、昧、团住、剌	ʦʻien、tʻəj、mei、tʻon、ʧy、la	考选	［满］cendembi（试、考试）sonjo（考选、选）	*centemei tonjula ［山］čentemei tuwa-mbi ［清］čiyentemei tuwanǰula
805 (46)	芇仵丈	塔、替、卜鲁	tʻa、tʻi、pu、lu	习学	［满］tacibumbi	*tatiburu ［山］tači-mbi ［清］tatiburu
806 (47)	吏乇肩列吏	别、厄、塞、因、别	pie、ej、sai、in、pie	有益	［满］sain bi、tusa bi	*bie sain bie ［山］— ［清］biye sainbi
807 (48)	叉戈秀花斥	塔、以、革、勒、吉	tʻa、i、kẹi、ləj、ki	依例	［满］—	*tai gelegi ［山］tai gelegi ［清］tai gelegi
808 (49)	盂丸[1]	注、解	ʧy、kei	注解	［满］—	*jugei ［山］— ［清］ǰugiyai
809 (50)	夭太攵炙叉	剌、鲁、木、忒、卜鲁	la、lu、mu、tʻəj、pu、lu	写成	［满］arambi（写）mutembi	*laru muteburu ［山］— ［清］lalu muteburu
810 (51)	勇[2]夭太	謄、剌、鲁	tʻəŋ、la、lu	謄写	［满］doolambi	*tenlaru ［山］doola-mbi ［清］tenlaru

① 汉语借词。*jugei< 注解。
② 汉语借词。*ten< 謄。

续表

编号	女真字	注音汉字	汉字音值	词义	语言比较	拟定音值
811 (52)	止出戈夂[1]	下、敖、圭、因	xia、au、kuei、in	学规	［满］—	*hiau guin ［山］— ［清］hiyanguwin
812 (53)	兄屏丢夂[2]	撒、希、西、因	sa、xi、si、in	知悉	［满］sambi	*sahi sin ［山］sanhi čin ［清］sahi sin
813 (54)	共乍[3]金秉	其、兀、伯、申	k‘i、u、pai、ʃin	求讨	［满］baimbi（讨）	*kiu baišin ［山］kiu bai-mbi ［清］kiyu baišin
814 (55)	圠乣麦斥冬	阿里、卜为、卜、斡、斡	a、li、pu、uei、uo、uo	给与	［满］alimbi（承当、受）bumbi（给）	*alibuwi burwe ［山］alibu-mbi ［清］alibuwi burwe
815 (56)	犬于兔古矢	伯、亦、沙、埋、恩	pai、i、ʃa、mai、ən	谢恩	［满］—	*baišamai en ［山］boiša-mbi ［清］boišamai en
816 (57)	市求羊[4]	岸、丹、朵	an、tan、to	沿途	［满］andala（半路、中途）	*andan do ［山］andan-de ［清］andan do
817 (58)	于卅伞斥	弗里、随、古里、吉	fu、li、sui、ku、li、ki	行移	［满］gurimbi ［赫］［fuli］（行）	*fulisui gurigi ［山］felisui guri-mbi ［清］fulisui gurigi

① 汉语借词。*hiau guin< 学规。

② 汉语音，*sin< 悉。

③ 汉语借词。*kiu< 求。

④ "羊"是方位格后缀。

第四章 《女真译语》的读音构拟 | 217

续表

编号	女真字	注音汉字	汉字音值	词义	语言比较	拟定音值
818 (59)	伢壬旡房斥	端的、松、扎失、儿、吉	ton、ti、syŋ、ʧa、ʃi、ri、ki	听令	[满] donjimbi	*dondisun jasirgi [山] jasirgi [清] dondisun ǰaširgi
819 (60)	岓垂龙舟吏	琐、迷、别、忒、别	sṳo、mi、pie、t'əj、pie	潜居	[满] somimbi（藏）tembi（居住）	*somibie tebie [山] somi-mbi [清] somibi tebi
820 (61)	秉岓籴丸	克、安、分、厄	k'əj、an、fun、ej	勘合	[满] —	*kan[①] funei [山] kan funiye [清] kean feniye
821 (62)	炎右阜圤圥	兀里、昧、头、牙、卜鲁	u、li、mei、t'əu、ya、pu、lu	留传	[满] ulambi（传说）	*ulimei tuyaburu [山] ulambi, touyaburu [清] ulimei touyaburu

新增门

编号	女真字	注音汉字	汉字音值	词义	语言比较	拟定音值
822 (1)	朱丈夹	诸勒、厄、塞	ʧy、ləj、ej、sai	比先	[满] juleri ci	*jule ese [山] — [清] jule ese
823 (2)	肩列爭岌	塞、因、斡、湾	sai、in、uo、ʅuan	便益	[满] —	*sain oŋon? [山] sain wowan [清] sain ogon
824 (3)	伕乩斧旯秀花斥	出、出、瓦、孩、革、勒、吉	ʧ'y、ʧ'y、ua、xai、kẹi、ləj、ki	照例	[满] songkoi（照样）	*cucuwahai gelegi? [山] čučuwahai gelegi to [清] čučuwahai gelegi

① 汉语借词。*kan< 勘。

续表

编号	女真字	注音汉字	汉字音值	词义	语言比较	拟定音值
825 (4)	盃㚒戈乜列	脉（厄）①儿、革、以、哈称、因	mai、ri、kei、i、xa、ʧ'iŋ、in	方物	［满］ergi（方向）hačin（东西、物品）	*ergei hacin ［山］mergei hačin ［清］ergei hačin
826 (5)	乇杀夫旯秅壬	秃鲁、哈、剌、团、下、松	t'u、lu、xa、la、t'on、xia、suŋ	看守	［满］tuwakiyambi	*turugala tonhiasun ［山］turuhala tuwancihisun ［清］turugala tuwanhiyasun
827 (6)	卉毛右支史	拙、厄林、昧、委勒、伯	ʧye、ej、lim、mei、uei、ləj、pai	报事	［满］jorimbi（指示、指教）uile（事情）	*jorinmei uile be ［山］jori-mbi weile be ［清］ǰuwerinmei weilebe
828 (7)	斥土状②	安春、温、厥	an、ʧ'yn、un、k'ųe	金阙	［满］—	*alcun ke ［山］ančun kiye ［清］ančun kiwe
829 (8)	抷米	斡、非	uo、fi	为	［满］ofi	*ofi ［山］ofi ［清］ofi
830 (9)	写③	蒙	muŋ	蒙	［满］—	*muŋ ［山］meng ［清］men
831 (10)	攸伧叓	兀鲁、勒、别	u、lu、ləj、pie	准	［满］uru（是）	*urulebie ［山］urulebie ［清］urulebi

① 注音汉字“脉”有误。据东洋文库本和北京图书馆本应改正为“厄”。

② 汉语借词。*ke< 阙。

③ 汉语借词。*muŋ< 蒙。

续表

编号	女真字	注音汉字	汉字音值	词义	语言比较	拟定音值
832（11）	兆[1]	容	yuŋ	容	［满］—	*yun ［山］yung ［清］yun
833（12）	肖友乖	忽、剌、吉（苦）[2]	xu、la、ki	换（唤）	［满］hūiambi（唤、读）	*hūlagi(kū) ［山］hūla-mbi ［清］hulagi
834（13）	忝圡右	都厄（都勒）[3]、恩昧	tu、ej、ən、mei	过	［满］dulembi（过去）	*dulenmei ［山］dulen-mbi ［清］dulenmei
835（14）	甬友	根（答）[4]、剌	ken、la	原	［满］dule（原来）	*dala ［山］genla ［清］genla
836（15）	可全	该、哈儿	kai、xa、ri	领	［满］gaimbi（取、领）	*gaigar ［山］gaigar ［清］gaiga
837（16）	庂	阿的	a、ti	等	［满］adali, ǰergi	*adi ［山］adi ［清］adi
838（17）	兓乎	扎、哈	ʧa、xa	件	［满］jaka ［蒙］ǰaqa	*jaha ［山］jaha ［清］ǰaha

① 汉语借词。*yun< 容。

② 汉语词义"换"为"唤"之讹。"乖"字音"苦"，音"吉"误。

③ "忝"字音"都勒"，据东洋文库本和北京图书馆本改正。

④ "甬"字音"答"，以前曾出现过。又据东洋文库本和北京图书馆本改正为"答"。

续表

编号	女真字	注音汉字	汉字音值	词义	语言比较	拟定音值
839（18）	房乏夭	麻、纳、剌	ma、na、la	坏	［满］manambi	*manala ［山］mana-mbi ［清］manala
840（19）	厍冬升	卜鲁、斡、黑	pu、lu、uo、xei	失	［满］ufaracun	*buruwehe ［山］buruwe-mbi ［清］buruwehei
841（20）	斋芋	革木、儿	kej、mu、ri	俱	［满］gemu	*gemuri ［山］gemur ［清］gemur
842（21）	更币	克、哀	k'əj、ai	开	［满］—	*kai[①] ［山］kuai ［清］keai?
843（22）	壬压史[②]	一儿、厄、伯	i、ri、ʅej、pai	百姓	［满］irgen	*irge-be ［山］irge ［清］irge be
844（23）	岸先旲	卓、卜、温	ʧau、pu、ʅun	艰难	［满］jobombi	*joboŋun ［山］jobun ［清］ǰobogun
845（24）	伕乩夯是旻戈	出、出、瓦、孩、塔、以	ʧ'y、ʧ'y、ua、xai、t'a、i	照依	［满］sonkoi	*cucuwahai tai ［山］čuwahai dai? ［清］čučuwahai tai
846（25）	乇乍	厄秃、洪	ej、t'u、xuŋ	穿	［满］etumbi	*etuhun ［山］etu-mbi ［清］etuhun

① *kai< 开。

② "史"字是处置格后缀。

续表

编号	女真字	注音汉字	汉字音值	词义	语言比较	拟定音值
847 (26)	其千升	其、车、黑	k'i、ʧ'e、xẹi	用	［满］kicembi baitalambi（用）	*kicehe ［山］kiče-mbi ［清］kičehei
848 (27)	尾友米	扎、刺、岸	ʧa、la、an	辈	［满］jalan	*jalan ［山］jalan ［清］ǰalan
849 (28)	写夫足	一立、受、孩	i、li、ʃiu、xai	设	［满］ilimbi	*ilišuhai ［山］ilišu-mbi ［清］ilišuhai
850 (29)	任太	只速、鲁	ʧi、su、lu	做	［满］jisembi（起草）	*jisuru ［山］jise-mbi ［清］ǰisuru
851 (30)	一亦杀	厄木、车、你	ej、mu、ʧ'e、ni	一遭	［满］emuci（第一）	*emu ceni ［山］emu čeni ［清］emu čeni
852 (31)	一为压斥	厄木、赫儿、厄、吉	ej、me、xei、ri、ɲej、ki	一级	［满］emu jergi	*emu herŋe gi ［山］emu hergegi ［清］emu hergegi
853 (32)	东	密你	mi、ni	我①	［满］mini（我的）bi（我） ［玛］miŋi（二格）我的	*mini ［山］mini ［清］mini
854 (33)	兵杀	厄塞	ej、sai	这	［满］ese	*ese ［山］ese ［清］ese

① 这里的“我”，从女真语的意义上看是“我的”。在古汉语中，常常省去介词“之”而说“我”。这种“我”就包含“我之”的内容。如“我祖”一词，意为“我的祖宗”，是从属关系，并不是“我”和“祖”的平等关系。

续表

编号	女真字	注音汉字	汉字音值	词义	语言比较	拟定音值
855 (34)	殳夬戽	忒、忒、希	t'əj、t'əj、xi	被	［满］—	*tetehi ［山］tedehi ［清］tetehi
856 (35)	台	弗脉	fu、mai	束	［满］fulmiyen	*fulme ［山］fume? ［清］fume
857 (36)	弁盂	厄不、失	ej、pu、ʃi	以	［满］ebsi（以来）	*ebsi ［山］ebsi ［清］ebši
858 (37)	弋条夭	秃鲁、哈、剌	t'u、lu、xa、la	览	［满］tuwambi	*turugala ［山］turuhala ［清］turugala
859 (38)	朱	吉撒	ki、sa	呵	［满］kai	*gisa ［山］gisa ［清］gisa
860 (39)	失杀右	者、只、昧 ［会］迓迟	ʧe、ʧi、mei	谨	［满］ginggulembi	*jejimei ［山］jeji-mbi ［清］ǰeǰimei
861 (40)	乖老	撒必、别	sa、pi、pie	计	［满］bodombi	*sabibie ［山］sabi-mbi ［清］sabibi
862 (41)	牝史	革登	kej、təŋ	往	［满］genembi	*geden ［山］geten? ［清］geden
863 (42)	甬关甬关	一、你、一、你	i、ni、i、ni	各	［满］ini（他的）	*ini ini ［山］ini-ini ［清］ini ini

续表

编号	女真字	注音汉字	汉字音值	词义	语言比较	拟定音值
864 (43)	令丈岳[①]	阿赤、卜鲁、旨	ɑ、ʧʻi、pu、lu、ʧi	圣旨	［满］enduringge hese	*aciburu ji ［山］ačiburu ši ［清］ačibru ǰi
865 (44)	袖	姚希	iɛu、xi	套	［满］yohi（几部书之部）	*yohi ［山］yohi ［清］yohi
866 (45)	方	土满、塞、革	tʻu、mon、sai、kej	万寿	［满］tumen se	*tumen sege ［山］tuma n sege ［清］tuman sege
867 (46)	令丈乇列	阿赤、卜鲁、哈称、因	ɑ、ʧʻi、pu、lu、xɑ、ʧʻiŋ、in	圣节	［满］enduringge hacin	*aciburu hacin ［山］ačiburu hačin ［清］ačiburu hačin
868 (47)	呈[②]办房奇	皇、阿木、鲁、该	ɣoŋ、ɑ、mu、lu、kai	皇后	［满］— ［鄂］dalan	*hoŋ amurgai ［山］huan-amargi ［清］huwan amurgai
869 (48)	五孔乇	皿干、卜罗、厄林	miŋ、kan、pu、lo、ej、lim	千秋	［满］minggan bolori	*miŋgan bolo erin ［山］minggan bolori ［清］mingan boloerin
870 (49)	禾舟[③]	太、子	tʻai、tsɿ	太子	［满］—	*taise ［山］tai-ʥ ［清］taiǰi
871 (50)	呈舟[④]	皇、子	ɣoŋ、tsɿ	皇子	［满］—	*hoŋse ［山］huan-ʥŭ ［清］huwan ǰi

① 汉语借词。*ji< 旨。

② 汉语借词。*hoŋ< 皇。*amurgai 的词义是“后边”的“后”，不是“皇后”的“后”。

③ 汉语借词。*taise< 太子。

④ 汉语借词。*hoŋse< 皇子。

东洋文库本[①]

编号	女真字	注音汉字	汉字音值	词义	语言比较	拟定音值
872 (1)	乢旡[②]	出、温	ʧʻy、un	充	［满］—	*cun ［清］čun
873 (2)	危弓中	扎、鲁、哈	ʧɑ、lu、xa	满	［满］jalumbi	*jaluha ［清］jaluha
874 (3)	乔[③]	通	tʻuŋ		［满］—	*tun ［清］tun
875 (4)	夻	背也	pụẹ、iɛ	态	［满］beye	*beye ［山］beye ［清］beye
876 (5)	矢厷[④]	武、恩	u、ən	稳	［满］—	*wen ［清］uwen
877 (6)	圣旡[⑤]	舒、温	ʃy、un	属	［满］—	*šun ［清］šun
878 (7)	弁杀[⑥]	库、委	kʻu、uei	揆	［满］—	*kui ［清］kuwei
879 (8)	写来炅	一立、受、孩	i、li、ʃiu、xai	置	［满］ilimbi	*ilišuhai ［清］ilišuhai

① 只录柏林本中未见之词。
② 汉语借词。*cun< 充。
③ 汉语借词。*tun< 通。
④ 汉语借词。*wen< 稳。
⑤ 汉语借词。*šun< 属。
⑥ 汉语借词。*kui< 揆。

续表

编号	女真字	注音汉字	汉字音值	词义	语言比较	拟定音值
880 (9)	午[①]	赛	sai	赛	［满］—	*sai ［清］sai
881 (10)	釆[②]夂夨	舍、刺、埋	ʃe、la、mai	舍	［满］—	*šelamai ［清］šelamai
882 (11)	盅[③]	住	ʧy	竹	［满］—	*ju ［清］ǰu
883 (12)	爻[④]夂夨	真、刺、埋	ʧin、la、mai	珍	［满］—	*jinlamai ［清］ǰinlamai
884 (13)	休夂[⑤]	里、音	li、in	岭	［满］—	*lin ［清］lin
885 (14)	彡[⑥]	站	ʧam	站	［满］—	*jam ［清］ǰam
886 (15)	休升[⑦]	里、也	li、iɛ	列	［满］—	*lie ［清］liye
887 (16)	丢	麻木	ma、mu	凡	［满］—	*mamu ［清］mamu

① 汉语借词。*sai< 赛。

② 词干是汉语“舍”的音。

③ 汉语借词。*ju< 竹。

④ 词干是汉语“珍”的音。利用汉语动词作词干，加上女真语词缀而生成一个新词，这是女真语不断吸取别族文化，以丰富自己语言词汇的一个方面。汉语借词，*jin< 珍。

⑤ 汉语借词。*lin< 岭。

⑥ 汉语借词。*jam< 站。

⑦ 汉语借词。*lie< 列。

续表

编号	女真字	注音汉字	汉字音值	词义	语言比较	拟定音值
888 (17)	柒友矢[①]	老、剌、埋	lau、la、mai	劳	［满］—	*laulamai ［清］laulamai
889 (18)	屎仄[②]	许、温	xy、un	匈	［满］—	*hiyun ［清］hiyun
890 (19)	弟甫史	嫩、果、黑	nun、kṷo、xẹi	狼	［满］niuhe ［赫］［nɔ̃guru］	*niongohe ［清］niyongehe
891 (20)	釞甪友	法、哈、剌	fa、ha、la	矮	［满］fangkala	*fahala ［清］fakala
892 (21)	休[③]	胖	p‘aŋ	胖	［满］—	*pan ［清］pan
893 (22)	先羊	非如、儿	fi、ry、ri	神	［满］fucihi firumbi（祷告）	*firuri ［清］fijur
894 (23)	岸扎杀	希、出、勒	xi、ʧ‘y、ləj	奈	［满］guileri	*hicure ［清］hičure
895 (24)	床[④]	梭	sṷo	梭	［满］—	*so ［清］so
896 (25)	友片[⑤]	剌、安	la、an	兰	［满］—	*lan ［清］lan

① 词干是汉语“劳”的音。
② 汉语借词。*hiyun< 匈。
③ 汉语借词。*pan< 胖。
④ 汉语借词。*so< 梭。
⑤ 汉语借词。*lan< 兰。

续表

编号	女真字	注音汉字	汉字音值	词义	语言比较	拟定音值
897 (26)	讥斥	弗里、吉	fu、li、ki	命	[满] fulin, fulingga（有命的）	*fuligi [清] fuligi
898 (27)	侑[1]	贤元	xi̯en、yuen	玄	[满] —	*hiyuen [清] hiyen
899 (28)	未[2]	你	ni	泥	[满] —	*ni [清] ni
900 (29)	禾仄[3]	素、温	su、un	总	[满] —	*sun [清] sun
901 (30)	乔	革里	kei、li	又	[满] geli	*geli [清] geli
902 (31)	邑[4]友关	秃、剌、埋	t'u、la、mai	图	[满] —	*tulamai [清] tulamai
903 (32)	舂毛右	拙、厄林、昧	ʧye、ej、lim、mei	报	[满] ǰorimbi（指示、指教）	*jorimei [清] ǰuwerinmei
904 (33)	厷[5]	恩	ən	恩		*en [清] en
905 (34)	赤[6]友关	赐、剌、埋	sɿ、la、mai	赐	[满] šangnambi	*silamai [清] čilamai

① 汉语借词。*hiyuen< 玄。
② 汉语借词。*ni< 泥。
③ 汉语借词。*sun< 总。
④ 词干是汉语"图"的音。
⑤ 汉语借词。*en< 恩。
⑥ 词干是汉语"赐"的音。

续表

编号	女真字	注音汉字	汉字音值	词义	语言比较	拟定音值
906 (35)	圤甬	牙、答	ya、ta	巧	［满］faksi, mergen	*yada ［清］yada
907 (36)	爻卒	莫截（戳）[①]	mo、ʧʻau	拙	［满］moco	*moco ［清］močo
908 (37)	庤旱	琐、罗	sụo、lo	闲	［满］sula	*solo ［清］solo
909 (38)	叏倘右	卜、咸、昧	pu、xem、mei	疑	［满］buhiyembi	*buhienmei ［清］buhiyenmei
910 (39)	朱	吉撒	ki、sa	庶	［满］elgiyen	*gisa ［清］gisa
911 (40)	盎[②]	孔	kʻuŋ	孔	［满］—	*kun ［清］kun
912 (41)	乇哭夭	嫩、吉、剌	nun、ki、la	加	［满］nonggimbi	*nungila ［清］nongila
913 (42)	庑伅	都厄、勒	tu、ʅej、ləj	尽	［满］dube ［蒙］dügüremüi	*duŋele ［清］duwele
914 (43)	秀圡	革、恩	kẹj、ən	众	［满］geren	*gen ［清］gen
915 (44)	伎	必忒黑	pi、tʻəj、xẹi	文	［满］bithe	*bithe ［清］bitehe
916 (45)	计土	套、温	tʻau、un	数	［满］ton	*toon ［清］taun
917 (46)	于弓龙	一、鲁、别	i、lu、pie	骑	［满］yalumbi	*ilubie ［清］ilubi

① 根据满语，“截”字应是“戳”字的误写。

② 汉语借词。*kun< 孔。

第五章　女真字的音值构拟

第一节　女真字音值构拟之条件

本章所谈的女真字指的是《女真译语》所收全部女真字。葛鲁贝在他的著作中整理柏林本《女真译语》，共得女真字698个。山路广明所据的也仅是柏林本《女真译语》，经整理共得699个女真字。金光平、金启孮先生整理柏林本和东洋文库本《女真译语》，共得723个女真字。清濑义三郎则府整理柏林本和东洋文库本《女真译语》，共得728个女真字。①《女真译语》所收的字绝不是女真文字的全部，确定了《女真译语》中的所有女真字的音值，不等于识读了女真文字的全部。女真字从最初的创制到明代《女真译语》的形成，经过了漫长的岁月，经历了多次的变迁和更新。这是个相当复杂的文字发展的历史，仅靠现有资料不可能真正解决女真文字发展变化的来龙去脉。金光平、金启孮先生在其著作中专门谈了女真字的字形变迁问题，并列《柏林本女真文字字形变迁表》、《东洋文库本女真字字形变迁表》、《来文中所见女真文字及字形变迁表》和《金石刻词所见女真文字及字形变迁表》，非常清楚地勾勒出总共859个女真字的字形变迁情况，同时补进了1973年山西碑林新发现的女真文字书手稿中前所未见的44个字。②所有这

① 柏林本和东洋文库本《女真译语》中究竟有多少女真字，各家的看法不一，如文中所示。表中44号和164号女真字之间的区别只是在一个点的有无上，但音值相同。表示方位概念时不加点，表示“皇后”的“后”时加点作“办”，此二字应为一个字。226号字，实际上是两个字，清濑氏没有分清。“希”字表示“好”音，“希”字表示“侯”音，音和字形都有区别。399号和401号字本是一字，清濑氏没有分清。104号和105号字也是一个字，《女真译语》有误。636号和637号本是同字，清濑氏没有分清。700号和728号字也相同。这样728-5+1=724个字。

② 详见金光平、金启孮《女真语言文字研究》第四章第二节《女真文字字形变迁》的“补记”条。

些女真字的音值，除《女真译语》一书中收录的以外，尚未做出全面的音值构拟。①

在上章构拟了柏林本和东洋本文库《女真译语》收录的 917 条女真语单词的读音。从读音构拟的过程中，能够更好地观察所有女真字在词中的地位和它们所代表的音值，以进一步摸清女真字的组合规律。这样一来，会使女真字音值的构拟更有把握，不至于单纯地依靠注音汉字而拟定其音值。只有把女真字放到女真语词的环境中加以审音勘同，才能准确地构拟其音值。所以，本章在前几章的基础上，拟对《女真译语》收录的全部女真字做一次音值构拟的工作。

葛鲁贝、山路广明、金光平、金启孮、清濑义三郎则府等前辈，在其佳作中都做过《女真译语》收录的女真文字的音值构拟，为以后的工作奠定了坚实的基础。但是相互之间，构拟结果各有异同，说明不无商榷之处。笔者不揣简陋，参照先人之成果，做一音值构拟，并列于表中，以求指教。

综观先辈的工作，其女真字音值的构拟，缺乏必要的先决条件，这些条件是：

第一，需要弄清《女真译语》注音汉字所代表的音韵体系，构拟复原每个注音汉字的正确音值，使女真语音的构拟处于可靠的基础之上；

第二，通过对注音汉字的语音归纳、分析，经过语言学上的比较研究，确定女真语音系统，并用适合女真语音特点的音标系统作为记音手段；

第三，在此基础上，参照满语以及其他亲属语言，运用所掌握的音变规律、语音特点，结合汉字注音，逐一构拟《女真译语》所录女真语单词的读音；

第四，在女真语词的环境中观察每个女真字出现的位置和所起的作用，以及它所代表的具体音值，最后确定其音值。

以上几条是必不可少的条件，具备了这些，就会很自然地得出女真文字的音值，以克服女真字读音构拟中的任意性。本书的第二、第三、第四章就是循着这个思路写的。

在实际的音值构拟过程中，必然遇到许多问题，其中最主要的是女真文

---

① 金光平、金启孮先生在他们的著作中曾对金石刻出现的 136 个字中的 39 个字做了读音推定。除此而外，尚无人解读金石刻中出现的未解之词的读音。

字的特点问题，这里需要简要地谈谈这个问题。

第二节 女真文字的特点

女真文字是依仿契丹、汉字的形体创造的一种表意、表音相结合的文字体系。史籍记载有大小两种女真文字。何为女真大字，何为女真小字，诸家说法不一，无法定论。1973 年陕西碑林发现了手抄女真文字书残页若干张，为解决女真大字问题提供了直接的依据。字中多有直接引自契丹大字的女真字，知为金代早期手稿，时间当在金世宗大定年以前。其中的字被分类排比，分类法及次序与明代《女真译语》相近似。而其字多为一字表示一义的表意字，很少有表音字成分。[①] 这就说明，女真制字的初期形式就是这种一字表示一义的表意字形式，也就是说，女真大字就是表意字。[②]

所谓女真小字，就是苏联 1976 年考古发现的金代银牌（又作国信牌）上刻写的字。[③] 从其形体上看，采取的是类似于契丹小字的合写形式，即将组成一个词的两个字合写，形成一个组合。格后缀单独分写，不附在名词之上。可以断定，金代银牌上刻写的字、奥屯良弼女真字诗刻，以及明代方于鲁《方氏墨谱》和王世贞《弇州山人四部稿》中所录的女真字便是女真小字的形式。这些女真小字并不是脱离女真大字而另外创造的文字体系。把女真小字拆开来看，有表示词汇意义的意字因素，还有表示词尾音节 —— 词缀的音字因素。这就说明女真小字是在女真大字的基础上经过改进而形成的文字体系。女真小字的产生，实际上是女真字由最初的表意文字体系向表意、表音结合的文字体系发展过程的反映。

女真人创造了女真大字，为什么还要创造女真小字呢？这是文字发展的规律所决定的，不是以人们的意志为转移的。女真大字的创造时期，女真建国不久，战事频仍，又无创造文字之经验，只是简单地仿照汉字和契

---

① 见金启孮《陕西碑林发现的女真文书》（《内蒙古大学学报》1979 年第 1、2 期合刊）。又见刘最长、朱捷元《西安碑林发现女真文书、南宋拓金幅集王〈圣教序〉及版画》（《文物》1979 年第 5 期）。

② 参看拙文《关于女真大小字问题》（《内蒙古大学学报》1980 年第 4 期）。

③ *Археологические Открытия 1976 года*, стр. 253.

丹文字的形体创造了自己的文字。这是女真民族摆脱原始、跨入文明的标志，在当时来说是件不容易的事情。但是，文字必须能够正确地记录语言实际，适应其语言的特点。文字一旦同语言基础发生矛盾，必然会改变或改正其正字、正音规则，以适应文字所要反映的语言特点。女真大字作为一种表意文字，反映女真语言时必然会产生矛盾，促使它本身不断地发生改变。表意字适应于汉语这样的以词序表达句法意义的单音节语言，而不适应于黏着型的多音节女真语言。纵然可以创造数目庞大的文字来表示女真语，但是在掌握和运用这种文字时会遇到极大的困难。在实际的应用过程中，为了准确地表达词法和句法意义，准确地反映女真语音实际，女真人逐渐发现并创制了表示单独一个音节的音字来解决黏附在词干后面的附加成分（词缀）问题。可以设想，音字就是在这种条件下产生的。有了音字就可以解决语言与文字之间的矛盾，又可以圆满地解决字数过多，不易掌握和使用等问题。

这种文字发展的趋势，到了一定的阶段必须用一套规则加以规范。金熙宗颁小字，不是另造一套文字体系，而是改造了女真大字，规范了女真大字，使女真大字进一步完善了，最后被认为是"女真小字"。

女真小字的主要特点是音字的增加和书写形式的改变。音字既可以用于附加成分的表示上，又可据反切法合成另外一个新词，能够大大减少字数。字数的减少，必须淘汰女真大字中的一部分意字，陕西碑林发现的女真文书残页中所不认识的字很可能就是已经被淘汰了的字。[①] 女真小字中还有不少表意字，有的用来单独承担一个词的音和义，这是完全意字；有的用来表示一个词的表意部分而做词干，这是不完全意字。现传世的女真字遗存，多数是这种特点，只是书写形式不用合写方法。但也有极个别的碑文采用合写形式，如山东发现的奥屯良弼女真字诗刻。[②] 所以，有理由认为现传世的女真文字，包括《女真译语》，大部分是未用合写体的女真小字。至于女真大字，可以从陕西碑林发现的女真文书中窥见其一斑。女真大字与女真小字之间没有截然的区别如契丹大小字，女真小字实际上就是女真大字的完善形式，所以我们很难区别金代碑刻文字里的文字究竟是大字还是小字。

---

① 参看拙文《关于女真大小字问题》。
② 见金光平、金启孮《女真语言文字研究》一书的图片 3。

金国灭亡后，女真文字的传播和发展失去了社会条件，只是在留居故地的女真部落中使用，直到明正统年间才被人们完全遗忘。这期间，没有统一而稳定的社会条件，更没有文字规范的指导，使女真文字产生了记音的任意性等缺点，如音值不固定、书写不规范、有些音节不备等等问题。《女真译语》正是体现了这些问题。比如，“使臣”一词女真字写为“仐叏”，汉字注音为“厄赤”。查《金史》，“使臣”作“亦里只”，《洪武译语》作“额里臣”，现代满语作 elcin，与蒙古语一致。“仐”字本应代表 *el- 音节，但在注音汉字中没有表现 *-l- 的辅音。“面”作“玉仐”，注音“忒厄”，比较满语 dere，这里的“仐”字本应代表 *el 或 *er 音节，注音汉字还是没有体现。这是注音汉字的问题吗？也不尽是，《女真译语》的注音汉字没有表示词中一些纯辅音的情况是很多的。在《女真译语》的通用门中“自在”一词作“仐伬叏”，注音为“厄勒黑”，比较满语 elhe，这里“仐”字音值为 *e-。这就出现“仐”字的音值问题，究竟是 *el 还是 *e ？类似情况还有不少。这些都说明，明代的女真字根本没有严格的正字和正音规则，具有很大的任意性，给女真字的音值构拟带来极大的困难。这是女真文字没有形成完备的文字体系所出现的问题，是盲目地吸取别族文化而没有很好地加以改造的结果。只有在稳定的社会历史条件下，经过很长时间的不断完善才能实现文字和语言之间的谐调。现代日本文字便是在借用汉字的基础上，为适应日本民族语言特点而逐步地加以改造而成功的典型例子。

以上谈的是女真文字的主要特点。在对女真文字音值的构拟过程中，对此有必要了解，以便正确解决所出现的矛盾和问题。

第三节　女真字音值构拟之说明

构拟《女真译语》的所有女真字的读音，首先要依靠注音汉字所代表的读音，但不能光靠注音汉字而不顾女真语音特点。为此，需要进行一系列语音比较、鉴别、分析等工作，以搞清每个女真字在女真语词中所拥有的具体音值，进而构拟出其较为可靠的音值。

现在把《女真译语》中出现的女真字按笔画从具体的词中析出来，并以此为顺序逐一构拟其音值。为了比较和查阅对照的方便，把诸家的构拟结果一并附上，最后一列用编号表示每个女真字在《女真译语》中出现的顺序。清濑义三郎则府的音值构拟，包括了柏林本和东洋文库本《女真译语》中出现的所有的女真字（包括来文在内），笔画排列又比较合理，所以完全按清濑义三郎则府的笔画排列顺序进行构拟。诸家的构拟结果，按最近年代的顺序，即清濑义三郎则府，简称"清注"；金光平、金启孮，简称"金注"；山路广明，简称"山注"；葛鲁贝，简称"葛注"。同时标上笔者拟定的音值。诸家的表音原封不动地搬来，笔者的标音用拉丁字母表示。

第四节　女真字音值构拟表

以下为《女真字音值构拟表》。

第五章　女真字的音值构拟 | 235

编码序号	女真字	注音汉字	清注	金注	山注	葛注	拟定音值	出处
一画								
1	㇐	厄木	emu	əmu	emu	óh-múh	emu	636、758、851、852
二画								
2	二	拙	juwe	ʤo	juwe	čōh	jue	637
3	厶	独儿欢	durhon	durhun	durhun	tuh-rh-huān	dorhon	649
4	乜	斡女欢	oniyohon	onioxon	omhun	wo［wá］-nù-huān	oniohon	654
5	夕	纳丹住	nadanju	nadanʤu	nadanju	náh-tān-čú	nadanju	660
三画								
6	土	兀也温住	uyunju	ujynʤu	uyunju	wúh-yè-wēn-čú	uyunju	662
7	士	答儿欢	darhon	darxon	darhun	tāh-rh-huān	darhun	652
8	工	戈儿欢	gorhon	gorxon	gorhun	kō-rh-huān	gorhon	648
9	乡	泥浑	nilhun	nixun	niolhun	ni-hūn	nirhun	651
10	千	拙	juwa	ʤua	juwa	čuā	jua	645
11	方	土满	tuman	tumən	tuman	t'ù-màn	tumen	665、866
12	办	都塔	duta	duta	tuta	tū-t'àh	duta	720
13	forms	埋番住	fan (fanju)	fanʤu?①	mai	mai	fanjumai	444

① 原注："音误，应作 fanʤumai。"

续表

编码序号	女真字	注音汉字	清注	金注	山注	葛注	拟定音值	出处
14	丂	捏	niyɑ	nie	niyɑ	niēh	nie, niɑ	132、159、357、719
15	乆	倭林	orin	orin	orin	wō-lin	orin	655
16	攵	厄塞	ese	əsə	ese	óh-sái	ese	854
17	九	兀也温	uyun	ujyn	uyun	wúh-yè-wēn	uyun	644
18	乇	安朔	ɑmšo	omʃo	ɑmso	’ān-šuóh	ɑmšo	646
19	乆	州	jou	ʤou	jun	čēu	jeu	54
四画								
20	千	亦、一勒	i	i	i	yìh, yīh-léh	i, il	118、294、486、815、917
21	仐	江	giyɑn		kiyɑn, giyɑn	kiāng	giɑn	2、13、134、190、192、193、269、578、587、616、617、618、619、624、629、630、632、634、635
22	亍	宁住[①]	ningu	niŋgu	ninjun	ning-čù	ningu	641
23	仐	卜楚	bočo	buʧu	bočo	pùh-čŭ	bucu	14、628
24	弋	秃鲁	turu	tur	turu	t‘ūh-lú	turu	359、742、826、858
25	弋	以	i	i	i	i	i	1、71、399、715、731、807、815、845
26	乇	哈称	hɑči	xɑʧi	hɑči	hāh-č‘ēng	hɑci(n)	80、99、100、581、825、867
27	戋	没	mu	muwə	mu	múh	mu	51

① 此处为“宁谷”之误。

续表

编码序号	女真字	注音汉字	清注	金注	山注	葛注	拟定音值	出处
28	戈	法	fɑ	fɑ	fɑ	fáh	fɑ	781
29	忒	孩	hɑi	xɑi	hɑi	hài	hɑi	109
30	龙	解	giyɑi	gie	guwɑi	kièi	gei	808
31	光	吉勒	gire、gile	gil	gilɑ?	kīh-léh	gile	765
32	先	的勒（岸）	dilgɑ	dil［gɑ］	jilgɑ	tīh-léh	dilŋɑ(n)	780
33	尭	阿民	ɑmin	ɑmin	ɑmin	’á-min	ɑmin	282
34	史	伯	be	bə	be	póh	be	62、225、271、337、341、398、477、479、487、506、697、748、762、778、801、827、843
35	朿	鲁	ru	ru	lu	lù	ru	357、425、440、460、466、467、771、773、809、810、850
36	夭	失	ši	ʃï	si	šīh	si	10、540、719
37	太	厄云	eyun	əju	eyun, eyūn	’óh-yūn	eyun	290
38	攵	目	mu	mu	mu	múh	mu	340、443、498、538、567、740、791
39	夂	因	in	iŋ	in	yīn	in	167、202、308、782、799、811、812
40	夅	斡速	oso	oso	oso	wo［wá］-súh	oso	58、669
41	夯	謄	ten	—	doo	t‘eng	ten	810
42	劦	卜麻	bumɑ	bumə	bumɑ	púh-mɑ	bumɑ	429、482、486
43	办	都鲁	dul	dulu	dulu	tū-lū	dulu	94

续表

编码序号	女真字	注音汉字	清注	金注	山注	葛注	拟定音值	出处
44	办	阿木	ɑmu	ɑmu	ɑ	’á	ɑmu	599、614、868
45	予	岸	wɑn	—	wɑn	’ɑn	ɑn	181
46	为	女浑	niyuhun	niuxun	nuhun	niü-hun	niuhun	653
47	乃	召	jɑu	ʤɑu	jɑo	čāo	jeu	217、768
48	皮	忒	te	tə	te	t‘éh	te	855
49	刃	本、步	bun	bun	ben	pēn	bun	207、247、248、257、378、379、422、424、441、579、604
50	仜	只速	jisu	ʤisu	jise?	či-súh	jisu	477、850
51	写	蒙	men	—	meng	mēng	mun	830
52	守	逆	ni	ni	ni	nih	ni	463
53	令	印者	inje	inʤe	iŋje	yín-čè	inje	461
54	方	秃斡	tuwe	tuwe	tuwe?	t‘ūh-woh	tuo	428
55	攵	鲁	ur?	ru	lu	lú	ru	362、363、470
56	乐	哈	gɑ	—	gɑ	hɑh	gɑ	342
57	弟	斗兀	deu	dou	deo	teu-wúh	deŋu	287
58	弓	鲁、炉	lu	lu	lu	lù	lu	113、189、219、448、548、726、795、917
59	夲	厄	e	ə［əl］	e	’óh	el, e	88、238、280、382、491、615、746、755
60	夆	半的	bɑndi	bɑndi	bɑnji	pán-tih	bɑndi	388、488、728

续表

编码序号	女真字	注音汉字	清注	金注	山注	葛注	拟定音值	出处
61	千	哈里	hari	xari	har?	hah［hoh］-li	hali	179、479
62	千	答勒巴	dalba	dalba	dalba	tāh-lēh-pā	dalba	605
63	丰	都因	duwin	duin	duin	tū-yīn	duin	639
64	千	脉	me	mə	me	méh	me	130、249、483
65	平	脱	to	to	de	t'ōh	te	566
66	土	温、伦	un	un	-un	wēn	un	5、10、19、20、27、29、32、101、155、185、189、255、274、286、287、290、291、348、358、433、465、564、568、569、570、577、587、634、635、752、760、828、896
67	止	下	hiya	çia	ši	hiá	hia	212、811
68	牛	阿、哈①	a	a	a	'á	a	41、119、209、349、497、698、703
69	斗	以兰	ilan	ilan	ilan	i-lan	ilan	23、638
70	丘	黑勒	her?	uwə (xuwə)②	e, o, u, hele, hu, du	'óh, -woh, -wúh, hei-léh, -hūh, -tū	hele?	35、36、113、276、551、554、732、733、764
71	禾	素、酥	su	su	su	sú	su	114、140、181、230、308、532、559、563、582、633、900
72	釆	莽	man	maŋ	man(g)	màng	man	189、702、749
73	余	厄	re	—	e, we	'óh	e	48

① 此字本音“阿”，“哈”是未析之音。

② 原注：“音有疑问，按石刻应作‘杀’。”

续表

编码序号	女真字	注音汉字	清注	金注	山注	葛注	拟定音值	出处
74	歹	申	sin	ʃin	šin	šīn	sin	149、192、193
75	孔	卜罗	bolo	boro	bolo	pùh-lo	bolo	75、869
76	五	脱不欢	tobohon	tobohon	tofohon	t'ōh-pùh-huān	tobohon	86、560
77	五	厄勒	ere	ərə	ere	'óh-léh	ere	731
78	千	肥	fai	fai	fei	fei	fi, fai	270、500
79	千	木塔	muta	muta	mita	mùh-t'áh	muta	378、379
80	丹	扎困	jakun	ʤakun	jakūn	čāh-k'ún	jakūn	643
81	丹	纳丹	nadan	nadan	nadan	náh-tān	nadan	642
82	夊	寸	čun	—	ʦun	ʦ'ún	cun	265
83	叉	镇、真	jin	ʤən	čen	čén	jin	314、883
84	王	公	gun	—	kung	kūng	guŋ	300
85	序	贵	goi	goi	goi	kuéi	goi	451
86	色	他	ta	ta	ta	t'a	ta	533
87	步	扎困住	jakunju	ʤakunʤu	jakūnju	čah-k'ún-ču	jakūnju	661
88	九	撒里	sari	sar	sarga	sāh-li	sari	293
89	由	哈	ha	xa	ha	hāh	ha	28、589、689、794、891
90	卅	随	suwi	sui	sui	sùi	sui	421、705、781、817
91	夂	厄木	emu	əm	emu	'óh-mùh	em	711、721、802
92	又	笼	run	笼	—	—	lun	来文

第五章　女真字的音值构拟 | 241

续表

编码序号	女真字	注音汉字	清注	金注	山注	葛注	拟定音值	出处
五画								
93	寸	称	čin	ʧʻin	čen	čʻēng	cin	626、754
94	斗	一车	iče	iʧə	iče	yīh-če	ice	85、626、666
95	乎	忽	hu	xu	hū	hūh	hū	513、606
96	乐	洪	hun	xuŋ	hun	hung	hun, hūn	22、30、98、183、406、450、529、539、549、557、672、673、693、694、708、720、721、725、736、764、846
97	千	珊	šan	ʃan	san	šān	šan	586
98	丹	塞	se	—	sai	séh［sái］	se	225
99	朱	甲	giya	gia	jiya (giya?)	kiàh	gia	35
100	朱	吉撒	gisa	gisa	gisa	kih-sāh	gisa	474、688、779、859、910、
101	米[①]	岸、班、罕、刺、波	an	an	-an	hàn, -'an, -pān, -pō, -lah	an	29、64、72、143、187、293、510、668、780、803
102	利	间？	giyen?	间	—	—	gen	来文
103	到	乍	ja	—	sa	čá	sa	743
104	列[②]	因、林、申	in	in	-in	yin, -lin, -in, -sēn	in	39、50、80、99、100、138、168、170、171、174、233、432、479、580、581、696、710、738、739、741、776、806、823、825、867

① “米”字应音“岸”，其他注音均误。有的是未从词干中析出“米”字的音，有的是完全笔误。

② “列”字音“因”，其余的音是没有从词干中析出“列”音的结果。

续表

编码序号	女真字	注音汉字	清注	金注	山注	葛注	拟定音值	出处
105	列[①]	库	ku	—	—	k‘ú	—	242
106	圤	牙	ya	ja	ya	ya	ya	66、180、422、435、769、821、906
107	朴	贵	guy	gui	gui	kuéi	gui	771
108	圤	你下	nihiya	—	niša	ni-hiá	nihia	744
109	圤	又	yu	iu	yu	yéu	yu	240
110	卄	套	tau	tau	too	t‘ao	tau	358、438、465、916
111	庆	答	da	—	da	tāh	da	773
112	庆	奴失	niši	niʃī	neči	nu-ših	nusi	432
113	庠	左	jo	—	ʦo, ʣo	tzò	so	596
114	庠	安	an	aŋ	-an	’ān	an	198、218、305、306、320、621、820、896
115	床	同、桶	tun	tuŋ	tung	t‘ung	tun	256、311、502
116	仟	温	gun	(g)un	-un	wēn	ŋun	103、372、374、597、712、729、749、770
117	仗	本	bun	bən	ben	pèn	bun	421、791
118	件	捏儿麻	niyarma	nialma	niyalma	niēh-rh-ma	niarma	273、281、299、315、330、331、332、333、336、337、399
119	休	胖	pan	—	—	—	pan	892

① “列”字应音“因”，绝不会成为“库”，这里是笔误。

续表

编码序号	女真字	注音汉字	清注	金注	山注	葛注	拟定音值	出处
120	仩	尚	šɑn	ʃɑŋ	šɑn(g)	šáng	šɑn	304、316
121	㐄	革	ge	ŋə (ŋge)	-ge	koh	ge	328、408、746
122	㐄	一立	ili	ili	ili	yīh-lih	ili	424、604、763、849、879
123	𠩄	只里	jili	dʒïri	jiri, jirha?	čì-li	jiri	186
124	手	你鲁	niri	niru	niri	nì-lù	niru	237
125	戈[①]	脱委	tuwe	towo	tuwɑ, tuwe?	t‘ōh-wèi	tuei	21
126	乇	一里、一儿	ir	il	ir	yīh-li, yih-rh	ir	493、515、694、843
127	乇	厄	e	—	o? e?	’óh	e	473、704、806
128	冘	延	yen	—	yen	yen	yen	766
129	戋	归、圭	guwi	goi	gui	kuēi	gui	110、811
130	乇	厄林	erin	əri	erin	’oh-lin	erin	46、73、74、75、76、89、176、177、517、768、769、783、827、869、903
131	乇	嫩	non	non (no)	non	nin［nún］	non	16、151、340、449、912
132	乇	双吉	songi	ʃoŋgi	šonggi	šuānɑ-kih	šoŋgi	501
133	乇	申科	šinko	—	šongko	šēn-k‘ō	sinko	187
134	仓	黑黑	hehe	xəxə	hehe	hēi- hēi［hé-hé］	hehe	299

① 此字本应列入四画中。

续表

编码序号	女真字	注音汉字	清注	金注	山注	葛注	拟定音值	出处
135	乩	出	ču	ʧu	ču	č‘ūh	cu	101、130、295、345、565、627、633、782、801、824、845、872、894
136	乨	卜为	buwi	buwi	bui	pùh-wei	buwi	414、793、814
137	乿	弗里	fuli	fuli	furi	fúh-li	fuli	789、897
138	乧	阿里	ali	ɑli	ɑli	’á-li	ɑli	39、242、793、814
139	乪	兀里	uli	uli	uli	wúh-li	uli	593
140	乫	法	fɑ	fɑ	fɑ	fàh	fɑ	60、64、72、110、140、284、531、582、891
141	乬	下	hiyɑ	çiɑ	hiyɑ	hiá	hiɑ	218、425、826
142	乭	吉鲁	giru	giru	giru	kih-lù	giru	345
143	乮	追	juwi	ʤui	ju,jui	čūi	jui	294
144	乯	替勒	tire	tire	čir	t‘ih-léh	tire	550
145	乱	替和	tiko	tixo	čiho	t‘ih-huŏ	tiko	161
146	乲	厄秃	etu	ətu	etu	’òh-t‘uh	etu	846
147	乴	扎失	jaši	ʤɑʃĭ	jasi(gɑ)	čɑh-šīh	jɑsi	270
148	乵	上、撒	šɑn、sɑ	sɑ	šɑn(g)	šáng	šɑn, sɑ	13、134、190、269、353、578、619、630、634、723、812
149	乶	团	tuwɑn	tuɑn	tuwɑn(či)	t‘uɑn	tuɑn	826
150	光	牙	yɑ	jɑ	—	yɑ	yɑ	496
151	乷	乖	guwai	goi	guɑi (giyɑ?)	kuāi	goi	523、707、772、774、793

续表

编码序号	女真字	注音汉字	清注	金注	山注	葛注	拟定音值	出处
152	无	卜	bu	bu	bu	pún	bu	555
153	才	卫	wi	wei, ui	we, wi	wéi	wi	458、627、633
154	夯	禿	tu	tu	tu	tʻúh	tu	26、687
155	夯	勒付	lefu	ləfu	lefu	léh-fú	lefu	145
156	甬	忒杜	tedu	dədu	dedu	tʻèh-tú	tedu	355
157	甬	杜里	duli	duli	duli	tú-li	duli	610、760
158	秀	革	ge	ge	ge	koh	ge	82、102、149、192、193、284、700、774、807、824、866、914
159	茇	卜苹	bulun	bunə?	bulen(g)	púh-lúng [núng]	bulun	251
160	芴	脱	to	to	to	tʻóh	to	250、445
161	为	赫儿	her	har	her	hóh [heh] -rh	her	852
162	东	通	tun	—	—	—	tun	874
163	伃	古剌	gula	gula	gūl	kù-lah	gula	546
164	劣[①]	阿木	amu	amu	—	ʼá	amu	868
165	存	都	du	du	du	tū	du	22、306、417、459、464、467、507、601、676、684、708、729、802
166	冉	忒	te	te	te	tʻéh	te	423、819

[①] 此字同于 (44)，《女真译语》中可能有误。

续表

编码序号	女真字	注音汉字	清注	金注	山注	葛注	拟定音值	出处
167	冊	羊	yɑn	jɑŋ	yɑng	yɑng	yɑn	248、261、346、579
168	冋	约	yu	ju	yu	yōh	yo	536
169	冇	兀脉	ume	umə	ume	wúh-méh［mɑi］	ume	472
170	𠕅	吉波[①]	girɑ	gil	girɑ	kīh	girɑ	510
171	肙	脱	tol	—	to	t'ōh	tol	356
172	肙	汤古	tɑngu	tɑŋgu	tɑnggu	t'āng-kù	tɑŋgū	663
173	甬	根[②]	gen	dɑ	—	—	dɑ	835
174	旡	言	yen	—	yen	yen	yen	729
175	光	叉	čɑ	ʧɑ	čɑ	č'ā	cɑ	232
176	先	哈勒	gɑr	gɑl	gere?	hāh-lèh	gɑl	28
177	凨	秃鲁	tulhu	tulu	tulhu	t'ūh-lù	tulŋu	27
178	东	阿	ɑ	ɑ	ɑ	'ɑ	ɑ	139、248、579、705
179	右	昧	mei	mei	mei	méi	mei	25、111、385、392、394、395、397、401、402、410、417、457、458、464、481、536、692、714、751、764、767、768、769、771、775、778、797、804、821、827、834、860、903、909

① “波”为“浪”之误。
② “甬”字本音“答”，注音汉字有误。

续表

编码序号	女真字	注音汉字	清注	金注	山注	葛注	拟定音值	出处
180	半	巴	bak	ba	bak	pā	bag	797
181	斗	兀	ul	ul	u	wùh	ul	733
182	半	苏勒	sure	surə	sure	šú-léh	sure	753
183	丰	约	yo	jo	yo	yōh	yo	736
184	午	塞、赛	sai	sai	si	séh［sai］	sai	9、788、880
185	夅	晚	wen	un	un	wàn	wen, un	22、708
186	犴	宁住	ninju	ninuʤu	ninju	ning-ču	ninju	572、659
187	夲	忒希	tehi	deçi	dehi	t‘eh-hī	tehi	657
188	夆	秃厄	tuwe	tuwə	tuwe	t‘uh-’óh	tuŋe	76
189	秖	琐	sok	so	sok	sò	sog	445
190	子	兀鲁兀	ulgu	ulxu	ulhū	wùh-lú-wúh	ulŋu	188
191	夊	古申	gusin	guʃin	gūsin	kù-šen	gūsin	656
192	禾	卜哈	buha	buxa	buha	pùh-hāh	buha	119
193	炗	温	un	uŋ	-un	uēn	un	101、308、872、877、889、900
194	夌	东	dun	duŋ	—	—	dun	来文
195	夂	兀里彦	uliyan	ulja	uliyen	wùh-li-yèn	uliŋen	162、172
196	夾	剌	la	la	-la	láh	la	271、305、334、387、430、471、504、547、564、605、610、621、724、734、744、760、768、802、833、835、848、881、883、889、891、896、902、905

续表

编码序号	女真字	注音汉字	清注	金注	山注	葛注	拟定音值	出处
197	支	委勒	weile	weilə	weile	wèi-lèh	weile	271、398、827
198	反	秃	tu	tur	tu	t‘ūh	tu	208、519
199	旻	者	je	ʤə	je	če	je	122、253、278、372、374、535、563、597、746、749
200	弁	阿赤	ači	aʧi	ači	’a-č‘ih	aci	447
201	龙	梅	mei	mei	mei	mei	mei	165
202	矣	道	dau	dau	dao, doo, du	táo	dau	317、457
203	夭	剌	la	ra	ra	lah	la	108、109、110、173、228、359、373、375、383、386、446、449、451、459、475、489、723、742、750、754、764、766、773、782、791、795、804、809、810、826、839、858、912
204	禾	太乙、太	tai	tai	tai	t‘ai-yīh, -t‘ái	tai	200、207、303、870
205	天	台、带	dai	dai	dai	t‘ai, -tai, -ta	dai	23、543
206	乔	阿卜哈	abka	abxa	abka	’á-pùh-hah	abka	1、27、28、629
207	乔	厄然	ejen	ədʒən	ejen	’óh-ǰan	eren	331、792
208	夭	忽浑	huhun	xuxun	huhun	Hūh-hün	huhun	541
209	矢	者	je	ʤə	je	čè	je	44、69、72、475、612、779、860
210	失	兀鲁	ur	uru	ure	wuh-lù	uru	539
211	夫	兀迷	omi	omi	omi	wúh-mi	umi, omi	534
212	发	弹	tam	tam	dam	tan	tam	745

续表

编码序号	女真字	注音汉字	清注	金注	山注	葛注	拟定音值	出处
213	攴	卜鲁	buru	buru	bulu	pùh-lù	buru	273、368、369、419、427、435、740、769、796、805、809、821、864、867
214	夭	和	ho	xo	ho	huo	ho	116、133、259、340、445、588、691、788
215	夭	素鲁	sur	sur	sur	lū, -sú-lù	sur	453、566
216	夭	麻木	mamu	mam	—	—	mamu	887
217	仗	厄	e	’ə	e	’óh	e, ŋe	606、607、667、822
218	史	登	den	dən	ten(g)	tēng	den	761、862
219	犮	麻	ma	—	ma	ma	ma	217、761
220	叏	顺	šun	ʃun	—	—	šun	来文
221	叏	挥、回	huwi	—	huei (kuei)	huēi	hui	310、540
222	仄	阿的	adi	adi	adi	’á-tih	adi	837
223	未	卜勒	bure	burə	bura, bure, buren?	pùh-leh	bure	59
224	夬	兀的	udi	udi	uji	wúh-tih	udi	61、172、174、175、333
225	叉	阿只儿	ajir	adʒïr	ajirgan, ajirhan, ajir?	’a-či	ajir	170
226	帀帀	好、侯[1]	hau	xau	hou, hoo	héu, hào	hau, heu	222、301
227	帀	哀	ai	ai	ai	’āi	ai	842

① 这里实际上是两个不同字的注音汉字，“帀”字音“好”，“帀”字音“侯”。清濑氏没有分清。

续表

编码序号	女真字	注音汉字	清注	金注	山注	葛注	拟定音值	出处
228	屰	岸	ɑn	ɑn	ɑn	’án	ɑn	816
229	庆	奴	nu	nu	nu	nu	nu	406、436、454
230	舟	康	kɑn	kəŋ	ken(g)	k‘ang	kɑŋ	751
231	斥	安春	ɑnču	ɑnʧu (ɑnʧu)	ɑnču	’ān-č‘un	ɑlcu	564、568、635、828
232	壬	孙	sun	sun	sun	sūn	sun	351、401、513、527、777、818、826
233	舌	斡儿	or	or	or	who［wɑh］-rh	or	116、588
234	舌	番	fɑn	fɑn	fɑn	fān	fɑn	220
235	中	委罕	ihɑ	—	ihɑ	wèi	uihɑ(n)	143
236	中	哈	hɑ	xɑ	hɑ	hāh	hɑ	12、66、157、163、166、252、257、262、267、278、296、360、361、478、507、519、546、567、575、682、688、694、726、838
237	木	兀也	uye	uje	ui	wúh-yè	uye	583、602
238	禾	分	fun	fun	fun	fen	fun	727
239	未	卜	bu	bu (bə)	be	pùh	bu	530
240	未	木	mu	mu	mu	mùh	mu	746
241	籴	委	wei	wei, wi	wei	wèi	wei	495、582、878
242	汞	哈哈	hɑhɑ	xɑxɑ	hɑhɑ	hāh-hāh	hɑhɑ	298
243	尔	只儿欢	jirhon	ʤorgon	jirhūn?	či-rh-huān	jirhon	647
244	孓	卜	bu	bu	bu	pùh	bu	389

续表

编码序号	女真字	注音汉字	清注	金注	山注	葛注	拟定音值	出处
245	兰	麻希	mahi	maçi	mahi	ma-hī	mahi	547
246	五	皿干	mingan	miŋgan	minggan	min-kān	miŋgan	664、869
247	乩	顺扎	šunja	ʃundʒa	sunja	šún-čāh	šunja	24、100、640
248	走	卜的	budi	—	bet	púh-tih	but	505
249	夋	忒	te	tə	te	t'éh	te	397、765、809
250	见	孩	hai	xai	hai	hai	hai	150、254、268、330、334、336、376、377、388、470、488、564、613、679、685、722、728、763、777、824、849、879
251	去	吴	gu	—	gu? ku?	wu	u	354
252	乇	纳	na	na	na	náh	na	375、585、786、839
253	乎	车	če	ʧə	če	č'ē	ce	44、69、72、475、612
254	孛	脉鲁	mer	mər	mer	méh［mai］-lu	mer	748
255	升	黑	hei	xei	hei	hēi	he	26、102、158、182、186、278、389、404、493、515、565、687、713、727、840、847
256	日	一能吉	inengi	inəŋgi	inenggi	yih-neng-kih	ineŋgi	3、25
257	月	必阿	biya	bia	biya	píh-'á	bia	4
六画								
258	圭	恩	en	ən	en	'en	en	404、732、774、815、834、876、904、914

续表

编码序号	女真字	注音汉字	清注	金注	山注	葛注	拟定音值	出处
259	圡	弗	fu	fu	fe (bu?)	fúh	fu	498
260	尘	卜	bu	bu	fe (bu?)	pùh	bu	433、752
261	缶	钞、朝	čau	ʧao	čoo	č‘áo	cau	278、296、344
262	壬	申	sin	—	sin? si	šēn	sin	375
263	毌	哈都	had	—	a, ha?	hāh [hoh]	had	551、554
264	岙	兀	gu	(g)u	gū	wùh	ŋu	57、58、62、785
265	尗	敖	au	ao	ao	—	au	212、585、623、811
266	岸	哈	ga	ga	ga	hāh	ga	8、30、42、157、399、440、475、702
267	朩	弩列	nure	nure	nure	nù-liéh	nure	520
268	庎	琐	so	so	so	sò	so	193、618、635、819、895、908
269	庚	撒	sa	sa	sa	sāh	sa	439
270	疾	哥	ge	gə	ge	kō	ge	368、369、754、758
271	压	寒、罕	han	xan	han, kan	han	han	99、258、264、454
272	flag	背	bei	begi	bei	péi	bei	277、763
273	庎	塞	se	sə	se	séh [sái]	se	758
274	司	厄舞	eru?	—	ewu?	’oh-wu	ewu	716
275	帀	该	gai	gai	gai	kāi	gai	230、599、614、680、737、789、836、868
276	寸	替	ti	ti	či	t‘i	ti	60

第五章　女真字的音值构拟 | 253

续表

编码序号	女真字	注音汉字	清注	金注	山注	葛注	拟定音值	出处
277	守	?	?	木、失	—	—	—	来文
278	子	弗里	fuli	fuli	feli	fúh-li	fuli	421、781、817
279	夺	匹	pi?	匹	—	—	pi	来文
280	手	少	šau	ʃau	šao	šáo	šau	456
281	乎	斡	o	—	o?	who［wáh］	o	823
282	判	也	ye	je	ye	yì	ye	385、392、458、771、791、886
283	列	准	jun	—	jun	čūn	jun	759
284	扑	忽十	huši	xuʃï	hūši	hūh-ših	hūsi	552
285	乇	背	bei	bei	beye	péi	bui	95
286	戈	灭	miye	mie	miye, niye	miéh	mie	160、631
287	戋	卓	ju	ʤo	jo? (jurce)?	čōh	jo	473
288	电	蒙古	mongu	muŋgu	monggo	meng-kù	muŋgu	318
289	式	忒勒	telhe	dəl	del	téh-léh	tel	390、778
290	毛	缅	miyen	—	mien	mièn	men	323
291	戎	鲁、兀鲁	ul	ur	ulu?, u	lù, -wúh-lù	ulu, lu	318、673
292	尨	那	na	no	na, nu?	ná	no	706、732、757
293	尾	都厄	duwe	duwə	—	—	duŋe	913
294	尾	扎	ja	ʤal	ja	čāh	ja	726、848、873

续表

编码序号	女真字	注音汉字	清注	金注	山注	葛注	拟定音值	出处
295	式	厄、勒	iye	lə	le, e?	léh'-òh	e, le	35、36、772、820、715
296	化	必	bi	bi	bi	pīh	bi	151、308、395、537、784
297	伐	德	de	dei	de	teh	dei	785
298	抱	革	ge	gə	ge	koh	ge	102、370、371、565、713、736、862
299	尓	阿剌	ala	—	ala?	'á-láh	ala	690、689、794
300	孑	卜连	buren	—	bure	pùh-lien	buren	473、733、735
301	爻	该	gai	ŋai	gai	kāi	gai	628
302	禾	君、军	giyun	—	chūn	kiūn	giyun	275、279
303	斥	哈儿	garu	gar	mur, mar?	hɑh [hoh]-rh	gar	185
304	反	鲁、儿	r	lu	bithe	mùh-lù, -šìh-rh	ri	599、614、818、868
305	伕	必忒黑	bitehe	bitxə	bithe	pīh-t'éh-hēi	bithe	216、277、815
306	伕	出	ču	fu	ču	ć'ùh	cu	824、845
307	休	里	li	li	li	li	li	167、205、214、457、511、516、521、759、788、884、886
308	仟	吉	gi	cji (gi)	gi	kīh	gi	234
309	仟	替	ti	ti	či	t'í	ti	25、87、96、202、470、592、613、679、685、714、752、805
310	付	朵课	doko	doʃın	doko	tó-k'ó	doko	545
311	付	哈	ha	xə (xo)	ha	hāh [hōh]	ha	252、462、722
312	伃	端的	dondi	dondi	bonji	—	dondi	315、354、777、818

续表

编码序号	女真字	注音汉字	清注	金注	山注	葛注	拟定音值	出处
313	仛	勒	le	lə	le	léh	le	10、96、182、197、277、332、370、371、530、565、595、598、601、613、615、751、755、763、770、799、800、813、831
314	伲	卜斡	buw?	buwə	buwo?	pùh-who［wàh］	bue	276
315	攸	秃科	tuko	tukə	tuku	t‘ūh-k‘ō	tuko	544
316	伩	戈、戈罗	go	gor	go	kūo	go, gor	326、701
317	花	勒	le	le	li	léh	le	807、824
318	丰	脉日蓝	mejiren	medʒīlən	mujilen	méh［mɑi］-jīh-lɑn	merilen	506
319	夆	薄里	bori	bəri	beri	poh-li	beri	236
320	库	斡	o	o	o? wo?	who［wáh］	o	34、391、606、701、745、783、795、829
321	牪	厄一	ei	ei	ei	’óh-yīh	ei	292、474、476
322	伞	丁	din	—	jing? ji	ting	din	126、686
323	厍	和的斡	hodiho	o	-on	who［wáh］	hodio	289
324	斥	吉	gi	cji (gi)	-gi	kih	gi	344、349、382、470、478、510、576、613、626、666、670、678、679、684、685、690、695、698、703、731、735、749、759、788、789、801、807、817、818、824、852、897
325	屏	分脱	fonto	fonto	fento	fēn-t‘oh	fonto	121
326	手	车	če	ʧe	če	č‘ē	ce	389、727、847

续表

编码序号	女真字	注音汉字	清注	金注	山注	葛注	拟定音值	出处
327	串	厄申	eši	əʃï	esi	’óh	esi	710、738、739
328	卒	忒	te	tə	te	t‘éh	te	437、480、784
329	牟	头	tou	tou	to	t‘eu	teu	11、24、266、335、435、769、821
330	罕	梅	mei	mei	mei	mèi	mei	509
331	凩	木剌	mula	mula	mula	mùh	mula	239
332	乒	忒	tem	təm	teme	t‘éh	tem	137
333	伞	塞	se	sə	se	séh	se	190、191
334	夅	安班	amba	amba	amba	’an, -án-pān	amba	29、668、724、803
335	阜	善	šan	ʃan	šan	šán	šan	405
336	半	爱	ai	ai	ai	’ái	ai	776
337	芆	莫、没	mo	mo	mo	múh, moh	mo	104、105、107、111、115、117、121、126、152、907
338	麦	番	fan	fan	fan	fān	fan	199
339	炎	湾	gon	on	-on	wān	ŋon, on	58、81、669、728、823
340	委	忒	te	—	te	t‘éh	te	740
341	庋	卜	boi	bo	bu, boi	púh	bo	38
342	冬	琐里	sori	sori	sori	sò-li	sori	455、484
343	天	和你	honi	xonì	honin	huo-ni	honi	144
344	叏	朵儿欢	dorgon	dorxon	dorgon	tò-rh-huan	dorhon	177

续表

编码序号	女真字	注音汉字	清注	金注	山注	葛注	拟定音值	出处
345	秉	赤	či	ʧï	či	č‘ih	ci	158、214
346	兔	沙、纱	ša	ʃa	ša	šā	ša	418、442、456、475、561、795、815
347	夫	秃鲁	tur	tur	tur	t‘uh-lù	tur	729、770
348	叏	儿	r	r	—	—	r	来文
349	叓	别	bi	bie	be、bi	pieh	bie	473、614、704、776、806、819、831
350	叀	斡	wo	o	wo	who［wáh］	wo	78、736
351	叟	扎	ja	dʒa	ja	čāh	ja	440
352	叜	捏苦	neku	nəku	nuku	nièh-k‘ù	neku	329、798、800
353	史	县	hiyen	ʂiɛn	giyen	hién	hien	55
354	夆	塔	ta	ta	ta	t‘àh	ta(r)	500、518
355	夋	埋	mai	mai	mei	mài	mai	125、271、380、381、387、400、418、420、430、442、456、471、677、741、768、772、774、800、815、881、883、888、902、905
356	夌	非撒	fisa	fisa	fisa	fēi-sāh	fisa	503
357	夸	背也	beye	bəje	beye	péi-yè	beye	490、750、875
358	夻	言	yam	jam	yam	yen	yam	98
359	矢	革	ge	gə	ge	kòh	ge	742、780
360	夫	缚约	foyo	fojo	foyoro	čuén-yóh?	foyo	107
361	米	永	yun	yn	—	—	yun	来文

续表

编码序号	女真字	注音汉字	清注	金注	山注	葛注	拟定音值	出处
362	关	殿	diyen	—	diyen	tién	dien	739
363	夫	千	čiyen	ʧən (ʧin)	čiyen? čen	tsʻiēn	cen	312、804
364	夹	和、化	ho	xuɑ	ho	hou, -huá	hua	316、399
365	伏	脉儿	mer	mər	mɑi, mer?	mài, -meh-rh	mer	403、766、796
366	哭	吉	gi<ŋi?	ŋi	gi	kih, -kēng	ŋgi	6、9、14、17、18、65、134、449、512、526、532、630、791、912
367	艾	恨	hen	xen	hen	hén	hen	467
368	丈	蒙古	mengu	məŋgu	monggu	meng-kù	muŋgu	570
369	冬	斡	we	wə	we	wòh［wáh］	we	427、594、796、814、940
370	犮	剌	rɑ	rɑ	rɑ	lɑh	rɑ	208、358、376、377、438、465、477、790
371	艾	戈迷	gomi	golmi	gomi	kuō-mi	gomi	735
372	叐	卜	bu	bu	bu	pùh	bu	182、814、909
373	夾	兀鲁	ulu、uru	ulu	ulu	wùh-lù	ulu, uru	761
374	央	忒	te	tə	de?	tʻéh	te	855
375	叐	古鲁麻	gulmɑ	gulmɑ	gūlmɑ	kù-lù-mɑ	gūlumɑ	150
376	夌	塔	tɑ	tɑ	tɑ	tʻàh	tɑ	377、790
377	夷	勒哈	lhɑ	lxɑ	lhɑ	hāh	lhɑ	118
378	厷	厄兀	egu	əwu	ebu(hu)	’óh-wúh	eŋu	362、363、470

续表

编码序号	女真字	注音汉字	清注	金注	山注	葛注	拟定音值	出处
379	光	晚	wan	on	wan	wàn	won	728
380	充	忒	te	tə	te	t‘éh	te	428
381	龙	别	bi	bie	-mbi	pieh	bie	183、352、364、365、366、367、391、393、405、411、423、471、773、775、789、819、861
382	秃	安	gan	an	an	’ān	ŋan	240、270、272、293、342、350、469、552
383	冗	马	ma	ma	ma	mā	ma	9、18、108、164、173、188、284、585、589
384	夙	扎	ja	ʤa	ja	čāh	ja	349、698、703
385	乿	卜、薄	bo	bo	bo	pùh	bo	16、151、448、559、745、783、844
386	鬼	回和罗	guwiholo	xoixoro	gui(-holo)	hoei-huo-lo	hoihoro	184
387	氘	戈	go	go	go	kuō	go	213、250、460、566
388	夯	革	ge	gə	—	koh	ge	96
389	屴	哈答	kada	xada	hada?	hāh-tān	hagda	409、748、777
390	岃	兴	gin	sin	gin	hīng	hin	356、734
391	甬	琐	so	so	sol, so	sò	so, sol	134、326、524
392	马	兀速	us	(uz?)	es	wóh-sūh	us	539
393	扬	哈	ka	—	ka	hāh	ka	434
394	玍	兀	u	u	u	wúh	u	179、531、813

续表

编码序号	女真字	注音汉字	清注	金注	山注	葛注	拟定音值	出处
395	玊	忒	te	də	de	t‘éh	te	392、491、615、746
396	圭	塞勒	sele	sələ	sele	séh-léh	sele	574、578
397	帀	塔	tɑ	tɑ	tɑ	t‘àh	tɑ	18、198、229、306、414、434、463、766、805
398	肖	忽、户、琥、瑚	hu	xu	hu	hūn	hu	106、129、180、205、228、245、312、313、344、418、446、548、584、586、632、750、798、833
399	乔	苦	ku	xu	kū	k‘ù	kū	376、377、790
400	乔	都蛮	dumɑn	dumɑn	—	tū-mɑn	dumɑn	455、484
401	乔	吉（苦）①	gi	—	—	kih	gi (ku)	833
402	肖	果、骒	ge	go	ko	k’ō, kuō	ge	171、735、890
403	而	答	dɑ	dɑ	dɑ	kēn, tāh	dɑ	120、588
404	甬	兀住	uju	udʒu	uju	wúh-čú	uju	334、492、751
405	角	的	di	di	jì	tīh	di	98、103、228、254、446、478、483、549、678、681、712、797
406	舟	兀速	us	—	usɑ	wúh-láh	us	384
407	冉	库、苦	ku	ku	ku	k‘ú	ku, kū	122、126、251、466、550、553、686、878
408	冉	弗	fu	fə	fe	fúh	fu, fe	595

① 音“吉”有误，本音“苦”。在东洋文库本杂字新增门和北图本杂字中都作“苦”音。柏林本有误。

续表

编码序号	女真字	注音汉字	清注	金注	山注	葛注	拟定音值	出处
409	甪	扎	ja	ʤa	ja?	čāh	ja	731
410	用	兀者	uje	uʤe	uje	wuh, wúh-če	uje	395、396、699
411	肖	斡端	odon	odon	okdon?	who［wáh］-tuān	odon	420
412	肘	阿答	akda	ada	akta	’á-tāh	agda	168
413	舟	番	fan	fan	fen, fan	fàn	fan	509、737
414	肓	八哈	baha	baxa	baha	pāh-hāh	baha	366、367、480、741
415	青	厄忒	ete	ətə	ete	’óh-t‘éh	ete	794
416	肯	一忒	ite	—	ir	yīh-t‘éh	ite	288、297
417	卉	将	jiyan	cjiaŋ	jiyang	ʦiāng	jian	279
418	舟	子	ji	sï (ʦï)	sa, se, ʣŭ	ʦï	se	125、196、211、252、259、270、560、623、870、871
419	宋	牙剌	yarha	jara	yarga	ïya-lah	yara	148
420	仝	扯	če	ʧə	—	—	ce	来文
421	夵	只、知	ji	ʤï	ji	či	ji	186、311、426、595、674、675、711、860
422	杀	岸	an	an	an	’án	an	330
423	余	呕	yu	ou	e	’ēu	eu	197
424	东	府、弗、抚	fu	fu	fu	fù, -fúh	fu	53、314、231、357、426、535、667、792

续表

编码序号	女真字	注音汉字	清注	金注	山注	葛注	拟定音值	出处
425	氶	舍	še	ʃe	še	šé	še	48、881
426	朿	舒 目	šumu	—	šumu	šū-múh	šumu	156
427	凩	哈鲁	hal	xalu	halhu	hāh-lù	halu	92
428	朱	一十	iši	iʃï	isi	yīh-šīh	isi	105、380、381
429	未	斡失	uši	oʃï	usi	who-šīh	usi	12
430	乐	南	nam	nan	nan	nān	nam	488、682
431	禾	兀	u	u	u?	wùh	u	397
432	赤	受	šu	—	šu	šéu	siu, šu	19、763、849、879
433	矛	巴	ba	ba	ba	pā	ba	439、463、745、784
434	耒	因	im	in	in	yīn	in	108
435	乎	兀里	ulhi	uli	eli? uli?	wùh-li	uli	783
436	釆	只	ji	—	ji	či	ji	387、734
437	圣	舒、书	šu	ʃu	šu	šū	šu	129、304、607、695、730、877
438	式	戈迷	golmi	golmi	golmi	kūo-mī	golmi	690
439	忒	嫩	niyon	niõ	nio	nén［nún］	nion	152、192、616、629
440	充	朱	ju	ʤu	ju	čū	ju	15
441	兆	容	yun	—	yung	k‘éh	yun	832
442	芫	罕	han	—	han, kan?	hàn	han	217、350

第五章　女真字的音值构拟 | 263

续表

编码序号	女真字	注音汉字	清注	金注	山注	葛注	拟定音值	出处
443	兂	斡莫	omo	omo	omo	woh-mòh	omo	45
444	夻	拙	juwe	ʤo	jo	čōh	jue	443、768、769、827、903
445	丣	和	ho	xo	hon, ho	huò	ho	38
446	予	哈答	kada	xada	kada	hāh-tāh	kada	430、471
447	乔	嫩	niyon	nio	niyon	nen［nun］	nion	159、890
448	岑	团住	tuwanju	tonʤo	tuwanju	t‘uan-čú	tonju	804
449	岑	赤	či	其	—	—	ci	来文
450	広	秃	tu	tu	tu	t‘ūh	tu	6、14
451	台	弗脉	fume	fumə	fume?	fúh-méh	fume	614、856
452	杰	扎	ja	ʤa	ja	čāh	ja	47、214、468、485、722、782
453	布	赫路塞	herse	xəlsə	herse	héh-lù-séh	heluse	762
454	夋	站	jam	ʤam	—	—	jam	885
七画								
455	伞	古里	guri	guri	guri	kù-lī	guri	394、817
456	令	阿赤	ači	aʧï	ači	’á-č‘ih	aci	273、864、867
457	芽	塔法	tafa	tafa	tafa	t‘ah-fah	tafa	429
458	守	宣	shun	—	shun	siuēn	shun	676、802
459	导	厄黑	ehe	əxə	ehe	’óh-hēi	ehe	337、341、477、697

续表

编码序号	女真字	注音汉字	清注	金注	山注	葛注	拟定音值	出处
460	岸	卓	jo	ʤo	jo	čōh	jo	801、844
461	岵	巴勒	bale	bal	bale	pā-léh	bala	776
462	凩	卜	bo	bo	bo	pùh	bo	412
463	戋	扎鲁兀	jargu	ʤarxu	jarhū	čāh-rh-wúh	jarŋū	169
464	乇	哈	ga	ŋa	ga	hāh	ŋga	494、504
465	尖	伯	bo	bai	bo	póh	bai	815
466	炎	兀里	uli	uri	uli, ula	wúh-li	uli	402、767、821
467	笈	塔思哈	tasha	tasxa	tasha	t'àh-sī-hāh	tasha	136
468	空	多罗	doro	dolo (dol)	doro	tō-lò	dolo	78
469	岑	忽里	huri	xuri	hūri	hūh-li	hūri	127
470	状	獗、阙	kiwe	—	kiye	kiueh	kue	787、828
471	夷	兀里	uli	uli	uli	wúh-li	uli	580
472	受	古	gu	gu	kū	kù	gu	146、514
473	庱	卜	bo	bo	boo	pùh	bo	213
474	庚	哈剌	hala	xala	hala	hāh-lah	hala	393、553、795
475	汞	答失	dasi	daʃī	dasi	tah-šïh	dasi	765
476	类	卜	bu	bu (bo)	bu	pùh	bu	47、146、742、780
477	叏	忽屯	hutun	xudun	eb	hūh-pì	hutun	674、675

续表

编码序号	女真字	注音汉字	清注	金注	山注	葛注	拟定音值	出处
478	冬	于	yu	—	yu?	yù	yu	707
479	叏	塔	tɑ	dɑ	tɑ	t'àh	tɑ	360、361、478、807、845
480	交	忒你	teni	təni	teni	t'èh-ni	teni	788
481	叓	贪	tom	ton	tom	t'ān	tɑm	401
482	克	阿浑	ɑhu	ɑxu	ɑhu	'á-hun	ɑhū	286
483	兑	爱	ɑi	—	ɑi	'ái	ɑi	298、338
484	先	失剌	širɑ	ʃirɑ	sirɑ	šīh-lɑh	sirɑ	87、425、752
485	荒	失里	siri	ʃiri	siri	šīh-li	siri	573
486	吴	古	gu	ŋgu	gu	kù	gu	180、221、295、464、499、569、587、634
487	奂	番	fɑn	fɑn	fɑn	fān	fɑn	321
488	吞	灭	miyɑ	miɑ	miyɑ	mieh	miɑ	166、267、391、466
489	芙	扎法	jɑfɑ	ʤɑfɑ	jɑfɑ	čāh-fāh	jɑfɑ	364、365
490	柔	塞	se	sə	se	séh	se	82、102、328、408、512、822、866
491	关	安	ɑm	ɑm, ɑŋ	ɑn	'ān	ɑn	411、494、764、775
492	柔	屯	tun	tun	bi	pi	tun	437、480、485、603、784
493	奎	天	tiyen	—	tiyen	t'iēn	tien	325、778
494	夹	黑卜	heb	xeb	heb	hēi-pùh	heb	227
495	奂	番住	fonju	fɑnʤu	fonji	fān-čú	fonju	775

续表

编码序号	女真字	注音汉字	清注	金注	山注	葛注	拟定音值	出处
496		黑	he	xe	he	hēi	he	15、52、67、68、114、124、131、160、165、223、382、390、403、428、476、487、495、505、525、539、558、572、582、583、602、603、631、633、755、796
497		克	ke	ke	ku, gu?	kʻóh	ke, ki	131、190、191、368、369、450、693、725、751、820、842
498		捏浑	niyohon	nexu	nehu	niĕh-hun	niehun	291
499		阿、哈	a	—	a	ʼá	a, ha	8、30
500		秃	tu	tu	tu	tʻŭh	tu	25、714
501		兀剌	ula	ula	ula	wŭh-lāh	ula	49
502		肯	ken	ken	ken	kʻĕn	ken	256
503		牙	ya	jã	ya	ya	ya	511、521
504		勒弗	lefu	lefu	lefu	léh-fú	lefu	178
505		老	lau	lao	—	—	lau	888
506		申	šin	ʃin	šin	šēn	sin	413、415、416、443、538、799、813
507		厄鲁	er	ar	er	ʼóh-lū	er	83、97、452
508		巴	ba	ba	ba	pā	ba	406
509		非	fi	fi	pi, fi?	fēi	fi	224、245、468、791
510		戳(戳)	čo	tʃo	—	—	čo	907

续表

编码序号	女真字	注音汉字	清注	金注	山注	葛注	拟定音值	出处
511	屖	希	hi	çi (xi)	hi	hī	hi	206、339、353、373、386、516、738、786、812、855、894
512	庰	厄	e	ə	e	’óh	e	450、725
513	乍	斡	we	wə	we	woh	we	26、52、687
514	序	失鲁	šilu	ʃilu	šulhe	ših-lù	silu	112
515	旱	罗	lo	lo	lo	lo	lo	285、327、412、540、562、600、691、908
516	甬	厄都	edu	ədu	edu	’óh-tū	edu	5
517	半	加浑	giyahu	giaxu	giyahu	kiā-hun	giahū	155
518	秆	和卓	hojo	xodʒo	hojo	huo-čōh	hojo	717
519	库	引答	inda	inda	inda	yǐn-tān	inda	147、176
520	东	普	pu	普	—	—	pu	来文
521	夅	朵和	doko	doxo	doho	tò-huo	doko	115
522	芋	的儿	dir	dir	jir	tīn-rh	dir	383、489、756
523	夆	虎剌	hula	xula	hūl(h)a	hù-lah	hūla	336
524	青	兀卜	ubu	—	ubu	wùh-pùh	ubu	263
525	肖	法里	fari	far	fari	fah-li	fali	609
526	宵	厄根	eihen	—	eihen	’óh-hén	eihen	141、175
527	斋	革木	gemu	gəmu	gemu	koh-mùh	gemu	757、841

续表

编码序号	女真字	注音汉字	清注	金注	山注	葛注	拟定音值	出处
528	脊	捏	ne	nə	ne	nieh	ne	102、713
529	亦	赐	či	tzï	—	—	si	905
530	乔	革里	geli	gəli	geli	koh-li	geli	77、901
531	爺	哈的	hadi	xadi	hadi	hāh-tīh	hadi	281、347、571
532	弃	秃里	tuli	turi	turi?	t'ūh-li	tuli	601、615、770
533	甬	儿	r	r	r	rh	ri	671、781
534	冈	牙剌	yala	jala	yala	ya-lah	yala	709
535	甫	都	du	—	du, tu?	tū	du	405
536	甫	都鲁	dulhu	—	dulu	tū-lū	dulu	20、101
537	甫	哈	ha	—	ha?	hāh	ha	352
538	庠	伏塞、弗塞	fushe	fusə	fushe	fūh-séh	fushe	221、761
539	兵	斡	ur	ur	urgu	woh	ur	372、374、473、749、814
540	庆	撒	sa	sa	sa	sāh	sa	232
541	房	麻	ma	ma	ma	mà	ma	839
542	向	恩	en	ən	en	'en	en	226
543	亩	罗和	loho	loxo	loho	lo-huo	loho	235
544	亦	车	če (čen)?	ʧe	čen	č'ē	ce	33、851
545	耗	撒必	sabi	sabi	sabi	sāh-pih	sabi	861

续表

编码序号	女真字	注音汉字	清注	金注	山注	葛注	拟定音值	出处
546	兎	一速	isu	isu	isu	yīh-sūh	isu	528
547	圡	都速	dus	dusu	dušu, jušu	tū-sūh	dusu	529
548	岺	先	šen	ʃiɛe (ʃən)	šen	siēn	šen	244、324
549	史	南	nɑn	nən	nɑn	nɑn	nɑm	693
550	米	非	fi	fi	fi	fēi	fi	139、247、248、579、829
551	岳	指、旨	ji	ʤï	ji	či	jï	310、864
552	刄	塞	se	sə	se	séh	se	253
553	夹	失儿哈	širhɑ	ʃïrxrɑ	sirgɑ	šïh	sirgɑ	154
554	奂	兀鲁	ul	ul	ul	wúh-lù	ul	249
555	麦	黑黑	hehe	xəri?	hehe? he?	hēihēi [hēh-hēh]	hehe	478、678
556	夹	失里	širi	ʃïr	siri	šïh-li	siri	67
557	另	塞鲁	ser	sər	sergu, serk	séh-lù	seru	93
558	动	莫罗	moro	moro	moro	móh-lo	moro	246
559	杀	高	gau	gɑo	kɑo	kāo	goo	320
560	身	木儿	mur	mur	mur	múh-rh	mur	265
561	斧	瓦	wɑ	wɑ	wɑ	wá	wɑ	211、459、824、845
562	仛	法	fɑ	fɑ (fɑk)	fɑ	fɑh	fɑ, fɑg	209、315
563	侏	哈剌	kɑrɑ	kɑr (kɑrɑ)	hɑlɑ?	hāh-lāh	kɑrɑ	469

续表

编码序号	女真字	注音汉字	清注	金注	山注	葛注	拟定音值	出处
564	犽	纳儿	nar	—	nar	náh-ru	nar	30、220、670、672
565	枕	?	nei?	内?	—	—	—	来文
566	奆	背	bey	bui	bu	péi	bu	385
567	盁	斡莫	omo	omo	omo	who-móh	omo	285
568	右	察、茶	ča	ʧa	ča	č‘ah	ca	264、320、352、411、522、775
569	丢	厄、者	e	—	en	čè	e	299、396、699
570	任	厄	ge	—	ge, gen	’óh	ŋe	288、297
571	全	哈儿	gar	xar (gar)	gar	hāh-ru	gar	123、836
572	压	如	ju	—	ju	ju	ru	106、632、750
573	秃	宫	gun	guŋ	kung	kūng	giuŋ	194
574	呆	麻	ma	mua	mu, ma	ma	ma	671
575	禾	阿剌瓦	arawa	arawa	arawa?	’á-lah-wa	alawa	576
576	朱	只	ji	ʤï	ji	či	ji	262、575
577	来	回	huwi	—	hui	hoei	hui	319
578	尿	深	šin	—	šen	šēn	sim	91
579	来	富	fu	fu	fu	fú	fu	722
580	关	秃	tu	tu	tu	ni, t‘ūh	tu	231
581	关	你	ni	ni	ni	ni, t‘ūh	ni	32、33、34、272、274、331、758、760、792、793、801、851、853、863、899

续表

编码序号	女真字	注音汉字	清注	金注	山注	葛注	拟定音值	出处
582	杀	勒	re	rə	le	léh	re	355、370、371、372、374、537、749、894
583	赤	都督	dudu	dudu	du-tu	tū-tūh	dudu	309
584	秉	弗忒	fute	fudə	fude	fúh-t‘eh	fute	410、771
585	条	里袜	liwɑ	—	liwɑ? nimɑ?	li-wāh	limɑ	163
586	弁	厄不	eb	əb	eb	’óh-pūh	eb	857
587	压	厄	ge	(g)ə	ge	’óh	ge	61、131、172、174、175、203、269、292、333、483、502、517、748、843、852
588	在	忽	hu	xu	hu?	hūh-sú	hu	453、673
589	王	忒	ter	də	de	t‘eh	te	238
590	盂	失、食	ši	ʃï	ši	šïh	si	99、230、315、368、369、427、468、516、590、591、594、764、779、796、857
591	盂	脉儿（厄儿）	er	ər	mer	méh-rh	er	825
592	亩	朵里必	dorobi	dorbi	dobi? dolibi	tò-li-bìh	doribi	153
593	盂	住、注	ju	ʤu	ju	čú	ju	57、58、62、132、397、785、797、808、882
594	盅	忒	te	də	te	t‘eh	te	83、97、227、284、404、452、482、700、739、804
595	会	替	tik	tik	te?	t‘i	tig	745

续表

编码序号	女真字	注音汉字	清注	金注	山注	葛注	拟定音值	出处
596	金	弗剌	fula	fula	ful	fúh-lah	fula	587、617、624、632
597	社	阿哈	aha	axa	aha	’á-hāh	aha	338
598	卦	的	di	di	ji	tīh	di	486
599	乳	非	fe	—	fei	fēi	fi	625
600	帯	塔（同 397）	—	—	ta	t‘àh	ta	同 397
601	弟	绢	giwen	giŋ?	chuan	kiuén	giuan	560
602	伞	兀速	usu	usu	usu	wúh-sūh	usu	348
603	全	爱晚	aiwan	—	aiwan?	’ái-wàn	aiwan	417
604	舍	沙	ša	ʃa	ša	šā	ša	42、222、497、567
605	壴	伏勒	fule	furə	fule	fūh-lén	fule	65
606	杀	兀失	uši	uʃï	usi	wúh-šïh	usi	50
607	夻	希石	hisi	çiʃï (xiʃï)	hisi	hī- šïh	hisi	56
608	老	阿玷	akdiyan	adia	akjan	’á-tīēn	agdien	7
609	羊	革	ge	ge	ge	koh	ge	226
八画								
610	床	厄	e	ə	e	’óh	e	278、537
611	岸	卜鲁	buru	buru	buru	pùh-lù	buru	840
612	凧	罕	ha	xa	ha (ga)	hàn	ha(n)	272

第五章　女真字的音值构拟 ｜ 273

续表

编码序号	女真字	注音汉字	清注	金注	山注	葛注	拟定音值	出处
613	係	失失	šiši	ʃïʃï	sisi	šīh- šīh	sisi	128、558
614	佯	黑夫里	hefuli	xəfuli	hefuli	hēi-fu-li	hefuli	508
615	侯	惹	je	—	žo	jò	ye	786
616	倹	兀鲁	uru	uru	ulu	wúh-lù	uru	831
617	俣	桑	san	soŋ	san	sāng	soŋ	460
618	伃	母林	mori	—	mori	mù	muri(n)	138、168、170、171、174
619	疴	殿、甸	diyen	—	diyen	tién	dien	195、323
620	夜	法马	fama	—	fama?	fah-má	fama	41
621	侑	一棱	ilen	iləŋ’ (ilə?)	ilen	yīh-líng	ileŋ	499
622	诜	肥	fes	foi	fe	feì	fis	373、386
623	美	革	ge	—	go	koh	ge	825
624	叟	只	ji	—	dei	či	ji	126、686
625	艾	粉都	fundu	fundu	fendu	fēn-tū	fundu	63
626	玫	弗、伏	fo	fo	fo	fūh	fo	81、556、691
627	炭	木都	mudu	mudu	mudu	múh-tú	mudu	135
628	矢	门	men	mən	men	mèn	meŋ	526、532
629	夬	贪	tan	tan	dun	t‘ān	tan	462
630	肤	答不	dab	dab	tabu	tāh-pūh	dab	527

续表

编码序号	女真字	注音汉字	清注	金注	山注	葛注	拟定音值	出处
631	吴	失	ši	ʧī (ʃī)	si, ci?	ših	sig	84、158、183
632	奎	卜阿	buwa	bua	buwa	púh-'á	ba	70、71
633	肴	厄宁	eniyen	ənin	eniye	'óh-nìen	enin	283
634	关	捏年	niyengniyen	nienie	niyengniye	niēh-nien	nienien	73
635	裒	听	tin	—	teng	t'īng	tin	400
636	关	老	lo	lao	lo	lào	lau①	142
637	关	忽秃	hutu	xutu	hutu	hūh-t'ūh	hūtu	258、343、803
638	更	兀称	ukči	uʧī	uksi	wúh-čēng	ugci(n)	233
639	更	见、监	giyen	cjiɛn	giyen	kién	gien	303、608、609
640	更	朱	ju	ʤo	ju	čū	ju	324
641	关	牙鲁	yaru	jaru	yaru	ya-lù	yaru	772、774
642	庚	哈	ha	xap	ha	hāh	hab	199、442、795
643	枩	速撒一	susai	susai	susai	sún-sāh-yīn	susai	658
644	汆	撒	sa	sa	sa	sāh	sa	142、257、342、555、681、747、782
645	甬	答	da	da	da	tāh	da	64、72、229、234、330、400、418、438、451、481、723、764、801、906
646	甭	谦	kiyen	—	kiyen	k'iēn	kem	790

① "关"字应音 hūtu，音 lau 似为"火"字之误。

续表

编码序号	女真字	注音汉字	清注	金注	山注	葛注	拟定音值	出处
647	苘	撒哈	saha	saxa	saha	sāh	saha	481、620
648	角	非剌	fila	fila	fila	fei-lah	fila	243
649	肩	塞	sai	sai	sai	sái	sai	696、730、806、823
650	弁	阿捏	aniya	ania	aniya	’á-niēh	ania	79、103
651	赤	都厄（都勒）	dule	dulə	dule	tū-’òh	dule	834
652	阜	剌	ra	ra	la	lah	ra	200、534、743、765
653	早	一儿	ir	i	ir	yīh-rh	ir	549
654	奎	洪	hun	—	hun? ton?	hung	hun	611
655	举	恩	en	ər?	en?	sī	en	487
656	序[①]	许	hiyu	—	—	—	hiyu	889
657	央	答鲁	dalu	daro	dalu?	tāh-lù	daru	471
658	矢	武	u	u	—	—	u	876
659	旲	分	fun	fun	fun	fēn	fun	493、513
660	叏	弗里	fuli	fuli	fuli	fúh-li	fuli	591
661	其	其	ki	cçi	ki	k‘i	ki	59、68、167、813、847
662	苽	扎	ja	ʤa	ja	cāh	ja	838

① 此字本应列入七画中。

续表

编码序号	女真字	注音汉字	清注	金注	山注	葛注	拟定音值	出处
663	兵	密、迷	mi	mi	mi	mih	mi	414、695、819、853
664	岂	师、侍、史、士	ši	ʃĭ	ši	ši	šĭ	305、307、317、496、790
665	邑	秃、突	tu	tu	tu	t'ūh	tu	778、784、787、902
666	戊	秃斡	tuwe	tuwə	tubi	t'ūh-who (wah)	tuwe	124、525
667	玉	绿	lu	ly	lü	liüh	lu	622、631
668	圣	和脱	hoto	xoto (xot)	hoto	hūo-t'ŏh	hoto	34、133
669	呈	皇	huwɑn	xuɑŋ	huɑn	hoɑn	hoŋ	868、871
670	赤	塞里	seri	səri	seri	séh-li	seri	84
671	求	丹	dɑn	dɑn	dɑn	tān	dɑn	350、816
672	余	王	wɑn	oŋ	wɑn	wàng	wɑŋ	274
673	丢	西、犀	si	çi (si)	ši	sī	si	321、325、583、812
674	尝	塔	tɑ	tɑ	tɑ	t'áh	tɑ	268
675	尝	卜都	bud	budu	budɑ	púh-tū	budu	523
676	金	伯、百、珀	bɑi	bɑi	bɑi	póh	bɑi	302、313、322、346、415、416、584、813
677	盖	兀鲁	gur?	xuru (xur)	ulhu?	wúh-lù	ŋuru	436
678	孟	希儿	hir	çir	hil, hol?	hī-ru	hir	203、269
679	垂	撒剌	sɑlɑ	—	sɑlɑ	sāh-lah	sɑlɑ	718

续表

编码序号	女真字	注音汉字	清注	金注	山注	葛注	拟定音值	出处
680	床	阿剌	ala	—	ala	‘á-lah	ala	677
681	条	哈	ga	ga	ha	hāh	ga	90、359、383、384、489、681、742、756、826、858
682	夆	撒都	sadu	sadu	sadu	sāh-tū	sadu	683
683	朱	诸勒	jule	ʤul	ju (le)	čū-léh	jule	590、598、613、822
684	東	都鲁	buru	duru	dulu?	tū-lù	duru	447
685	尜	斤	gin	cjin	čin	kīn	gin	260
686	禹	一麻	ima	ima	ima	yīh-ma	ima	17、630
887	呆	秃	tu	tu (tuk)	tu	t‘úh	tu	737
688	寺	庆	kin	庆	—	—	kin	来文
689	房	洪	hun	xoŋ	-hun	hùng	hūn	147、176、488、682、736
690	帝	和朵	holdo	xoldo	holdon	hou-to	holdo	104
691	屏	的剌	dira	dira	jira	tīh-lāh	dira	692
692	会	弗只	fuji	fəʤï	fusi	hī	feji	339
693	亦	京	gin	cjiŋ	ging	kīng	giŋ	31
694	乖	多罗	doro	doro	doro	tō-lo	doro	255、577、745、783
695	将	卜的（的卜）	dibo	budi	buji? buri?	pùh-tìh	dibu	557
696	弃	良	lìyan	lia	liyan	liàng	lian	267、620

续表

编码序号	女真字	注音汉字	清注	金注	山注	葛注	拟定音值	出处
697	羌	非如	fiju	firu	—	—	firu	893
九画								
698	伻	交	giyau	—	jiao	kiāo	giau	241
699	侑	必阿	bira	bira	bira	pīh-‘á	bira	40
700	俑	咸、贤元	hiyen	çie	—	—	hiyen, hiyuen	898、909
701	伭	御	yu	y	yü	yü	yu	307
702	䍃	儿、鲁	r	r	r	rh, -lú	ri, ru	63、135、329、343、757、798、807、841、893
703	芈	楼	lou	lou	lou, leo	leu	leu	196
704	芊	朵	do	do	do	tò	do	70、81、151、407、412、413、600、799、816
705	臾	团	ton	ton	ton	t‘uan	ton	407
706	叀	兀塞	use	usə	use	wúh-séh	use	778
707	昊	温	gun	(x)un	-un	wēn	ŋun	91、92、93、94、409、448、518、528、748、844
708	耍	朱阿	juwa	ʤua	juwa	ču-’á	jua	74
709	叐	砖	juwan	ʤuan	juwan	čuēn	juan	210
710	柰	关、观、馆、冠	guwan	guan	guan	kuān	guan	43、204、215、542
711	枀	都哈	duka	duxa	duka	tū-hāh［kāh］	duka	201

续表

编码序号	女真字	注音汉字	清注	金注	山注	葛注	拟定音值	出处
712	釆	黑	he	xə	he	hēi	he	33
713	来	分	fen	—	feni	fēn	fun	772、820
714	甬	一、亦、椅、夷	i	i	i	yīh	i	173、241、322、526、532、676、706、732、743、757、802、863
715	囷	国伦	guru	guru	guru	kuòh	guru(n)	32、274、760
716	旯	木	mu	mu	mu	mùh	mu	244
717	南	番	fɑn	fɑn	fɑn	fān	fɑn	592
718	耇	口	kou	—	ko	k‘eù	keu	43
719	敁	塔里	tɑli	tɑli	tɑl	t‘ɑh-li［tɑl］	tɑli	2
十画								
720	嵐	脉忒	mete	mədə	mede	méh-t‘éh	mete	46、176、177
721	虬	阿于	ɑihu	—	ɑihu	‘á-yü	ɑyu	164、419
722	伻	根	gen	gən	gen	kèn	gen	608
723	尌	退	tuwi	tui	tui	t‘úi	tui	441、767
724	尝	纳	nɑ	nɑ	nɑ	náh	nɑ	37
725	袖	姚希	yohi	joçi	yohi	yào-hī	yohi	865
726	肴	素	su	su	su	sù	su	514
727	弇	孔	kun	kuŋ	—	—	kun	911
728	俑	同于 700						

第六章　结论

女真文字的组织、读音和语法是研究女真文字的三要素。所谓女真文字的组织就是女真文字的结合原则，即正字法；读音是指女真文字所代表的音值；语法是指女真文字所表示的女真语的形态结构及其连词成句的句法规则。这三个方面的深入研究，能够进一步发现女真语言文字的规律，进而推动其他方面的研究。这不仅对金代历史学、考古学、文字学具有很大的参考价值，而且对于阿尔泰语言学、语音学的价值也会越来越大。

综观女真语的特点，语音上与现代满语大略相同，有些不同也有一定的音变规律可循；词汇上与满语十同六七；形态结构上也与满语有共通之处；句法结构上同满语完全相同。由此可以证明女真语就是满语的祖语。从比较语言学的角度来说，这种结论具有很大的意义，它可以为阿尔泰语系诸语言的发展和形成过程，尤其是为满一通古斯语族诸语言的发展和形成，提供可靠而宝贵的参考和比较资料。

通过语言比较可以发现，相同于女真语的词汇不仅仅在满语中大量地存在，而且在赫哲语中也大量地存在，一些在满语里得不到解释的语音现象，通过与赫哲语的比较就能得到圆满解决。在鄂温克语和通古斯语中，也有不少相同词汇可以同女真语进行比较。女真语的一些形态特征在满语里得不到解答，但在通古斯语支和满语支的一些语言中能够找到相同或相近的形态结构。这就需要提出一个问题，即女真语的许多特点为什么不仅在满语里得到保存，而且在其他语言里也得到保存了呢？能否设想，女真语不仅是满语的祖语，而且是满语支诸语言的祖语，换句话说，现代满语支诸语言的形成是历史上的女真语长期分化演变的结果呢？这个问题必须结合女真族的历史变迁，在拥有大量的活的语言材料的情况下，经过词汇、语音、形态结构等方面进行广泛、深入的比较研究之后才能解决。目前来看，十二世纪到十六世纪期间的满一通古斯诸语言的研究尚处空白阶段，仅是对满一通古斯语族现代语言的研究还是很不够的。女真语言的部分材料幸亏留存人间，通过对女真语言文字的深入研究来填补十二世纪到十六世纪期间语言研究的空白，还是有很大希望的。这种研究反过来还会促进女真族历史的深入研究。

本书的第一章回顾了过去的女真语音方面的研究概况。所列举的几位学者的研究成果都没有解决上述问题。葛鲁贝的研究基本上是介绍和整理当时刚刚发现的《女真译语》，对《女真译语》的注音汉字做了标音，并把女真语词汇同满语做了比较，谈不上女真语音方面的认真探讨。山路广明研究的重点是女真文字的制字规律，对女真语音的研究尚欠精深，他的女真字和女真语词汇的音值构拟多从满语，附会之处太多。李盖提在他的文章中只是原则性地提出了他认为的女真小字的解读方法和原则，见解具有独到之处，却没有着手实际的语音描写和研究。清濑义三郎则府主要围绕《女真译语》的语音现象，提出了女真语音构拟的原则和方法，推定了明代女真语的语音系统，构拟了《女真译语》的全部女真词汇和女真字的读音。他的工作很有创见，读起来颇受启发。但是他对注音汉字所代表的音韵体系的见解有不切实际之嫌，实际的语音构拟中也有不少值得商榷之处，尤其缺乏语言比较和具体的描写。金光平、金启孮的研究是对女真语言文字各个方面比较全面的研究，对女真语音现象也做了很有见地的揭示和构拟，但受篇幅和研究角度的限制，没有更多地讨论女真语音现象，语音构拟只限于女真字的音值，没有构拟女真语汇的读音。

从解释女真语音的特点，总结女真语音发展变化规律，为比较语言学提供可靠的语言资料，以解决满语支诸语言的形成问题的角度来看，前人的研究还需要补充和提高。为此目的，笔者试图在前人研究的基础上，从注音汉字的语音构拟入手，经过必要的语音比较和具体的语音描写来确定《女真译语》所代表的明代女真语音系统，进而构拟女真语汇读音和女真文字的音值，总结出女真语音发展变化的一些规律。这样的工作，可以为女真语言的继续深入研究提供语音和词汇基础，对于整个阿尔泰语系共同语的研究和满一通古斯语族的研究起到一定的参考作用。

本书第一章介绍了女真族及其语言的特点，阐明了女真语音研究的必要性和重要性，简要地回顾了过去在女真语音方面的研究情况。

第二章谈了女真语音研究所依赖的资料特点，提出了自己对《女真译语》注音汉字所代表的音韵体系的见解，利用宋修《广韵》、元代周德清编的《中原音韵》、朱宗文（朱伯颜）编的《蒙古字韵》为语音构拟的依据，对370个注音汉字的音值做了构拟。

第三章通过注音汉字语音的归纳，经过必要的语音比较和描写，拟定了《女真译语》所代表的明代女真语的辅音系统和元音系统，进而上溯了金代女真语音的一些特点。与此同时，对女真语的元音和谐规律提出了自己的看法，对女真字的结合规则之一——反切拼合法做了必要的描述。

第四章对柏林本和东洋文库本《女真译语》所录的917条女真语词汇做了读音构拟。构拟读音时同《会同馆译语》和满语、赫哲语、索伦语、鄂温克语、蒙古语、玛涅格尔语、通古斯语等语言进行了比较，把《金史》、《三朝北盟会编》、《建炎以来系年要录》等主要史籍中收录的金代女真语也收进来以资比较。前人的读音构拟也一并附上，以便对照、查阅。以脚注的形式对一些语音现象和《女真译语》本身存在的问题做了必要的描述和改正。

第五章里谈了女真文字的一些特点，并在女真语词汇读音构拟的基础上，对柏林本和东洋文库本《女真译语》中收录的728个女真字的音值做了构拟。并把各家的构拟结果一并附上，以供参考。

通过这几章的探讨，就明代女真语音的主要特点总结如下几条：

（1）前高元音前的舌尖音 *d、*t 的腭化尚未完成。明末《会同馆译语》中也没有发生腭化音变。在清初的满语里则发生了 *di>ji、*ti>ci 的音变。在赫哲语里仍保持 di/ti 音未变。

（2）女真语非第一音节的音节首音 *ŋ，在满语里成为舌根音 g 和 h。

（3）明代女真语里双唇吐气塞音 *p 已消失。金代女真语中存在的 *p 音在明代女真语和清代满语里变为唇齿擦音 f。其音变规律是 *p>f。

（4）金、明两代女真语的一些词首 *ha（舌根擦音）音节，在清代满语里变为零声母。其变音规律为 *h>o（零声母），或者表示为 *h>'。

（5）以鼻音 *-ŋ 收声的闭音节仅仅出现于以舌根音 *g、*k 起头的音节之前。

（6）女真语的动词现在时陈述式词缀的演变规律是 *-bie>*-bi>-mbi（在明末《会同馆译语》里注为 -bi 音，前期满语和满语口语里亦作 -bi，在后期

满语里作 -mbi，详见第三章）。

（7）舌根音受词中主要元音的影响和调节，形成 *h~*x,*k~*q,*g~*γ 的对应关系。

（8）以舌根音 *-g 收声的闭音节不能在词末音节出现（注音汉字未表现以 -g 收声的闭音节）。

（9）元音和谐主要受舌位的高低程度和元音的唇化程度的制约。*u 音在元音和谐上同 *i 音一样是中性元音。

（10）除颤音 *r 和鼻音 *ŋ 外，女真语的任何元音和辅音都可做词首音素。

（11）词首辅音总是同一个元音或一个音组结合成一个音节而存在，女真语中没有复辅音。

（12）非单音节词的最末音节的闭音节形式只以 *-n、*-r 收尾，其余都是元音收尾的开音节。

本书只是对女真语音的初步探索。对一种死亡了的古代语言进行深入的研究，需要大量的活的语言资料，更需要古代语言尽可能多的资料，研究者需要具备多方面的知识和综合分析能力。尽管如此，本人不揣浅陋，应阿尔泰语系诸语言比较研究的需求，在前人研究的基础上，对《女真译语》音系做了自认为较为系统的研究，对《女真译语》所载十五世纪的女真语词汇做了读音构拟，对《女真译语》所记录的女真文字也做了音值构拟。拙作与先贤葛鲁贝、金光平、金启孮、清濑义三郎则府的研究形成互补，与孙伯君的金代女真语言的研究、康丹的十七世纪女真语的研究形成女真语言历史的链条，可以为阿尔泰语系满—通古斯语族的语言研究起到参考和推动作用。

附录一　柏林本《女真译语》书影

说　明

　　柏林本《女真译语》分天文（30）、地理（42）、时令（31）、花木（31）、鸟兽（59）、宫室（22）、器用（56）、人物（68）、人事（150）、身体（30）、饮食（22）、衣服（26）、珍宝（22）、方隅（26）、声色（20）、数目（30）、通用（94）、续添（62）、新增（50）等十九门，共有871条词汇。

　　本书影以内蒙古大学蒙古史研究所藏国家图书馆照相本和柏林本复印本为底本而制成。

華夷譯語

天文門

天 阿卜哈以

霆 塔里江

柏林本天文门一 1-2

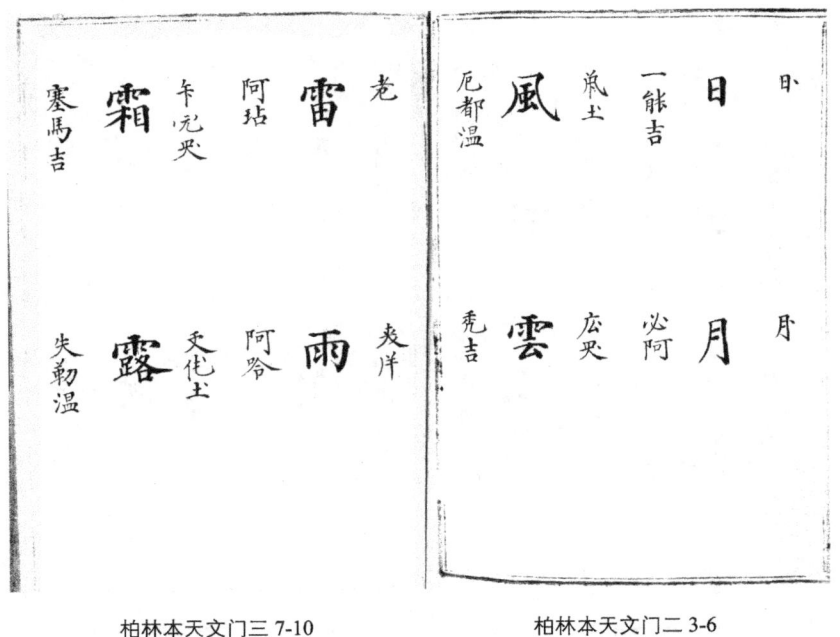

日 一能吉

月 必阿

風 厄都温

雲 禿吉

雷 阿玷

雨 阿哈

霜 塞馬吉

露 失勒温

柏林本天文门三 7-10

柏林本天文门二 3-6

| 斗 牟 朱申 | 星 頭 幹失塔 | 煙 光兮 余広夭 | 霞 上江 卜楚虎吉 |

柏林本天文门四 11-14

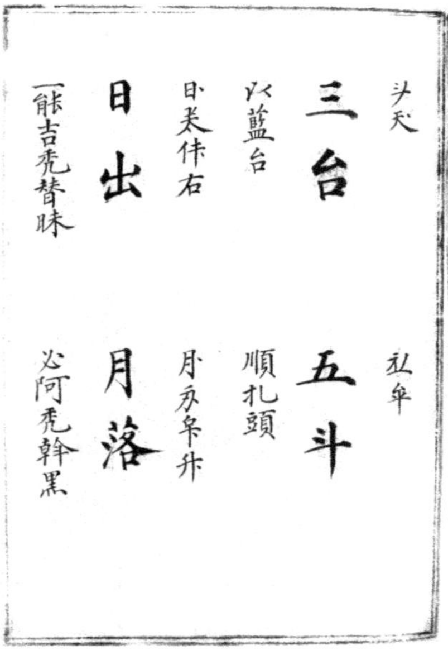

| 冰 岚貝 尭兂 | 雹 朱黑 卜嫩 | 雪 剥夭 帯兀夭 | 霧 一麻吉 塔馬吉 |

柏林本天文门五 15-18

| 陰 秦土 受温 都魯温 | 陽 南土 | 火 必 冬羊午 | 空 晚委 晚都洪 |

柏林本天文门六 19-22

| 三台 头天 以藍台 | 五斗 弘午 順扎頭 | 日出 日夹伟右 月尽 | 月落 一能吉尭替昧 必阿尭幹黑 |

柏林本天文门七 23-26

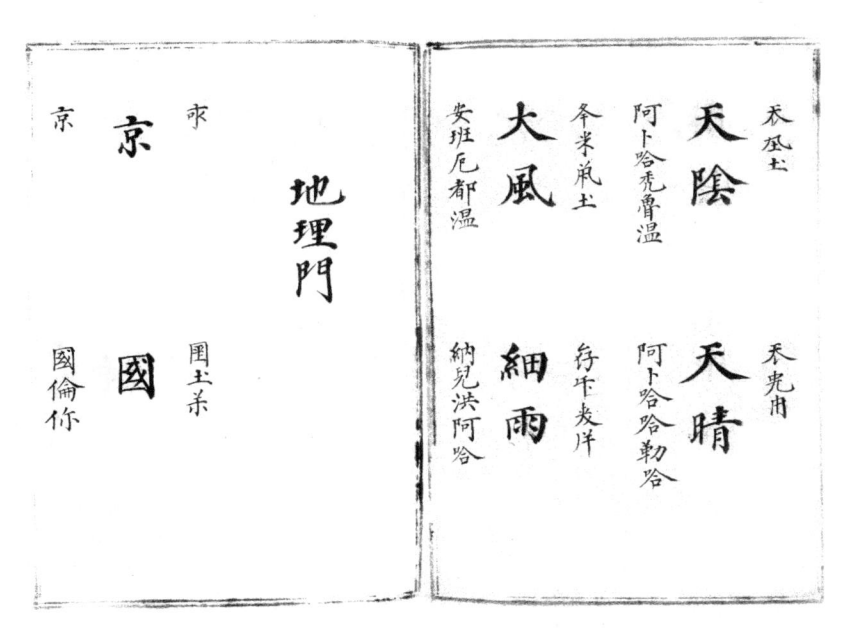

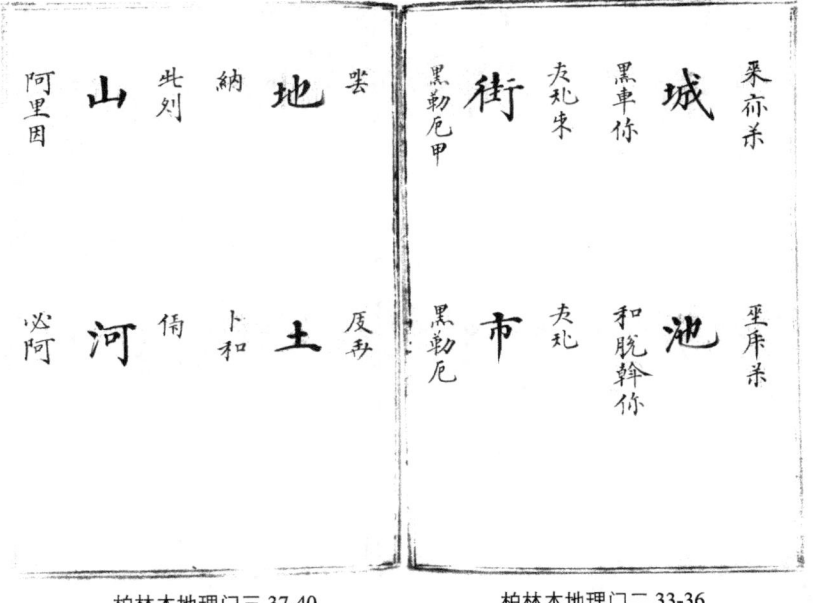

地理門
京 京
國 國倫你

柏林本地理门一 31-32

天陰 阿卜哈禿魯温
大風 安班厄都温
天晴 阿卜哈哈勒哈
細雨 納兒洪阿哈

柏林本天文门八 27-30

地 納
山 阿里因
土 卜和
河 必阿

柏林本地理门三 37-40

城 黑車你
街 黑勒厄甲
池 和脫斡你
市 黑勒厄

柏林本地理门二 33-36

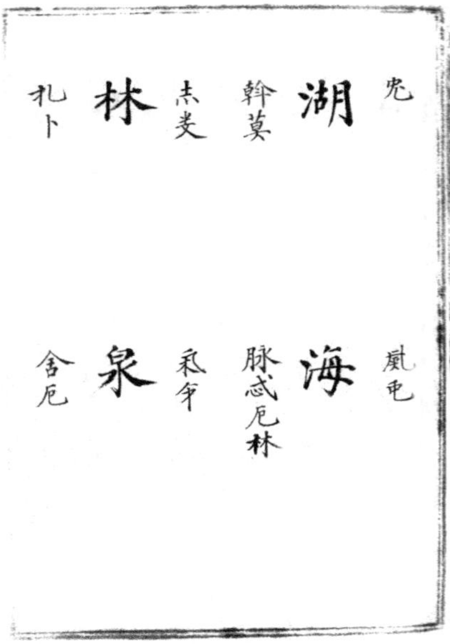

柏林本地理门五 45-48	柏林本地理门四 41-44
湖 斡莫 / 林 志戈 / 扎卜 光	邦 法馬阿 / 關 春答 / 虎少 關口
海 脉忒尼林 / 泉 圼牟 / 舍厄 屓屯 肯卑	村 哈沙 / 塞 矢卑 / 岸舍

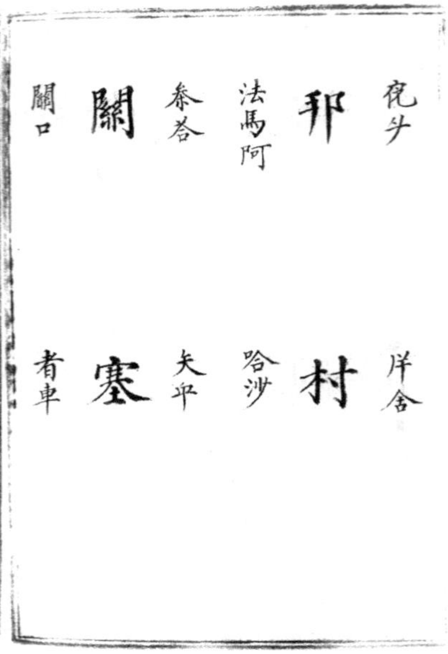

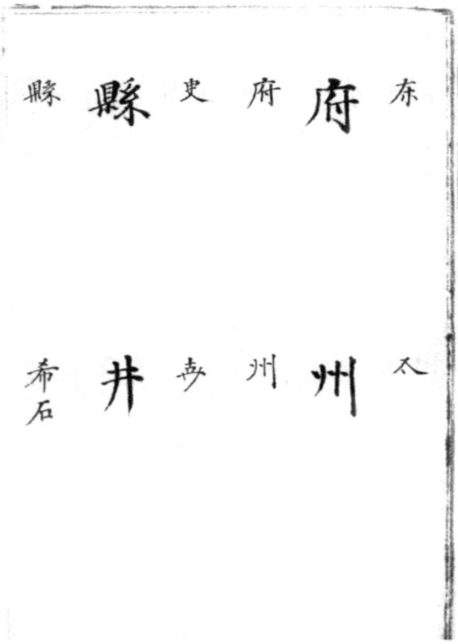

柏林本地理门七 53-56	柏林本地理门六 49-52
府 斡 / 縣 史 / 希石 亦	江 兀剌 / 水 没 光 / 柔列
州 委 / 井 必 州 太	田 兀失因 / 石 斡黑 卓臾

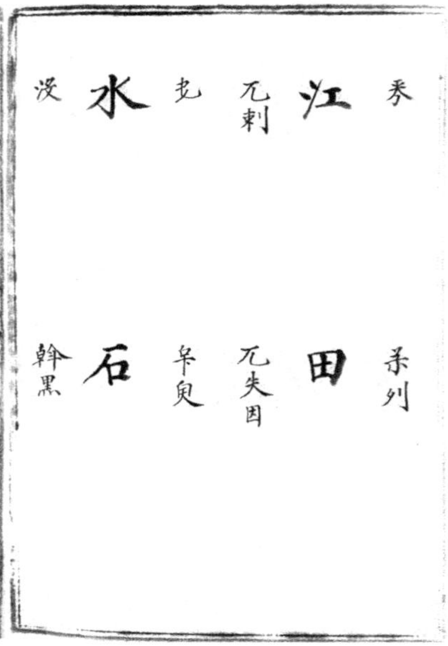

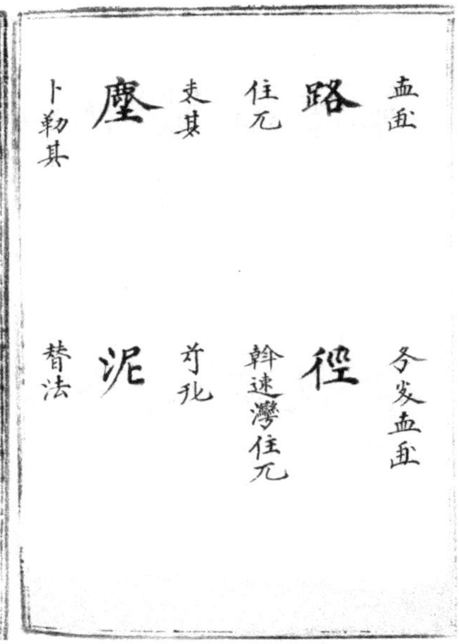

柏林本地理门八 57-60

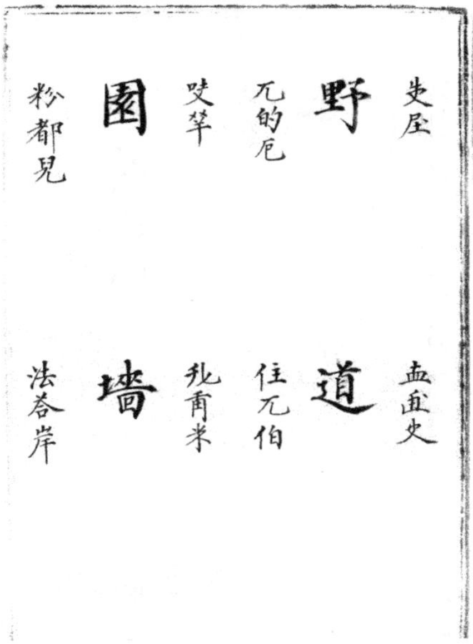

路 孟孟
住兀
走其
卜勒其

塵
斡速灣住兀
夯㧞

泾
替法
多发孟孟

徑

柏林本地理门九 61-64

野 史歪
兀的厄
哎竿
孟歪史

園
住兀伯
兆肖米

道

墙
法荅岸
粉都兄

柏林本地理门一〇 65-68

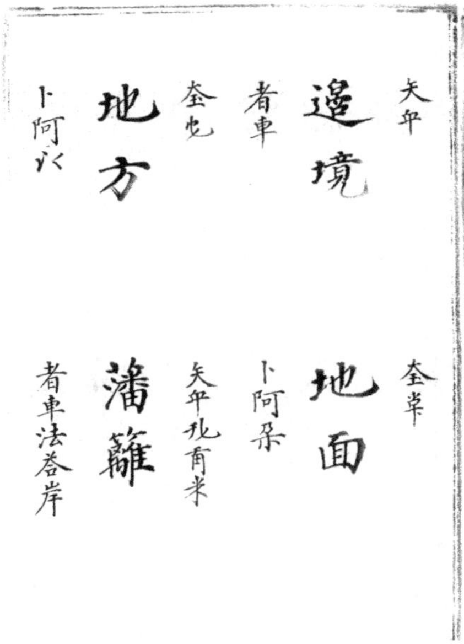

灰 孟灭
伏勒吉
夹臭
失里黑

沙
牙哈
臭其
黑其

堤
小甲

炭

柏林本地理门一一 69-72

边境 矢车
者車
奎忙
卜阿朵

地方
卜阿朵
矢车兆肖米

地面

藩籬
者車法荅岸

时令门

柏林本时令门一 73-74

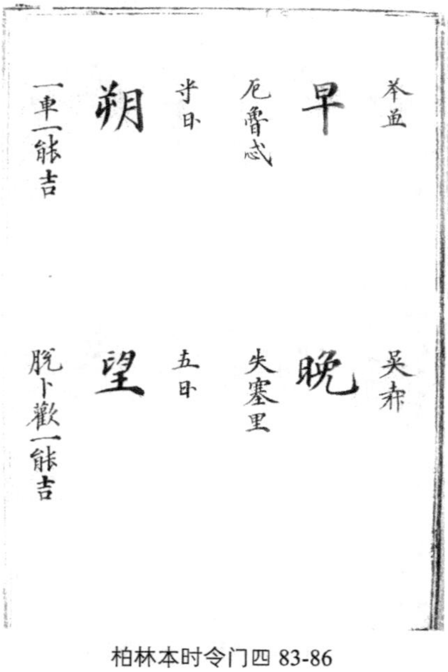

汉	女真译语
時令門	
春	捏年厄林
夏	朱阿厄林
	耍屯
	灸屯

柏林本时令门二 75-78

汉	女真译语
秋	卜羅厄林
冬	尭厄厄林
畫	一能吉单里
夜	多羅幹
	乳屯
	冬屯
日	乗
	姿吏

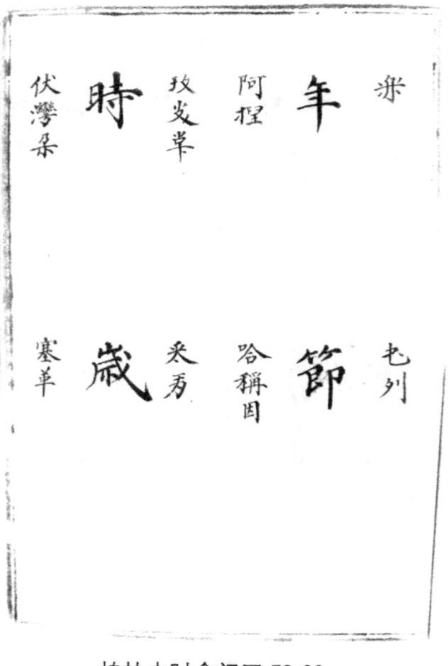

柏林本时令门三 79-82

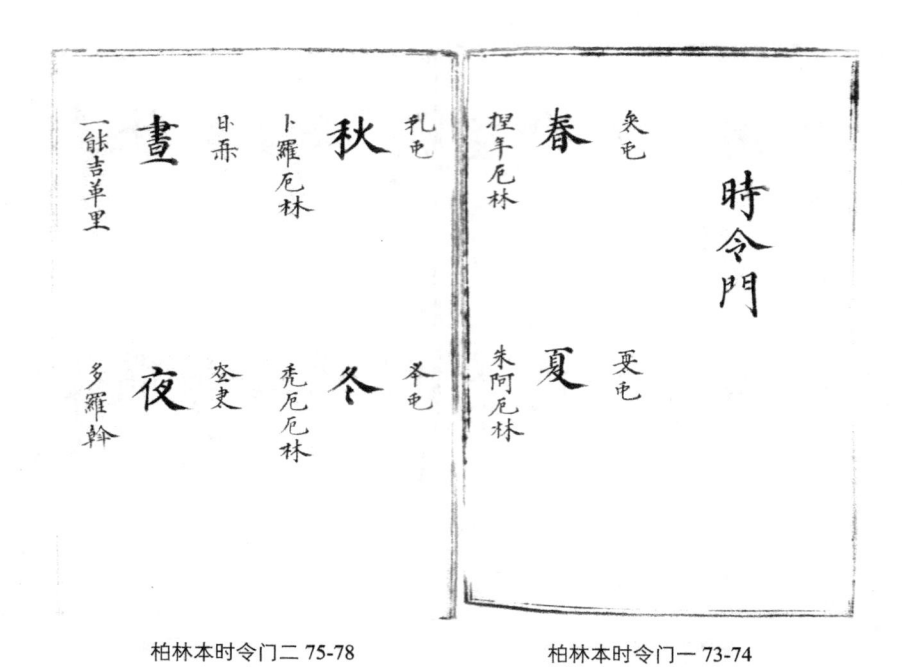

汉	女真译语
年	阿捏
時	伏澤朶
節	哈稱因
歲	塞革
	玫发革
	灸秀
	屯列

柏林本时令门四 83-86

汉	女真译语
早	厄骨忒
朔	吴希
晚	失塞里
望	腕卜歡一能吉
	夲盃
守日	
五日	
一車一能吉	

柏林本时令门五 87-90

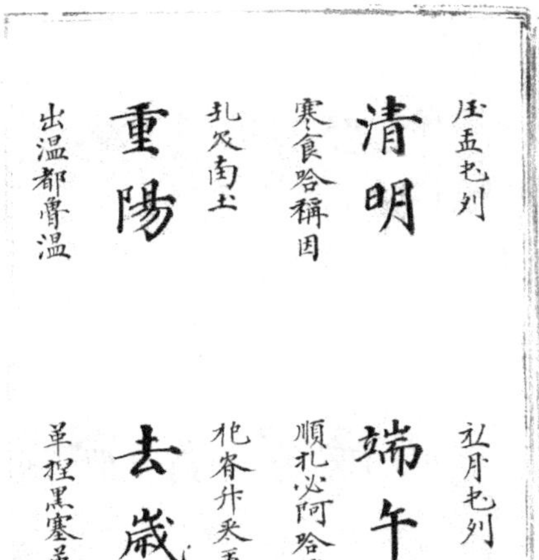

先夷伓　古　　辛夲
失剌哈替　令　忒厄
屯
厄林　季　岁袞
　　　闰
　　　阿剌哈

柏林本时令门六 91-94

厌昊　冷　　夲昊
深溫　　哈魯溫
夛昊　熱　少昊
塞魯溫　凉　溫
都魯溫

柏林本时令门七 95-98

光　寒　券伓伐
背　凍　革替勒
苯鱼
厄魯忒　朝　吞角午
　　　　夕
言的洪

柏林本时令门八 99-102

正孟屯列　　　　　　五月屯列
寒食哈稱周　清明　　　端午　順扎必阿哈稱周
扎伙甬土　　　　　　　　托睿并矢芳
出溫都魯溫　重陽　去歲　革程黑塞革

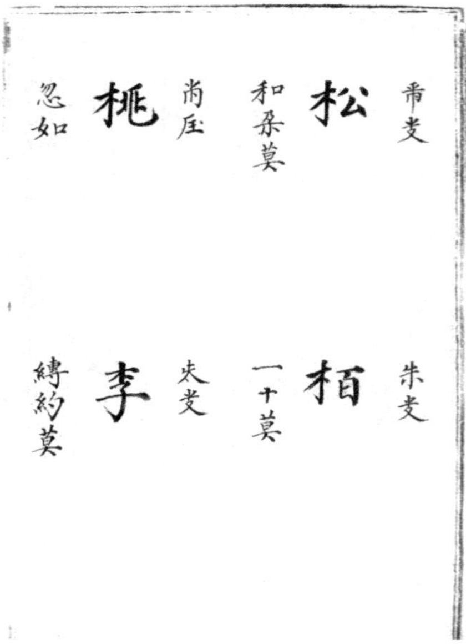

| 柏林本花木門一 104-107 | 柏林本时令门九 103 |

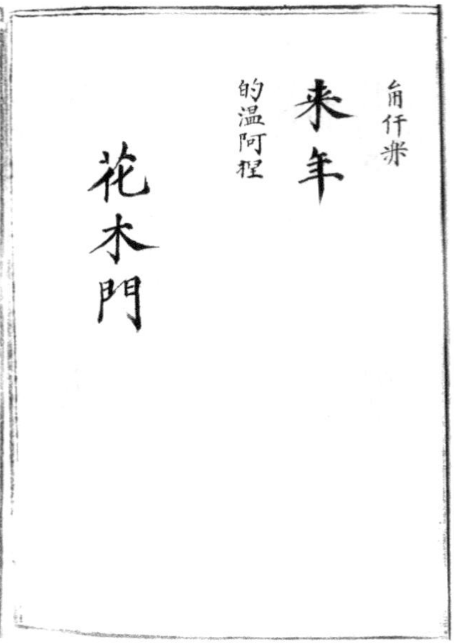

松 甫乂
和桑莫

桃 尚庄
忽如

栢 朱乂
一十莫

李 失乂
縛約莫

来年 角仟諫
的温阿捏

花木門

| 柏林本花木門三 112-115 | 柏林本花木門二 108-111 |

梨 庆弓
失魯

柳 平臾
素黑

棗 兀魯
奉乂

樹 乐和莫

桑 束冗仧
因馬剌

杏 克兀仧
歸法剌

榆 丸仧
孩剌
右乂

梅 眛莫

柏林本花木门四 116-119

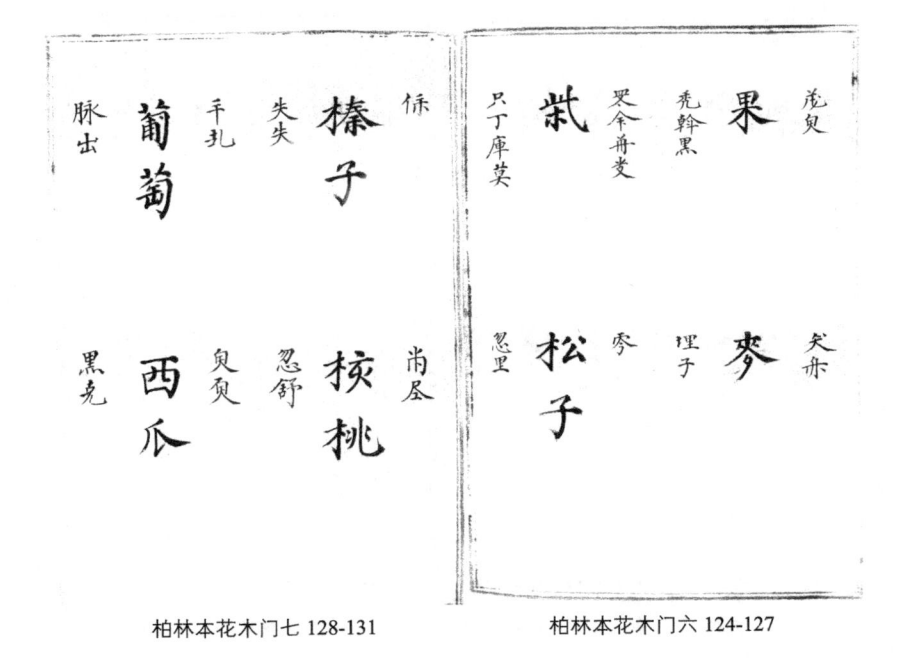

草	主失
木	义
花	斡兒和 寸夹 一勒哈
葉	没 夕太 阿卜哈

柏林本花木门五 120-123

根	苔 昃舟 斥夹
苗	吴庚 分脱莫
栗	全
枝	青厍 哈兒

柏林本花木门六 124-127

果	虎貝 尭斡黑
栽	翠个舟夹 只丁厍英
麥	犬舟 埋子 麥
松子	忍里

柏林本花木门七 128-131

榛子	失失 千扎 吊丕
葡萄	脉出
核桃	忍舒 臭夹
西瓜	黑充

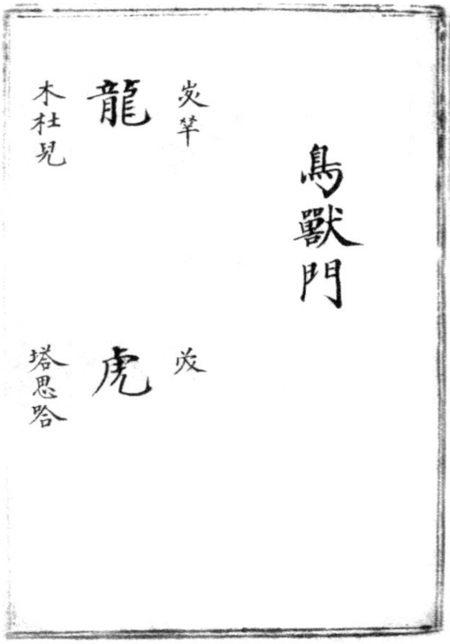

鸟兽门

柏林本花木门八 132-134

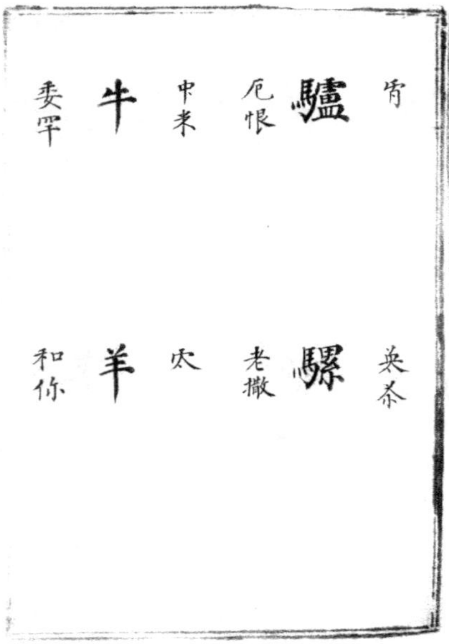

蘿蔔 捏住 弓血

白菜 光勺菊头 上江瓒吉

葫蘆 和脆和 巫夫

柏林本鸟兽门一 135-136

龍 木杜兒 炎竽

虎 塔恩哈 炎

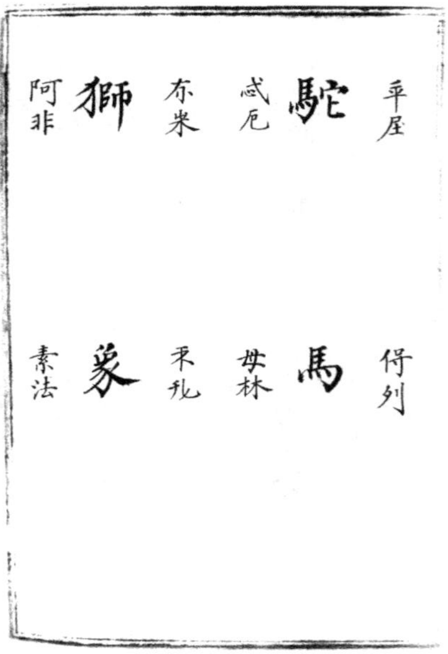

柏林本鸟兽门二 137-140

駝 咸厄 平屋

獅 东米 阿非

馬 母林 伱列

象 禾孔 素法

柏林本鸟兽门三 141-144

驢 厄恨 宵

牛 申米 英茶

騾 老撒 委罕

羊 灾 和你

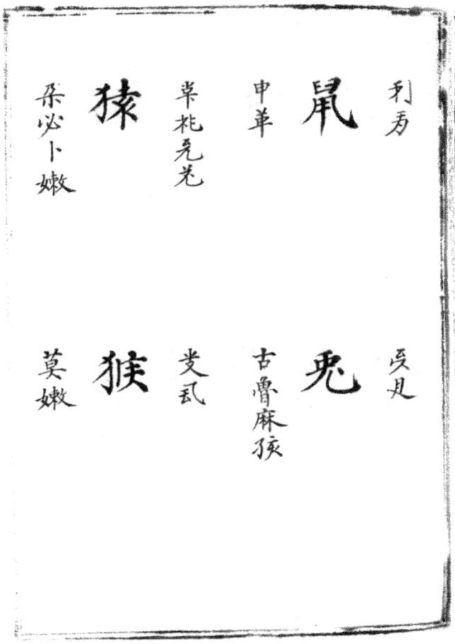

熊 勒付	为
鹿 卜古	夷受
犬 引咨洪	车另
豹 牙剌	米

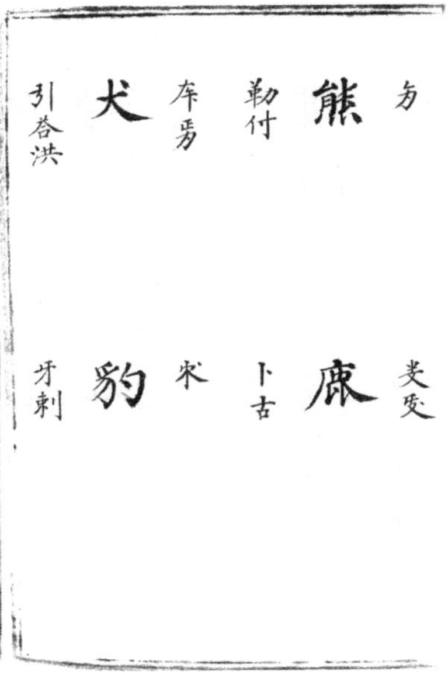

柏林本鸟兽门四 145-148

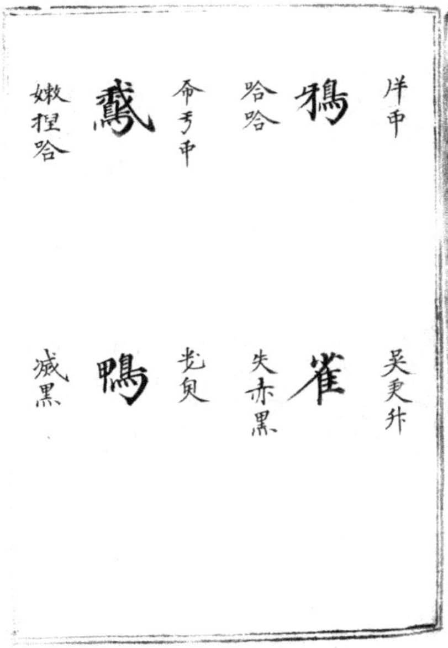

鼠 申革	别另
兔 古骨麻狭	受凡
猿 革札尢羌	
猴 莫嫩	朵必卜嫩 爻瓦

柏林本鸟兽门五 149-152

鹰 半土	狐 朶里必	也
鹧 舒目	獐 失児哈	夷
		亲
加浑温		

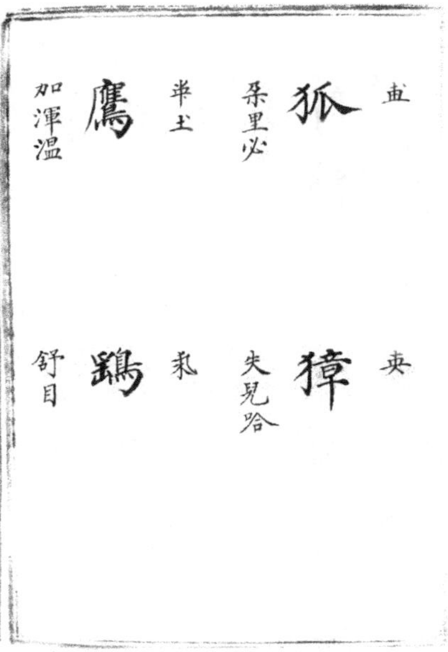

柏林本鸟兽门六 153-156

鹜 俞亏甲	鸦 哈哈	伴甲
雀 失赤黑	鸭 咸黑	吴炱廾 光臾
嫩捏哈		

柏林本鸟兽门七 157-160

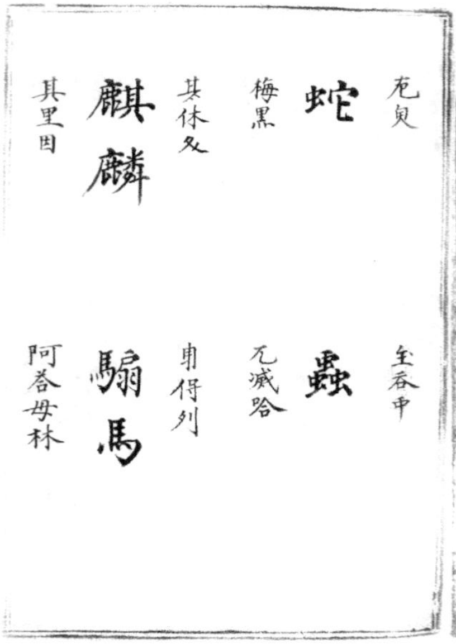

柏林本鸟兽门九 165-168

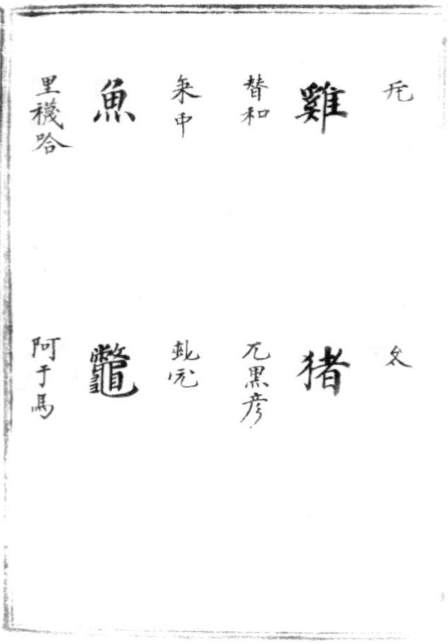

鸡 替和
鱼 朱中 兀黑彦
里穣哈 起完
猪 又
鳖 阿于马

柏林本鸟兽门八 161-164

龙 皂
蛇 梅黑
至吞中
蟲 兀减哈
其休久 串㐌列
麒麟 其里因
騸马 阿荅母林

柏林本鸟兽门一〇 169-172

走 叉㐌列
射狼 扎晷兀
兒马 阿只兒母林
骡马 尚㐌列 㐌屋久
骡母林
野猪 兀的厄兀里彦

柏林本鸟兽门一一 173-176

南宛夭 㐌屋㐌列
山羊 一马剌 兀的厄母林
㐌屋胥
野驢 岚毛库勇
野马
无的厄厄恨 海狗 脉咸厄林引荅洪

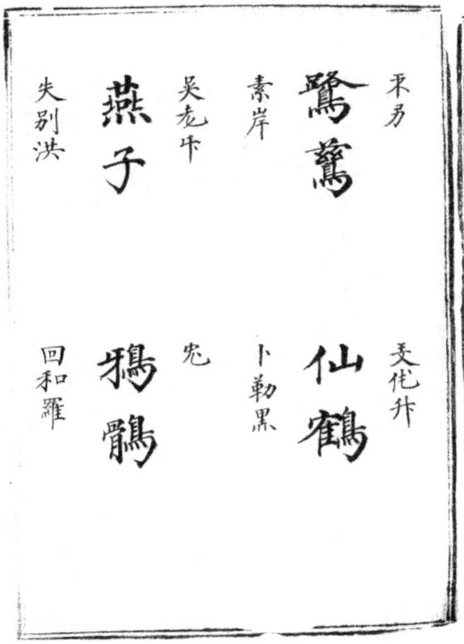

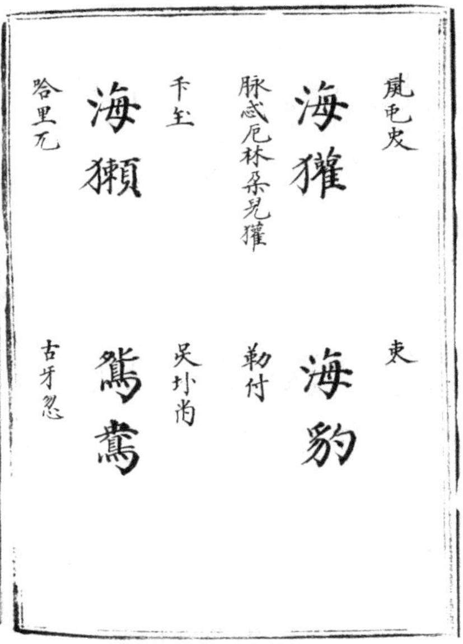

柏林本鸟兽门一二 177-180

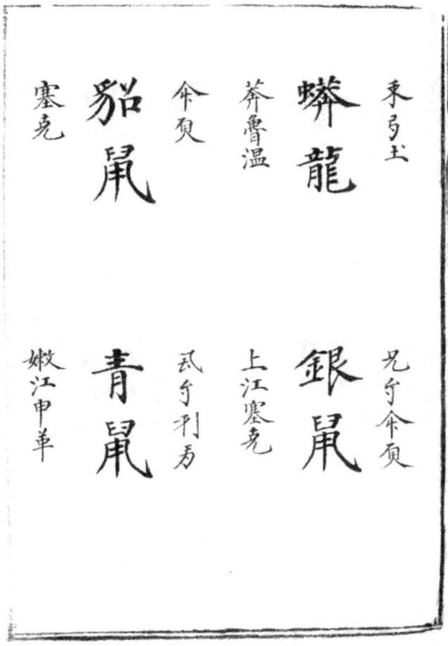

海獾	海豹
脉忒厄林朵兀獾	勒付
千生	吴圦尚
海獭	鸳鸯
哈里兀	古牙忽

柏林本鸟兽门一三 181-184

鹭鸶	仙鹤
素岸	卜勒黑
吴老卞	宪
燕子	鹁鸽
失别洪	回和罗

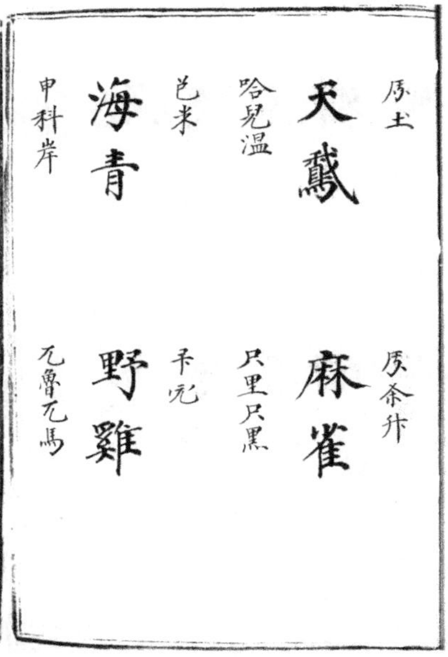

柏林本鸟兽门一四 185-188

天鹅	麻雀
哈兀温	只里只黑
芒米	千兀
海青	野鸡
申科岸	兀鲁兀马

柏林本鸟兽门一五 189-192

蟒龙	银鼠
莽鲁温	上江鐾克
余炱	弎亐刊为
貂鼠	青鼠
塞克	嫩江申革

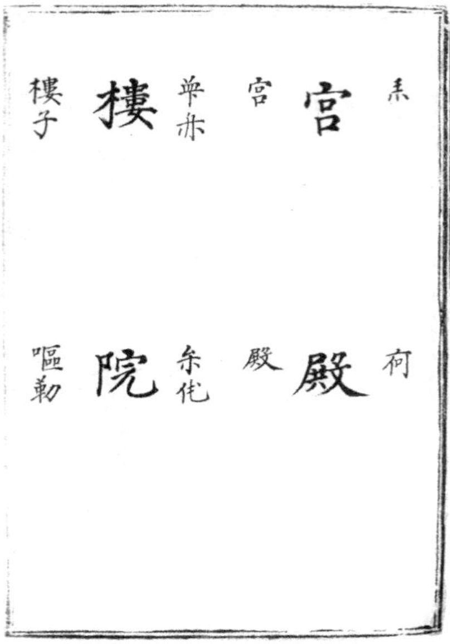

298 | 《女真译语》音系研究

宫 禾
何

宫 单亦
殿 余化

楼 楼子
院 呕勒

黄鼠 庚旬利弗
贯江申革

宫室门

柏林本宫室门一 194-197

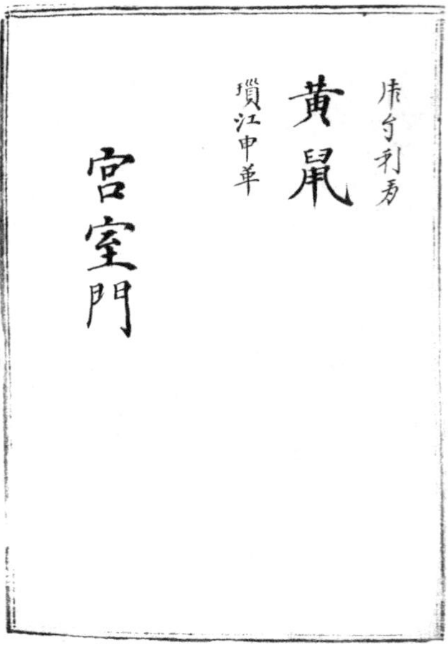

廊 伴及
臺 瓦厓
觀 昝曰
闆 希兒兀
  尚休
觀 奉
恩里

堂 带片
庚叉
寺 塔安
天卓
太乙剌
門 素
都答
哈番
椅

柏林本鸟兽门一六 193

柏林本宫室门三 202-205    柏林本宫室门二 198-201

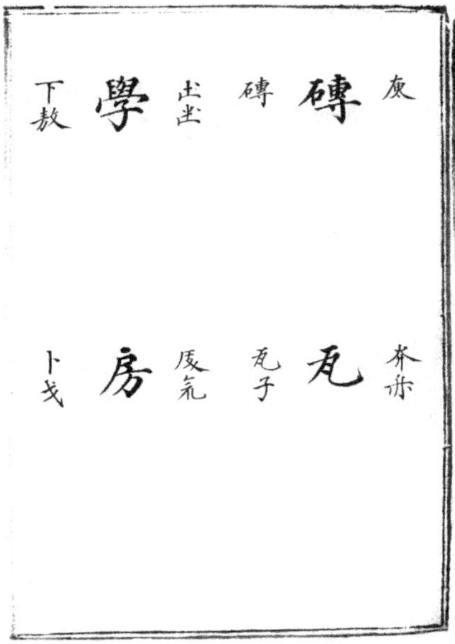

柏林本宫室门四 206-209

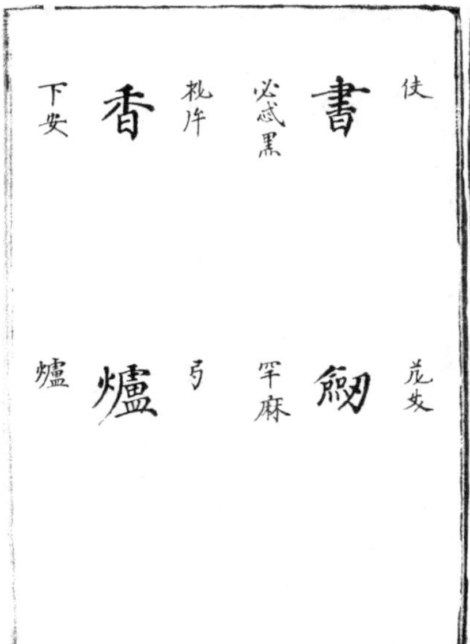

| 簾 犀天 | 柱 禿剌 反叉 希大 | 梁 天罗 佐牙 太本 | 窗 法阿 |

柏林本宫室门五 210-213

| 磚 庚 出坐 磚 | 瓦 朴咏 瓦子 废无 | 學 下敖 | 房 卜戈 |

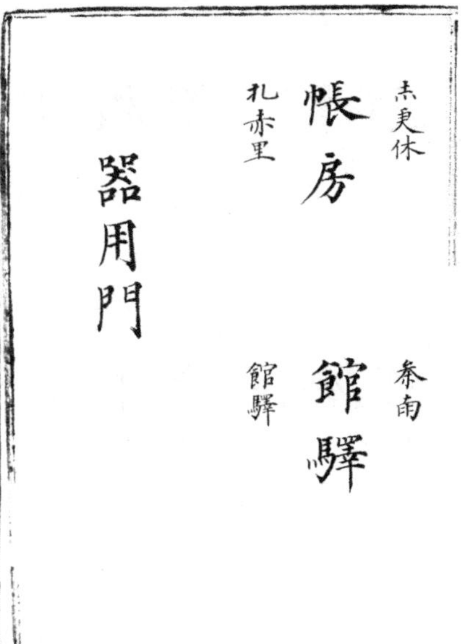

柏林本宫室门六 214-215

器用门

| 帳房 志夷休 扎赤里 | 館驛 奉南 館驛 |

柏林本器用门一 216-219

| 書 伏 荒戈 | 劍 必咸黑 罕麻 | 香 下安 枕斤 弓 | 爐 爐 |

柏林本器用门三 224-227 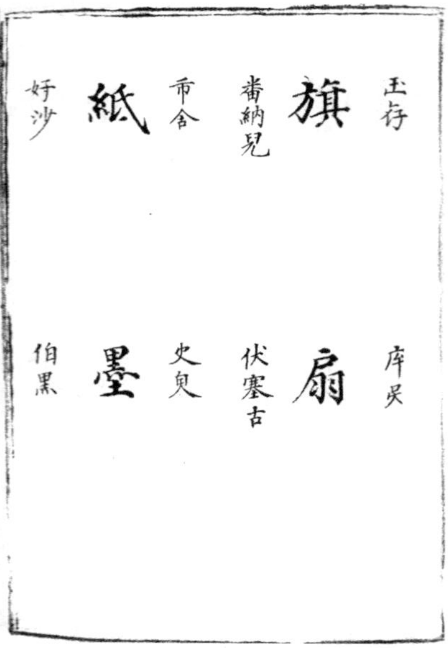　　　　　柏林本器用门二 220-223

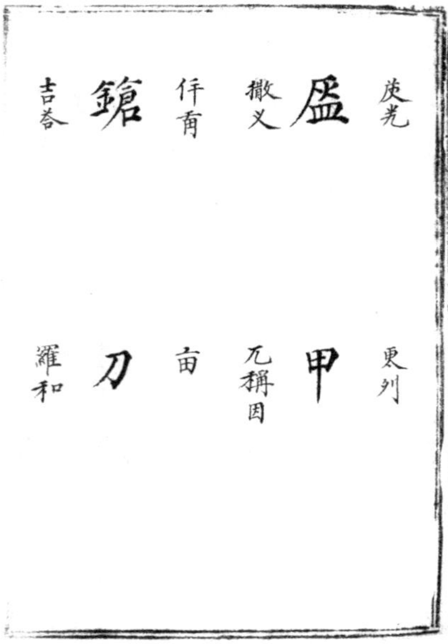

柏林本器用门五 232-235 　　　　　柏林本器用门四 228-231

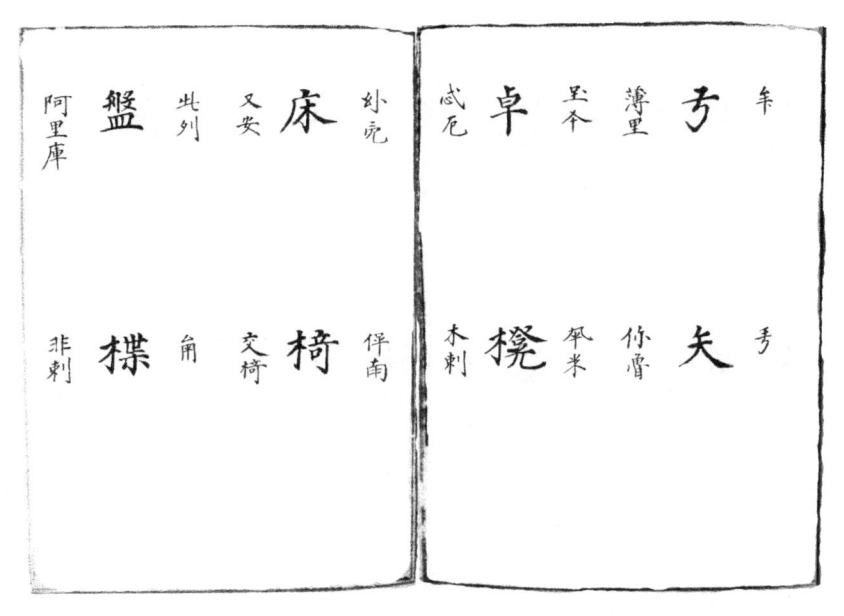

附录一 柏林本《女真译语》书影 | 301

| 柏林本器用门七 240-243 | 柏林本器用门六 236-239 |

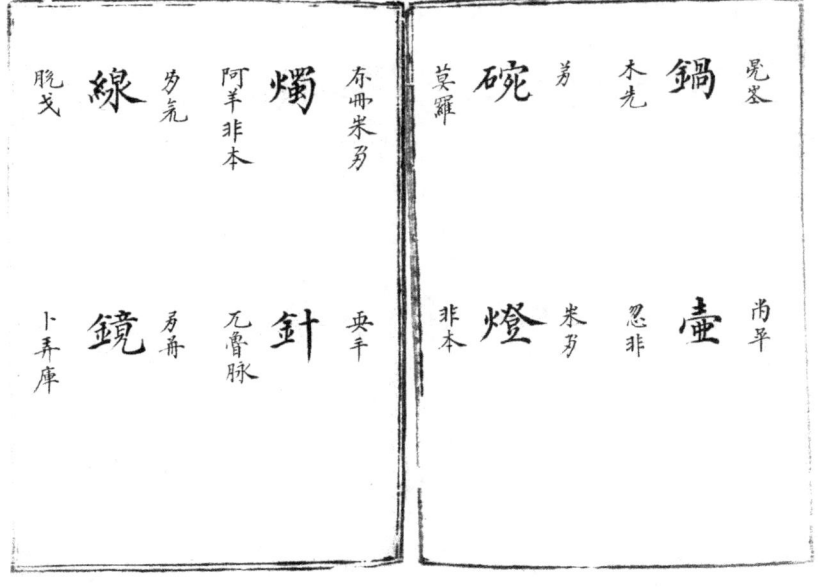

器用门七：
- 床 幻亮 伴南
- 又安 椅 交椅
- 盘 出列 角
- 阿里库 楪 非剌

器用门六：
- 弓 年 矢 秀
- 卓 薄里 你骨
- 呈个 桊 斗米
- 威厄 橇 木剌

| 柏林本器用门九 248-251 | 柏林本器用门八 244-247 |

器用门九：
- 烛 布册米另 英平
- 阿羊非本
- 线 脱戈 针 无鲁脉
- 另亮
- 镜 另角 卜弄库

器用门八：
- 锅 晃釜 尚早
- 木先 忍非
- 碗 莠 壶 米另
- 莫罗 灯 非本

剪 伱亦甲	車 弔叉
哈子哈	塞者
船 角足	印 飛土
的孩 多羅溫	

鼓 庂夾	筋 茶另甲
同肯	撒木哈
鍾 英厓	盒 灵亦
忽禿罕	和子

柏林本器用門一一 256-259 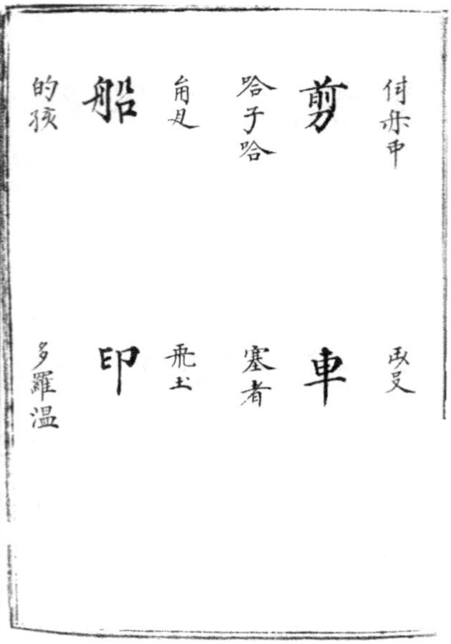　　柏林本器用門一〇 252-255

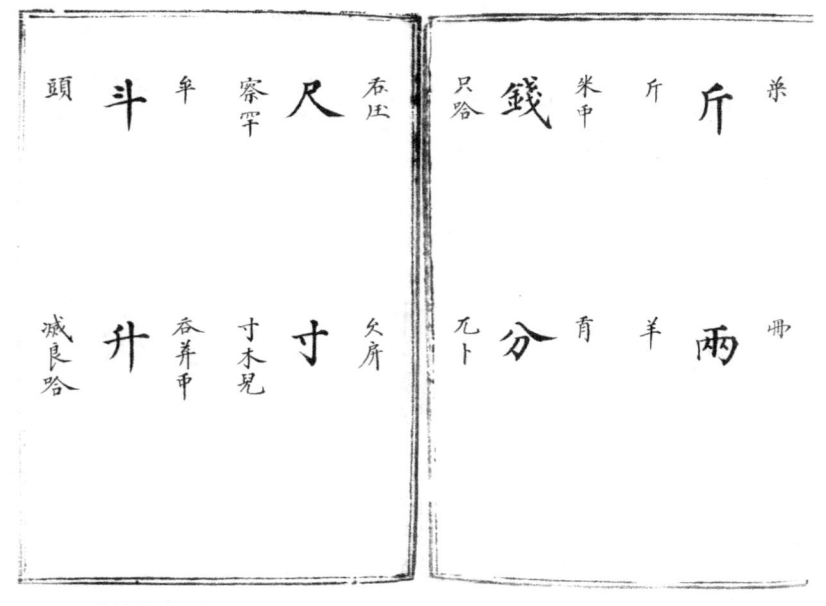

斤 朱	兩 冊
米甲	羊
錢 只哈	分 青
	兀卜

尺 吞厈	寸 矢厈
睿罕	寸木兒
斗 牟	升 吞荓甲
頭	减良哈

柏林本器用門一三 264-267　　柏林本器用門一二 260-263

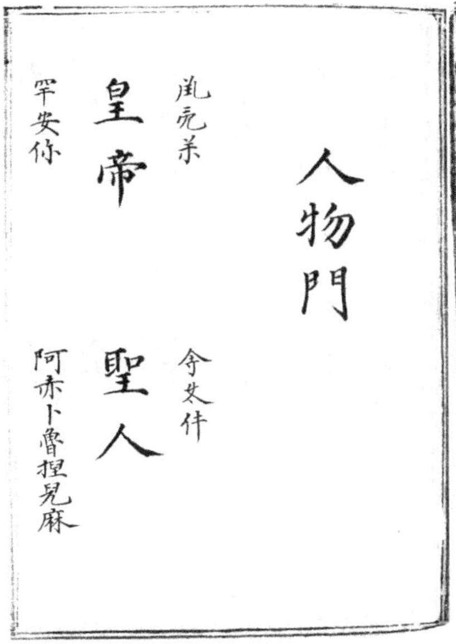

附录一 柏林本《女真译语》书影

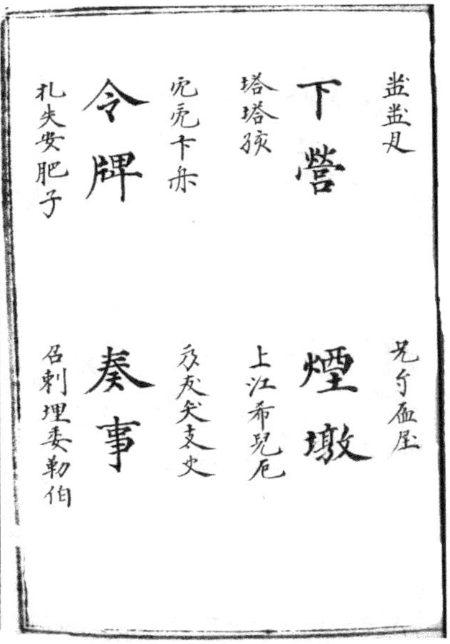

柏林本器用门一四 268-271

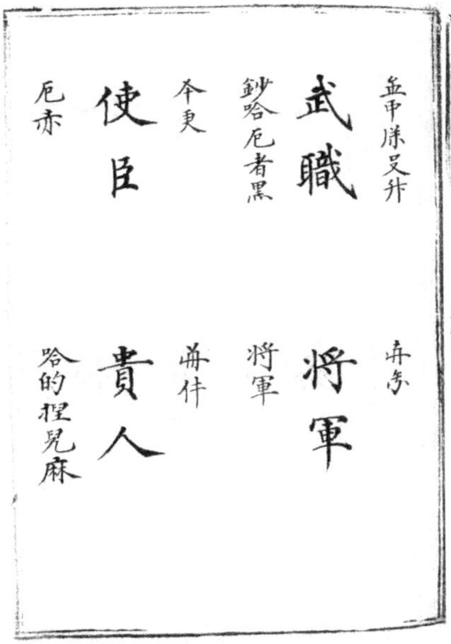

盏盏兄
苏亏瓦厎

下營 塔塔孩

煙墩 上江希兄厄

兎兄卜赤

奏亊 众灰矢支灾

令牌 扎失妥肥子
名剌埋委勒伯

柏林本人物门一 272-273

人物門

皇帝 甩亮杀
罕安你

聖人 令攵什
阿赤卜鲁捏兄麻

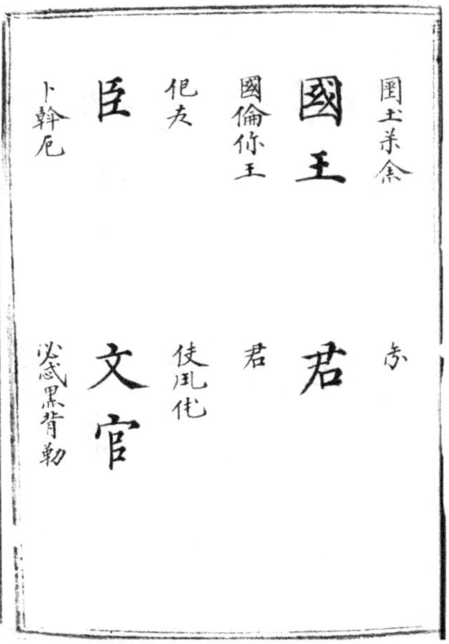

柏林本人物门二 274-277

国王杀余

國王 步
國倫侨王

君

臣 伋友
卜斡厄

文官 伎凡伐
必忝黑背勒

柏林本人物门三 278-281

血申禒足并
舟夸

武職 钞哈厄者黑
將軍 將軍

使臣 夲更
毎什
厄赤

貴人 哈的捏兄麻

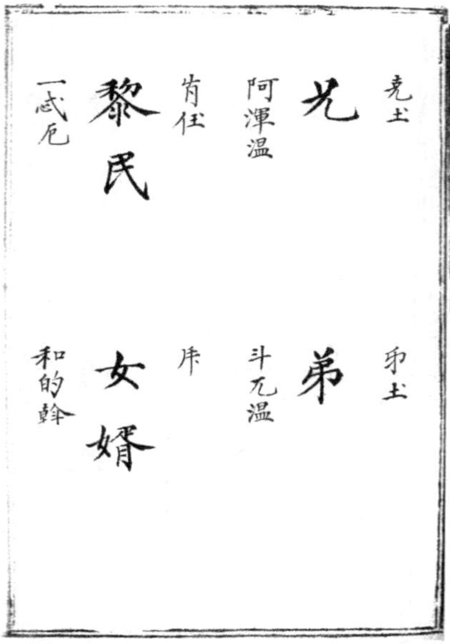

柏林本人物門五 286-289	柏林本人物門四 282-285

門五:
- 黎民 一憨厄 肯任 阿渾溫
- 兄弟 斗兀溫 克土
- 女婿 和的斡 厛

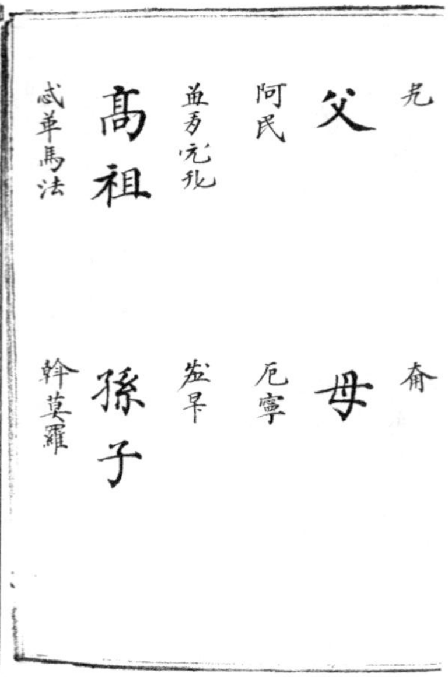

門四:
- 父 阿民 先
- 母 厄寧 奍
- 高祖 益夯兀扎 咸草馬法
- 孫子 苃旱 斡莫羅

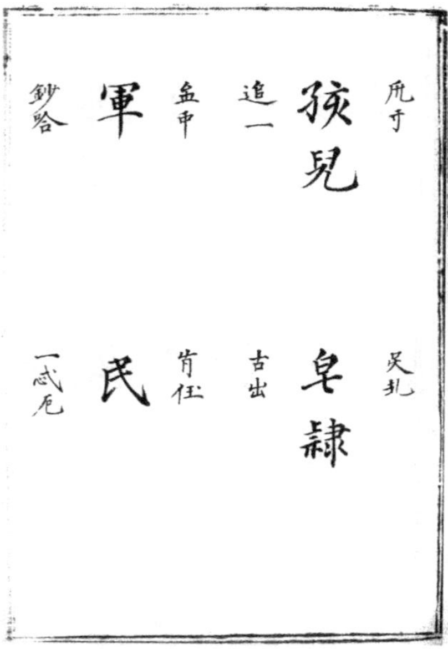

柏林本人物門七 294-297	柏林本人物門六 290-293

門七:
- 孩兒 追一 尻寸
- 軍 盂申 肯任
- 皂隸 古出 吳扎
- 民 一憨厄 鈔哈

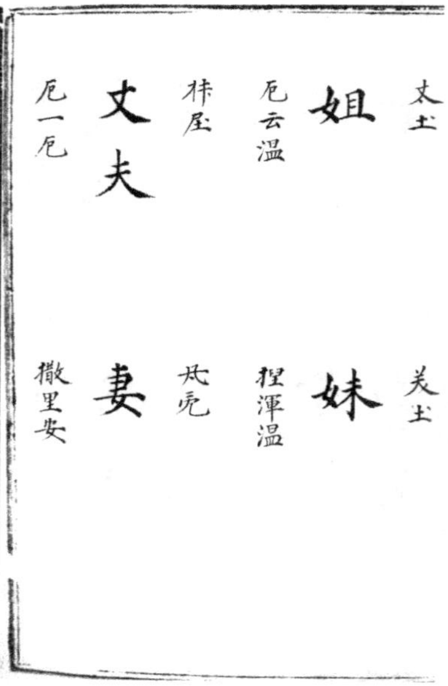

門六:
- 姐妹 厄云溫 夭土
- 丈夫 拌厓 厄一厄
- 妻 扸亮 捏渾溫
- 撒里安 羌土

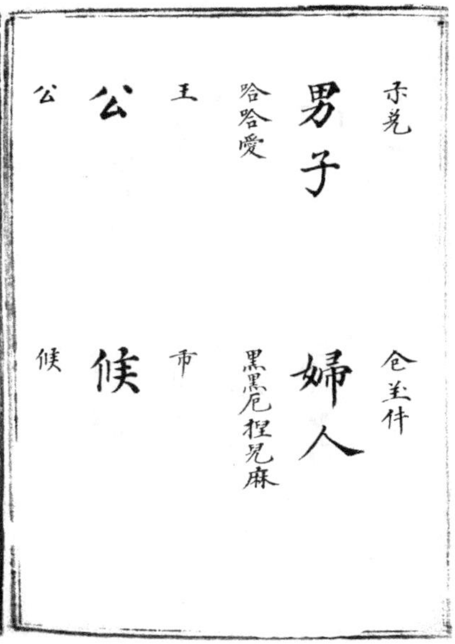

附录一 柏林本《女真译语》书影

柏林本人物门八 298-301

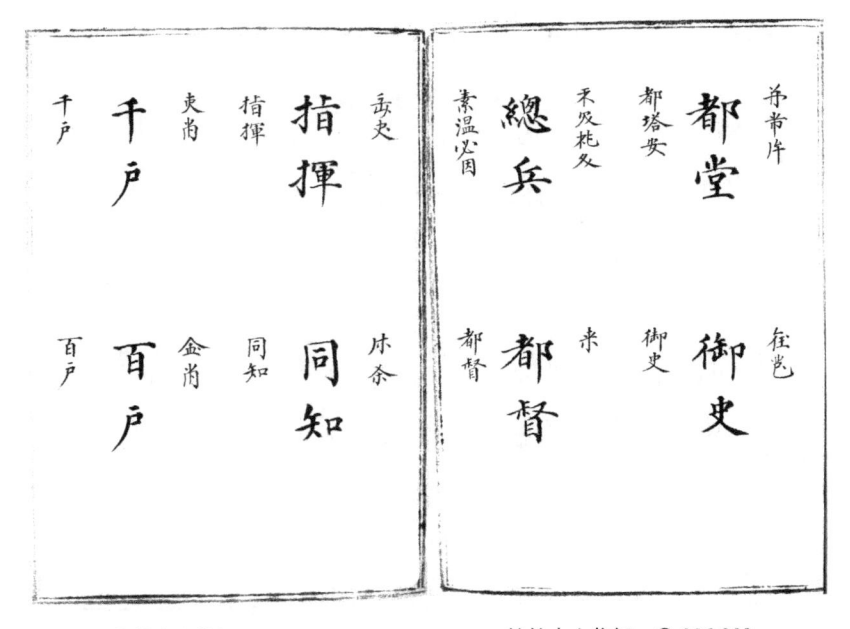

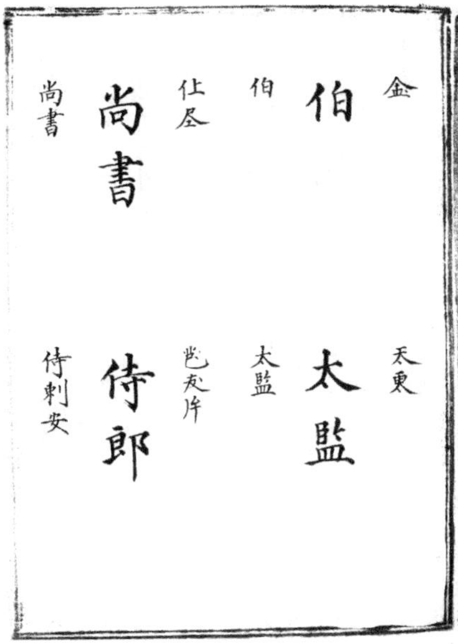

男子 哈哈愛
婦人 黑黑尼揑兒麻
公 王 市
候 候 仓美件
朱兀

柏林本人物门九 302-305

伯 金 天吏
太監 伯 仕尽
尚書 岜尢斤
侍郎 尚書 侍刺安

柏林本人物门一〇 306-309

都堂 都塔安
總兵 禾及枕久 来
御史 御史
都督 素温必因 都督
在岜

柏林本人物门一一 310-313

指揮 指揮
千戶 夷尚 同知 金肖
百戶 岳夹 休余 千戶 百戶

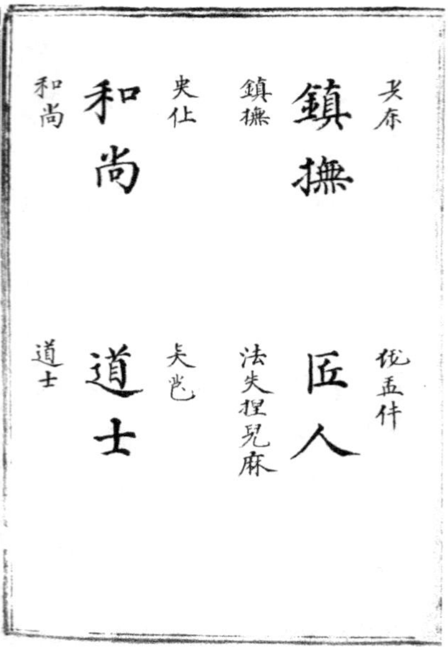

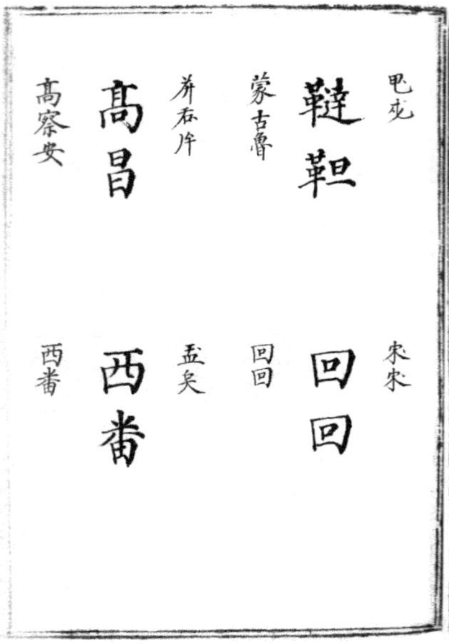

柏林本 人物门 一三 318-321

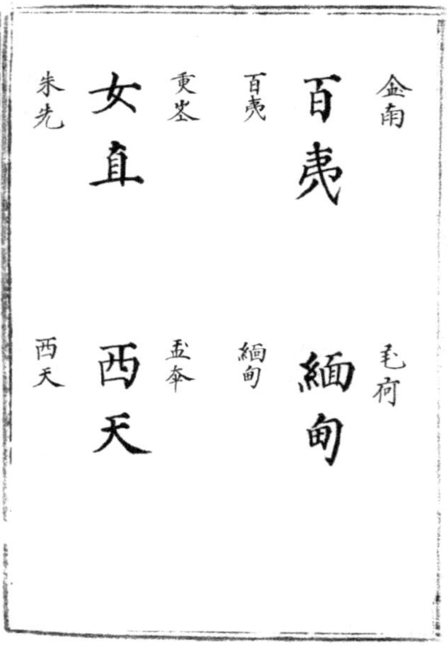

女真	汉译	音译
鞾靶	靴靶	把丸
高昌	高昌	蒙古鲁 / 折右斤
西番	西番	高容安
回回	回回	朱朱 / 孟夹

柏林本 人物门 一二 314-317

女真	汉译	音译
镇抚	镇抚	夹原 / 佐孟什
和尚	和尚	吏仕
匠人	匠人	法失捏兀麻
道士	道士	夫邑 / 和尚

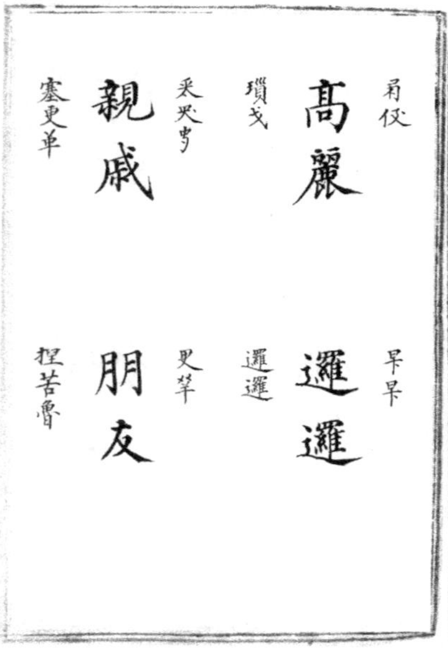

柏林本 人物门 一五 326-329

女真	汉译	音译
高丽	高丽	肯仪 / 瓒戈 / 采戈兮
迎迎	迎迎	早早 / 迁迁 / 吏莘
亲戚	亲戚	塞更革
朋友	朋友	捏苦鲁

柏林本 人物门 一四 322-325

女真	汉译	音译
百夷	百夷	金南 / 毛荷
女直	女直	更奎 / 孟奉
缅甸	缅甸	绸甸
西天	西天	朱先 / 西天

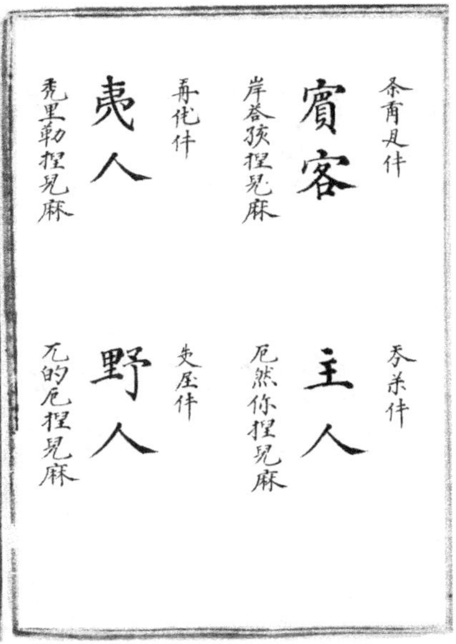

柏林本人物門一七 334-337

賓客　斧肯見什
　岸替孩捏晃麻
夷人　再化什
　堯黑勒捏晃麻
酋長　无住剃孩
　　　頭目
斧見什
賊人　朶史什
虎剃孩捏晃麻
　　　歹人
　厄黑伯捏晃麻

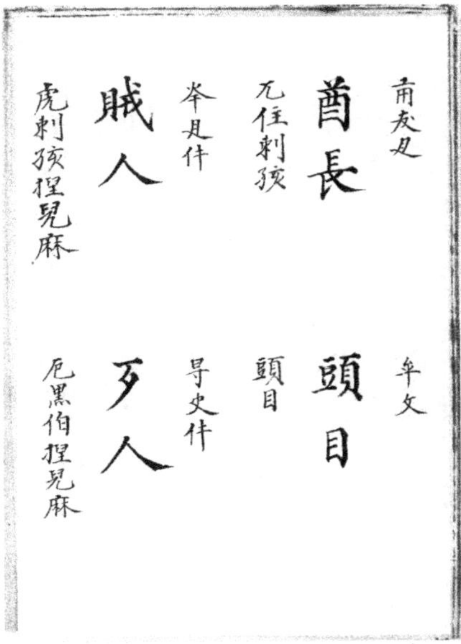

柏林本人物門一六 330-333

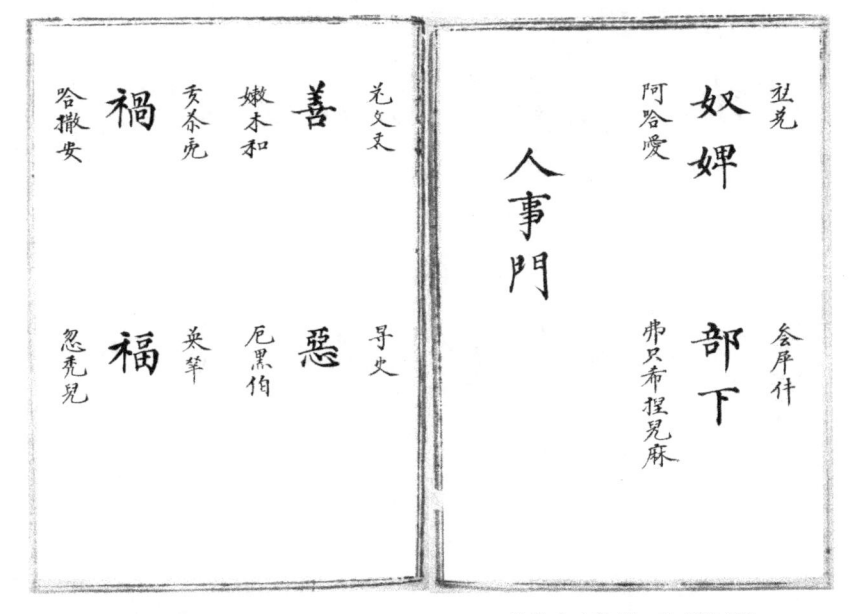

（右頁）
賓客　斧肴見什
　岸替孩捏晃麻
夷人　再化什
　堯黑勒捏晃麻
主人　牟文
　厄然你捏晃麻
野人　夫歴什
　无的厄捏晃麻

柏林本人事門一 340-343

羌文夫
善　嫩木和
　亥荅兔
禍　哈撒安
　　　　導史
惡　厄黑伯
　英莘
福　忽兒兒

柏林本人物門一八 338-339

赴完
奴婢　阿哈嬡
　　　會序什
部下
人事門
　弗只希捏晃麻

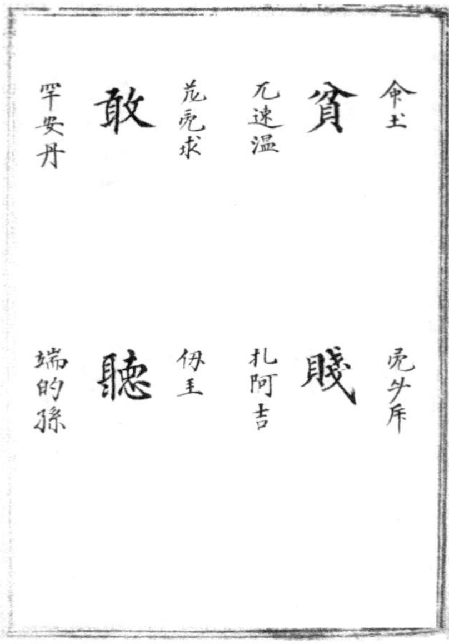

柏林本人事门三 348-351

柏林本人事门二 344-347

柏林本人事门五 356-359

柏林本人事门四 352-355

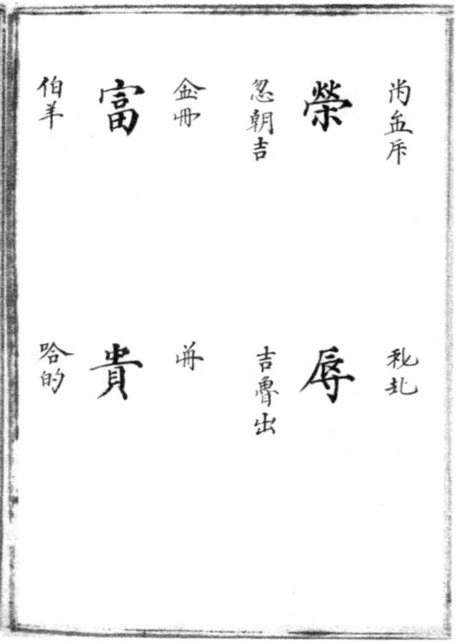

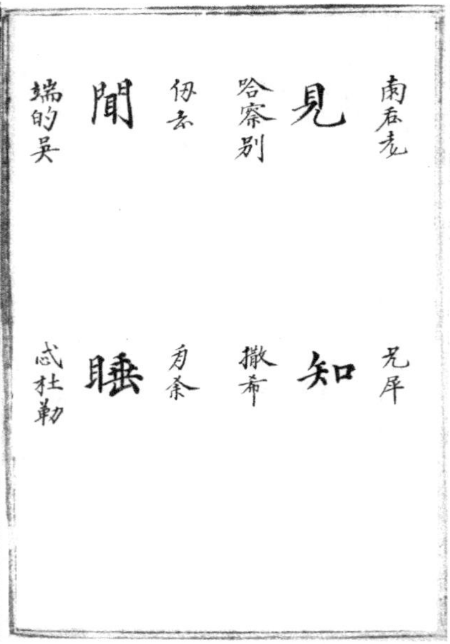

附录一 柏林本《女真译语》书影

柏林本人事门六 360-363

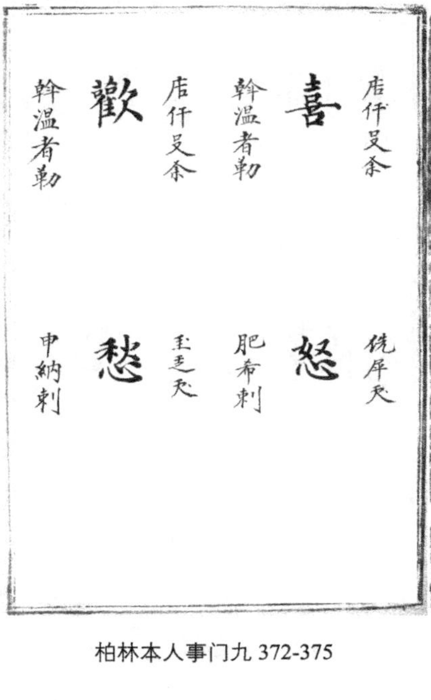

體 夂申
塔哈
順 夂申
叉父
塔哈
即 厄兀魯
叉父
忙 厄兀魯

柏林本人事门七 364-367

擒 芙丸
扎法別
獲 芙丸
肯丸
得 扎法別
八哈別
捕 肯丸
八哈別

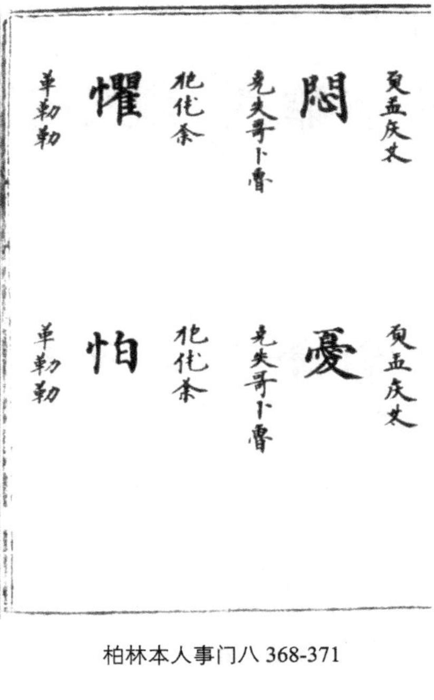

柏林本人事门八 368-371

悶 夂孟庆丈
克失哥卜魯
憂 夂孟庆丈
化化奈
懼 克失哥卜魯
革勒勒
怕 化化奈
革勒勒

柏林本人事门九 372-375

喜 店仟旲奈
幹溫者勒
怒 店仟旲奈
肥希剌
歡 幹溫者勒
玉走夫
愁 饶犀夫
申納剌

柏林本人事门一○ 376-379

差	使	回	還
塔苦剌孩	麦甫夾兒	木塔本	卜乃
塔苦剌孩	麦甫夾兒	木塔本	卜乃

柏林本人事门一一 380-383

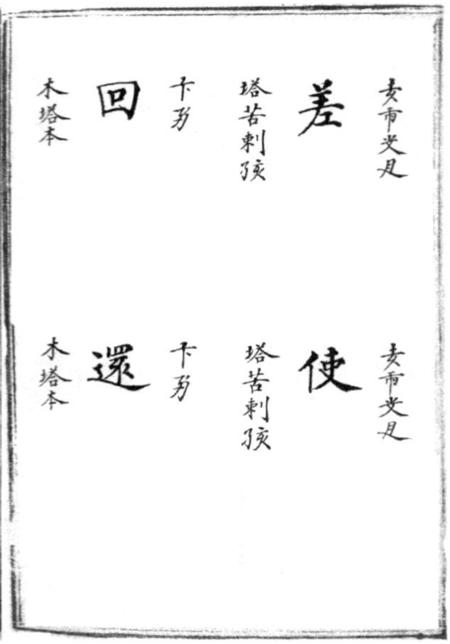

至	到	快樂
一十埋	朱夾	冬臭斤 厄黑吉
一十埋	朱夾	芈条夬 的兒哈剌

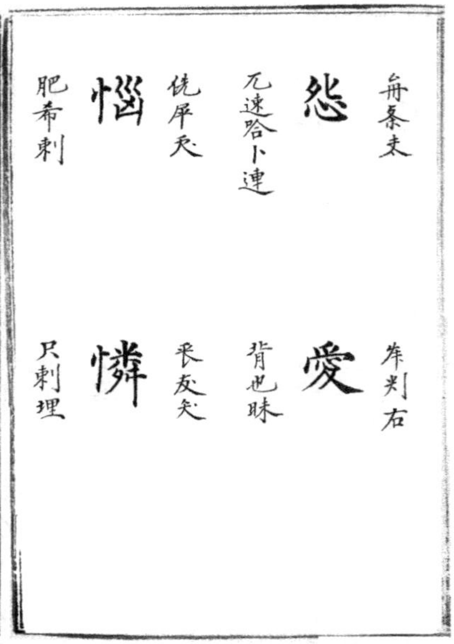

柏林本人事门一二 384-387

悠	愛	惱	憐
兀速哈卜連	舟条末	饒甲夬	肥希剌
背也眛	隼判右	長友夬	只剌埋

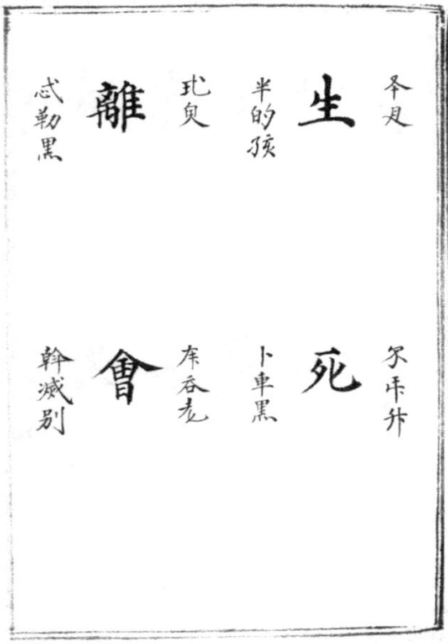

柏林本人事门一三 388-391

生	死	離	會
半的孩	冬夬	玭臭	库吞麦
卜車黑	夂平升	忒勒黑	斡㓕別

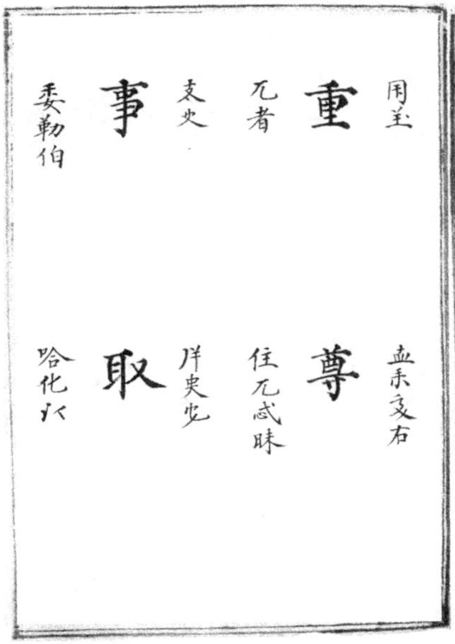

附录一　柏林本《女真译语》书影

柏林本人事门一五 396-399

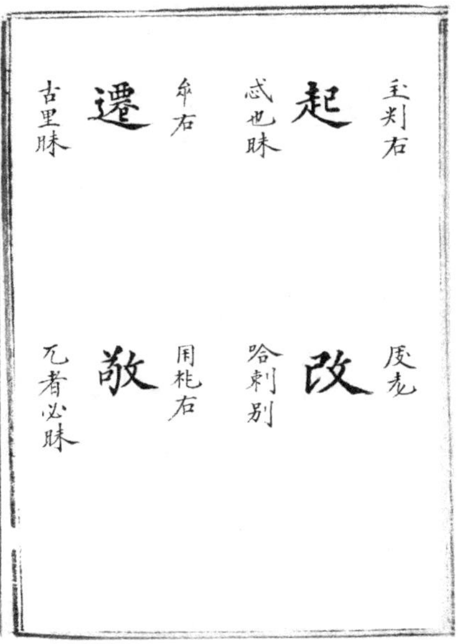

柏林本人事门一四 392-395

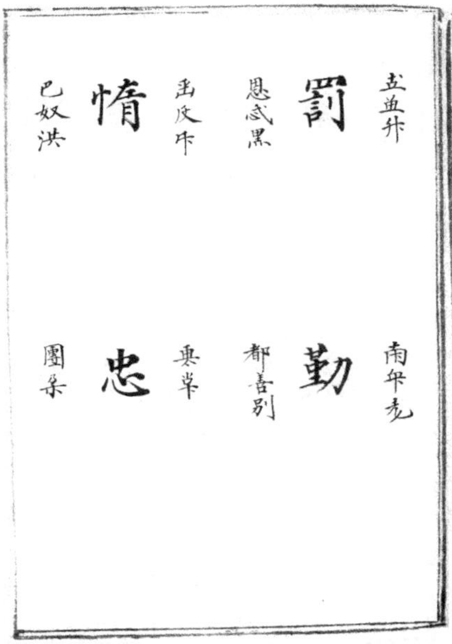

柏林本人事门一七 404-407

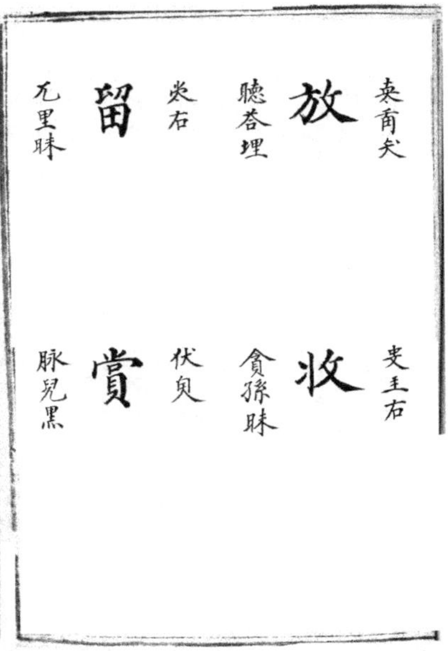

柏林本人事门一六 400-403

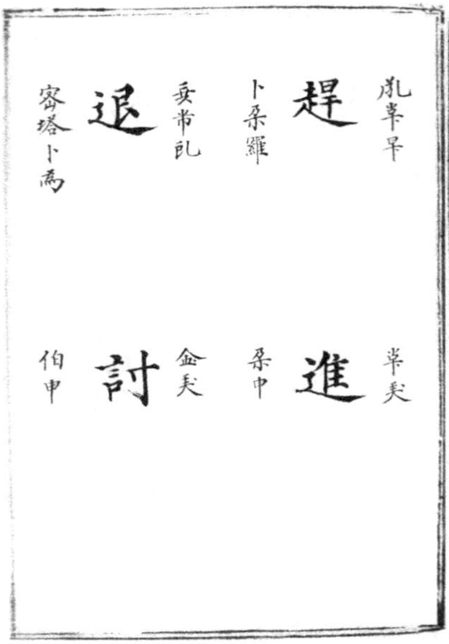

柏林本人事門一八 408-411

孝	送	追
塞更革 寿吴	来右 哈答溫	弗忒眛 芙吞夬 安寨別

誠

柏林本人事門一九 412-415

趕	退	討
卜朶羅 乱幸早	委帯乩 密塔卜為	桑申 常夬 金夬 伯申

進

柏林本人事門二〇 416-419

尋	買	賣	救
伯申 金夬	金吞右	尚育灰夬 忽荅沙里	愛晚都眛 虬夬 阿于卜魯

柏林本人事門二一 420-423

許	行	走	坐
幹端理 尚夬	弗里随 寻卅	小弓 舟夬	牙步 忒別

柏林本人事门二二 424-427

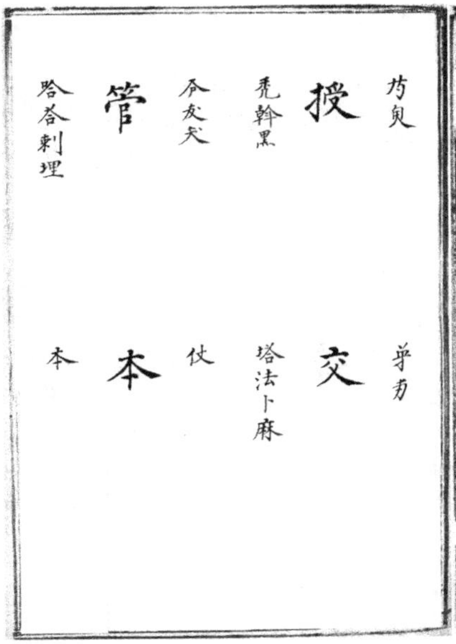

写书
亢文

立
一立本

夺余
谷孟丈

替
失剌骨

陛
幹失卜骨

弗只

柏林本人事门二三 428-431

巧夕
学力

授
凳幹黑

交
塔法卜麻

夯友丈
伏

管
本

哈答剌埋
本

柏林本人事门二四 432-435

伐刈
坐土

和
奴失因

自
卜温

常朔
牟玘丈

且
塔哈

傳
頭牙卜骨

柏林本人事门二五 436-439

反盂
辛矣

每
奴兀骨

常
咸乇

讠育丈
多庚

還
套答剌

再
已撒

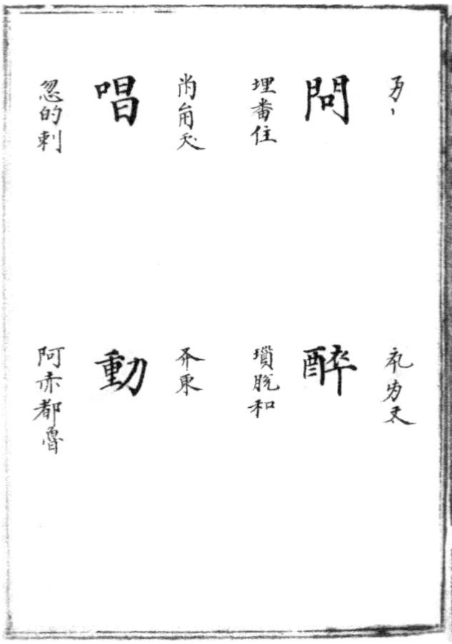

要	卜戈大
告	哈扎骨
	厌戾大
哈沙埋	
借	拙木申
請	卦另
	退木
	去又大

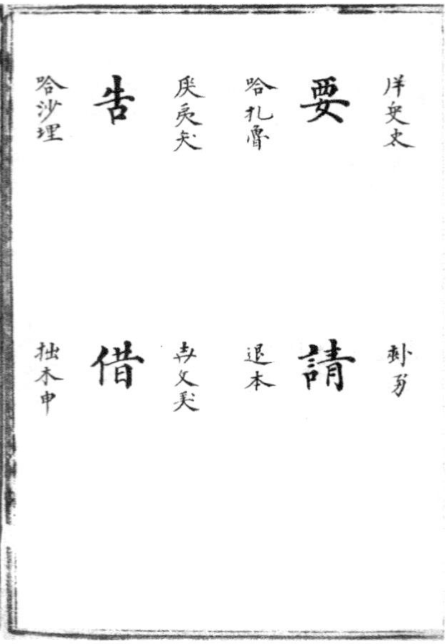

柏林本人事门二六 440-443

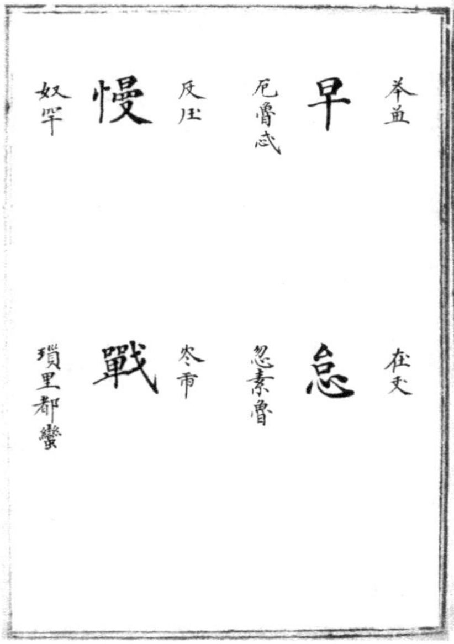

問	另、
唱	埋畜住
	尚角大
忽的剌	
醉	禿卖大
動	瑣腕和
	斉束
阿赤都鲁	

柏林本人事门二七 444-447

靜	兑弓吴
減	卜鲁温
	厍戾平
厄兑洪	
遲	羌灭大
添	嫩吉剌
	水肖大
貴吞剌	

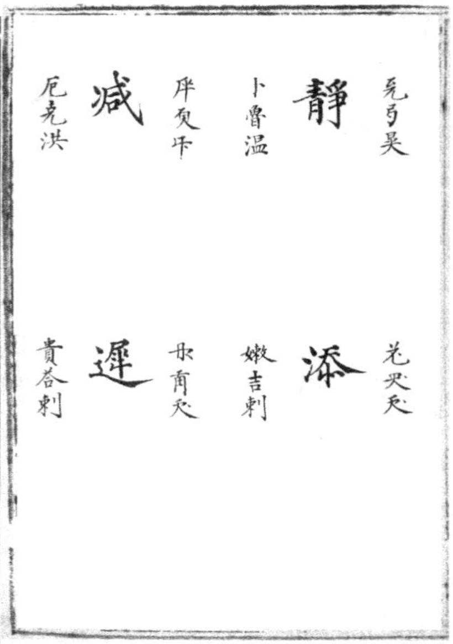

柏林本人事门二八 448-451

早	茶鱼
慢	厄鲁戍
	反壮
奴罕	
急	在大
戰	忽素鲁
	冬市
瑣里都螢	

柏林本人事门二九 452-455

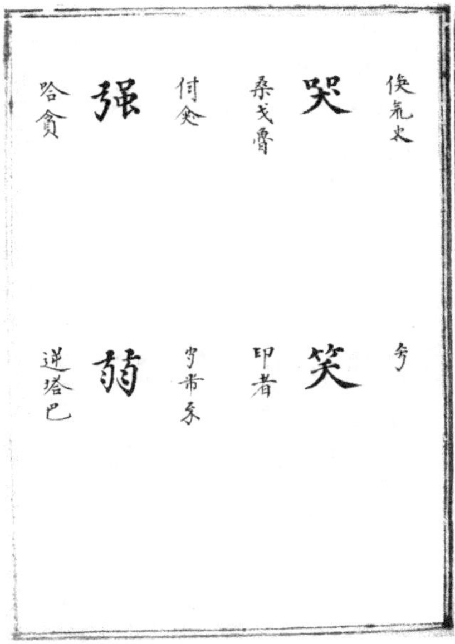

附录一 柏林本《女真译语》书影

征 夺 抢 杀	哭 强 笑 荫
少沙哩 芳刺右 道里眯 眷弗灭	侠荒夫 桑戈骨 侉夫 印者
卫也咪 瓦都刺	哈贪 伺灸 弯帚条
夫休右	逆塔巴

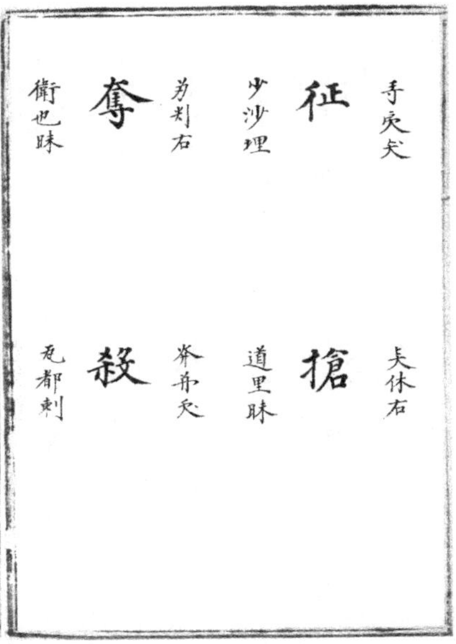

柏林本人事门三〇 456-459　　柏林本人事门三一 460-463

打 骂 跪 说	分付 随即 哨探 率领
都古眯 奎温剌 吞弗史 戚苦骨	未孟平 扎失非 休足斥众夫
艾弗史 恨都骨	哈刺哭 多灰夫更克
讣土夫 手灰右	休克 替狭吉尼兀骨 哈苔剌埋苔骨别

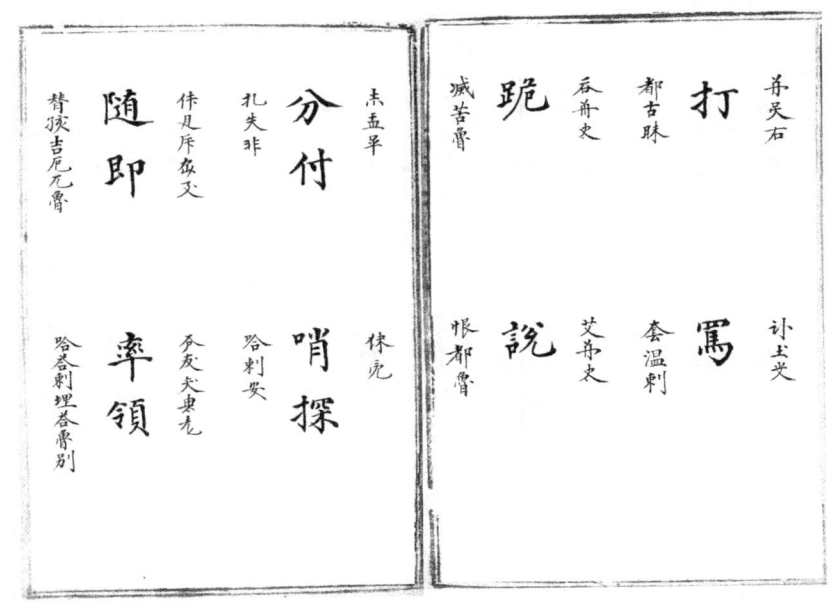

柏林本人事门三二 464-467　　柏林本人事门三三 468-471

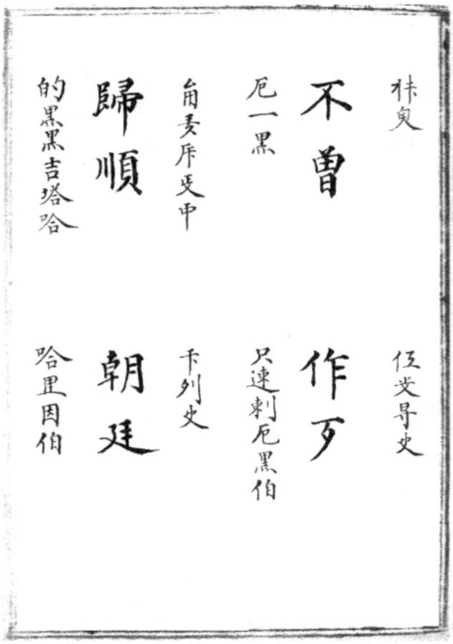

柏林本人事门 三五 476–479 　　柏林本人事门 三四 472–475

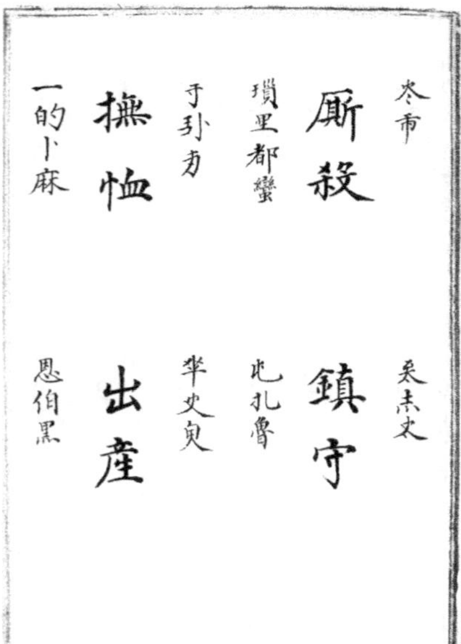

柏林本人事门 三七 484–487 　　柏林本人事门 三六 480–483

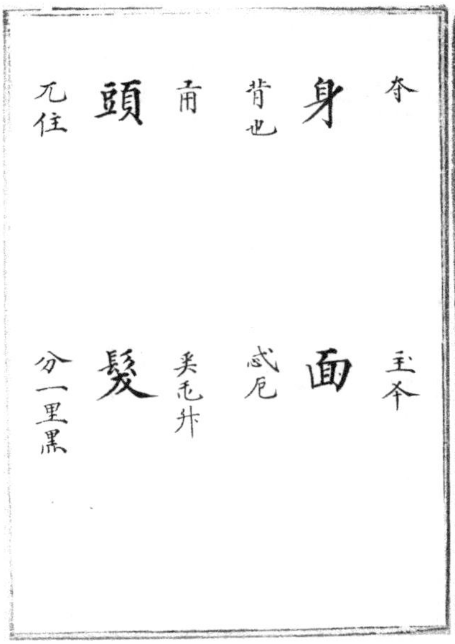

柏林本人事門三八 488-489

东甲夷夲兄　芊条夭

安生　快樂

南哈洪半的孩　的兒哈剌

身體門

柏林本身体门一 490-493

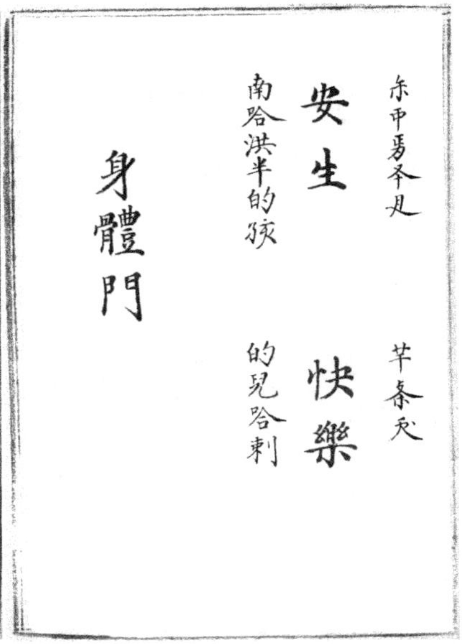

夲　　主夲

身　　面

背也　感厄

頭　　髮

兀住　美毛升

　　　分一里黑

柏林本身体门二 494-497

笑皂　夲貝

口　　齒

安哈　委黑

光邑　含夕

眼　　耳

牙師　沙哈

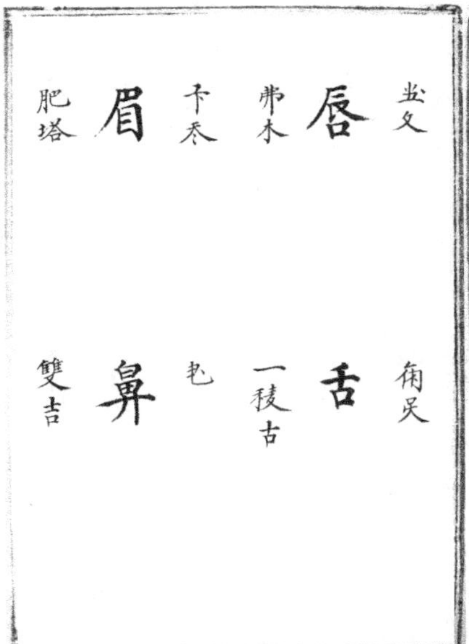

柏林本身体门三 498-501

出义　角吴

唇　　舌

弗木　一稜古

千夲　毛

眉　　鼻

肥塔　雙吉

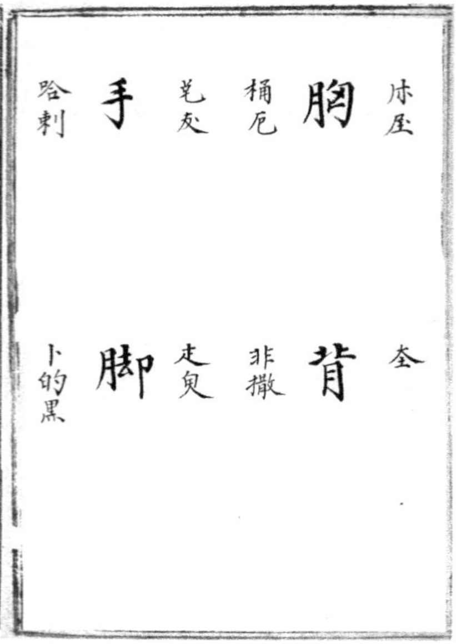

柏林本身体门四 502-505

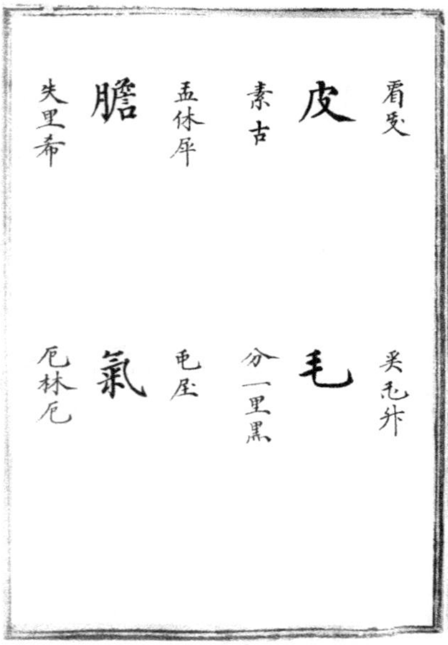

胸	手	背	脚
桶厄	芜戾	非撒	卜的黑
冺压	哈剌	叁	走戾

柏林本身体门五 506-509

心	肚	肠	项
脉曰蓝伯	黑夫里	都哈	梅番
米丈	伴	并甲	答丹

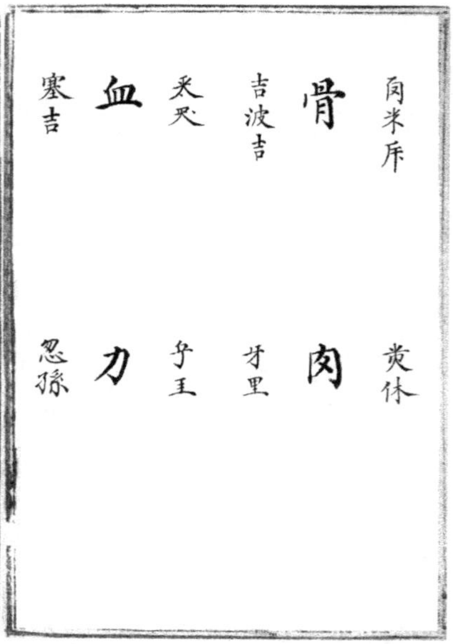

柏林本身体门六 510-513

骨	血	肉	刀
吉波吉	灭灭	扌里	忍孙
肉米斥	塞吉	炭休	子玉

柏林本身体门七 514-517

皮	毛	胆	气
素吉	分一里黑	孟休犀	厄林厄
眉戾	吴毛并	失里希	毛压

柏林本身体门八 518-519

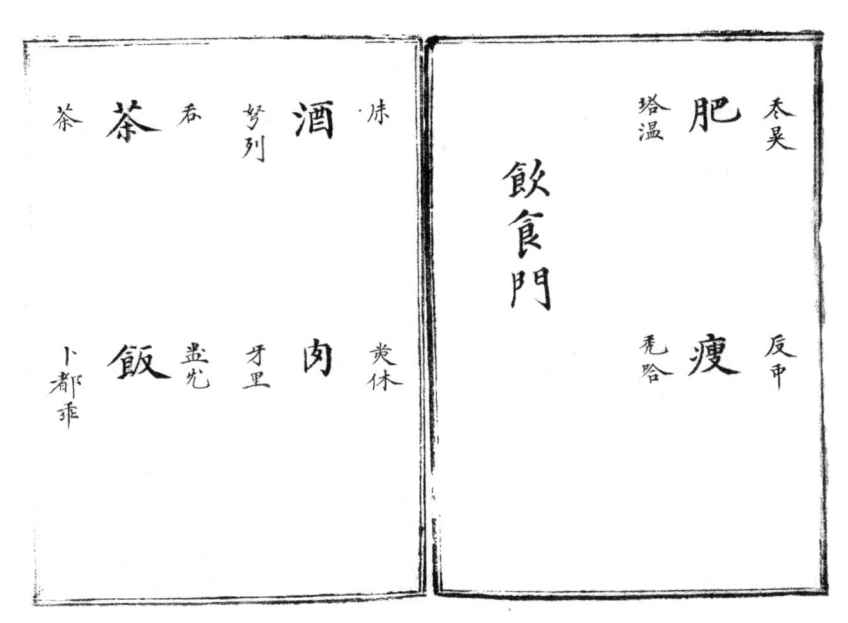

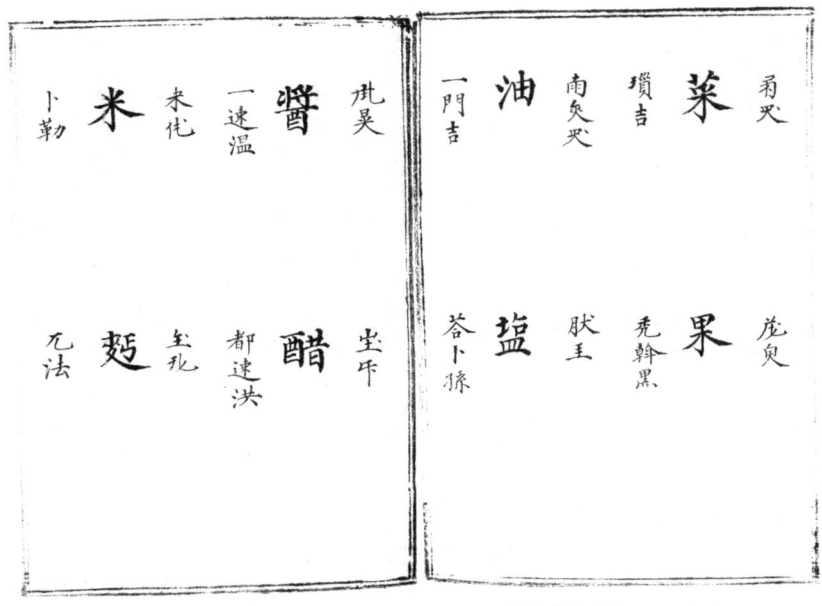

肥 吞昊
塔溫

瘦 反申
兊哈

飲食門

柏林本饮食门一 520-523

酒 𤞑休
弩列

茶 吞
茶

肉 牙里
盖尤

飯 卜都乖

柏林本饮食门二 524-527

菜 葯歹
瓚吉

油 南夂歹
一門吉

果 庞灾
兊幹黑
肰王

盐 荅卜猱

柏林本饮食门三 528-531

醬 呒昊
一逯溫
末伐

米 卜勒

醋 坌午
都逯洪
坔孔

麯 兀法

柏林本饮食门四 532-535

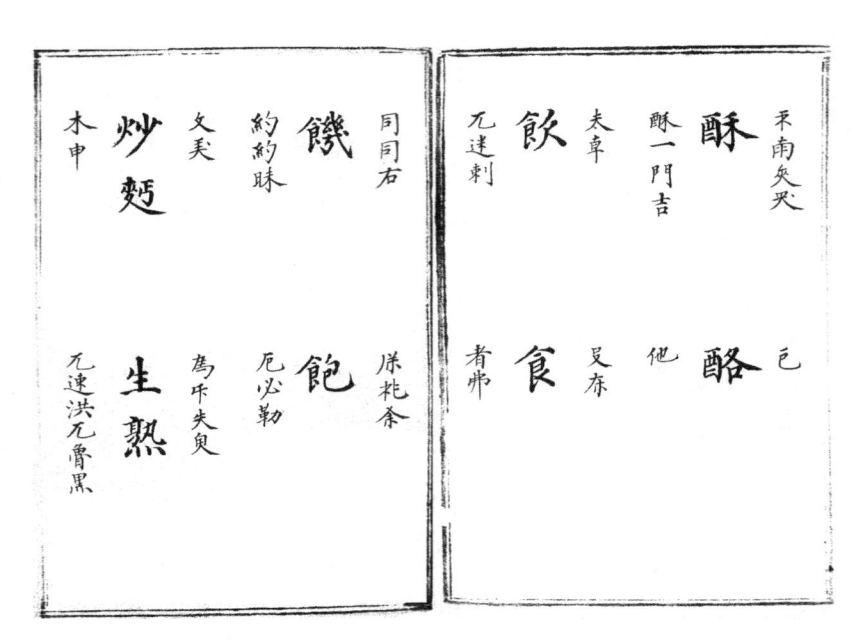

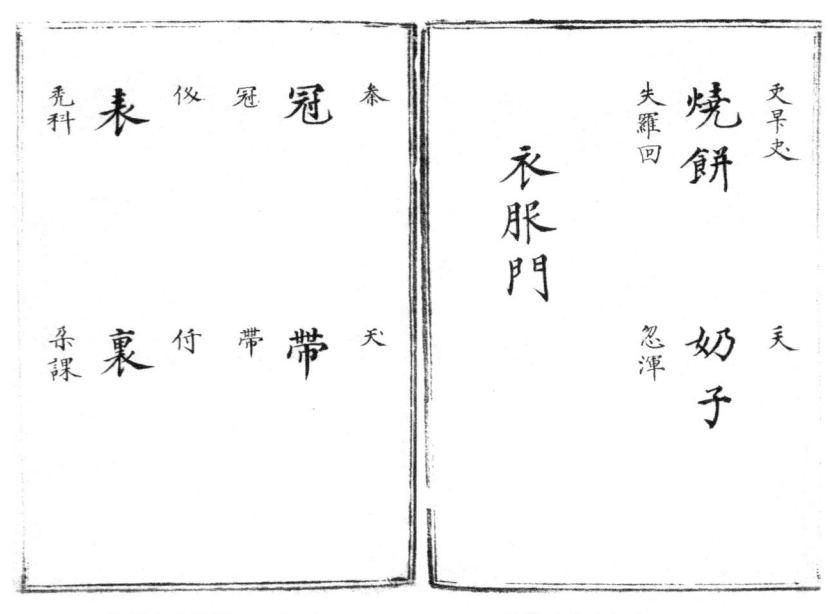

酥 禾南夊罙 巳
酥一門吉 酪 他

飲 夫卓 㫔厇
飲 食 者帑
兀迷剌

柏林本饮食门五 536-539

饑 同同右 㦿枙䄻
約約眛 飽 厄必勒
夊夭 為下夫臾
炒麪 生熟
木申 兀速洪兀魯黑

柏林本饮食门六 540-541

烧餅 灭旱史 夭
失羅回
衣服門 奶子 忽渾

柏林本衣服门一 542-545

冠 秦 俤 冠 尧科
表 天 帶 朶祼 裏 佇
帶

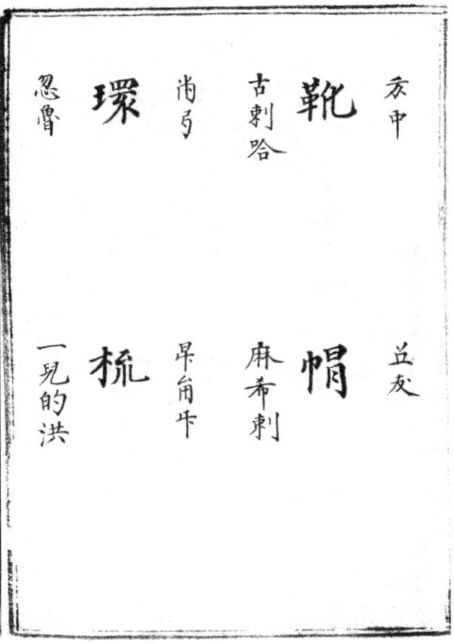

靴 灰中 古剌哈
帽 立灰 麻希剌
環 尚弓 忽魯
梳 早角ㄔ 一兒的洪

柏林本衣服门二 546-549

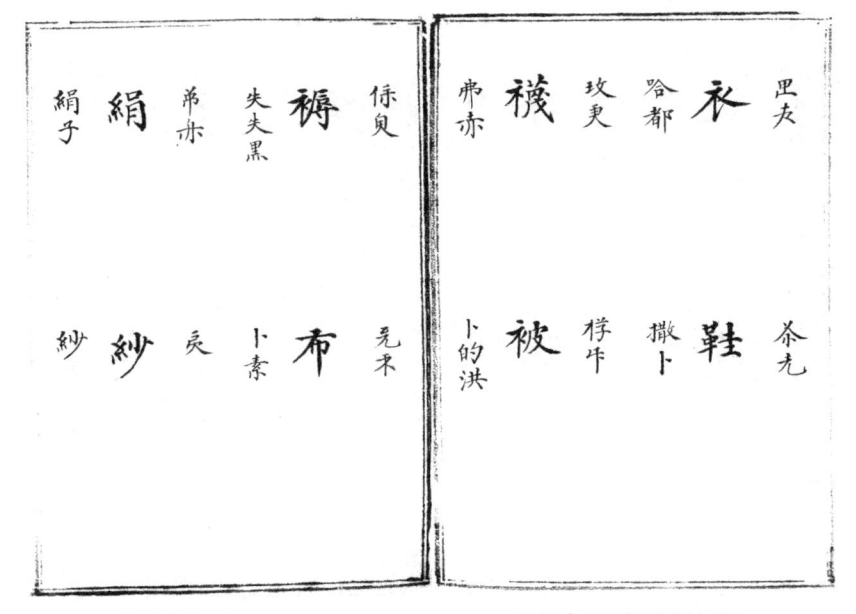

枕 允ㄓ 替勒庫
服 里夫 哈都
裙 卦充 忽十安
褲 戾ㄓ 哈剌庫

柏林本衣服门三 550-553

衣 里夫 哈都
鞋 佘尢 撒卜
襪 玫叓 弗赤
被 荢ㄔ 卜的洪

柏林本衣服门四 554-557

褥 係臬 失失黑
布 羌禾 卜素
絹 弔亦 絹子
紗 戾 紗

柏林本衣服门五 558-561

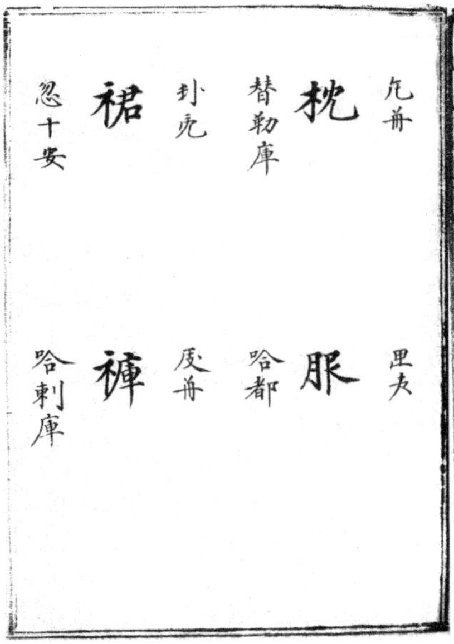

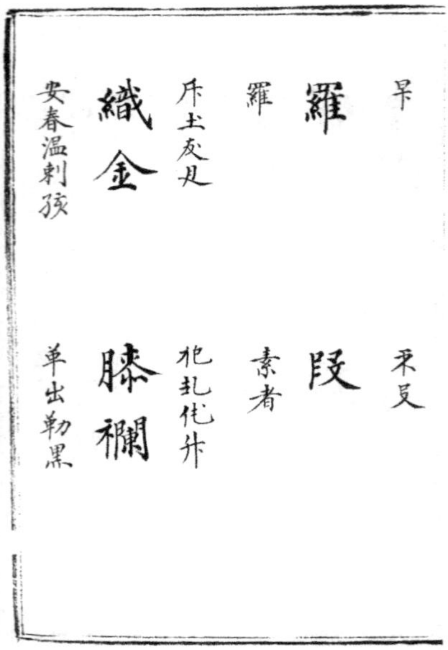

柏林本衣服门六 562-565

- 罗　罗　早昃
- 段　素者　朵昃
- 织金　安春温剌孩　斤土灰廾
- 膝襕　单出勒黑　牝扎忙廾

柏林本衣服门七 566-567

珍宝门

- 皮袄　素骨脱戈　夭乎凫　舍攵申
- 暖耳　沙禾哈

柏林本珍宝门一 568-571

- 金　安春温　斤土
- 玉　古温　吴土
- 银　蒙古温　艾土
- 宝　哈的　舟

柏林本珍宝门二 572-575

- 珠　宁住黑　仟夈
- 铜　失里　旡
- 铁　塞勒　圭
- 钱　只哈　米申

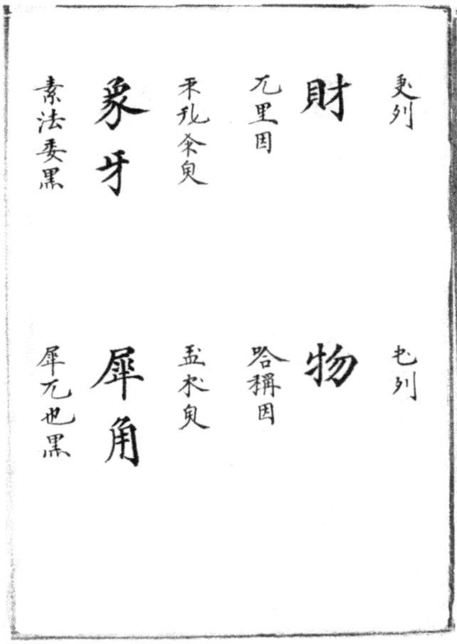

附录一 柏林本《女真译语》书影

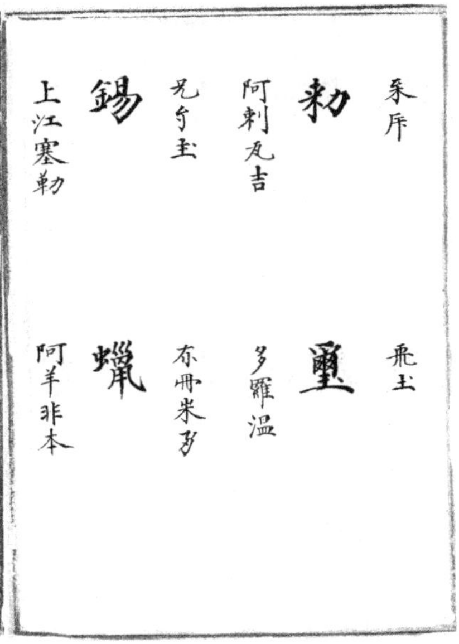

柏林本珍宝门三 576-579

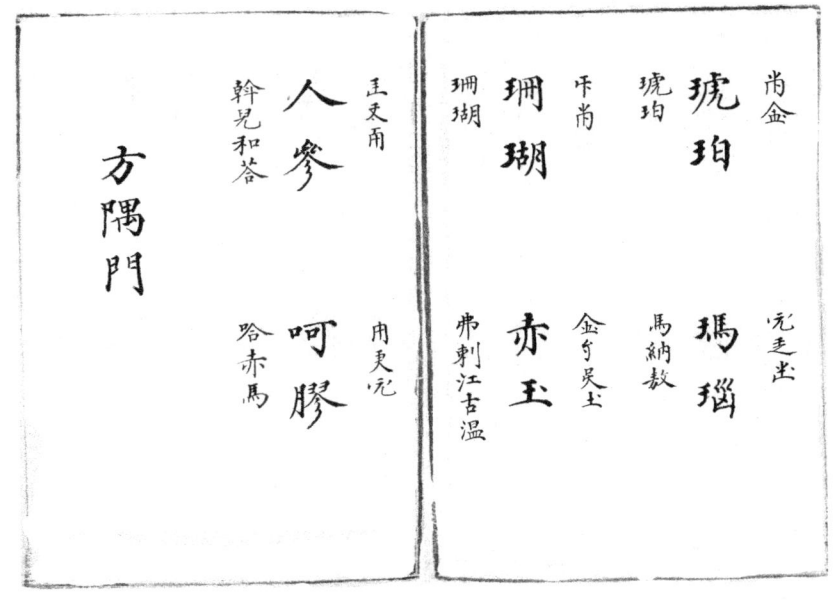

乘土

勒　阿剌兒吉　乘土　多羅溫

錫　兄斤主　弗冊米多

蠟　上江塞勒　阿羊非本

柏林本珍宝门四 580-583

夷列

財　兀里周　哈搆因

象牙　平孔余臾　孟术臾

素法委黑　犀兀也黑　犀角

柏林本珍宝门五 584-587

尚金

琥珀　琥珀　馬納敖

珊瑚　干尚　金夕吴主

珊瑚　　赤玉　弗剌江吉溫

完走出　瑪瑙

柏林本珍宝门六 588-589

玉夭甬

人參　斡晃和荅

方隅門　用夭兀　呵膠　哈赤馬

爹孟	上 斡失	東孟	東 諸勒失
	下 弗只勒	要孟	南 弗里失
疳赤伬		菊仟	西
	左 攵仟	孛替	北 孔伩
片	右		兀里替
左 者温			

柏林本方隅門二 594-597 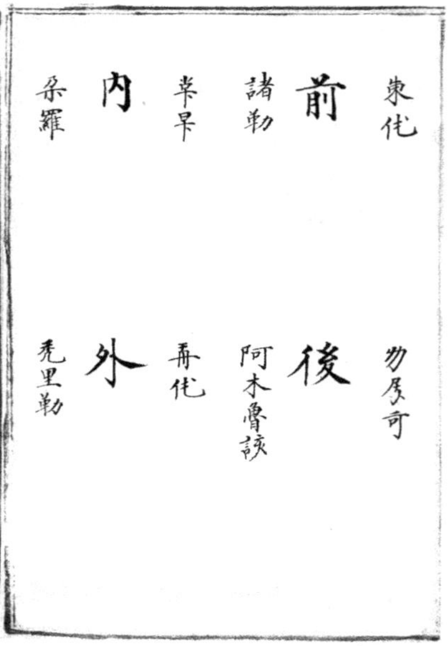　　柏林本方隅門一 590-593

术臭	角 兀也黑	束伬	前 諸勒
	竪 宇另	勿厄可	後 阿木魯談
臭矢	橫 黑兀	桑羅	內 辛早
一立本	傍 答勒巴剌		外 兖伬 兀里勒
	下攵		

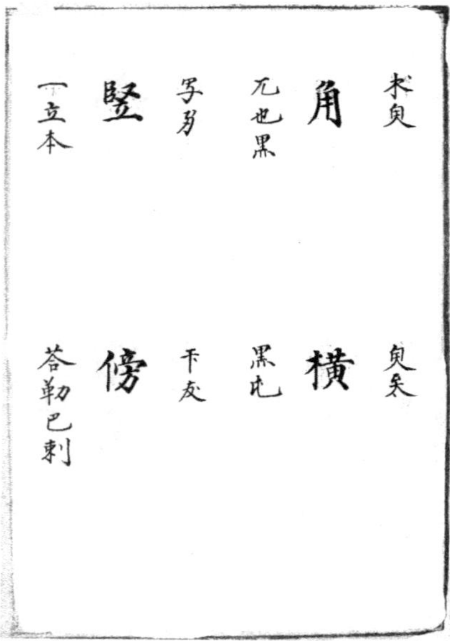

柏林本方隅門四 602-605　　柏林本方隅門三 598-601

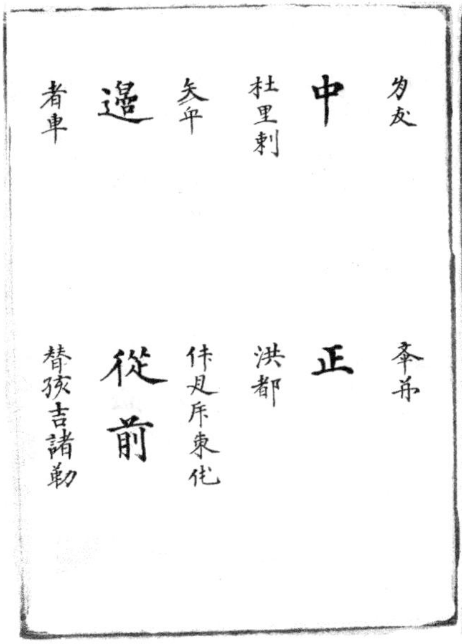

附录一　柏林本《女真译语》书影

庫文字　盡文
斜　幹厄忒　直　舒尼
伴更　肯更
明　暗
根見　法里見

柏林本方隅門五 606-609

歹灰　牵舟
中　杜里剌　正　洪都
矢卒　伴足所束化
遏　從前
者車　替猱吉諸勒

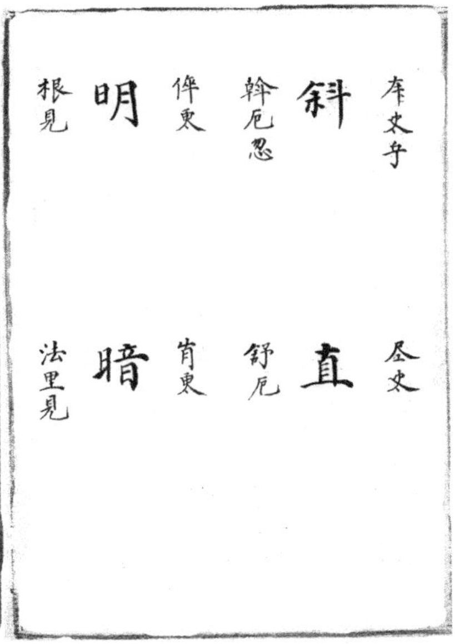

柏林本方隅門六 610-613

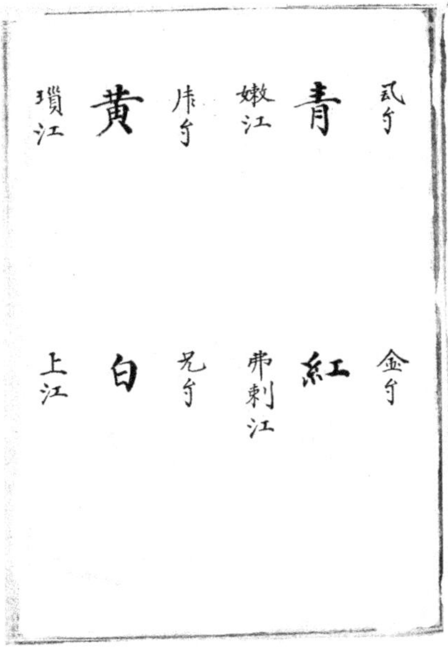

更吉勿厉可　哥化玉夲
在後　別弗脉阿木魯談　外面　堯里勒忒厄
聲色門

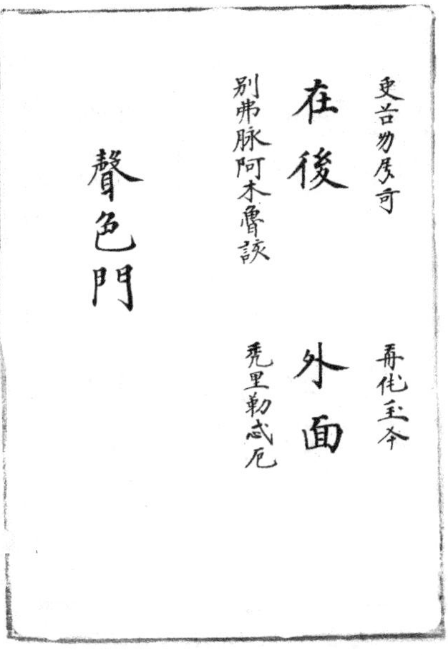

柏林本方隅門七 614-615

瓦了　金了
青　嫩江　紅　弗剌江
偉了　兄了
黃　白
瑣江　上江

柏林本声色門一 616-619

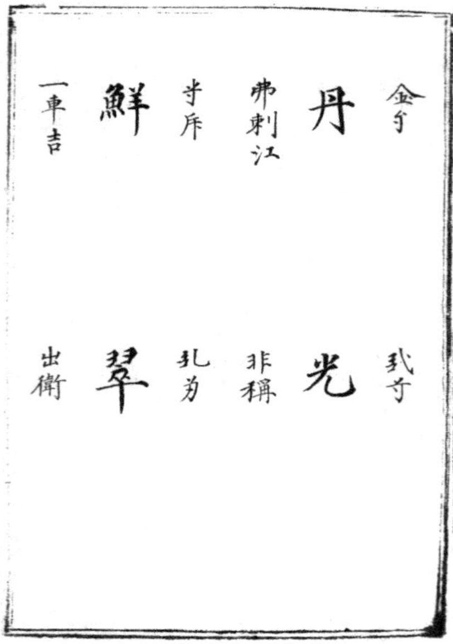

柏林本声色门三 624-627	柏林本声色门二 620-623

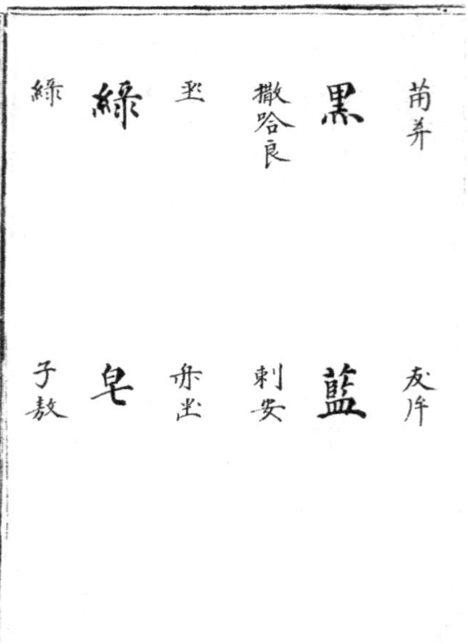

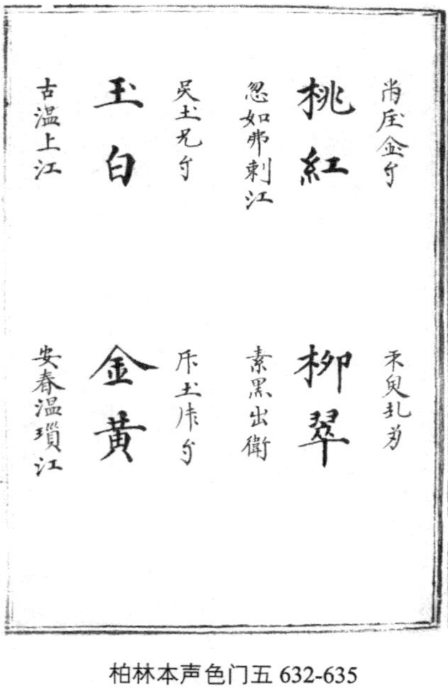

色门三:
- 金 玳寸
- 丹 弗剌江
- 鲜 寸斤 一車吉
- 光 非稱 扎芳
- 翠 出衛

色门二:
- 菊荠 友斤
- 黑 撒哈良
- 藍 剌安 弗出
- 綠 玊 綠
- 皂 弁出 子敖

柏林本声色门五 632-635	柏林本声色门四 628-631

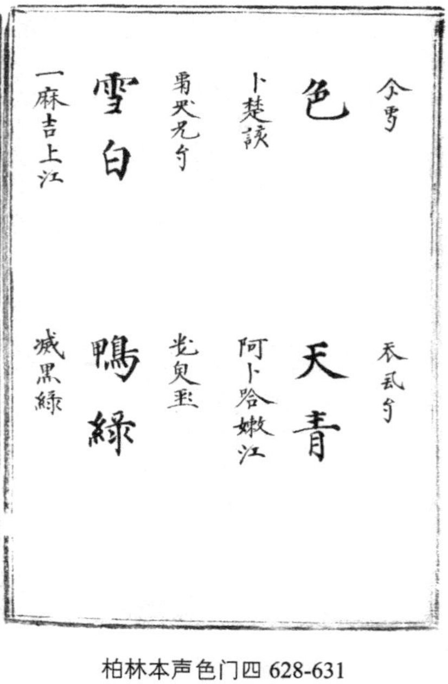

色门五:
- 尚庒金芳
- 桃紅 忽如弗剌江
- 玉白 吴土先斤
- 古温上江
- 柳翠 素黑出衛 禾灵扎芳
- 金黃 床土床斤
- 安春溫瓚江

色门四:
- 色 卜楚談
- 天青 阿卜哈嫩江
- 雪白 蜀兆先斤 光灵玊
- 鴨綠 臧黑綠
- 一麻吉上江 禾瓦斤

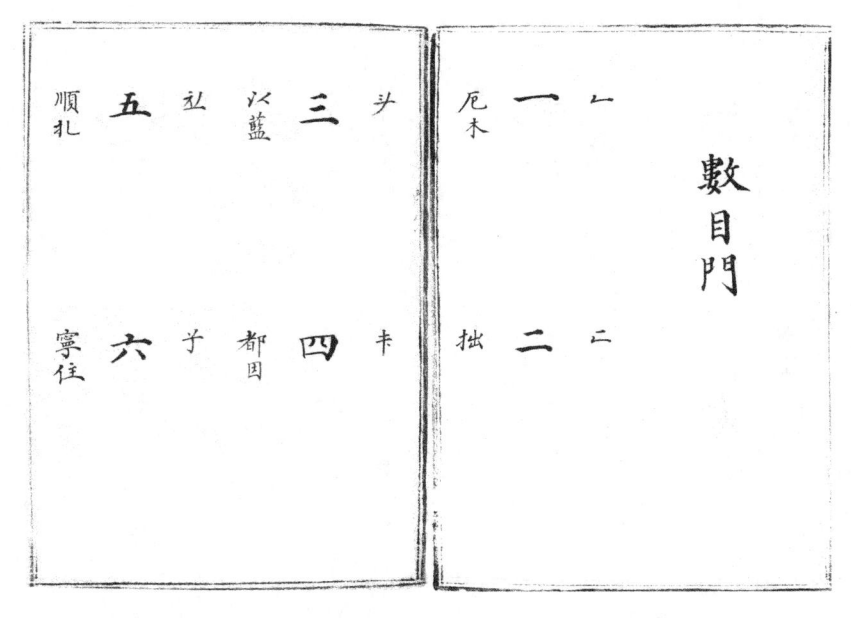

數目門

一 乙　厄木　二 拙

三 头　以藍　卡 四 都因 子

五 弘　順扎 六 寧住

七 廿　納丹 八 九 扎因

九 兀　兀也溫 十 過

十一 毛　安朔 十二 尒 只兒歡

十三 卫　戈兒歡 十四 壬 獨兒歡

柏林本數目門一 636-637
柏林本數目門二 638-641
柏林本數目門三 642-645
柏林本數目門四 646-649

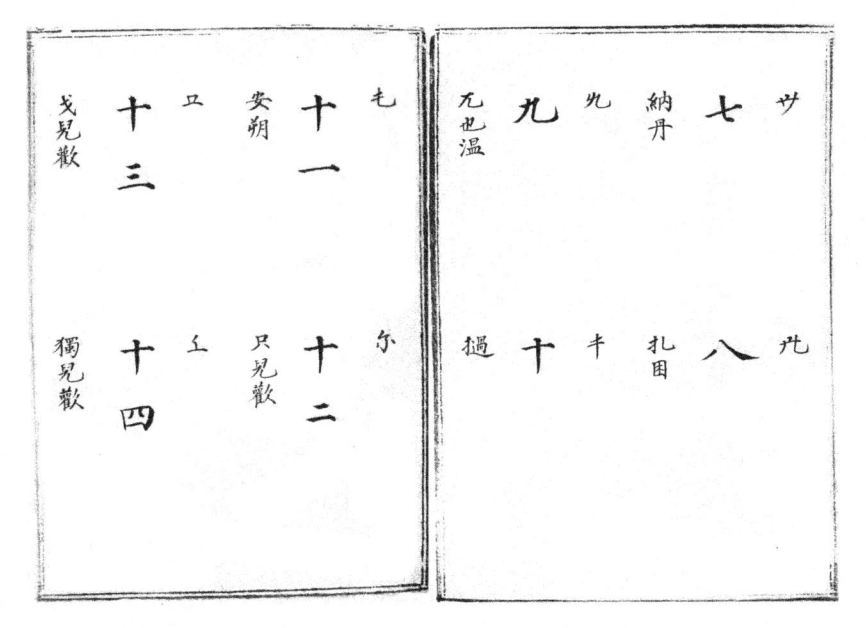

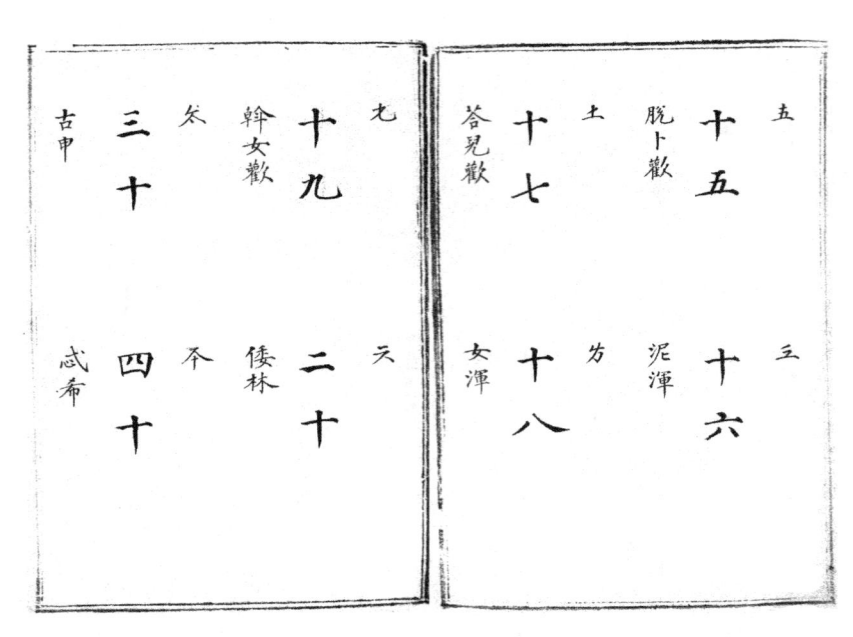

柒				陆			
五十	速撒一	六十	宁住	十五	脱卜欢	十六	泥浑
七十	纳丹住	八十	扎因住	十七	答儿欢	十八	女浑

柏林本数目门六 654-657   柏林本数目门五 650-653

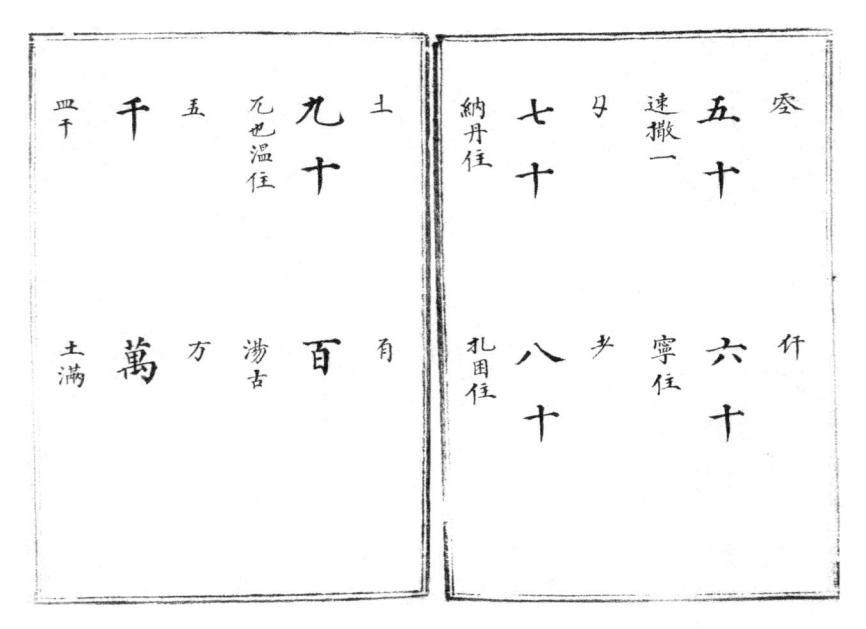

九十	兀也温住	百	汤古	十九	斡女欢	二十	倭林
千	王	万	土满	三十	古申	四十	戚希

柏林本数目门八 662-665   柏林本数目门七 658-661

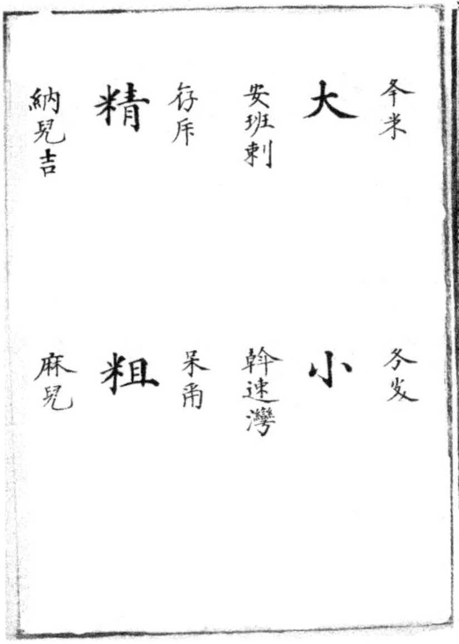

通用門

柏林本通用門一 666-667

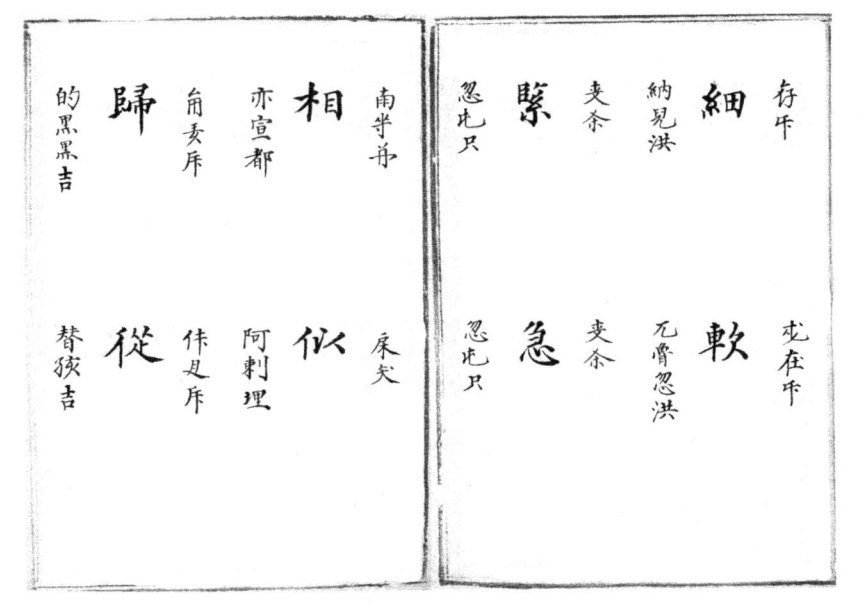

女真字	漢譯	音譯
新		斗斥
	一車吉	
舊		东史屯
	弗厄大	

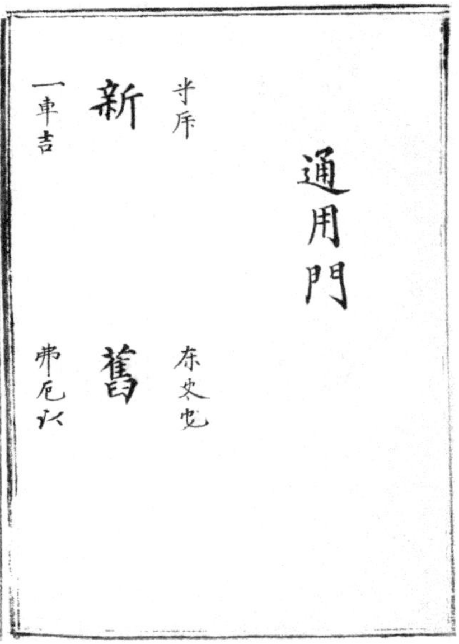

柏林本通用門二 668-671

冬米	大	冬发
安班剌	小	斡速灣
存斥	精	呆甬
納兒吉	粗	麻兒

柏林本通用門三 672-675

存斥	細	戈在斥
納兒洪	軟	兀骨忽洪
衷余	緊	衷余
忽此只	急	忽此只

柏林本通用門四 676-679

南斗弟	相	朿矢
亦宣都	似	阿剌理
角麦斥	歸	伟足斥
的黑果吉	從	替孩吉

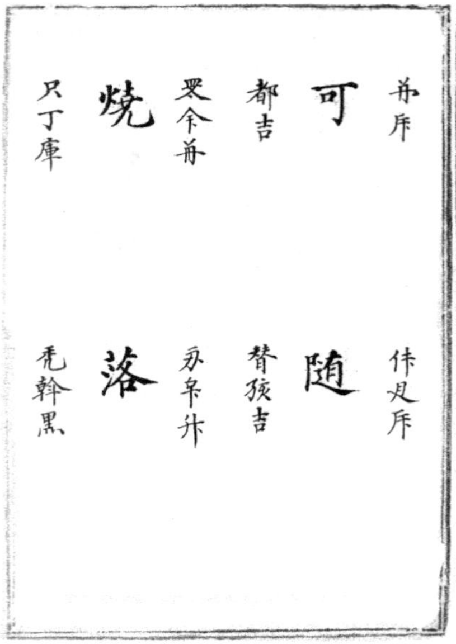

柏林本通用门六 684-687

柏林本通用门五 680-683

柏林本通用门八 692-695

柏林本通用门七 688-691

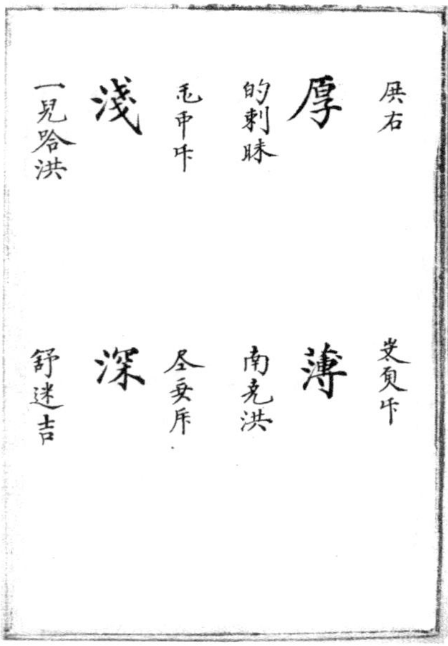

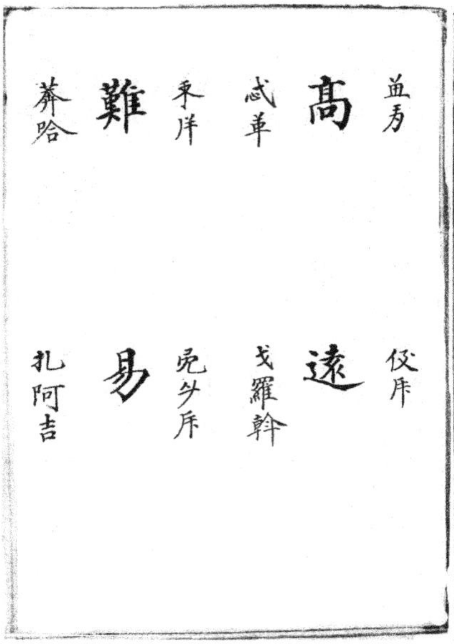

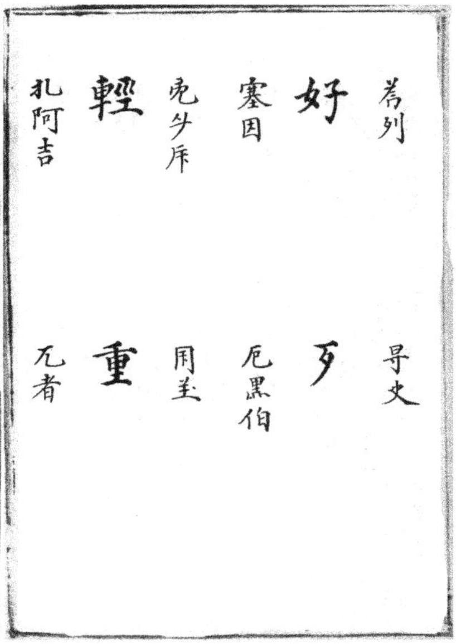

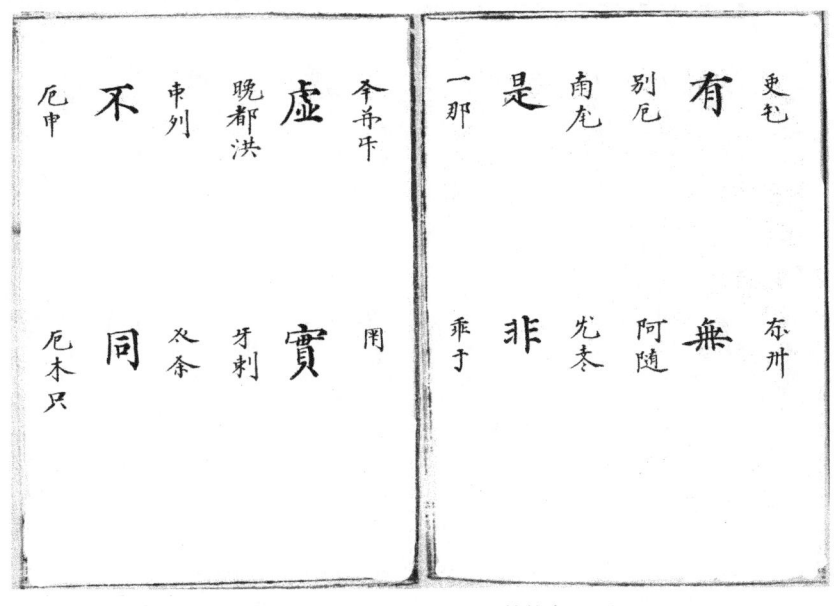

柏林本通用门一〇 700-703

柏林本通用门九 696-699

柏林本通用门一二 708-711

柏林本通用门一一 704-707

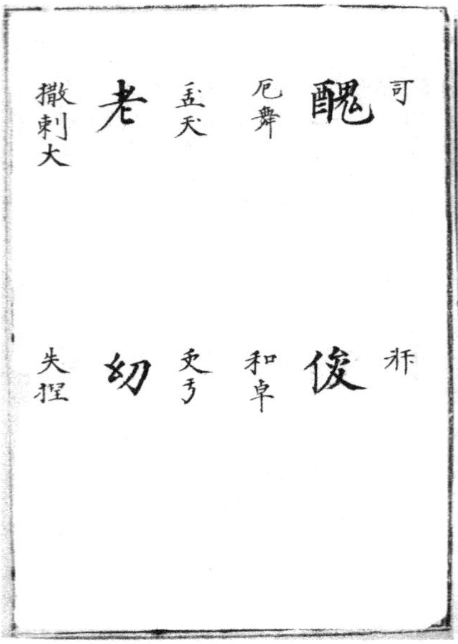

柏林本通用门一四 716-719

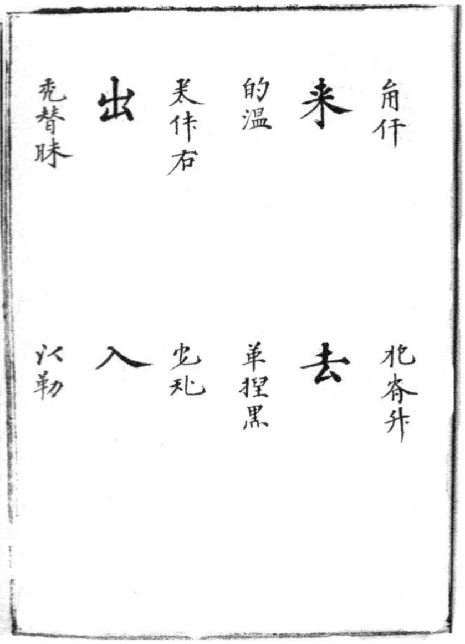

| 司 醜 厄舜 孟天 撒剌大 老 和卓 更弓 失捏 幼 |

柏林本通用门一三 712-715

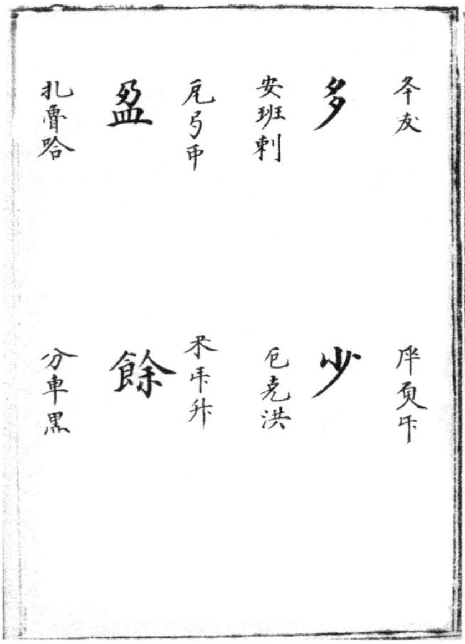

| 角仵 来 北肴升 的温 出 羙仵右 羙替昧 入 出见 以勒 去 革捏黒 |

柏林本通用门一六 724-727

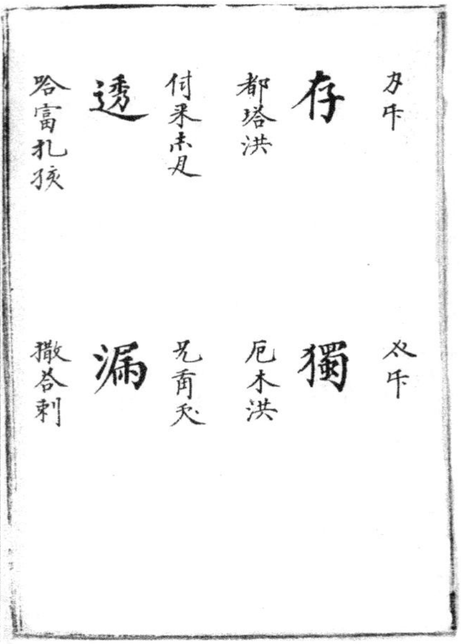

| 祚 冬夊 安班剌 多 瓦弓申 扎骨哈 盈 厍夊午 包克洪 少 米午升 分車黒 餘 |

柏林本通用门一五 720-723

| 刃午 存 夊午 都塔洪 獨 厄木洪 伺柔未見 透 光甬夭 硌富扎孩 漏 撒荅剌 |

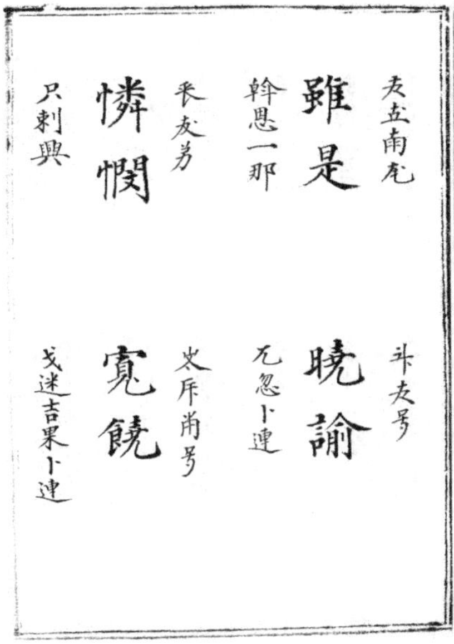

附录一　柏林本《女真译语》书影 | 333

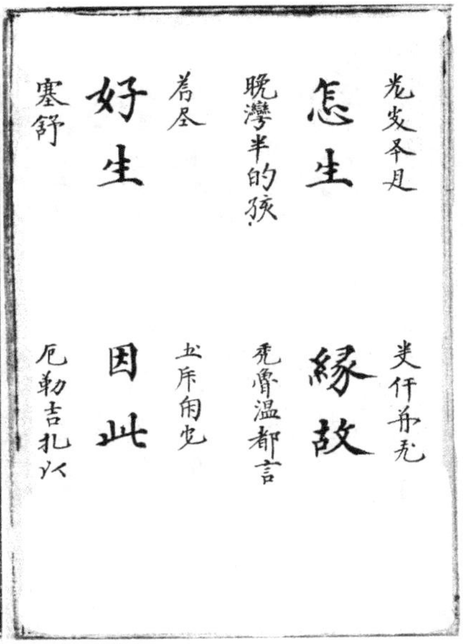

柏林本通用门一七 728-731

光发夯見　炎仵羊兂
怎生　縁故
晓湾半的孩　兊骨温都言

若盡　出斥甬光
好生　因此
塞舒　厄勒吉扎伙

柏林本通用门一八 732-735

夨立甬兊　斗友号
雖是　曉諭
幹恩一那　兂怨卜連

长友芳　乂斥甬号
憐憫　寬饒
只剌典　戈迷吉果卜連

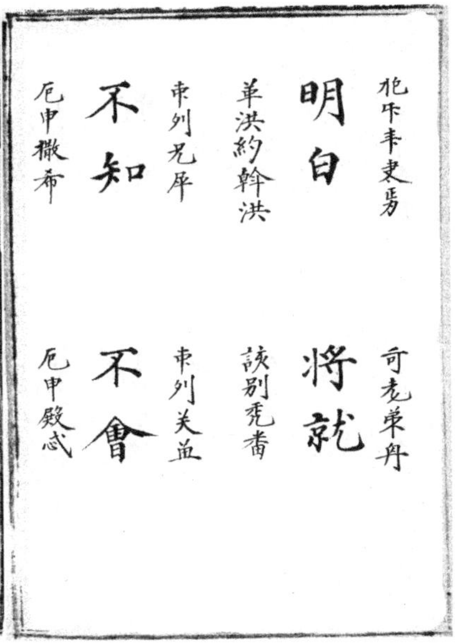

柏林本通用门一九 736-739

抱乍丯叏昮　可麦巣舟
明白　將就
革洪約幹洪　該別兊耇

市列兊犀　市列关品
不知　不會
厄申撒希　厄申發忒

柏林本通用门二〇 740-743

文厹太　育麦矢列
作成　享祿
木咸卜骨　八哈別理因

矢麦心条天　南刘卓
名望　聚會
単卜兊骨哈剌　一乍剌

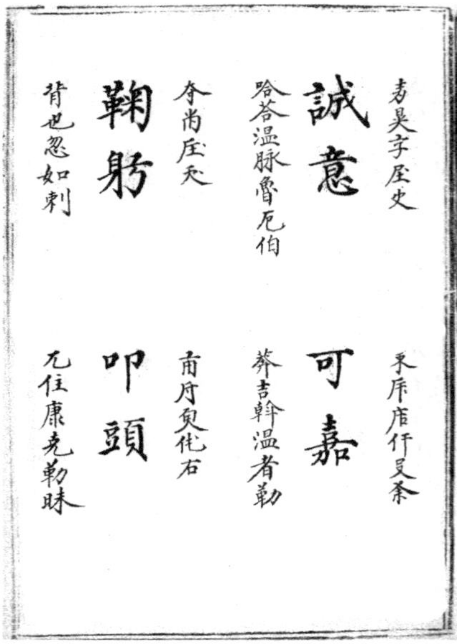

柏林本通用门二二 748-751 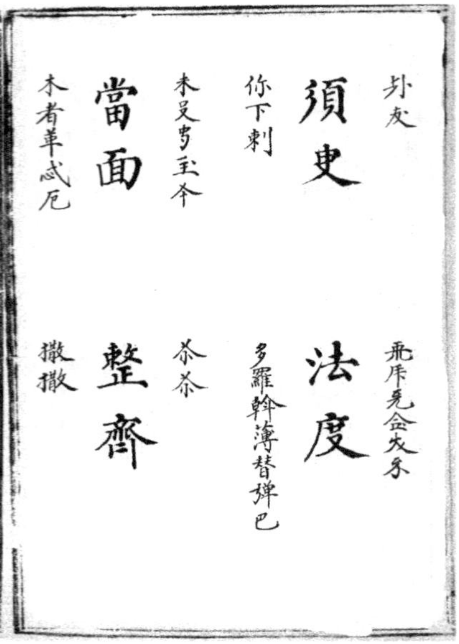　　　柏林本通用门二一 744-747

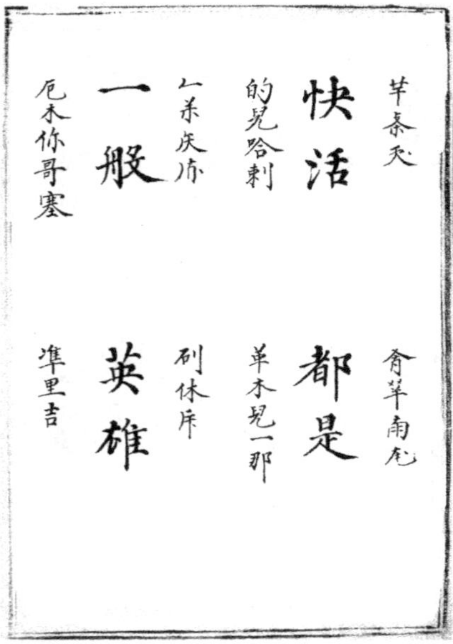

柏林本通用门二四 756-759 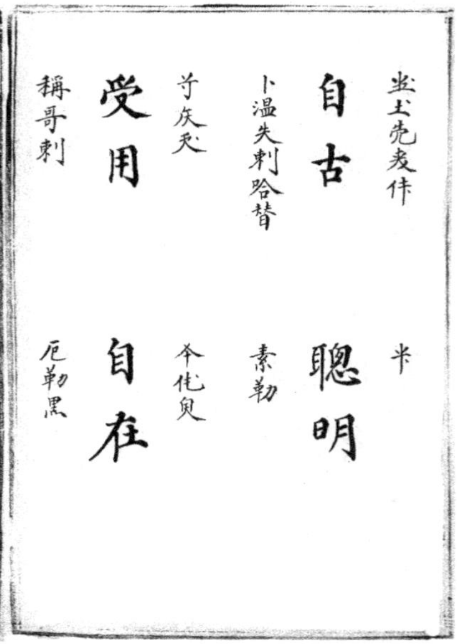　　　柏林本通用门二三 752-755

續添

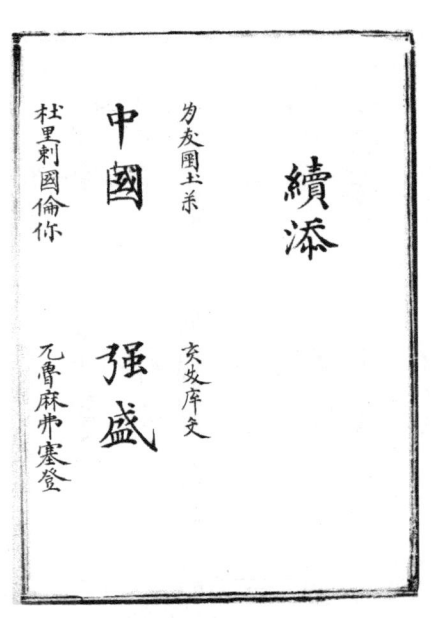

中國 強盛
为友國土杀 亥攴库攵
杜里剌國倫你 兀魯麻弗塞登

柏林本续添门一 760-761

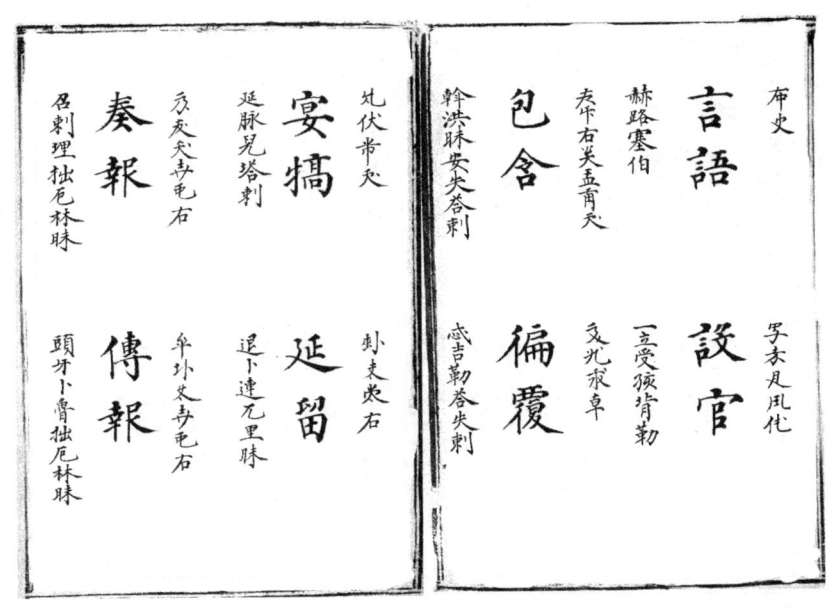

言語 設官
布史 字亥貝凩伅
赫路塞伯 一立受猴肯勒
夫乍右癸孟育夾 灸氿氺卓

包含 徧覆
斡洪昧安夾答剌 感吉勒答夬剌

宴搞 延留
兀伏帛夾 刻攴炎右
延脉晃塔剌 迟卜連兀里眛

奏報 傳報
灭友矢寺屯右 牟圲攴寺屯右
名剌理拙厄林眛 頭牙卜魯拙厄林眛

柏林本续添门三 766-769   柏林本续添门二 762-765

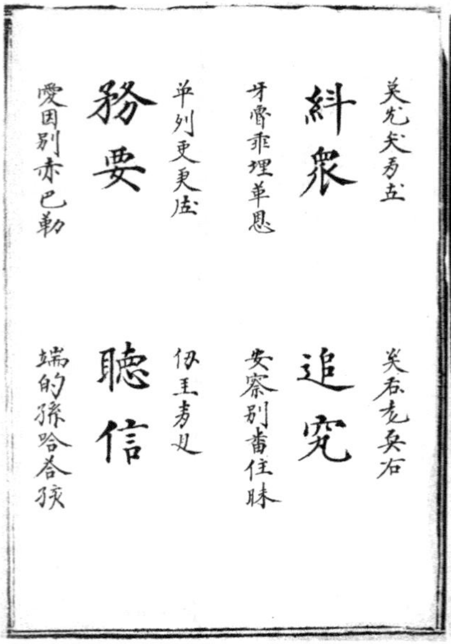

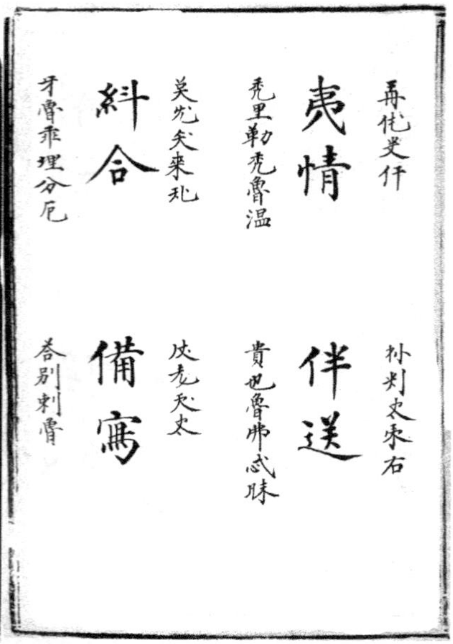

柏林本续添门四 770-773

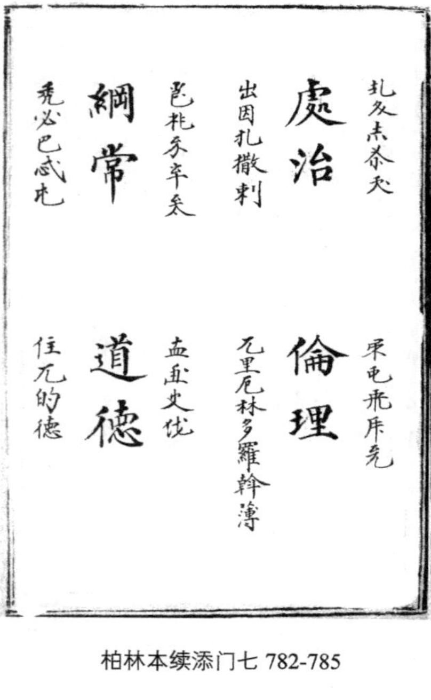

衷情 朴判夬來石

尭里勒尭胃溫 芙兊矢朿屯

絟合 芙兊矢來屯
牙胃乖理分厄 伏芜夬夬
春別剌胃

伴送 貴巴魯佛忒昧

柏林本续添门五 774-777

芙兊矢夃立

絟狠 芙右克矣右
牙胃乖理革恩 安察别蕃住脉

務要 竿列更夬庒
愛因别齐巳勒 仪主麦尤

聽信 追究
端的猻哈呑孩

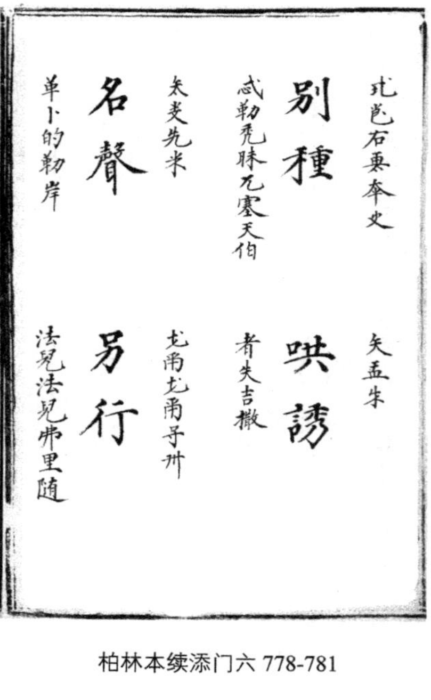

柏林本续添门六 778-781

式邑石更牵史 矢孟朱

别種 咸勒尭脒兀塞天伯
矢夊先米 耂失吉撒

名聲 耂甫土甫子卅
単卜的勒岸 哄誘

另行
法兄法兄佛里随

柏林本续添门七 782-785

扎夊志夵夬 釆屯乖庐尭

處治 倫理
出因扎撒判 兀尢林多羅斡溥

邑扎秀辛矣 血亚史優

綱常 道德
尭必巴忒屯 住兀的德

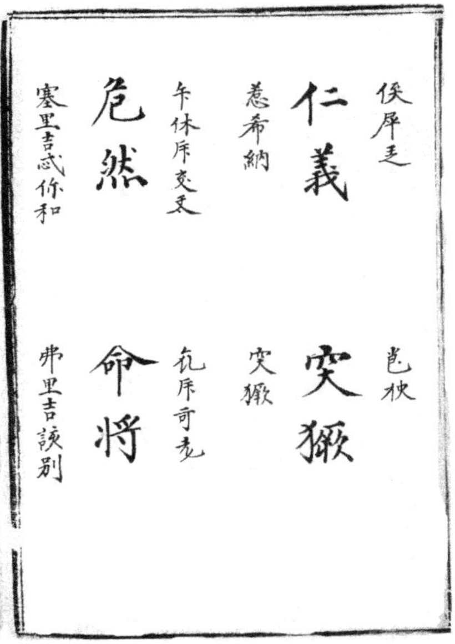

附录一　柏林本《女真译语》书影

柏林本续添门八 786-789

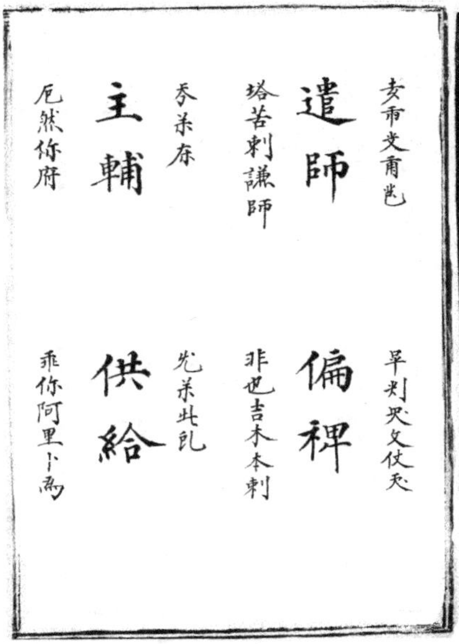

侯犀走　仁義　突獗　命將

乜牀　慈希納　突獗　弗里吉諕別

午休斥变夭　

丸斥可夭　

塞里吉戌你和

柏林本续添门九 790-793

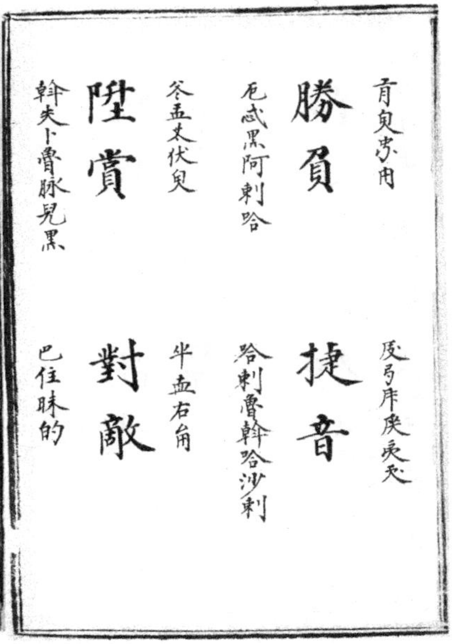

亥雨攴甬屯　遣師　偏裨　主輔　供給

厄然你府　塔苦剌謙師　非也吉末本剌　吞杀床　乖你阿里卜為

早刘夭攴伏夭　　　　　尤朱吐乩

柏林本续添门一〇 794-797

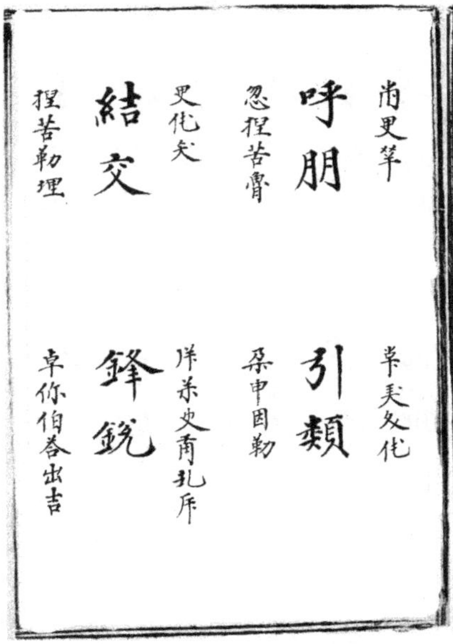

育夭夭用　勝貟　捷音　陸賞　對敵

厄戌黑阿剌哈　答剌贅斡哈沙剌　斡夭卜骨脉兇黑　巴住眛的

夅孟末伏夭　半血右角　

柏林本续添门一一 798-801

尚里竽　呼朋　引類　結交　鋒銳

忿捏苦骨　朶申囬勒　灵化夭　捏苦勒理　卓你伯荅出吉

羋夭夂化　　　洋杀史甬扎斥

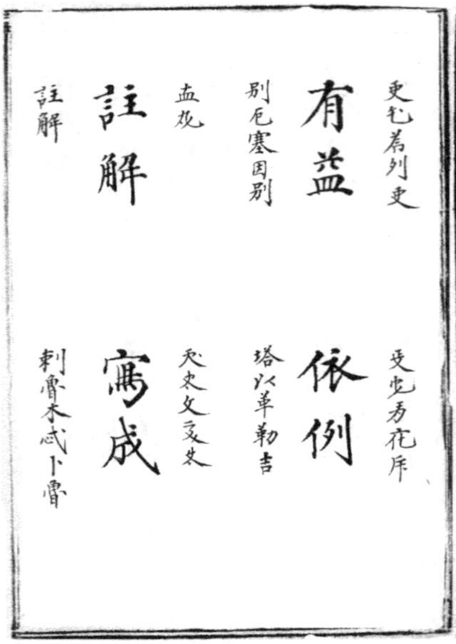

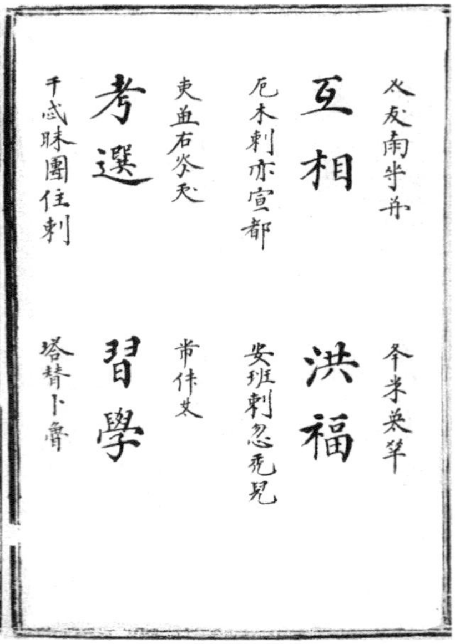

柏林本续添门一二 802-805

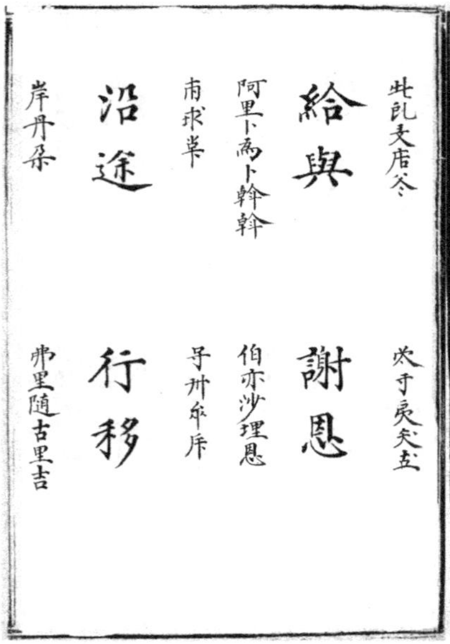

互相	洪福
考选	习学
有益	依例
注解	写成

柏林本续添门一三 806-809

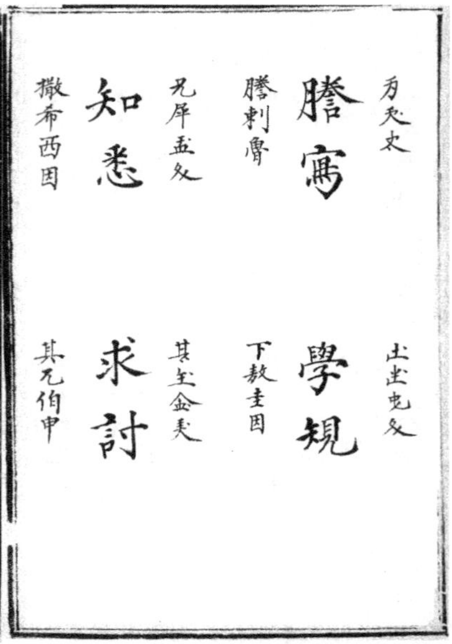

柏林本续添门一四 810-813

誊写	学规
知悉	求讨
给与	谢恩
沿途	行移

柏林本续添门一五 814-817

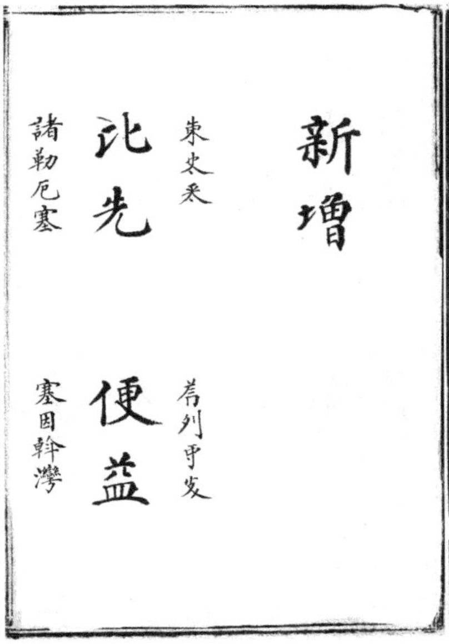

附录一 柏林本《女真译语》书影

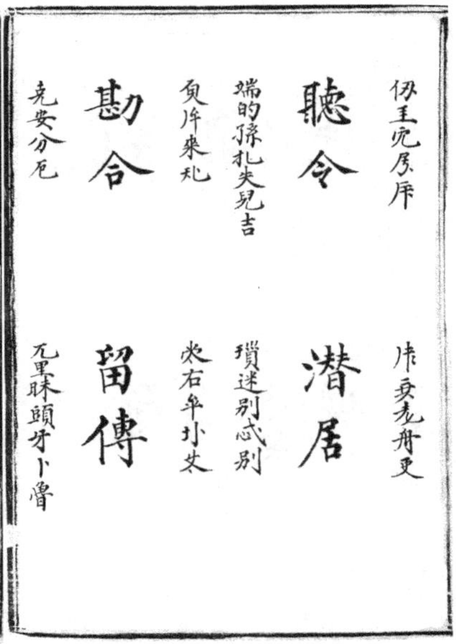

柏林本续添门一六 818-821

聽令 伏王兖厄舟吏
端的孫扎失兒吉 庚叟充舟吏
勘合 潛居
負斤來扎 瑣迷別忒別
克安分厄 炎右平小充
兀黑眛頭牙卜魯 留傳

柏林本新增门一 822-823

新增
比先 束史禿
諸勒厄塞 若列甲发
便益
塞因幹灣

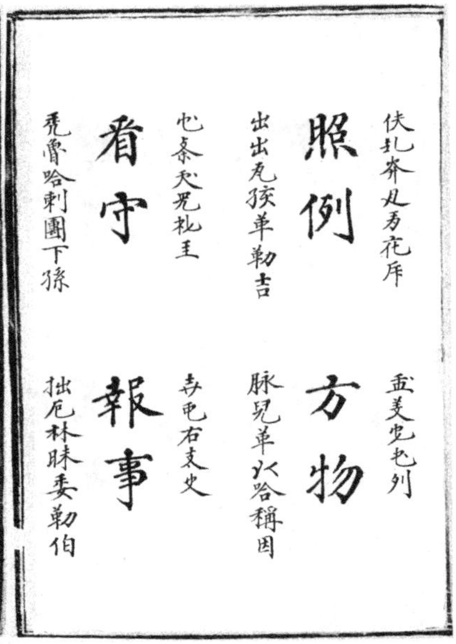

柏林本新增门二 824-827

照例 伏扎齊凢方花斥
出出兒孩革勒吉 盃叟兖屯列
忙桑失兒扎王 方物
寺屯右支史 脉兒革水哈稱用
看守 報事
凳骨哈剌圍下孫 拙尼林眛委勒伯

柏林本新增门三 828-831

金闕 斤土袂
安春温闕 牽米
寫 幹非
蒙 俠佗吏
准
兀魯勒別

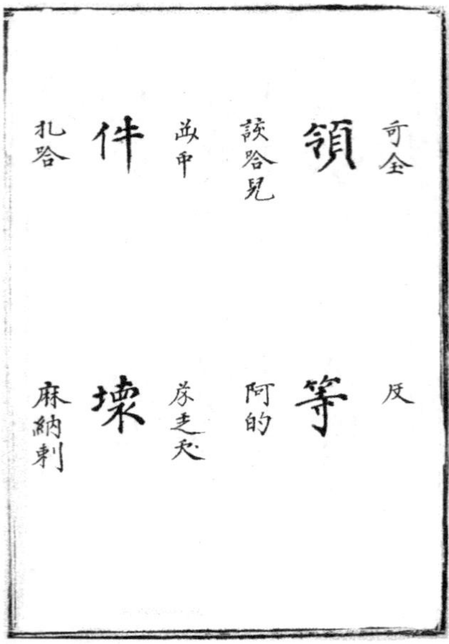

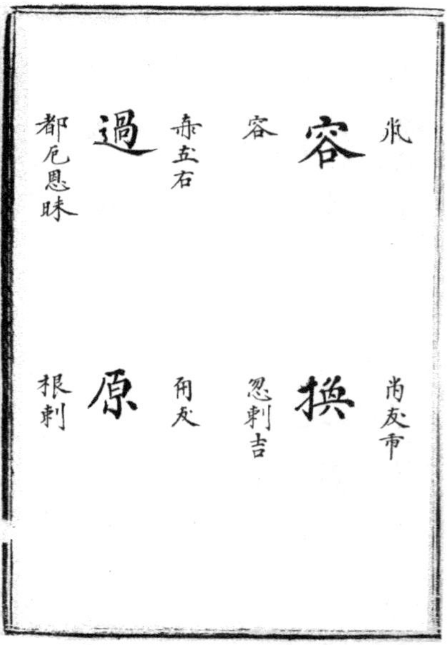

柏林本新增门四 832-835

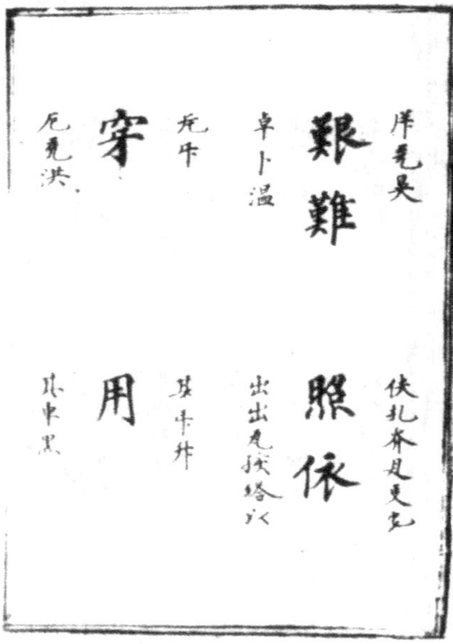

容	過	換	原

容　忽剌吉
赤五右　角灰
都厄恩昧　根剌
氷　尚灰市

柏林本新增门五 836-839

可全	領	伴	壞

談咯兒　阿的
战甲　厷走夭
扎咨　麻納剌
反　等

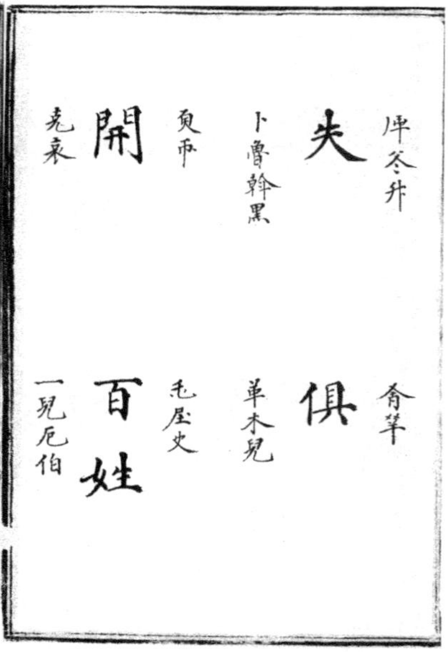

柏林本新增门六 840-843

失	俱	開	百姓

卜魯幹黑　革木兒
奐市　毛屋史
尧豪　一兒厄伯
伴冬升　肴羊

柏林本新增门七 844-847

艱難	穿	照依	用

卓卜温　厷午
厄兒　其牛升
厄兒洪　其中兒
岸兒吳　伕扎脊足史玄　出出兒抆塔欠

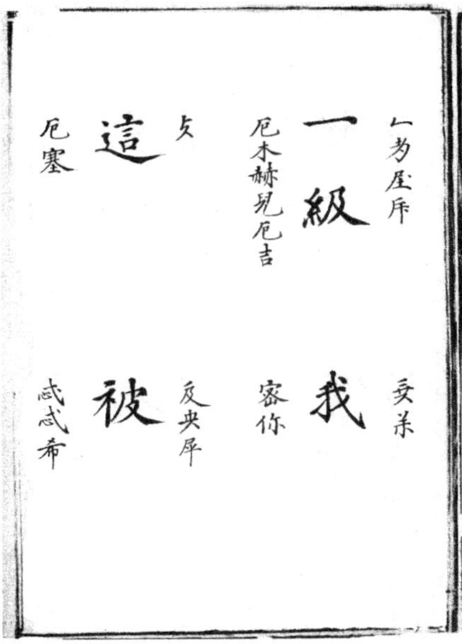

附录一 柏林本《女真译语》书影

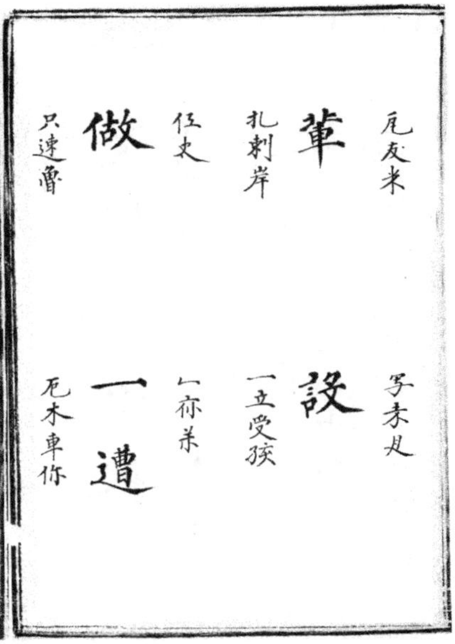

柏林本新增门八 848-851

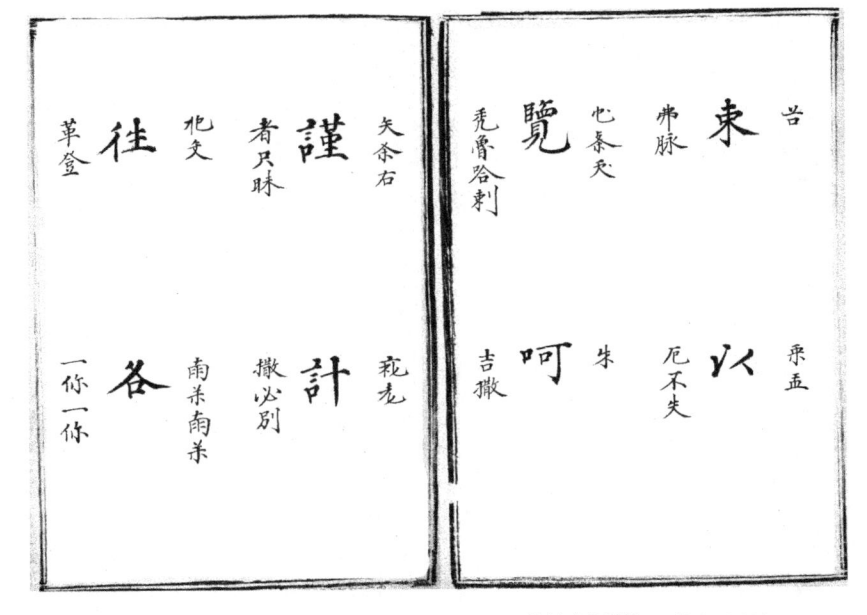

革 厄厌米
　写亦戈
扎剃岸
做 任戈
　一立受孩
　一亦朱
只逹魯
設 厄木車你
一遭

柏林本新增门九 852-855

一多层斥
一級
厄本赫兒厄吉
戈
　交朱
　密你
這
反央斥
厄塞
　感感希
被

柏林本新增门一〇 856-859

　岢
束
　弗脈
　　栗盃
以
　忙秦天
　　厄不失
覽
　　朱
尭骨哈剌
呵
　吉撒

柏林本新增门一一 860-863

矢余右
謹
　者只眯
　　苑老
　　撒必別
批戈
計
　雨朱雨朱
往
　一你一你
革登
各

柏林本新增門一三 868-871	柏林本新增門一二 864-867

門一二:
- 聖旨 阿赤卜魯吉 令艾也列　袖 令艾弗
- 萬壽 土滿塞革 阿赤卜魯呂稱固
- 方炙為 姚希
- 聖節

門一三:
- 聖旨 阿赤卜魯吉
- 套
- 呈勿吳可 弖孔屯
- 皇后 皇阿木魯談 四千卜羅厄林
- 千秋
- 天示 呈示
- 太子 皇子
- 太子

附录二 东洋文库本《女真译语》书影

说　明

东洋文库本《女真译语》仅存续添、新增二门，共有148条词汇，较之于柏林本续添、新增二门，多出46条词汇。在此书影里将这些词汇纳入统一编号内加以标出，即872—917。

本书影以内蒙古大学蒙古史研究所藏国家图书馆照相本和东洋文库本复印件为底本而制成。

东洋文库本《女直馆杂字》(《女真译语》) 封面书影

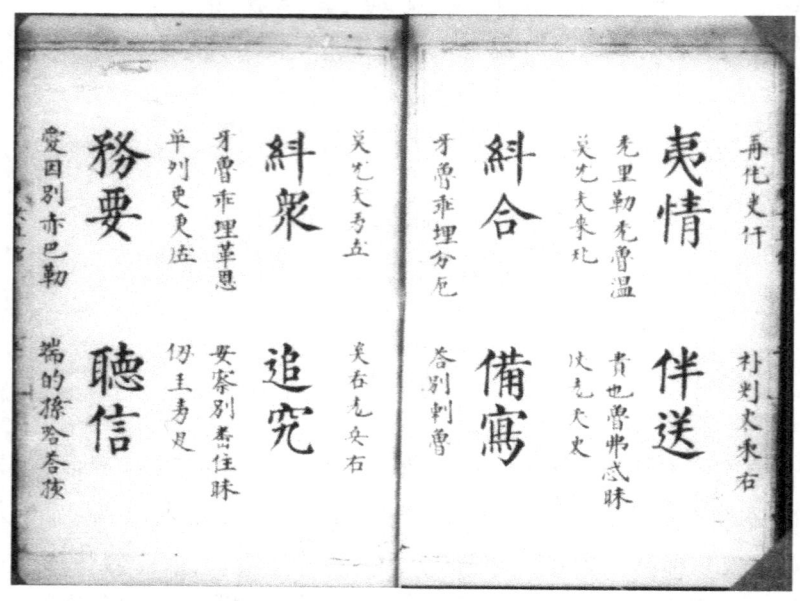

东洋文库本二

东洋文库本一

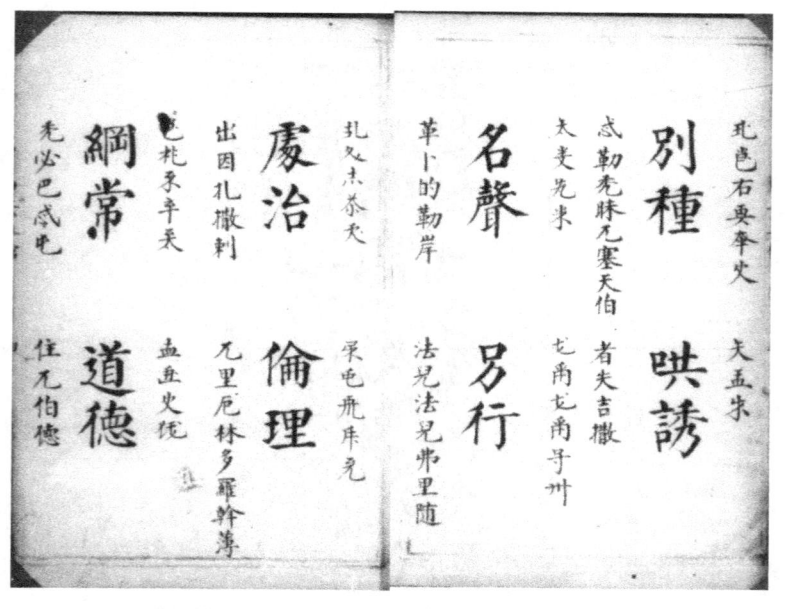

东洋文库本四

东洋文库本三

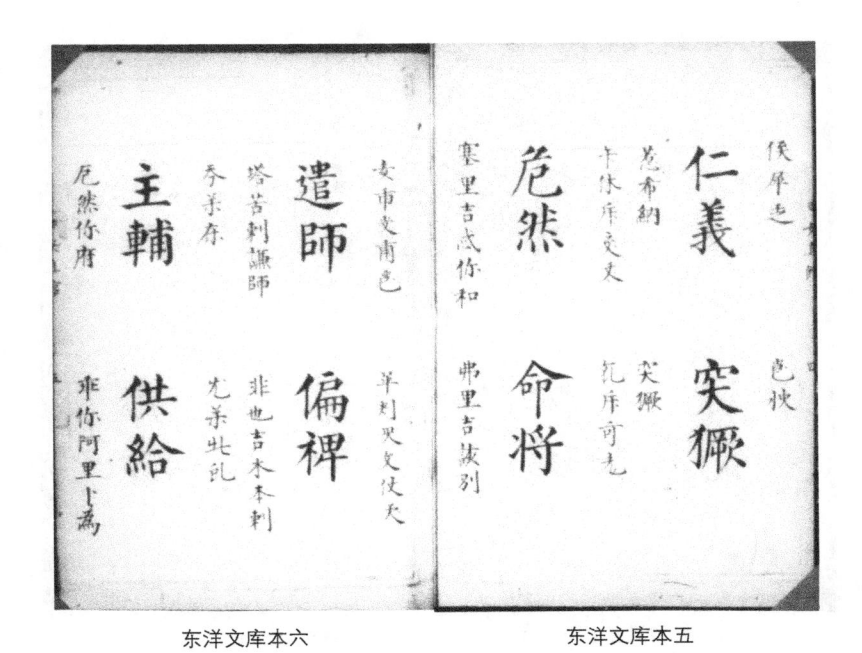

附录二 东洋文库本《女真译语》书影 | 345

东洋文库本六

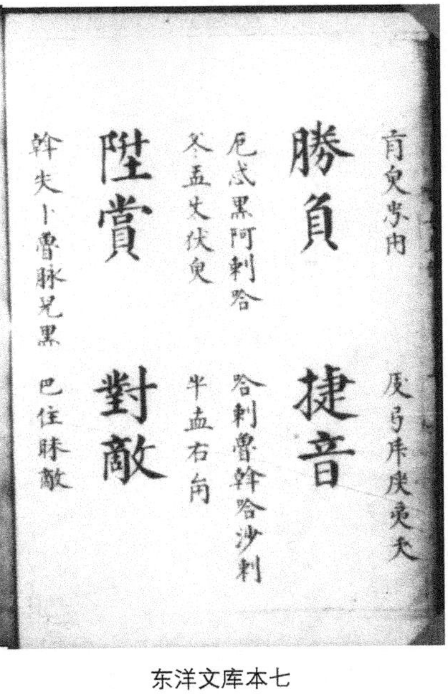

东洋文库本五

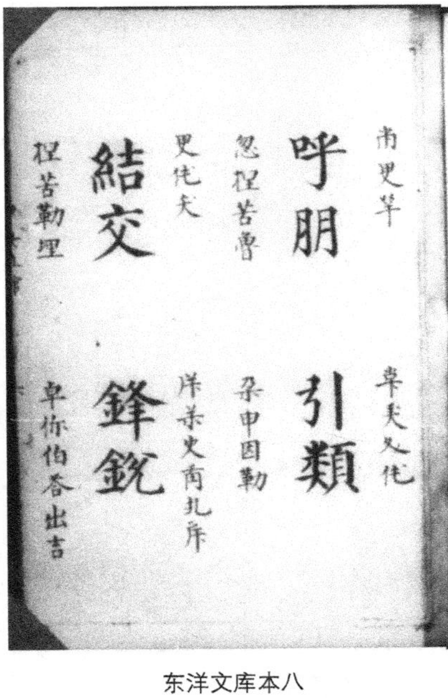

东洋文库本八

东洋文库本七

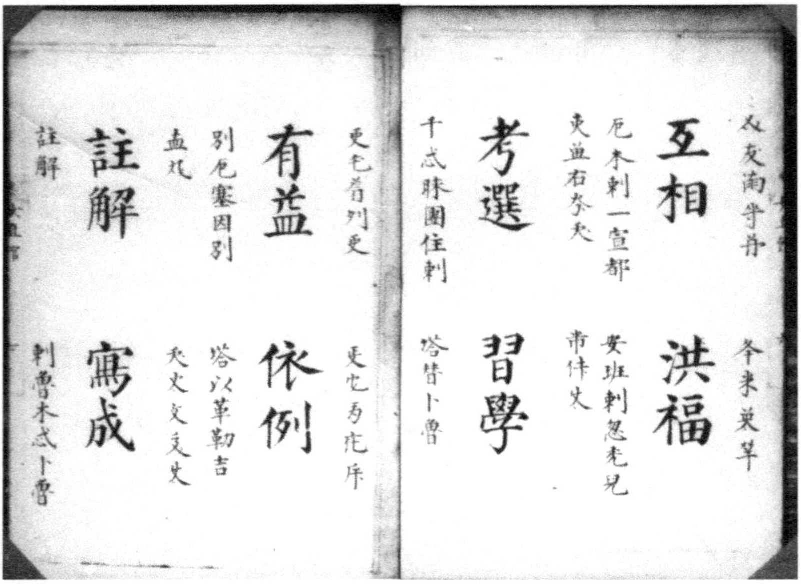

| 东洋文库本一〇 | 东洋文库本九 |

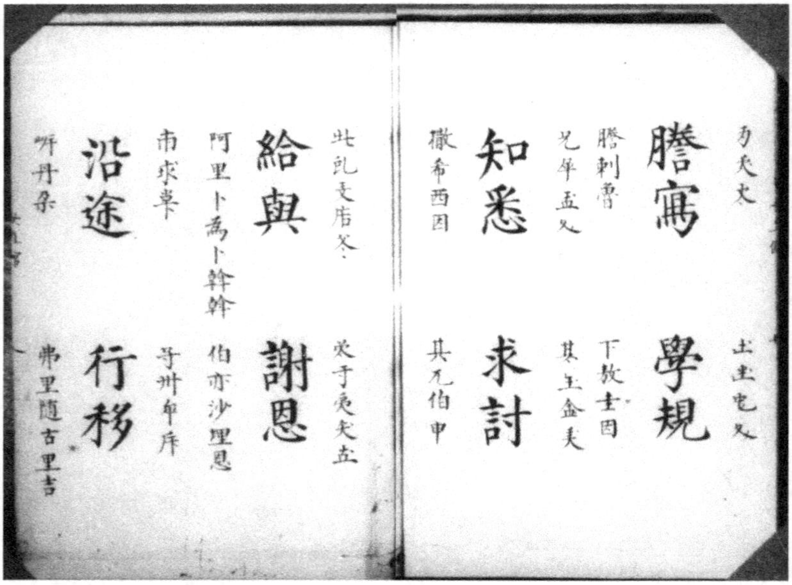

东洋文库本一二 东洋文库本一一

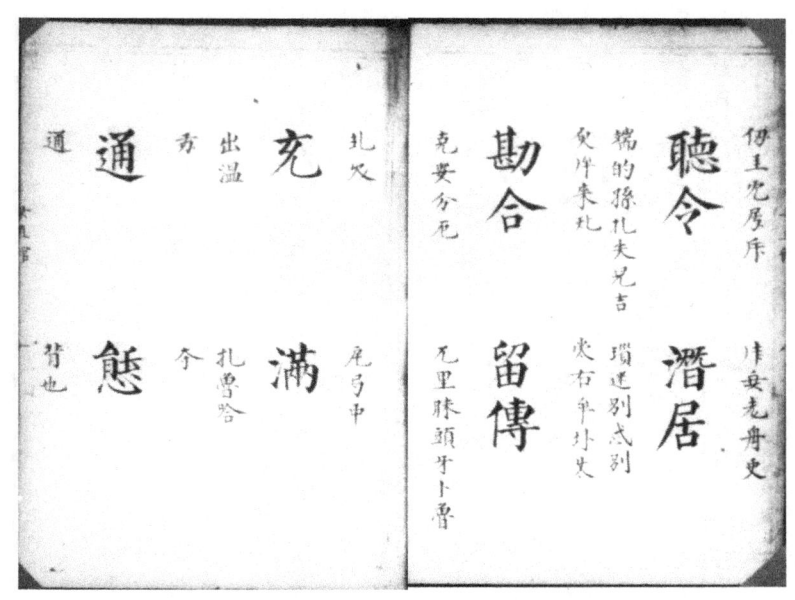

附录二　东洋文库本《女真译语》书影 | 347

东洋文库本一四 872-875

东洋文库本一三

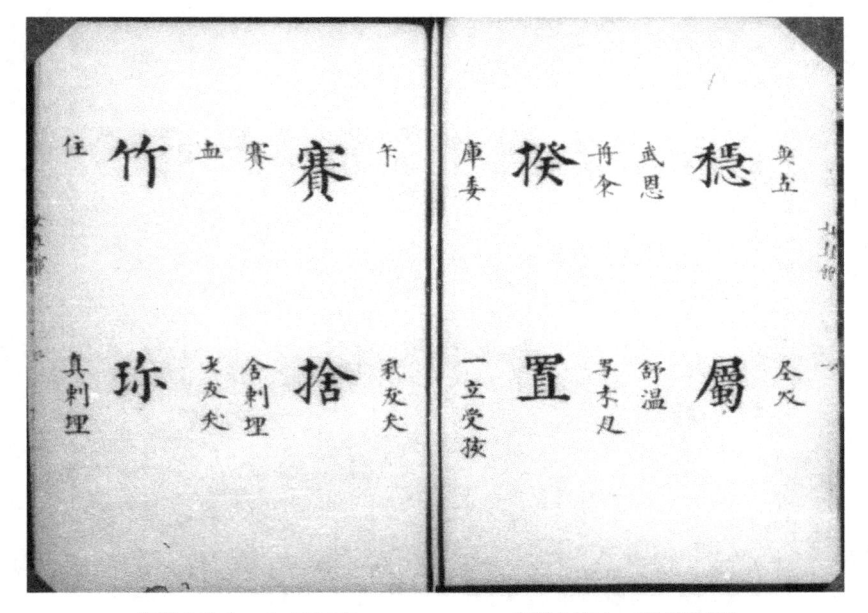

东洋文库本一六 880-883

东洋文库本一五 876-879

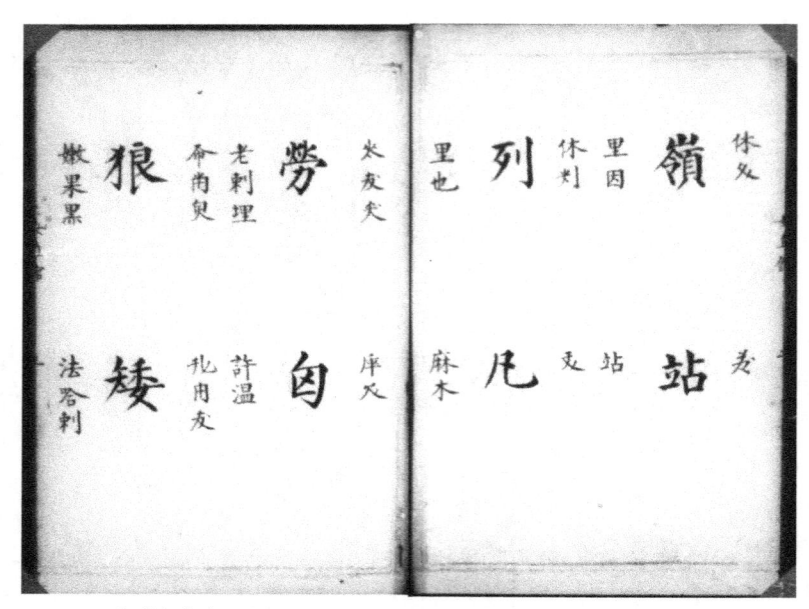

东洋文库本一八 888-891　　　　东洋文库本一七 884-887

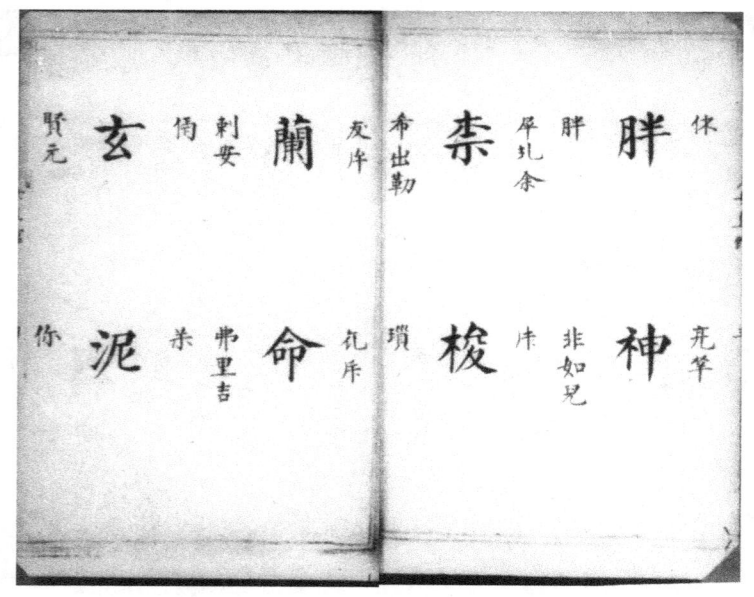

东洋文库本二〇 896-899　　　　东洋文库本一九 892-895

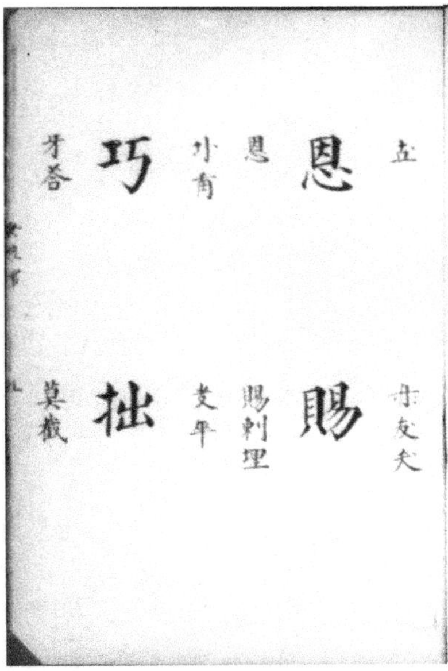

附录二 东洋文库本《女真译语》书影 | 349

总 又	图 报	恩 赐	巧 拙
平义 素温 色又矢	兀判里 革里 赤毛右	立 小肖 支年 小又矢 赐判里	才荅 小肖 支年 莫载

东洋文库本二二 904-907 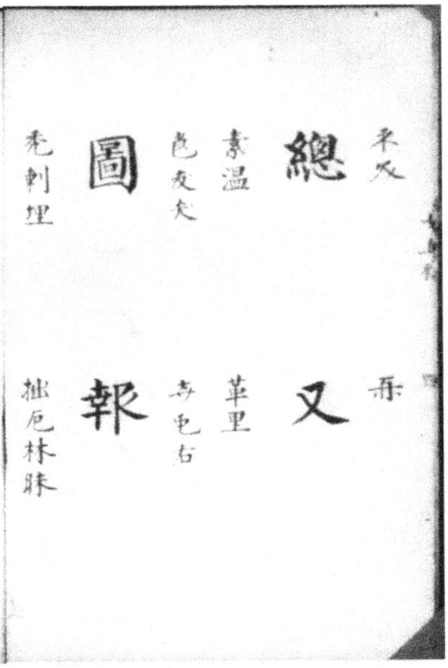　　东洋文库本二一 900-903

闲 疑	庶 孔	加 尽	众 文
序早 瑣羅 朱 卜咸脒 支猗右 金	吉撒 光灭天 尾他	嫩吉剌 为立 都厄勒 使	革恩 安迭卵 必忒黑

东洋文库本二四 912-915　　东洋文库本二三 908-911

东洋文库本二六　　　　　　　东洋文库本二五 916-917

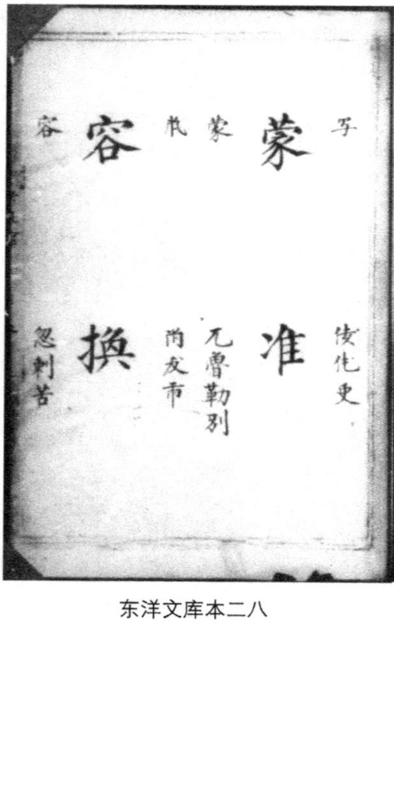

东洋文库本二八 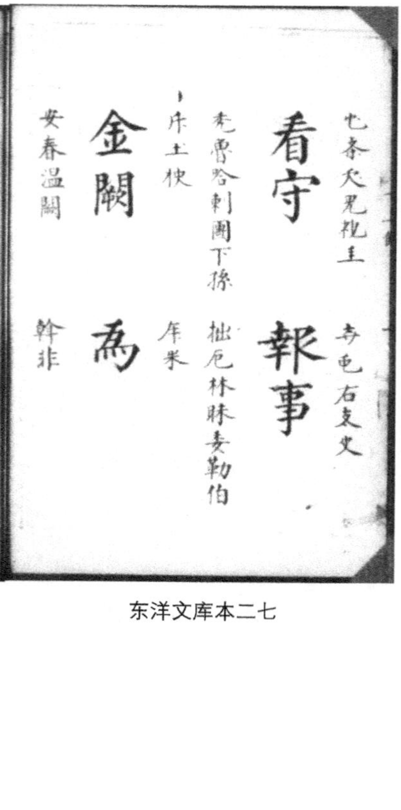　　　　　　　东洋文库本二七

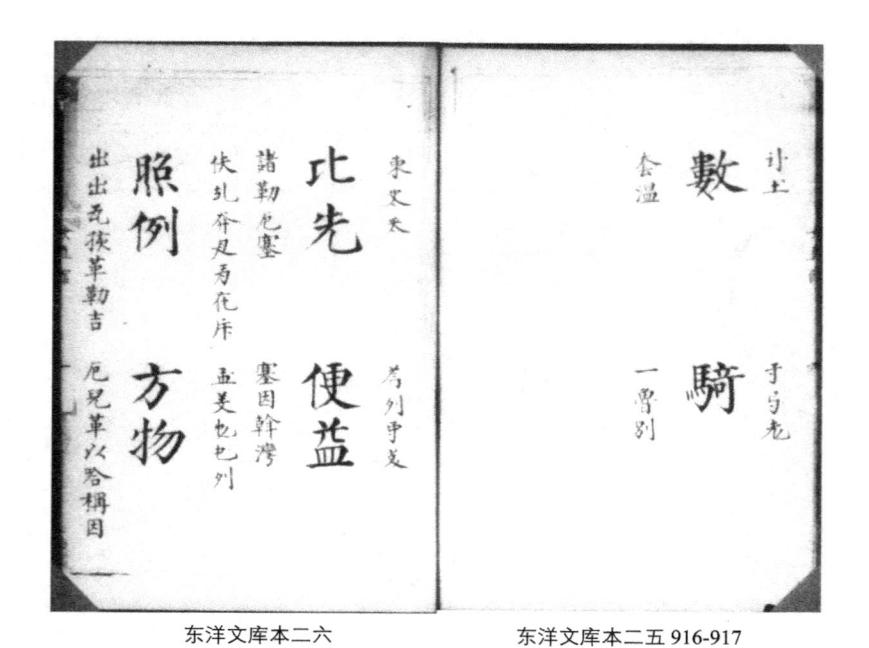

附录二 东洋文库本《女真译语》书影

过原 奇玉右 诶咎兄 都勒恩眛 肖友 领等 可全 阿的 答剌 反	
尚甲 卜鲁斡黑 件坏 扎咎 序老处 失俱 畔冬井 麻纳剌 革木兄 育革	

东洋文库本三〇　　　　东洋文库本二九

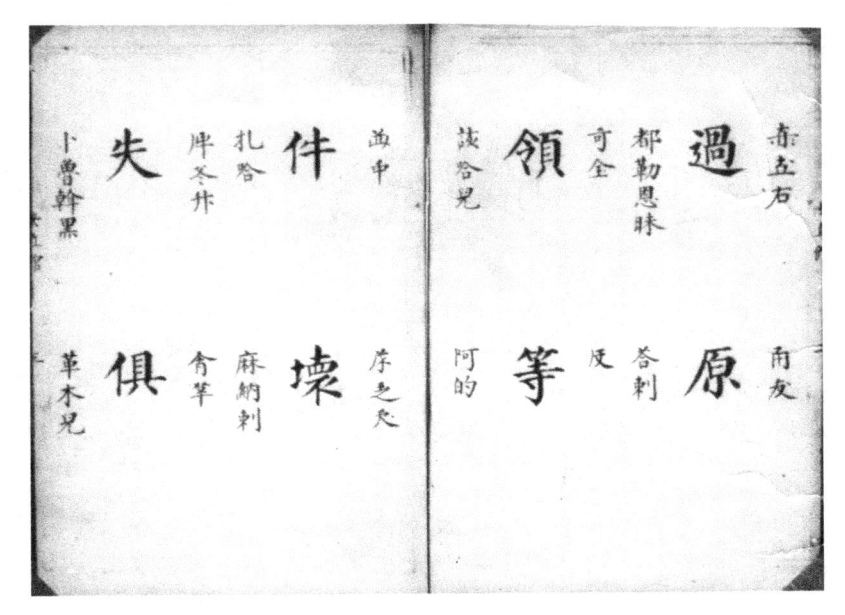

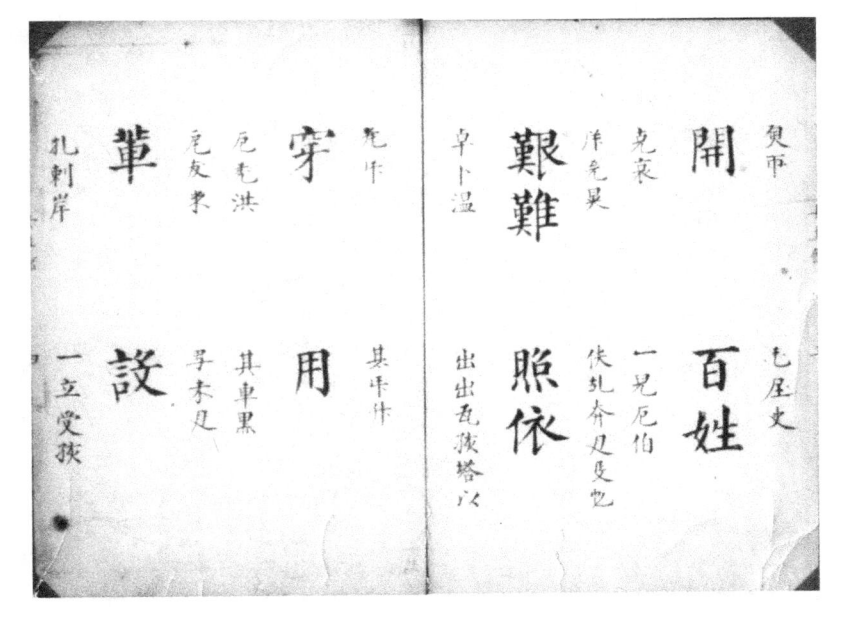

复市 七屋史 开百姓 克衷 畔兔吴 艰难照依 畔卜温 一兄厄伯 佚虬奔处及也 出出瓦撒塔八	
兑牛 其半件 穿用 厄毛洪 其車黑 革設 兔友米 学末足 扎剌岸 一立受挟	

东洋文库本三二　　　　东洋文库本三一

东洋文库本三三

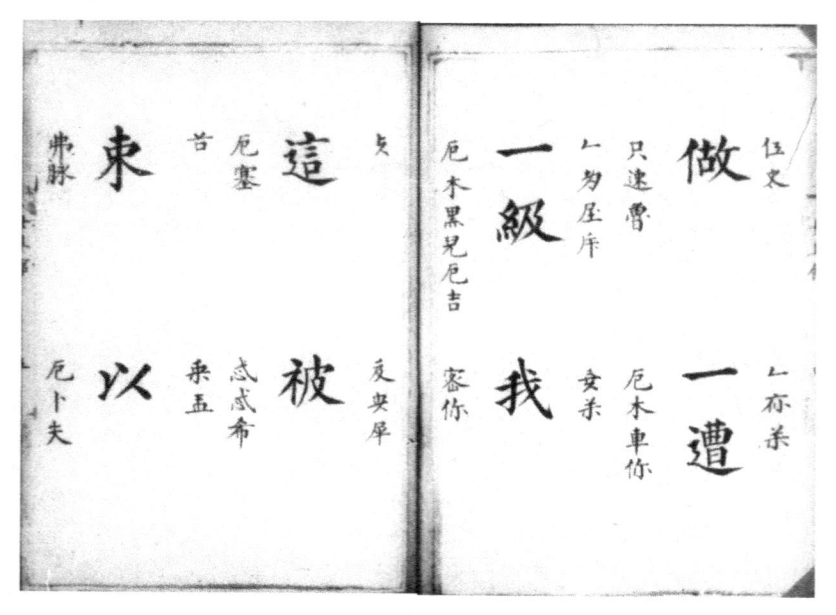

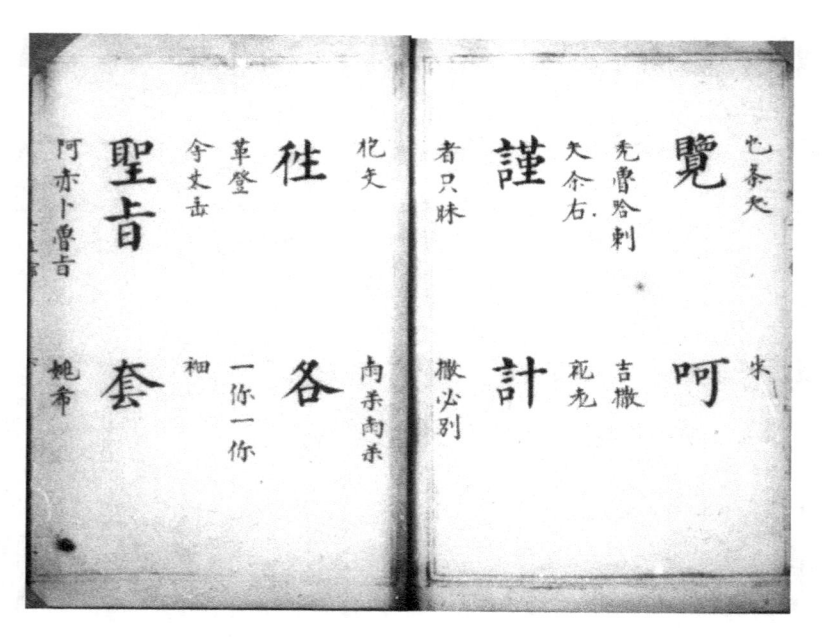

做 一遭
 厄木車你
只速昝 安殺
／多厓斥
一級 我
厄木黑兒厄吉 塞你
任史
／存殺

东洋文库本三四

這 被
厄塞 忘感希
苦 秉孟
束 以
弗脈 厄卜夫
／多央犀

东洋文库本三五

覽 呵
尭昝哈剌 朱
矢令右 吉撒
者只眛 苑充
乞秦夭 撒必別

东洋文库本三六

往 各
車登 一你一你
令支击 袖
忙夭 肉殺肉殺
聖吉 套
阿亦卜魯吉 妣希

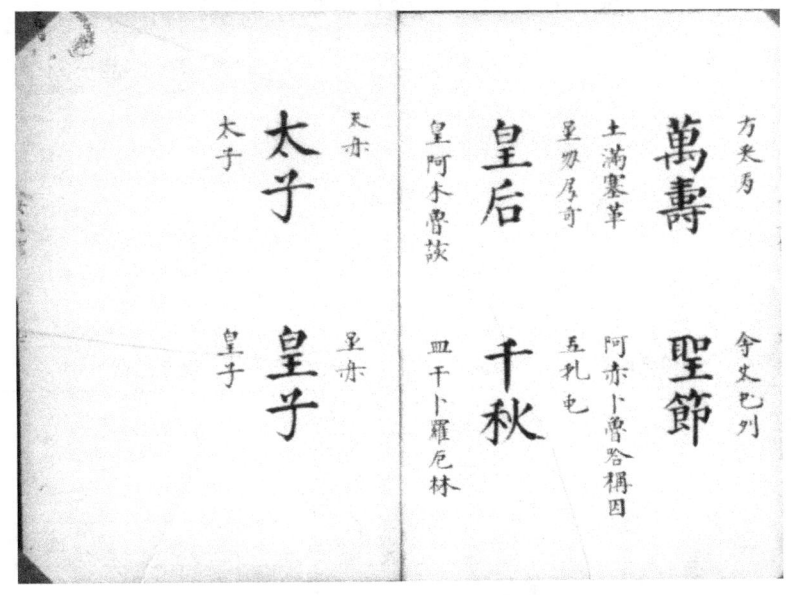

附录二 东洋文库本《女真译语》书影 | 353

东洋文库本三八　　　　　东洋文库本三七

（右页，自右至左）

萬壽　聖節
土滿塞革　令丈已列
呈奴厚奇　阿赤卜魯答稠因
皇后　千秋
皇阿木魯談　五扎屯
　　　　　　皿干卜羅厄林
方朱為

（左页）

太子　皇子
太子　皇子
天舟　呈舟

附录三 阿波国文库《会同馆译语》①

总序号	门类序号	女真语词汇	汉字注音
一、【天文門】			
1	[1]	天	阿瓜
2	[2]	雲	秃吉
3	[3]	雨	阿古
4	[4]	雷	阿甸
5	[5]	日	受温
6	[6]	月	别阿
7	[7]	星	兀失哈
8	[8]	霜	塞忙吉
9	[9]	雪②	額都
10	[10]	雹	愽雹③吉
11	[11]	露	失雷
12	[12]	氣	速董
13	[13]	陰	秃魯兀
14	[14]	合天理	阿瓜亦朵羅荅哈
15	[15]	晴	哈剌哈

① 阿波国文库《会同馆译语》所记录女真语词汇及汉字注音以康丹（Daniel Kane）的 *The Sino-Jurchen Vocabulary of the Bureau of Interpreters* 一书附录 *Facsimile of the Sino-Jurchen Dictionary without Jurchen Script* (AWAKUNI MS.) 为准录入。该附录与康丹书中内容有出入之处，均以脚注标明。

② 康丹作“風”。

③ 康丹作“虐”。

续表

总序号	门类序号	女真语词汇	汉字注音
16	[16]	霧	塔兒麻吉
17	[17]	煙	尚加
18	[18]	虹	拙勒莫
19	[19]	昏	發児洪
20	[20]	影	黑児墨
21	[21]	天上	阿瓜得勒
22	[22]	雹	塔児恰
23	[23]	天下	阿瓜伏職勒
24	[24]	天邊	阿瓜者尺
25	[25]	雪下天冷	亦忙吉禿黑黑阿瓜厦忽魯①
26	[26]	風似箭	額都捏魯革塞
27	[27]	天有霧	阿瓜塔児麻吉必
28	[28]	逆天者亡	阿瓜伏荅速黑得不得
29	[29]	月明如晝	别革帖亦能吉革塞
30	[30]	天要下雪	阿瓜亦忙吉勒塞必
31	[31]	天高	阿瓜得
32	[32]	天晴	阿瓜哈剌哈
33	[33]	無雨進朝	阿古阿誇尺斡児多朵深奴
34	[34]	天陰	阿瓜禿魯兀
35	[35]	天曉	阿瓜革児克
36	[36]	天氣熱	阿瓜哈魯
37	[37]	天上有云	阿瓜得勒禿吉必
38	[38]	天晚	阿瓜様得哈
39	[39]	天旱	阿瓜夏力哈②
40	[40]	狂風大有塵	昂八額都不剌其必
41	[41]	祭天	阿瓜珠黑
42	[42]	天知	阿瓜撒剌

① 康丹作“亦忙吉禿黑黑阿瓜廈忽魯”。

② 康丹作“阿瓜夏力哈”。

续表

总序号	门类序号	女真语词汇	汉字注音
43	[43]	綵雲	哈尺禿吉
44	[44]	敬天	阿瓜禿其
45	[45]	雲遮	禿吉或的黑
46	[46]	雲開	禿吉內黑
47	[47]	天要下雨	阿瓜阿古勒塞必
48	[48]	顺天者昌	阿瓜荅哈哈得過兒迷
49	[49]	日落	受温禿黑黑
50	[50]	日出	受温禿提黑
51	[51]	日短	受温佛活羅
52	[52]	日長	受温過迷
53	[53]	月落時進朝	別禿黑勒額力斡兒多朶深奴
54	[54]	天氣冷	阿瓜厦忽魯[1]
55	[55]	日斜	受温迷灼
56	[56]	日中	受温亦能吉佛
57	[57]	日影	受温黑兒墨
58	[58]	日高	受温得
59	[59]	天起風	阿瓜額都得得黑
60	[60]	星滿天	兀失哈阿瓜剳魯
61	[61]	雲開日出	禿吉內里受温禿提黑[2]
62	[62]	日照	受温受出哈
63	[63]	月出	別禿提黑
64	[64]	月落	別禿黑黑
65	[65]	月滿	別剳剌哈
66	[66]	雲霧滿山	禿吉塔兒麻吉阿力剳魯
67	[67]	密雲欲雨	禿吉兀者阿古勒塞必
68	[68]	月圓	別木力額
69	[69]	月缺	別額測

① 康丹作“阿瓜廈忽魯”。

② 康丹作“禿吉內黑受温禿提黑”。

续表

总序号	门类序号	女真语词汇	汉字注音
70	[70]	月斜	别迷灼
71	[71]	月明	别革帖
72	[72]	連日有雨	亦能吉閙阿古必
73	[73]	雷嚮	阿甸棍必
74	[74]	月黑	别發兒洪
75	[75]	雷打了	阿甸都黑
76	[76]	月影	别黑兒墨
77	[77]	月蝕	别者克
78	[78]	昨夜下雨	失塞多博力阿古哈
79	[79]	月照	别受出哈
80	[80]	月盡	别餓的哈
81	[81]	有雨免朝	阿古尺斡兒多朶深荅誇
82	[82]	雨不住	阿古翁得誇
83	[83]	星多	兀失哈昻八剌
84	[84]	星稀	兀失哈塞力
85	[85]	星少	兀失哈我鎖
86	[86]	風息	額都納哈哈
87	[87]	星落	兀失哈禿黑黑
88	[88]	大風	昻八額都
89	[89]	雷霹	阿甸都必
90	[90]	大雨	昻八阿古
91	[91]	春風	揑揑里額都
92	[92]	風吹	額都伏冷必
93	[93]	雨住	阿古翁苦
94	[94]	風來	額都的必
95	[95]	風冷	額都厦忽魯①
96	[96]	無雨	阿古阿誇
97	[97]	好風	賽因額都

① 康丹作“額都厦忽魯”。

续表

总序号	门类序号	女真语词汇	汉字注音
98	[98]	好雨	賽因阿古
99	[99]	雹下	博雹禿黑必①
100	[100]	小雨	阿沙阿古
101	[101]	有雨	阿古必
102	[102]	霧散	塔兒麻吉內黑②
103	[103]	雪下	亦忙吉禿黑必
104	[104]	煙多	尚加昂八剌
105	[105]	露乾	失雷餓羅活
106	[106]	日蝕	受温者克
107	[107]	露濕	失雷兀失黑
108	[108]	煙出	尚加禿提黑
109	[109]	煙息	尚加納哈哈
110	[110]	天理	阿瓜荅哈
111	[111]	冰	珠黑
112	[112]	明星	革帖兀失哈
113	[113]	風起	額都得得黑
114	[114]	風嚮	額都棍必③
115	[115]	雪薄	亦忙吉揑克葉
116	[116]	雪大	亦忙吉昂八
117	[117]	雪厚	亦忙吉的剌迷④
118	[118]	雪消	亦忙吉翁克
119	[119]	北斗星	納荅兀失哈
120	[120]	霧收	塔兒麻吉黑忒黑
121	[121]	煙起	尚加得得黑
122	[122]	煙散	尚加內黑
123	[123]	天河	阿瓜亦必剌

① 康丹作“博慮禿黑必”。
② 康丹作“塔兒麻吉必黑”。
③ 康丹作“額都混必”。
④ 康丹作“亦忙吉郎的剌迷”。

续表

总序号	门类序号	女真语词汇	汉字注音
124	[124]	煙罩	尚加或的黑
125	[125]	煙收	尚加黑忒黑
126	[126]	水凍	木克革提黑
127	[127]	斗	納苔
128	[128]	月上進朝	別得得黑得斡兒多朶深奴
二、【地理門】			
129	[1]	江	兀剌
130	[2]	山	阿力
131	[3]	水	木克
132	[4]	石	兀黑
133	[5]	路	住
134	[6]	井	忽提
135	[7]	墻	發的剌
136	[8]	城	黑徹
137	[9]	河	必剌
138	[10]	海	墨得
139	[11]	地	納
140	[12]	玉①	伯和
141	[13]	田	兀失
142	[14]	橋	忽伏倫
143	[15]	泉水	舍亦本克②
144	[16]	沙	灼兒窩
145	[17]	塵	不剌其
146	[18]	灰	伏冷吉
147	[19]	淺	迷察
148	[20]	近	劄哈剌
149	[21]	長	過速③

① 康丹作“土”。
② 康丹作“舍亦木克”。
③ 康丹作“過迷”。

续表

总序号	门类序号	女真语词汇	汉字注音
150	[22]	短	佛活羅
151	[23]	厚	的剌迷
152	[24]	薄	揑克葉
153	[25]	汗[①]	説迷
154	[26]	村	哈廈
155	[27]	遠	過羅
156	[28]	山低	阿力不提
157	[29]	山高	阿力得[②]
158	[30]	山上	阿力得勒
159	[31]	山下	阿力襪革得
160	[32]	山深	阿力説迷
161	[33]	山中	阿力都林八
162	[34]	山脚	阿力伯帖
163	[35]	山頂	阿力甯谷[③]
164	[36]	水深	木克説迷
165	[37]	山邊	阿力者尺
166	[38]	水清	木克革帖
167	[39]	水淺	木克迷察
168	[40]	水漲	木克必撒哈
169	[41]	水渾	木克發哈剌
170	[42]	水落	木克納哈哈
171	[43]	水出	木克禿提黑
172	[44]	水寬	木克我撮
173	[45]	青山	念加阿力
174	[46]	水流	木克額因必
175	[47]	水渰了田	木克兀失兀剌哈
176	[48]	水渰了城	木克黑徹兀剌哈

① 康丹作“深”。
② 康丹作“阿力提”。
③ 康丹作“阿力寧谷”。

续表

总序号	门类序号	女真语词汇	汉字注音
177	[49]	江心	兀剌都林八
178	[50]	江邊	兀剌者尺
179	[51]	河濶	必剌我撮
180	[52]	河窄	必剌亦塞共①
181	[53]	大河	昂八必剌
182	[54]	粗沙	麻灼兒窩
183	[55]	江濶	兀剌我撮
184	[56]	江窄	兀剌亦塞洪
185	[57]	小河	阿沙必剌
186	[58]	大江	昂八兀剌
187	[59]	細沙	納兒洪灼兒窩
188	[60]	大石	昂八兀黑
189	[61]	碎石	不牙兀黑
190	[62]	石橋	兀黑忽伏倫
191	[63]	板橋	兀忒忽伏倫
192	[64]	新橋	亦車忽伏倫
193	[65]	石路	兀黑住
194	[66]	石沙	兀黑灼兒窩
195	[67]	舊橋	佛忽伏倫
196	[68]	路近	住汗尺
197	[69]	大路	昂八住
198	[70]	過橋	忽伏倫都勒克
199	[71]	渡舡②	的哈棄文必③
200	[72]	開田	兀失内必
201	[73]	走路	住得伏倫必
202	[74]	分田	兀失鄧得必④

① 康丹作"必剌亦塞洪"。
② 康丹作"渡舡"。
③ 康丹作"的哈奪文必"。
④ 康丹作"兀失登得必"。

总序号	门类序号	女真语词汇	汉字注音
203	[75]	路遠	住過羅
204	[76]	路平	住捏徹
205	[77]	泥路	提扒住
206	[78]	熟田	兀勒黑兀失
207	[79]	水大車行不得	木克昂八塞者伏力墨八哈剌詩
208	[80]	上御路	戲兒勒兀失奴
209	[81]	果園①	禿于黑牙發
210	[82]	菜園	素吉牙發
211	[83]	花園	亦剌牙發
212	[84]	種田	兀失塔林必
213	[85]	搬圡②	伯和禿其
214	[86]	和泥	伯和歲
215	[87]	石灰	多火
216	[88]	看城	黑徹托必
217	[89]	上城	黑徹忒得
218	[90]	城外	黑徹禿魯革得
219	[91]	城裏	黑徹朵羅
220	[92]	城下	黑徹襪革得
221	[93]	城高	黑徹得
222	[94]	出城	黑徹禿提黑
223	[95]	下御路	戲兒勒襪失奴
224	[96]	御路上不要坐	戲兒勒外羅兀忒勒
225	[97]	萬里長城	禿墨巴過迷黑徹
226	[98]	獨木橋	額木莫忽伏倫
227	[99]	橋高難過	忽伏倫得都勒尺忙哈
228	[100]	渡江	兀剌棄文必③
229	[101]	水滸	木克兀剌哈

---

① 康丹作"菓園"。
② 康丹作"搬土"。
③ 康丹作"兀剌奪文必"。

续表

总序号	门类序号	女真语词汇	汉字注音
230	[102]	山岩	阿力哈苔[①]
231	[103]	苦水	過灼木克
232	[104]	山林	阿力木章[②]
233	[105]	山泉	阿力舍
234	[106]	山舍	阿力博
235	[107]	路乾	住餓羅活
236[③]	[108]	山路	阿力住
237[④]	[109]	城門	黑徹都哈
238[⑤]	[110]	水退	木克過提哈
239[⑥]	[111]	皇城	斡兒多黑徹
240[⑦]	[112]	水急	木克哈塔
241[⑧]	[113]	河湾	必剌莫苔
242[⑨]	[114]	路湿	住兀失黑
243[⑩]	[115]	荒田	兀良哈兀失
244	[116]	皇墻	斡兒多黑徹
245	[117]	高墻	得黑徹
246	[118]	墻倒	黑徹秃黑黑
247	[119]	築墻	黑徹都必
248	[120]	飛塵	得勒不剌其
249	[121]	斷橋	忽伏倫剌劄哈
250	[122]	桑園	亦馬剌牙發

① 康丹作“阿里哈苔”。
② 康丹作“阿力不章”。
③ 该条目在康丹书中总序号为243。
④ 该条目在康丹书中总序号为236。
⑤ 该条目在康丹书中总序号为237。
⑥ 该条目在康丹书中总序号为238。
⑦ 该条目在康丹书中总序号为239。
⑧ 该条目在康丹书中总序号为240。
⑨ 该条目在康丹书中总序号为241，作“路濕”。
⑩ 该条目在康丹书中总序号为242。

续表

总序号	门类序号	女真语词汇	汉字注音
251	[123]	村店	哈厦忽荅厦博[①]
252	[124]	井深	忽提説迷
253	[125]	大井	昂八忽提
254	[126]	甜水井	當出木克忽提
255	[127]	邊墻	者尺黑徹
256	[128]	淺河	迷察必剌
257	[129]	海深	墨得説迷
258	[130]	高橋	得忽伏倫
259	[131]	平橋	揑徹忽伏倫
260	[132]	圡橋[②]	伯和忽伏倫
261	[133]	泥沙	提扒灼兒窩
262	[134]	塵沙	不剌其灼兒窩
263	[135]	灰塵	伏冷吉不剌其
264	[136]	石井	兀黑忽提
三、【時令門】			
265	[1]	春	揑揑里
266	[2]	夏	莊里
267	[3]	秋	博羅里
268	[4]	冬	禿額里
269	[5]	年	塞
270	[6]	節	哈失
271	[7]	時	額里
272	[8]	早	替麻里
273	[9]	夜	多博力
274	[10]	寒	失木兀
275	[11]	晚	楾的哈
276	[12]	熱	哈魯兀

① 康丹作“哈廈忽荅廈博”。

② 康丹作“土橋”。

续表

总序号	门类序号	女真语词汇	汉字注音
277	[13]	冷	厦忽鲁[1]
278	[14]	明日	替麻哈能吉
279	[15]	晨	不荅額里
280	[16]	昨日	失塞能吉
281	[17]	今日	額能吉
282	[18]	出月	別阿秃提黑
283	[19]	後日	跳魯能吉
284	[20]	今年	額勒阿揑
285	[21]	前日	塔能吉
286	[22]	後年	跳魯阿揑
287	[23]	前月	住勒別
288	[24]	前年	塔阿揑
289	[25]	明年	亦速阿揑
290	[26]	舊年	佛阿揑
291	[27]	去年	度察阿揑
292	[28]	一年	額木阿揑
293	[29]	千年	命哈阿揑
294	[30]	百年	倘古阿揑
295	[31]	十年	荘阿揑
296	[32]	萬年	秃墨阿揑
297	[33]	正月	塞別[2]
298	[34]	二月	拙別
299	[35]	三月	亦郎別
300	[36]	四月	對因別
301	[37]	五月	順劄別
302	[38]	六月	甯谷別[3]
303	[39]	七月	納荅別

① 康丹作“廈忽魯”。
② 康丹作“寒別”。
③ 康丹作“寧谷別”。

续表

总序号	门类序号	女真语词汇	汉字注音
304	[40]	八月	劄空別
305	[41]	九月	兀容別
306	[42]	十月	莊別
307	[43]	十一月	莊額木別
308	[44]	十二月	拙児歡別
309	[45]	半月	都魯阿別
310	[46]	夜長	多博力過迷
311	[47]	幾夜	兀暇忽多博力
312	[48]	幾日	兀暇忽能吉
313	[49]	撞鐘	中東必
314	[50]	發擂	痛克都必
315	[51]	一更	額木經佛
316	[52]	二更	拙經佛
317	[53]	三更	亦郎經佛
318	[54]	四更	對因經佛
319	[55]	五更	順劄經佛
320	[56]	初一日	亦扯能吉
321	[57]	十五日	托伏能吉
322	[58]	二十日	斡里能吉
323	[59]	三十日	劄哈能吉
324	[60]	子時	勝革力額力①
325	[61]	丑時	亦哈額力
326	[62]	寅時	塔思哈額力
327	[63]	卯時	姑麻洪額力
328	[64]	辰時	木都力額力
329	[65]	巳時	妹黑額力
330	[66]	午時	亦能額力
331	[67]	未時	亦木阿額力

① 康丹作“勝勒額力”。

续表

总序号	门类序号	女真语词汇	汉字注音
332	[68]	申時	莫虐額力①
333	[69]	酉時	替課額力②
334	[70]	戌時	因荅忽額力③
335	[71]	亥時	兀甲額力④
336	[72]	夜短	多博力佛活羅
337	[73]	連日	額塞能吉
338	[74]	春寒	揑揑里失木兀⑤
339	[75]	新年	亦車阿揑
340	[76]	春煖	揑揑里都魯兀
341	[77]	夏日長	莊里受温過迷
342	[78]	秋風起	博羅里額都得得黑
343	[79]	秋涼⑥	博羅里塞兒⑦
344	[80]	夏熱	莊里哈魯
345	[81]	冬寒	秃額里失不兀⑧
四、【花木門】			
346	[1]	花	亦剌
347	[2]	果	秃于黑
348	[3]	梨	失魯
349	[4]	李	佛約
350	[5]	棗	皂兒
351	[6]	杏	貴
352	[7]	木	莫
353	[8]	菜	素吉

① 康丹作“莫虐額利”。
② 康丹作“替課額利”。
③ 康丹作“因荅忽額利”。
④ 康丹作“兀甲額利”。
⑤ 康丹作“揑揑里失木克”。
⑥ 康丹作“秋凉”。
⑦ 康丹作“博羅里塞兒空”。
⑧ 康丹作“秃額里失木克”。

续表

总序号	门类序号	女真语词汇	汉字注音
354	[9]	韮菜	塞若勒①
355	[10]	葱	額魯
356	[11]	瓜	恨克
357	[12]	茄	哈失
358	[13]	豆	秃吉②
359	[14]	米	伯勒
360	[15]	稻	洪帕
361	[16]	根	荅
362	[17]	葉	阿沛哈③
363	[18]	枝	哈兒哈
364	[19]	柳樹	速黑莫
365	[20]	蘑菇	費黑
366	[21]	木耳	尚察
367	[22]	核桃	忽書
368	[23]	松子	忽力
369	[24]	蒲桃	莫戳斡
370	[25]	榛子	失失
371	[26]	山定児	失刺
372	[27]	榆樹	亥刺莫
373	[28]	蕎麥	墨勒
374	[29]	蘿蔔	念木竹
375	[30]	松樹	換多莫
376	[31]	草	斡児火
377	[32]	紅花	伏良亦刺
378	[33]	芥菜	哈児希素吉
379	[34]	五味子	迷速忽厦④

① 康丹作"塞苦勒"。
② 康丹作"秃力"。
③ 康丹作"阿浦哈"。
④ 康丹作"迷速忽廈"。

续表

总序号	门类序号	女真语词汇	汉字注音
380	[35]	人參	斡児火荅
381	[36]	綿花	苦不
382	[37]	細辛	失失們荅
383	[38]	冬瓜	昂八恨克
384	[39]	槐樹	過羅莫
385	[40]	栗木	忽厦莫[①]
386	[41]	結果	兀力黑
387	[42]	山里紅	翁浦
388	[43]	杏花	貴亦剌
389	[44]	白楊樹	發哈莫
390	[45]	樹枝	莫哈児哈
391	[46]	檀樹	金得黑莫
392	[47]	萵苣菜	納莫素吉
393	[48]	小米	者伯勒
394	[49]	莧菜	非冷素吉
395	[50]	鹹菜	納撒素吉
396	[51]	王瓜	素羊恨克
397	[52]	苦瓜	力瓦恨克
398	[53]	黄米	費蛇伯勒
399	[54]	廩給米	掛你伯勒[②]
400	[55]	梨花	失魯亦剌
401	[56]	松花	忽力亦剌
402	[57]	樹根	莫荅
403	[58]	海菜	墨得素吉
404	[59]	黄豆	素羊秃力
405	[60]	糠	阿剌

① 康丹作“忽厦莫”。

② 康丹作“挂你伯勒”。

续表

总序号	门类序号	女真语词汇	汉字注音
五、【鳥獸門】			
406	[1]	龍	木都力
407	[2]	虎	塔思哈
408	[3]	象	速發
409	[4]	駝	忒木革
410	[5]	馬	木力
411	[6]	牛	亦哈
412	[7]	羊	賀泥
413	[8]	犬	因荅忽
414	[9]	猪	兀甲
415	[10]	猫	哈出
416	[11]	鼠	勝革力
417	[12]	鹿	布兀
418	[13]	獐	失兒哈
419	[14]	狍	舊
420	[15]	兔	姑麻洪
421	[16]	鷄	替課
422	[17]	鵞	牛捏哈
423	[18]	鴨	捏黑
424	[19]	猴	莫虐
425	[20]	蛇	妹黑
426	[21]	豹	失魯兀
427	[22]	虫	亦迷哈
428	[23]	燕	失別忽
429	[24]	雀	舍徹
430	[25]	鶯	加忽
431	[26]	魚	泥木哈
432	[27]	獅子	阿非阿
433	[28]	麒麟	阿撒郎
434	[29]	貂鼠	塞克

续表

总序号	门类序号	女真语词汇	汉字注音
435	[30]	黄鼠	鎖羅希
436	[31]	驢	額黑
437	[32]	黑馬	撒哈良木力
438	[33]	銀鼠	兀捏
439	[34]	糞鼠	木禿勝革力
440	[35]	騾子	老撒
441	[36]	青鼠	兀魯忽
442	[37]	狐狸	多必
443	[38]	熊	勒伏
444	[39]	扇馬	阿塔木力
445	[40]	騍馬	溝木力
446	[41]	児馬	阿劄剌木力
447	[42]	野猪	艾苔
448	[43]	赤馬	者児得木力
449	[44]	馬駒	兀児哈
450	[45]	猔猪	塔麻兀
451	[46]	白馬	尚加木力
452	[47]	天鵞	哈魯
453	[48]	黃牛	素羊亦哈
454	[49]	鷺鷥	厦
455	[50]	豚猪	墨黑兀甲
456	[51]	鵚鶖	哈撒哈
457	[52]	仙鶴	不勒黑
458	[53]	雞啼	替課忽藍必
459	[54]	海青	失木課
460	[55]	青庄①	禨厦②
461	[56]	喜鵲	撒此哈

① 康丹作“青庄”。

② 康丹作“禨厦”。

续表

总序号	门类序号	女真语词汇	汉字注音
462	[57]	鴄鳩	阿林忽帖
463	[58]	志鸛	未住
464	[59]	鴉鶻	回活羅
465	[60]	鵪鶉	木述
466	[61]	龜	艾兀麻
467	[62]	烏鴉	哈哈
468	[63]	鵰鷹	費勒
469	[64]	黄雀	鬼里舍徹黑
470	[65]	螃蠏	亦出黑
471	[66]	螻蟻	亦兒或
472	[67]	蜘蛛	黑名
473	[68]	虱	替黑
474	[69]	蝴蝶	革迫
475	[70]	蚊虫	哈兒麻
476	[71]	蝇蠅	得兒或
477	[72]	角	未黑
478	[73]	蹄	發塔
479	[74]	鬃	得力
480	[75]	尾	兀徹
481	[76]	毛	分黑
482	[77]	蜻蜓	佛羅古
483	[78]	蜓蚿	谷魯只
484	[79]	鴿子	忽帖
485	[80]	龍掛	木都力剌其哈
486	[81]	母象	額迷勒速發
487	[82]	虎肅①	塔思哈忽藍必
488	[83]	龍戲水	木都力木克過提必
489	[84]	公象	阿迷剌速發

① 康丹作“虎嘯”。

续表

总序号	门类序号	女真语词汇	汉字注音
490	[85]	戰馬	鎖力剌木力
491	[86]	虎咬	塔思哈翁必
492	[87]	耕牛	兀失塔力勒亦哈
493	[88]	銀鶡	孔國力木力
494	[89]	紅沙馬	伏良博羅木力
495	[90]	風狗	額都勒黑因荅忽
496	[91]	馬嘶	木力忽藍必
497	[92]	小狗	揑哈
498	[93]	小猪	阿沙迷活
499	[94]	萤火虫[1]	珠深迫
500	[95]	羯羊	阿塔剌賀泥
501	[96]	黄羊	者力
502	[97]	玳瑁猫	素羊亦剌哈出
503	[98]	金錢豹	牙兒哈
504	[99]	綠毛龜	念加分黑艾兀麻
505	[100]	黃鶯	素羊加忽
506	[101]	野猫	兀徹希
507	[102]	年魚	剌哈泥木哈
508	[103]	鵰鶯	顧的
509	[104]	麇鹿	卓羅布兀
510	[105]	蝙蝠	額住墨
511	[106]	野鷄	兀魯麻
512	[107]	蛤蠣	塔忽荅
513	[108]	鯉魚	秃舍泥木哈
514	[109]	蝟鼠	僧革
515	[110]	蝦	希忒
516	[111]	蜜蜂	歲郎
517	[112]	鴛鴦	谷牙洪

① 康丹作“螢火虫”。

续表

总序号	门类序号	女真语词汇	汉字注音
518	[113]	象牙	速發未黑
519	[114]	肥馬	塔魯木力
520	[115]	瘦馬	秃児哈木力
521	[116]	狗咬	因荅忽翁必
522	[117]	獅子猫	阿非阿哈出
523	[118]	公鷄	阿迷剌替課
524	[119]	母鷄	額迷勒替課
六、【宫室門】			
525	[1]	房	博
526	[2]	門	兀尺
527	[3]	房簷	博失希木哈
528	[4]	瓦房	瓦子博
529	[5]	草房	斡児火博
530	[6]	馬房	木力博
531	[7]	猪圈	兀甲火羅
532	[8]	牛椚①	亦哈火羅
533	[9]	隣舍	汗尺博
534	[10]	羊欄	賀泥火羅
535	[11]	杔	太兀
536	[12]	梁	太伏
537	[13]	椽	梭
538	[14]	盖房	博阿藍必
539	[15]	塔	速不案
540	[16]	拆房	博額峯必
541	[17]	新房	亦車博
542	[18]	竈火	住兀
543	[19]	煙筩	忽朗
544	[20]	薄子	放寮

① 康丹作“牛欄”。

续表

总序号	门类序号	女真语词汇	汉字注音
545	[21]	窗	發
546	[22]	板	兀忒
547	[23]	皇殿	斡兒多哈安博
548	[24]	修房	博荅撒必
549	[25]	官房不許作踐	掛你博兀墨哈撒剌
550	[26]	門窗不許燒毀	兀尺發兀墨得的勒
551	[27]	幾間房	木姜博
552	[28]	禮部衙門	利布哈發
553	[29]	兵部衙門	並布哈發
554	[30]	鷄籠	替課灼羅
555	[31]	炕	納哈
556	[32]	館驛	官亦
557	[33]	大門	昂八都哈
558	[34]	儀門	失得其都哈
559	[35]	脚門	荅八其都哈
560	[36]	柱	禿剌
七、【器用門】			
561	[1]	鐘	中
562	[2]	鼓	痛克
563	[3]	紙	好沙
564	[4]	墨	伯黑
565	[5]	筆	非
566	[6]	硯	塞
567	[7]	卓①	得勒
568	[8]	橙	木郎
569	[9]	碗	莫羅
570	[10]	楪	非剌
571	[11]	盆子	忿子

① 康丹作“桌”。

续表

总序号	门类序号	女真语词汇	汉字注音
572	[12]	筯	撒扒
573	[13]	鍋	木徹
574	[14]	壺	湯平
575	[15]	鎗	吉塔
576	[16]	刀	或失
577	[17]	盔	撒叉
578	[18]	甲	兀失
579	[19]	弓	伯力
580	[20]	箭	捏魯
581	[21]	鏡	墨勒苦
582	[22]	剪	哈雜
583	[23]	盤	阿力古
584	[24]	瓶	化平
585	[25]	斧	速黑
586	[26]	鋸	伏風[1]
587	[27]	鍬	兀禿
588	[28]	鎖	牙失古
589	[29]	鑰	箅課
590	[30]	線	同谷
591	[31]	針	兀墨
592	[32]	篦子	墨兒黑
593	[33]	梳子	亦的伏
594	[34]	蓆子	得兒希
595	[35]	枕頭	替兒古
596	[36]	桶	忽女
597	[37]	扇	伏塞古
598	[38]	犁鏵	兀浦哈郎
599	[39]	馬韁[2]	木力牙兒伏

① 康丹作“伏黑”。
② 康丹作“馬韁繩”。

续表

总序号	门类序号	女真语词汇	汉字注音
600	[40]	匙	撒非
601	[41]	箒	額児古
602	[42]	篦	非兀
603	[43]	車	塞者
604	[44]	網	亦勒
605	[45]	鈴	洪過
606	[46]	絹[①]	伏塔
607	[47]	鐙	秃伏
608	[48]	旗	凡察
609	[49]	鞊	黑兀忒
610	[50]	鞦	忽荅剌
611	[51]	梯子	汪
612	[52]	屜	納木其
613	[53]	酒鍾	奴勒忽塔
614	[54]	船	的哈
615	[55]	板箱	兀忒相子
616	[56]	腰刀	羅火
617	[57]	連刀	哈秃
618	[58]	牛車	亦哈塞者
619	[59]	鞍坐	掃伏
620	[60]	帳房	察察星
621	[61]	轡頭	哈荅剌
622	[62]	馬鞍子	木力案革木
623	[63]	肚帶	窩羅
624	[64]	馬槽	木力忽日
625	[65]	鞭子	速失哈
626	[66]	鈎	過活
627	[67]	兎毫筆	姑麻共分黑非[②]

① 康丹作“繩”。

② 康丹作“姑麻洪分黑非”。

续表

总序号	门类序号	女真语词汇	汉字注音
628	[68]	金盔	安出撒叉
629	[69]	朝鐘	斡兒多中
630	[70]	更鼓	經都勒痛克
631	[71]	酒罈	奴勒麻魯
632	[72]	磁碗	秃忽魯
633	[73]	燈臺	非兀剌顧
634	[74]	割羊盤	賀泥非塔阿力古
635	[75]	紡車	佛羅古
636	[76]	蝇拂[①]	得兒或博多
637	[77]	漁網	泥木哈阿速
638	[78]	琵琶	苦魯
639	[79]	打圍網	撒哈荅亦勒
640	[80]	胡琴	其劄力
641	[81]	哱囉	布魯墩必
642	[82]	鎖吶	牙兒希
643	[83]	熨斗	忽失古
644	[84]	鐵盔	塞勒撒叉
645	[85]	皮甲	速古兀失
646	[86]	鐵甲	塞勒兀失
647	[87]	火箭	他揑魯
648	[88]	鐵鎖	塞勒牙失古
649	[89]	銅鎖	失力牙失古
650	[90]	柱杖	退伏
651	[91]	銅鼓	失力痛克
652	[92]	雨傘	阿古散
八、【人物門】			
653	[1]	皇帝	哈安
654	[2]	官	背勒

① 康丹作“蠅拂”。

续表

总序号	门类序号	女真语词汇	汉字注音
655	[3]	大人	昂八捏麻
656	[4]	民	亦忒
657	[5]	頭目	荅哈剌捏麻
658	[6]	吏	必忒失
659	[7]	軍	朝哈
660	[8]	公	阿木哈
661	[9]	婆	額木黑
662	[10]	父	阿麻
663	[11]	母	額墨
664	[12]	兄	阿洪
665	[13]	弟	豆
666	[14]	姐	革革
667	[15]	妹	耨兀
668	[16]	孫	斡莫羅
669	[17]	女	撒藍追
670	[18]	窮	牙荅洪
671	[19]	児	哈哈追
672	[20]	醜	歐松
673	[21]	俊	活着
674	[22]	等	阿力速
675	[23]	你	失
676	[24]	我	必
677	[25]	伯父	撒荅
678	[26]	伯母	黑黑撒荅
679	[27]	嬸母	兀黑墨
680	[28]	嫂	阿熱
681	[29]	叔父	額舍黑
682	[30]	女婿	活的
683	[31]	舅母	納哈出額木黑
684	[32]	母舅	納哈出

续表

总序号	门类序号	女真语词汇	汉字注音
685	[33]	親家	撒都
686	[34]	家人	博亦捏麻
687	[35]	小舅	墨葉
688	[36]	卑幼	阿沙
689	[37]	家長	額熱
690	[38]	奴婢	阿哈
691	[39]	老實	團多
692	[40]	老人	撒荅捏麻
693	[41]	少人	阿沙捏麻
694	[42]	好人	賽因捏麻
695	[43]	富人	拜牙捏麻
696	[44]	反人	伏荅速捏麻
697	[45]	歹人	額黑捏麻
698	[46]	商人	忽荅厦捏麻①
699	[47]	賊人	忽魯哈捏麻
700	[48]	銀匠	猛古發失
701	[49]	恩人	拜力捏麻
702	[50]	染匠	亦徹發失
703	[51]	銅匠	失力發失
704	[52]	麻子	別禿
705	[53]	長子	背夜得捏麻
706	[54]	帽匠	麻希剌阿剌發失
707	[55]	錫匠	托活羅發失
708	[56]	聾子	都禿
709	[57]	瘦子	禿兒哈
710	[58]	風子	額都勒黑
711	[59]	瞎子	多
712	[60]	啞子	黑勒

① 康丹作“忽荅廈捏麻”。

续表

总序号	门类序号	女真语词汇	汉字注音
713	[61]	痴子	玉秃
714	[62]	二哥	劄替阿洪
715	[63]	大哥	昂八阿洪
716	[64]	二姐	劄替革革
717	[65]	輕薄	未忽苦
718	[66]	謹慎	迓遲
719	[67]	肥	塔魯兀
720	[68]	絛子匠	兀木素都勒發失
721	[69]	愁	失納必
722	[70]	是	亦奴
723	[71]	要	額非必
724	[72]	起	亦立
725	[73]	遲	貴荅哈
726	[74]	子	追
727	[75]	迯①	兀哈哈
728	[76]	家奴	博亦速古
729	[77]	夫妻	額亦額撒剌
730	[78]	爺	馬發
731	[79]	木匠	莫發失
732	[80]	夷人	猛過揑麻
733	[81]	通事	痛塞
734	[82]	胖子	禿魯者黑
735	[83]	漢人	泥哈揑麻
736	[84]	頑耍	歲必額非必
737	[85]	急性	哈塔的力
738	[86]	慈善	那木活
739	[87]	皇帝萬歲	哈安禿墨塞
740	[88]	皇帝洪福	哈安説迷忽禿力

① 康丹作“逃”。

总序号	门类序号	女真语词汇	汉字注音
741	[89]	愁喜	失納必兀魯珠必
742	[90]	慷慨	鎮都勒
743	[91]	善人	那木活捏麻
744	[92]	奸詐	額徹劄力
745	[93]	醫人	大夫捏麻
746	[94]	不是	斡哈
747	[95]	匠人	發失捏麻
748	[96]	惡人	過速捏麻
749	[97]	裁縫	才風
750	[98]	軟弱	兀魯忽
751	[99]	陀子	橫都
752	[100]	皮匠	速古發失
753	[101]	甲匠	兀失都勒發失
754	[102]	缺唇兒	富木額測
755	[103]	洗白匠	阿都敖勒發失
756	[104]	泥水匠	伯和發失
757	[105]	禿子	賀它
九、【人事門】			
758	[1]	來	丟
759	[2]	去	革捏
760	[3]	跪	捏苦魯
761	[4]	拜	恨其勒
762	[5]	鞠躬	忽入
763	[6]	賞賜	尚四
764	[7]	進貢	忒得墨
765	[8]	筵席	八剌必
766	[9]	見	阿察
767	[10]	方物	巴亦兀力
768	[11]	回	木力
769	[12]	睡	得都

续表

总序号	门类序号	女真语词汇	汉字注音
770	[13]	坐	忒
771	[14]	笑	因者必
772	[15]	哭	宋谷必
773	[16]	説	恨都
774	[17]	問	佛你
775	[18]	怕	革勒必
776	[19]	聽	斷的
777	[20]	敬	秃其
778	[21]	和	奴失
779	[22]	到	亦失哈
780	[23]	羞	吉力出克
781	[24]	忙	歐深必
782	[25]	愛	背因必
783	[26]	睡醒	革忒黑
784	[27]	惱	伏欣必
785	[28]	討	拜失
786	[29]	醉	索托活
787	[30]	退	木力
788	[31]	走	伏力速
789	[32]	要	盖速
790	[33]	進	朶深丢
791	[34]	動	阿成加
792	[35]	住	塔哈速
793	[36]	使	塔苦哈
794	[37]	扯	過提
795	[38]	舞	麻失必
796	[39]	成	墨忒黑
797	[40]	偷	忽魯哈
798	[41]	得	八哈
799	[42]	買	兀荅

续表

总序号	门类序号	女真语词汇	汉字注音
800	[43]	跳	伏出
801	[44]	分	鄧得徹
802	[45]	搶	都力勒
803	[46]	借	拙兀
804	[47]	賣	翁察
805	[48]	與	布
806	[49]	還	套荅
807	[50]	看	托哈
808	[51]	不要	盖剌誇
809	[52]	生	伴的哈
810	[53]	打	度
811	[54]	捉拿	劄發哈
812	[55]	死	不尺黑
813	[56]	情愿	亦你替哈
814	[57]	懶憻	伴忽
815	[58]	酒醒	奴勒速不哈
816	[59]	和勸	奴失
817	[60]	跑馬	木力伏失勒
818	[61]	厮殺	素力必
819	[62]	打圍	撒哈荅必
820	[63]	商議	黑兀得
821	[64]	搶擄	道力哈
822	[65]	辭	革捏黑
823	[66]	嗔怪	伏欣必
824	[67]	不賢良	通墨阿誇
825	[68]	接	我多
826	[69]	怒	的力禿提
827	[70]	驚	過羅活
828	[71]	尋	伯因必
829	[72]	送	伴的黑

续表

总序号	门类序号	女真语词汇	汉字注音
830	[73]	迎	我多火
831	[74]	無用	拜塔誇
832	[75]	催	哈体必①
833	[76]	喚	素力墨哈的哈
834	[77]	爭	恨者必
835	[78]	勸解	塔伏剌哈
836	[79]	不成器	化厦剌誇②
837	[80]	作揖	常如剌
838	[81]	荅應③	大納剌
839	[82]	思量	伏捏占必
840	[83]	不來	的勒誇
841	[84]	肚飢	後力兀倫必
842	[85]	曉得	兀二希黑
843	[86]	仔細問	荅忽荅忽佛你速
844	[87]	拿來了	哥的哈
845	[88]	不知道	撒剌誇
846	[89]	不要這等	兀墨兀塔剌
847	[90]	一起走	額木得伏力速
848	[91]	教導	塔提
849	[92]	早起	額兒得夜
850	[93]	夢	托力希
851	[94]	請酒	奴勒盖其
852	[95]	進馬	木力忒忒
853	[96]	放心	妹勒欣荅
854	[97]	准俻④	塔暇非阿力速
855	[98]	慢慢走	奴哈伏力速

---

① 康丹作"哈體必"。
② 康丹作"化廈剌誇"。
③ 康丹作"答應"。
④ 康丹作"準備"。

续表

总序号	门类序号	女真语词汇	汉字注音
856	[99]	朝廷重賞	哈安兀者尚四
857	[100]	回去不許作歹	木力兀墨額黑劄發剌
858	[101]	年年進進貢[①]	阿捏阿捏得忒得墨丟
859	[102]	今後進好馬來	額吉阿木失賽木力忒得墨丟
860	[103]	不許犯邊	兀墨者尺巴得道力剌
861	[104]	好生排着	賽哈者兒墨亦立
862	[105]	不許說話	兀墨吉速勒
863	[106]	不要動身	兀墨背夜阿成加剌
864	[107]	好生行禮	賽哈朶羅荅哈
865	[108]	不要奪人財物	兀墨捏麻亦兀力都力勒
866	[109]	不許多要酒肉	兀墨伏測奴勒牙力盖剌
867	[110]	法度利害	朶羅提塔忙哈
868	[111]	不要往上看	兀墨兀順托剌
869	[112]	不要擡頭	兀住兀墨秃若失
870	[113]	不要咳嗽	兀墨伏察剌
871	[114]	好生歸順朝廷	賽看哈安荅哈
872	[115]	照舊做買賣	佛亦革塞忽荅厦[②]
873	[116]	今日進番字	額能吉必忒朶深必
874	[117]	叩頭時叩頭	恨其勒失恨其勒
875	[118]	起來時起來	亦立失亦立
876	[119]	鞠躬時鞠躬	忽入失忽入
877	[120]	分散下程	夏承鄧得徹
878	[121]	今日領賞	額能吉尚四阿林必
879	[122]	明日謝恩	替麻哈能吉恨其勒
十、【身體門】			
880	[1]	頭	兀住
881	[2]	目	牙撒
882	[3]	耳	尚

① 康丹作“年年進貢”。

② 康丹作“佛亦革塞忽荅廈”。

续表

总序号	门类序号	女真语词汇	汉字注音
883	[4]	鼻	宋吉
884	[5]	口	昂哈
885	[6]	舌	亦冷吉
886	[7]	齒	未黑
887	[8]	身	背夜
888	[9]	手	哈剌
889	[10]	脚	伯帖
890	[11]	髮	分黑
891	[12]	面	得勒
892	[13]	心	捏麻
893	[14]	腹	後力
894	[15]	皮	速古
895	[16]	骨	吉郎吉
896	[17]	腦後	忽荅
897	[18]	眼珠	牙撒發哈
898	[19]	眉毛	發塔
899	[20]	喉	必剌
900	[21]	腮	分尺
901	[22]	乳	姑谷
902	[23]	鬚	撒
903	[24]	背	費徹
904	[25]	胷	痛革
905	[26]	臍	額冷古
906	[27]	口唇	昂哈富莫
907	[28]	脇	額兀尺
908	[29]	腰	朶額
909	[30]	膝	布希
910	[31]	肩	妹勒
911	[32]	手節	哈剌剳剌
912	[33]	手指	哈剌深木洪

续表

总序号	门类序号	女真语词汇	汉字注音
913	[34]	腿肚	素思哈後力
914	[35]	指甲	希塔洪
915	[36]	脚拐	伯帖賽哈荅
916	[37]	腿	素思哈
917	[38]	肉	牙力
918	[39]	脚跟	伯帖貴
919	[40]	肝	發洪
920	[41]	血	生吉
921	[42]	腸	肚哈
922	[43]	肺	兀浦
923	[44]	膽	失力希
924	[45]	汗	內
925	[46]	髓	兀木哈
926	[47]	力	忽速
927	[48]	梳頭	兀住亦的
928	[49]	光頭	兀住吉塔洪
929	[50]	留頭	兀住分黑素老
930	[51]	開眼	牙撒肉
931	[52]	洗臉	得勒敖
932	[53]	開口	昂哈內
933	[54]	閉眼	牙撒倪出
934	[55]	漱口	昂哈木力夏[①]
935	[56]	剃頭	兀住伏日
936	[57]	嘆氣	塞牒勒深必
937	[58]	涕噴	牙尺墨
938	[59]	出淚	的剌墨禿提黑
939	[60]	眼跳	牙撒伏春必
940	[61]	費心	歲剌出哈

① 康丹作“昂哈失力夏”。

续表

总序号	门类序号	女真语词汇	汉字注音
941	[62]	知心	妹勒撒必
942	[63]	心寬	木日勒我撮
943	[64]	心直	木日勒團多
944	[65]	捧手	哈剌劄發
945	[66]	叉手	哈剌照剌
946	[67]	拍手	發郎哈都
947	[68]	搔痒	兀厦必①
948	[69]	洗澡	歐塞
949	[70]	頭疼	兀住倪們必
950	[71]	指節	深木洪劄剌
951	[72]	聲	的魯阿
952	[73]	疼	倪們必
953	[74]	鼻梁	宋吉禿剌
954	[75]	鼻孔	宋吉桑哈
955	[76]	心焦	木日勒着我心
956	[77]	頭暈	兀住墨禿
957	[78]	咳嗽	伏察必
958	[79]	低頭	兀住的②
959	[80]	脚指	伯帖深木洪
960	[81]	大膽	朱力希昂八
961	[82]	肚疼	後力倪們必
十一、【衣服門】			
962	[1]	衣	阿都
963	[2]	布衫	大古
964	[3]	襖子	托羅斡③
965	[4]	帶子	兀切
966	[5]	裙	忽失哈

① 康丹作“兀廈必”。
② 康丹作“兀住的荅”。
③ 康丹作“扽羅斡”。

续表

总序号	门类序号	女真语词汇	汉字注音
967	[6]	褲	哈剌古
968	[7]	靴	谷魯哈
969	[8]	襪①	伏莫尺
970	[9]	鞋	掃
971	[10]	大帽	博羅
972	[11]	小帽	麻希剌
973	[12]	綿衣	若不阿都
974	[13]	段	素者
975	[14]	布	博素
976	[15]	夾衣	住勒素阿都
977	[16]	穿	額禿
978	[17]	褡褸②	得黑勒
979	[18]	單衣	兀木素阿都
980	[19]	皮襖	苔忽
981	[20]	汗衫	伏托
982	[21]	縫衣	阿都阿藍必
983	[22]	衣紐	托活
984	[23]	脱衣	阿都素
985	[24]	補衣	阿都捏帖必
986	[25]	被褥	的伯洪失塞
987	[26]	手巾	奉苦
988	[27]	絹	多課
989	[28]	草鞋	斡兒火掃
990	[29]	高麗布	素羅斡博素
991	[30]	蟒龍衣	木都力阿都
992	[31]	毡衫	捏木兒額
993	[32]	網巾	望吉兒
994	[33]	錦褥	昂出剌失塞

① 康丹作“襪子”。

② 当为“韈”之异体字。

续表

总序号	门类序号	女真语词汇	汉字注音
995	[34]	官帽	掛你麻希剌①
996	[35]	束帶	掛你兀木素②
997	[36]	細布	納兒洪博素
998	[37]	織金袍	昂出剌哈革出力
999	[38]	毡條	劄伏失塞
1000	[39]	粗布	麻博素
1001	[40]	羅	洛
1002	[41]	披肩	厦木扒③
1003	[42]	紗	厦④
1004	[43]	綾	零紫
1005	[44]	麻布	着多
1006	[45]	胡帽	發土麻希剌
十二、【飲食門】			
1007	[1]	酒	奴勒
1008	[2]	飯	不荅
1009	[3]	醬	迷速
1010	[4]	塩⑤	荅粗
1011	[5]	油	亦猛吉
1012	[6]	火	他
1013	[7]	柴	莫
1014	[8]	鹹	哈秃
1015	[9]	羐	不木祝⑥
1016	[10]	酸	珠書
1017	[11]	食	者伏
1018	[12]	湯	失勒

① 康丹作“掛儞麻希剌”。
② 康丹作“掛儞兀木素”。
③ 康丹作“廈木扒”。
④ 康丹作“廈”。
⑤ 康丹作“鹽”。
⑥ 康丹作“不祝”。

续表

总序号	门类序号	女真语词汇	汉字注音
1019	[13]	淡	泥塔
1020	[14]	糖	麻湯
1021	[15]	甜	當出
1022	[16]	中飯	亦能吉不荅
1023	[17]	麪	兀發
1024	[18]	生肉	額速牙力
1025	[19]	蜜	希粗
1026	[20]	豆腐	奴哈
1027	[21]	晚飯	様的不荅
1028	[22]	熟肉	兀勒黑牙力
1029	[23]	燒酒	阿児其
1030	[24]	米糠	伯勒阿剌
1031	[25]	把酒	奴勒剳發
1032	[26]	貪酒	奴勒温木忽
1033	[27]	飲酒	奴勒兀迷
1034	[28]	熱酒	哈魯奴勒
1035	[29]	冷酒	厦忽魯奴勤[①]
1036	[30]	燒火	他得的
1037	[31]	滚水	費塞木克
1038	[32]	火炭	他牙哈
1039	[33]	腥	泥速
1040	[34]	割肉	牙力非塔
1041	[35]	臭	襪洪
1042	[36]	燒	得的黑
1043	[37]	乾靜	博羅課
1044	[38]	齷齪	哈塔出哈
1045	[39]	咬	兀勒
1046	[40]	茶	抻[②]

① 康丹作“厦忽魯奴勒”。

② 康丹作“插”。

续表

总序号	门类序号	女真语词汇	汉字注音
1047	[41]	飲	兀迷
1048	[42]	煎	費伏
1049	[43]	奠酒	奴勒撒兀
1050	[44]	向火	他費勒
1051	[45]	点火	他泥都
1052	[46]	放火	他興答必
1053	[47]	飯飽	不荅額干墨[①]
1054	[48]	香	亨
1055	[49]	口渴	昂哈我羅活必
1056	[50]	麯	忽忽
1057	[51]	醋	粗
1058	[52]	菜蔬	素吉哈尺
1059	[53]	早飯	替麻里不荅
1060	[54]	火灰	他伏冷吉
1061	[55]	羊肉	賀泥牙力
1062	[56]	鹿肉	布兀牙力
1063	[57]	驢肉	額黑牙力
十三、【珎寶門】			
1064	[1]	金	安出
1065	[2]	銀	猛古
1066	[3]	銅	失力
1067	[4]	珎珠	泥出
1068	[5]	錫	托活羅
1069	[6]	銀壺[②]	猛古湯平
1070	[7]	玉	顧兀
1071	[8]	銀項圈	猛古塞勒黑
1072	[9]	金臺盞	安出台力

① 康丹作“不荅額于墨”。

② 康丹作“珍珠”。

续表

总序号	门类序号	女真语词汇	汉字注音
1073	[10]	金帽頂	安出麻布剌甯谷①
1074	[11]	金戒指	安出貴非
1075	[12]	銀耳墜	猛古遂忽
1076	[13]	金環児	安出忽魯
1077	[14]	鐵	塞勒
1078	[15]	銅錢	只哈
1079	[16]	金線	安出同谷
1080	[17]	銀鐘	猛古忽塔
1081	[18]	金盆	安出忿子
1082	[19]	金鐘	安出忽塔
1083	[20]	銀臺盞	猛古台力
1084	[21]	金耳墜	安出遂忽
十四、【文史門】			
1085	[1]	勑書②	阿児八
1086	[2]	聖旨	阿児哇
1087	[3]	印信	朶羅
1088	[4]	讀書	必忒塔替
1089	[5]	名字	革不
1090	[6]	文書	必忒額
1091	[7]	封記	計得黑
1092	[8]	冩字③	必忒阿剌
1093	[9]	字錯	必忒恩得黑
1094	[10]	字	必忒
1095	[11]	使印	朶羅的甲必
1096	[12]	學字	必忒阿藍必
1097	[13]	勘合	看活必忒
1098	[14]	唱曲	兀出羅

① 康丹作“安出麻布剌寧谷”。
② 康丹作“勅書”。
③ 康丹作“寫字”。

续表

总序号	门类序号	女真语词汇	汉字注音
十五、【聲色門】			
1099	[1]	青	念加
1100	[2]	紅	伏良
1101	[3]	黄	素羊
1102	[4]	白	尚加
1103	[5]	黑	撒哈良
1104	[6]	綠	不兒哈博戮
1105	[7]	綵段①	哈尺素者
1106	[8]	紫	雹洪
1107	[9]	表裏	禿苦多課
1108	[10]	大紅	昂八伏良
十六、【数目門】			
1109	[1]	一	額木
1110	[2]	二	拙
1111	[3]	三	亦郎
1112	[4]	四	對因
1113	[5]	五	順剳
1114	[6]	六	甯谷②
1115	[7]	七	納荅
1116	[8]	八	剳空
1117	[9]	九	兀容
1118	[10]	十	莊
1119	[11]	二十	斡里
1120	[12]	三十	谷失
1121	[13]	四十	得希
1122	[14]	五十	速賽
1123	[15]	六十	甯住③

① 康丹作"綵段"。
② 康丹作"甯谷"。
③ 康丹作"甯住"。

续表

总序号	门类序号	女真语词汇	汉字注音
1124	[16]	七十	納荅住
1125	[17]	八十	劄空住
1126	[18]	九十	兀容住
1127	[19]	一百	額木倘古
1128	[20]	一千	額木命哈①
1129	[21]	一萬	額木禿墨
1130	[22]	一分	額木分
1131	[23]	一錢	額木只哈
1132	[24]	一兩	額木樣
1133	[25]	一百兩	額木倘古樣
1134	[26]	一千兩	額木命哈樣
1135	[27]	一萬兩	額木禿墨樣
1136	[28]	一塊	額木發失
1137	[29]	一片	額木珠忒
1138	[30]	一對	額木珠勒
1139	[31]	五十兩	速賽樣
1140	[32]	二錢	拙只哈
1141	[33]	三兩	亦郎樣
十七、【通用門】			
1142	[1]	東	受溫禿提勒革
1143	[2]	西	受溫禿黑勒革
1144	[3]	南	珠勒革
1145	[4]	北	伏希革
1146	[5]	左	哈速
1147	[6]	右	亦替
1148	[7]	中	都林八
1149	[8]	前	住勒革
1150	[9]	後	阿木剌

① 康丹作“額木命古”。

续表

总序号	门类序号	女真语词汇	汉字注音
1151	[10]	内	朶羅
1152	[11]	外	禿魯革
1153	[12]	大	昂八
1154	[13]	小	阿沙

女直館譯語終　阿波國文庫

参考文献

一、中文著作

（宋）陈彭年等编：《宋本广韵》，中国书店影印张氏泽存堂本，1982年。
（宋）陈元靓编：《事林广记》，中华书局1963年影印本。
（宋）范成大撰：《揽辔录》，《丛书集成初编》本，商务印书馆据《知不足斋丛书》本排印，1936年。
（宋）洪皓撰：《松漠纪闻》，《丛书集成初编》本，商务印书馆据阳山顾氏文房本排印，1939年初版，1959年补印。
（宋）李心传撰：《建炎以来系年要录》，中华书局据商务印书馆《国学基本丛书》本原版重印，1956年。
（宋）陆游撰：《剑南诗稿》，《陆放翁全集》，《四部备要》本。
（宋）司马光撰：《宋本切韵指掌图》，中华书局影印北京图书馆藏宋绍定刻本，1986年。
（宋）徐梦莘撰：《三朝北盟会编》，上海古籍出版社2008年版。
（宋）宇文懋昭撰：《大金国志校证》，崔文印校证，中华书局1986年版。
（宋）周煇撰：《北辕录》，顾宏义、李文整理标校：《宋代日记丛编》，上海书店出版社2013年版。
（金）王寂撰：《辽东行部志》，顾宏义、李文整理标校：《金元日记丛编》，上海书店出版社2013年版。
（金）刘祁撰：《归潜志》，崔文印点校，中华书局1983年版。
（元）脱脱等撰：《金史》，中华书局1975年版。
（元）陶宗仪撰：《南村辍耕录》，中华书局1959年版。
（元）宇文懋昭撰：《金志》，《丛书集成初编》本，商务印书馆1959年补印。
（元）周德清辑：《中原音韵》，中华书局1978年影印本。
（元）朱宗文编：《蒙古字韵》，大英博物馆藏手抄本，罗常培、蔡美彪编著：《八思巴字与元代汉语》（增订本），中国社会科学出版社2004年版。
（明）陈第：《毛诗古音考》，康瑞琮点校，中华书局2008年版。

（明）会同馆编：《女真译语》，茅瑞徵辑，日本阿波国文库藏手抄本。
（明）会同馆编：《女真译语》，茅瑞徵辑，日本静嘉堂文库藏手抄本。
（明）火源洁撰：《华夷译语》，涵芬楼秘笈本。
（明）四夷馆编：《华夷译语·女真馆杂字·来文》，德国柏林国家图书馆藏明抄本。
（明）四夷馆编：《女真译语·新增门》，附《高昌馆杂字》后，国家图书馆藏手抄本。
（明）四夷馆编：《女真译语·续添、新增门》，日本东洋文库藏明抄本。
（明）《明实录·英宗睿皇帝实录》，影印台湾“中央研究院”历史语言研究所校勘本，上海书店出版社1982年版。
（明）《元朝秘史》，《四部丛刊》三编本。
（清）黄虞稷等撰：《辽金元艺文志》，商务印书馆1958年版。
（清）龙文彬撰：《明会要》，中华书局1956年点校本。
（清）钱大昕撰：《补元史艺文志》，《丛书集成初编》本，商务印书馆1959年补印。
（清）《康熙字典》，中华书局1980年版。
（清）《满洲实录》，中华书局1986年版。
（清）《钦定辽金元三史国语解》，《四库全书》本。
（清）《五体清文鉴》，民族出版社1957年版。
〔德〕穆麟德夫撰：《满文文法》，张世焜译，赵展校，内蒙古大学蒙古史研究室油印本。
〔俄〕P. 马克：《黑龙江旅行记》，吉林省哲学社会科学研究所翻译组译，商务印书馆1977年版。
〔美〕N. 鲍培：《蒙古语比较研究绪论》，卢弼译，内蒙古大学蒙古语文研究室油印本。
丁声树编录，李荣参订：《古今字音对照手册》，科学出版社1958年版。
金光平、金启孮：《女真语言文字研究》，文物出版社1980年版。
凌纯声：《松花江下游的赫哲族》，中央研究院历史语言研究所单刊甲种之十四，南京，1934年。
罗常培、蔡美彪编著：《八思巴字与元代汉语（资料汇编）》，科学出版社1959年版。
罗福成抄：《女真译语二编——肃慎馆来文》，大库旧档整理处印，1933年。
罗福成抄：《女真译语》（上、下），大库旧档整理处印，内蒙古大学蒙古史研究所藏照相本。
孙伯君：《金代女真语》，辽宁民族出版社2004年版。
王国维撰：《耶律文正公年谱余记》，《王国维遗书》（七），上海书店出版社1983年版。
王力：《汉语史稿》，中华书局2013年版。
王力：《汉语音韵学》，中华书局2014年版。
王力：《汉语语音史》，中华书局2014年版。

杨耐思：《中原音韵音系》，中国社会科学出版社 1981 年版。

赵荫棠：《中原音韵研究》，商务印书馆 1956 年版。

照那斯图、杨耐思编著：《蒙古字韵校本》，民族出版社 1987 年版。

二、外文著作

〔日〕渡部薰太郎编撰：《新编金史名词解》，大阪东洋学会，1931 年。

〔日〕壶井义正编辑：《大英博物馆藏旧钞本蒙古字韵二卷》，关西大学东西学术研究所，1956 年。

〔日〕满文老档研究会译注：《满文老档》II，《东洋文库丛刊》第十二集，1956 年。

〔日〕山本守编辑：《阿波文库本女真译语》，建国大学研究院刊，1944 年。

〔日〕山路广明：《女真文字制字研究》，东京南方诸语言研究所，1958 年。

〔日〕上牧濑三郎：《索伦族的社会》，日本生活社 1940 年版。

〔日〕西田龙雄：《西番馆译语之研究》，松香堂《华夷译语研究丛书》1，1970 年。

〔日〕羽田亨编：《满和辞典》，国书刊行会，1973 年。

〔日〕鸳渊一：《满洲碑记考》，目黑书店 1943 年版。

Kiyose, Gisaburo N., *A Study of the Jurchen Language and Script, Reconstruction and Decipherment*. Hōritsubunka-sha, Kyoto, 1977.

Grube, Wilhelm, *Die Sprache und Schrift der Jučen*, Leipzig, Kommissions-Verlag von Otto Harrassowitz, 1896.

Kane, Daniel, *The Sino-Jurchen Vocabulary of the Bureau of Interpreters*, Indiana University Uralic and Altaic Series, Vol. 153, Indiana University, Research Institute for Inner Asian Studies, Bloomington, Indiana, 1989.

Karlgren, Bernhard, *Grammata Serica Recensa*, Reprinted from The Museum of Far Eastern Antiquities, Bulletin 29, Stockholm, 1957.

Академия Наук СССР Институт Языкознания, *Сравнительный Словарь Тунгусо – Маньчжурских Языков*, Издательство «НАУКА», Ленинградское Отделение, Ленинград, 1975.

Пашков, Б., *Маньчжурский Язык*, Издательство Восточно Литературы Москова, 1963.

Поппе, Н., *Квадратная Письменность*, Издательство Академии Наук СССР, 1941.

三、论文

道尔吉：《关于女真大小字问题》，《内蒙古大学学报》1980 年第 4 期。

和希格：《从金代的金银牌探讨女真大小字》，《内蒙古大学学报》1980 年第 4 期。
黄振华：《明代女真文奴儿干永宁寺碑记新释》，《中国地方史志》1982 年第 2 期。
金光平：《从契丹大小字到女真大小字》，《内蒙古大学学报》1962 年第 2 期。
金光平：《女真制字方法论——兼与日本山路广明氏商榷》，金启孮：《沈水集》，内蒙古大学出版社 1992 年版。
金启孮：《陕西碑林发现的女真文书》，《内蒙古大学学报》1979 年第 1、2 期合刊。
金启孮：《永宁寺碑译释》，《考古学报》1975 年第 2 期。
景爱：《关于金代蒲与路的考察》，《文史》1980 年第 10 辑。
李士良：《金代北疆重镇——蒲峪路治所》，《求是学刊》1981 年第 1 期。
刘凤翥：《女真字"国诚"银牌考释》，《文物》1980 年第 1 期。
刘最长、朱捷元：《西安碑林发现女真文书、南宋拓金幅集王〈圣教序〉及版画》，《文物》1979 年第 5 期。
罗继祖：《女真语研究资料》，《国学丛刊》1944 年第 14 期。
颜华：《女真文国信牌的发现》，《社会科学战线》1979 年第 2 期。
杨耐思、照那斯图：《八思巴字研究概述》，《民族语文》1981 年第 1 期。
亦邻真：《读 1276 年龙门禹王庙八思巴字令旨碑》，《内蒙古大学学报》1963 年第 1 期。
〔日〕清濑义三郎则府：《女真音再构成考》，《言语研究》1973 年第 64 号。
〔日〕石田干之助："Jurcica"，《池内博士还历纪念·东洋史论丛》，1940 年。
〔日〕石田干之助：《女真语研究的新资料》，《桑原博士还历纪念·东洋史论丛》，1931 年。
〔日〕鸳渊一：《辽阳喇嘛坟碑文之解说》，《内藤博士还历祝贺·支那学论丛》，1926 年。
〔日〕长田夏树：《奴儿干永宁寺碑蒙古文女真文释稿》，《石滨先生古稀纪念·东洋史论丛》，1958 年。
Ligeti, Louis, "Note préliminaire sur le déchiffrement des 'petits caractères' Joutchen", *Acta Orientalia Academiae Scientiarum Hungariea*, Tom.III (1953), pp. 211-228.
Академия Наук СССР Ордена Трудового Красного Знамени Институт Археологии, "Работа Щайгинского Отряда", *Археологические Открытия 1976 Года*, Москва, 1977.

索 引

（说明：《女真译语》注音汉字音值构拟表、《女真译语》读音构拟表、女真字音值构拟表内的名词术语未做采纳；表格注释中的名词术语则做了采纳。）

A

阿波国文库 20
阿卜哈 55, 73, 75, 85
阿赤都鲁 71
阿答母林 85
阿玷 73, 74
阿儿察 25
阿尔泰语 7, 16
阿尔泰语系 3, 14, 53, 61, 67, 95, 212, 280, 281, 283
阿尔泰语言学 280
阿哈 73, 74
阿浑 17, 18
阿浑温 85, 97
阿剌哈 78
阿里库 91
阿里喜 18, 169
阿里因 78, 79, 97
阿禄阻 18, 181
阿民 59
阿于卜鲁 90
爱新 5, 18, 181
爱新金国 5
按出虎 2, 18

按春 18, 181
奥罗其语 10
奥屯良弼女真字诗刻 231, 232

B

八百馆 19
八哈别 56
八寒 26, 29
八思巴文 23, 62
八思巴字 23, 24, 27, 29, 87, 88
八思巴字母 27, 28
巴儿思 25
巴奴洪 79, 96
巴撒 67
百夷 19
柏林本 8, 9, 13, 15, 19, 99, 100, 224, 229, 230, 234, 282
半的孩 64
半母音 12
半元音 12, 16, 22, 26, 49, 53, 81, 82, 84
保活里 54, 199
碑刻释读 7
北方官话 24
北方汉语 14, 15, 21-23, 25

北京官话 24
北京口音 13
北京音 24
北沃沮 2
背勒 78, 86, 141
背也昧 82
比较语言学 281
鼻音 12, 39, 53, 58, 59, 78, 81, 83, 84, 87, 106, 111, 126, 143, 282, 283
必阿 94
必忒黑 55, 64
闭音节 12, 22, 55, 56, 58, 59, 62, 64, 66-68, 70, 71, 74, 75, 77, 78, 87, 164, 282, 283
边音 11, 38, 53, 77, 84
编修 17, 18
汴京 4
标音 7, 8, 10, 27, 29, 52, 174, 186, 234, 281
标音系统 27, 29
表现形式 6
表意 10, 21, 122, 231, 232
表音 10, 21, 231, 234
别儿客 25
别弗脉 61
丙种本 20
伯黑 86
伯羊 55, 79, 82
伯因必 56
勃极烈 87, 141
渤海国 1
卜楚 71
卜的黑 65
卜古 96
卜和 55
卜勒其 55, 67
卜嫩 80, 95
卜弄库 75, 80, 91

C
侧音 12
策论 4
词干 58, 59, 65, 69, 89, 90, 92, 94, 97, 122, 140, 158, 225-227, 232
词汇表 8, 9, 14, 16
词汇特点 7, 17
词汇意义 9, 17, 19, 144, 231
词末音节 55-59, 61, 63-68, 70, 72, 73, 75, 77-79, 82, 87, 283
词末音素 12, 283
词首音素 12, 54, 67, 283
词缀 56-58, 60, 65, 69, 79, 89, 90, 92, 96, 97, 169, 201, 225, 231, 282
崔世珍 24
颤舌音 11, 84
长元音 12, 93, 94, 108, 158
钞哈 71, 93
朝鲜 14, 24
陈第 21
陈述式 56, 57, 282
齿茎音 12
重辅音 12
出出瓦孩 71
处置格后缀 111, 158, 169, 172, 190, 200, 207, 211, 212, 220
传统韵书 24
纯辅音 64, 65, 75, 96, 111, 174, 233
唇齿 26, 84
唇齿鼻音 59, 126
唇齿擦音 282
唇齿音 53, 54, 56, 57, 60-62, 83
唇音 12, 22, 95, 151

D
达海 5, 57
答卜孙 55
鞑靼 19, 25, 26, 85, 179

打围 56
大定年 4, 231
大金国志 3, 13, 194
道士 88, 147
的儿哈剌 64, 73
的孩 63, 85
的黑黑 64
的勒岸 63
等韵学 21
丁声树 26
东京 4, 10
东洋文库 19, 55, 57, 99, 100, 229
东洋文库本 13, 15, 19, 55, 100, 101, 123, 218, 219, 224, 229, 234, 282
东夷 2
动词不定式 57, 60
都督 1, 146
都哈 63, 75
都鲁温 63
都塔安 81
都堂 81, 145
斗兀温 97
读音构拟 10, 14, 29, 99-101, 230, 282, 283
端的松 63
短元音 86, 94
对应关系 12, 22, 85, 87, 93, 283
对照表 29
多里必 95
多罗温 97
多罗斡 63, 82
多申 95
多音节 65, 232
朵和莫 75

E
额尔德尼 5
厄都温 63, 86, 90, 96, 97
厄恨 86, 123
厄林 68, 79, 113
厄鲁忒 65, 68
厄木洪 91
厄申 86
厄云温 97
鄂伦春语 100
鄂温克语 100, 101, 109, 110, 113, 114, 177, 280
腭化 12, 46, 47, 67, 70, 84, 282
恩革埋 73
二次长元音 12
二庚 26, 28

F
发音部位 26, 75, 77, 84, 87, 91
法阿 94
法答岸 61, 97
法里见 87
法马阿 61
番纳儿 68
番替 65, 184
番住埋 70
反切 8, 12, 26, 97, 117, 232
反切拼合法 95, 97, 103, 282
范成大 4
方氏墨谱 14
方位格后缀 216
方隅 19, 99
非本 56
非称 71
非剌 61
非如儿 62
非撒 67
肥塔 65
分一里黑 96
夫余 2, 54
弗和罗 54, 62, 78
弗剌江 62

弗忒昧 65
伏勒吉 61, 78
伏塞古 67
伏湾 62
辅音系统 12, 15, 53, 83, 84, 282
辅音转换 11, 12
附加成分 79, 232
驸马 57
复合元音 12, 54, 60, 82, 85, 86, 93, 94
副动词 59, 60
缚约莫 92

G
噶盖 5
刚元音 85, 95
高本汉 27
高察安 81
高昌 19, 81, 148
高句丽 2
高丽 1
革卜 56
革捏黑 73, 86
葛鲁贝 8-10, 14, 100, 186, 229, 230, 234, 281, 283
根见 73, 87
宫室 19, 99
构拟表 30, 53, 100
构拟复原 7, 52, 230
古阿尔泰诸语言 85
古鲁麻孩 58, 91
古申 74
古温 80
古牙忽 82
归法剌 73, 93
贵答剌 94
国际音标 26, 27, 29, 53, 58, 60, 62, 64, 66, 67, 69, 70-72, 74, 76-78, 80-82, 87, 89, 90, 92, 100

国伦 73
国相 60
国信牌 231
果卜连 69
过去时形态 92

H
哈察别 56, 71, 76
哈称因 71, 76
哈答温 73, 74, 76
哈的 63, 142
哈都 76, 90
哈儿温 73, 74
哈剌安 67
哈剌库 75
哈勒哈 73, 74
哈沙 72, 73, 80, 168
哈贪 65
哈扎鲁 70, 96
孩剌 93
海陵王 3
海西 5
韩元吉 4
寒食 72, 76, 116
汉语借词 3, 8, 12, 54, 55, 72, 81, 83, 88, 89, 104, 106-108, 110, 116, 120, 123, 129, 130-133, 136, 138, 139, 141, 144-150, 162, 175, 179, 180, 183, 185, 189, 190, 213-219, 223-228
汉语语音体系 22, 91
好沙 80, 93
呵不哈 76, 102
合不儿 25
和朵 92
和朵莫 63, 95
和你 92, 95
和脱斡 76, 95
和卓 70, 95

盒子 83, 138
赫哲语 53, 55, 63, 74, 85, 100, 101, 103, 111, 114, 115, 184, 280, 282
黑卜忒 65
黑车 76
黑夫里 61
黑黑厄 94
黑克 75
黑龙江 101
黑其 76
黑水部 1
黑水府 1
黑水经略使 1
黑水靺鞨 1
黑屯 65
洪皓 60
洪武译语 20, 25, 26, 53, 65, 85, 174, 175, 179, 208, 233
洪细程度 86
后列元音 12, 74, 77, 84, 85, 87-89, 95
后列圆唇高元音 89
后列圆唇元音 92
后列最高元音 95
后元音 11, 12, 85, 87, 88, 90, 97, 98
忽朝吉 71
忽的剌 63
忽非 61
忽浑 91, 92
忽素鲁 66, 68
忽孙 67
忽屯只 18
忽扎兀儿 25
胡语 19
胡元 24
花木 19, 99, 151
皇太极 5
回回 19, 148
会同馆 14, 20, 53

会同馆译语 13, 14, 20, 56-58, 60, 61, 63, 65, 69, 70, 78, 79, 100, 103, 105, 106, 108-110, 112, 114, 115, 120, 122, 149, 150, 153, 168, 169, 181, 282
豁纫 92

J
积石 1
基本词汇 19, 212
基本音节 53
吉浪吉 68
甲种本 20
建州女真 5
接尾词 12
解读方法 10, 281
金代碑文 5, 93
金代女真语 5, 7, 10-12, 15-18, 20, 55, 59, 62, 83, 98
金代女真语音 11, 282
金代银牌 231
金都 4
金光平 9, 14, 18, 20, 69, 93, 95, 101, 229-232, 234, 281, 283
金尼阁 24
金启孮 9, 14, 18, 20, 69, 93, 95, 101, 229-232, 234, 281, 283
金世宗 231
金熙宗 6
进贡表文 19
进士 4, 13, 14, 110, 154
静嘉堂文库 20, 78
九先 26, 29
卷舌元音 88

K
喀尔喀方言 53, 88
开合程度 86
开合口 26

康克勒昧 88
克失哥卜鲁 74
宽式 53

L
拉丁音标 29
拉丁字母 29, 100
来文 9, 13, 18-20, 55, 229, 234
兰茂 24
老剌埋 78
老撒 78, 83
勒付 78, 128
李朝 24
李盖提 9, 10, 281
李荣 26
里袜哈 59
两唇破裂音 12
辽阳 56, 64
林娜 101
零声母 28, 49, 61, 62, 76, 84, 110, 160, 282
刘祁 4
刘三吾 19
六佳 26, 28
楼子 93, 130
陆游 4
罗和 78, 95, 135
罗继祖 20

M
麻纳剌 58
麻失必 56
马克 6, 101
玛涅格尔语 100, 101, 115, 193, 282
麦子 83, 120
脉出 71
脉的厄 63, 64
脉日蓝 18
满洲 5, 56, 64

毛毛可 18, 147
茅伯符 20
梅番 61, 93
蒙古书面语 62, 79, 88
蒙古温 92
蒙古文字 5, 56
蒙古文字母 5, 56
蒙古语 9, 14, 15, 18, 53, 59, 60-63, 65, 67, 74, 76, 77, 79, 83, 85, 88, 91, 92, 94, 96, 100, 101, 105, 110, 111, 116, 119, 122, 126, 140, 141, 143, 148, 149, 155, 156, 181, 185, 188, 203, 209, 211, 233, 282
猛安 4, 146, 196
密塔卜为 90
缅甸 19, 148
灭骨地 60
灭黑 60, 82
灭苦鲁 60, 74, 82, 91, 94
明代读音 10
明代蒙古语 85
明代女真语 5, 11, 12, 14, 17, 18, 20, 26, 54, 55, 61, 62, 64, 69, 76, 83, 84, 88, 90, 97-99, 109, 281, 282
明代女真语音系统 7, 8, 11, 281
明代顺天音 24
摩擦音 12, 22, 66, 71
抹邻 25
莫罗 92
莫嫩 80
靺鞨 1, 2
墨迹 5, 8, 14
谋克 4, 18, 54, 107, 124, 147
母林 58
木杜儿 58, 63, 68, 69, 96
木刺岸 97
木申 80
木忒卜鲁 96
木先 67

N

那乃语 9, 10
纳儿洪 68, 77, 91
纳木儿 25
南方汉语 21
南哈洪 58, 76
南京 4, 25, 55
嫩木和 79
嫩捏哈 79
尼忙古 59, 126
倪门必 56
你鲁 68
逆同化 88
粘罕 18, 172
粘着型 3
鸟兽 19, 99
捏儿麻 59
捏骨地 60, 167
捏苦鲁 60, 74, 91, 92
捏年厄林 79, 82, 94
捏住 70, 79
宁住 70
宁住黑 70
奴失因 72, 97
努尔哈赤 5
弩列 79
女真大字 2, 6, 231, 232
女真各部 1-3, 5, 17
女真共同语 2, 4, 17
女真进士科 4
女真句法 14
女真文碑刻 5, 7, 14, 17
女真文书残页 122
女真文字 2-10, 13-15, 17, 18, 20, 55, 97, 99, 100, 229-231, 233, 280-283
女真文字典 11
女真小字 2, 6, 231, 232, 281
女真译语 5-11, 13-15, 17-21, 23-26, 29, 30, 43, 52-55, 57-67, 69-74, 76-83, 85-87, 89, 91-93, 95, 97, 99-102, 105, 160, 164, 186, 229, 230-234, 281-283
女真语词汇 5, 7, 8, 13, 14, 19, 20, 99, 100, 204, 282, 283
女真语汇读音 281
女真语形态 7
女真语音系统 16, 26, 52, 230
女真字母 2
女真字书 2
女真字索引 10
女真字音值 15, 229, 230, 233
女真字音值构拟表 234
女真族 1-6, 8, 280, 281
女直 1, 14, 19, 20, 53, 143

P

排他性 92, 95
拼音方法 15, 95
平声 23, 26, 76
婆卢火 54
蒲里衍 54
蒲卢浑 54
蒲辇 54
蒲阳温 54
蒲与路 54, 107
谱系划分 14

Q

七真 26, 29
其车黑 71, 74, 75
乞里巴儿 25
契丹 1-3, 9, 13, 231, 232
契丹大字 13, 231
契丹小字 7, 13, 231
契丹语 7, 14
器用 19, 78, 99, 140, 182
前列元音 75, 77, 84, 85, 87-89, 95

前列最高元音 95
亲属语言 6, 7, 74, 84, 99, 230
清濑义三郎则府 11, 14, 20, 24, 25, 68, 76, 83, 93, 95, 100, 101, 119, 230, 234, 281, 283

R
人事 19, 99, 123, 149, 151, 158, 159, 162, 169-172, 189, 192, 194, 199, 202, 203, 207, 210
人物 19, 99
柔元音 85, 95
入声 21-24, 54
入声部 22
入声消失 22-24
入声韵 22, 59
软腭辅音 12
弱化音变 55, 56, 59

S
撒八 18
撒本哈 80
撒卜 66, 90
撒步 56
撒叉 66
撒答昧 18
撒改 60
撒哈答必 56
撒曷里衍 54
撒曷辇 54
撒剌 25
塞革 66
塞鲁温 73
塞因 66, 93
三阳 26, 28
三要素 280
桑戈鲁 90, 92, 96
沙阿 94

沙哈 72
莎那思 25
山路广明 10, 100, 101, 186, 229, 230, 281
陕西碑林 231, 232
上江 72, 80, 85
上牧濑三郎 69, 101
舌根 26, 72, 75, 76, 84, 282
舌根鼻音 53, 78, 80, 81, 160
舌根辅音 91
舌根音 16, 46, 53, 61, 65, 67, 72, 80, 81, 84, 90, 91, 103, 113, 282, 283
舌尖 15, 26, 53, 62, 66, 77, 84, 282
舌尖鼻音 16, 53, 78
舌尖边音 16, 53, 77
舌尖颤音 53, 67
舌尖后元音 88
舌尖前元音 88
舌尖塞音 15, 62, 66
舌面 26, 69, 71
舌面音 67
舌叶 16, 26, 63, 65, 66, 69, 71, 84
舍厄 72
摄 22, 26, 54, 59, 76, 115
申叔舟 24
身体 19, 99
深温 58
审音勘同 6, 7, 53, 230
生女真 2
声调 22, 26
声母系统 26, 40, 53
声色 19, 99, 169
失别洪 71
失赤黑 71
失剌哈替 67, 76
失勒温 72, 78
失塞里 66
失失黑 67
十二覃 26, 29

十三侵 26, 29
十四歌 26, 29
十五麻 26, 29
十萧 26, 29
十一尤 26, 29
石田干之助 20
时令 19, 79, 99
侍剌安 81, 88
守温三十六母 26, 27
属格后缀 102, 107, 112, 140, 158, 196, 208
书面语言 4, 59, 86
熟女真 2
数目 19, 99, 232
双唇 26, 30, 53, 55, 58, 59, 83, 84, 106
双唇不吐气塞音 53
双唇吐气破裂音 11
双唇吐气塞音 53, 83, 282
双唇音 15, 30, 53, 58, 61, 106, 126
双吉 80
四夷馆 5, 14, 18, 19, 25
四支 26, 28
肃慎 1, 55
素法 61, 96
素古 91
素鲁脱戈 68
素失该 72, 90
素温必因 81, 83
速撒一 90
粟末靺鞨 1
索伦语 53, 63, 69, 85, 100, 101, 103, 104, 109, 113, 114, 125, 282
索伦语词汇 101
琐脱和 74, 92
所在格后缀 112, 114, 151

T
塔苦剌孩 75
塔里江 64, 73, 78, 82

塔塔孩 65
塔替卜鲁 65, 66, 96
太本 65
贪孙昧 58
陶宗仪 23
套答剌 93
忒杜勒 65
忒厄 64, 233
忒也昧 82, 87
特林地方 5
腾吉里 25
提前副动词 56, 57
替孩 66
替和 64, 66, 74, 75
替勒库 66
天眷 6
天命 56, 57
天文 19, 57, 61, 99
听答埋 87
通古斯 9, 14, 15, 53, 99, 101, 166, 280, 281
通古斯语 3, 9, 16, 53, 100, 101, 103, 280, 282, 283
通古斯语词汇 101
通古斯语族 3, 9, 76, 280, 281
通事 18, 19
通用 19, 54, 67, 99, 186, 233
同名异译 17, 18, 54
秃吉 57, 61, 64, 73, 90, 96
秃替昧 59, 65, 66
秃斡黑 55, 82, 83
团朵 63, 95
脱卜欢 55

W
瓦都剌 82
完颜部 2, 17
完颜部方言 2
完颜希尹 2, 6, 194

王力 27, 59, 76
围猎 18, 169
维柳伊通古斯语 101, 109
尾子音 15
委罕 88
委勒 82
文字体系 2, 21, 57, 68, 231, 232
文字学 14, 280
倭林 92
斡儿和 77, 92, 96
斡儿和答 96
斡莫 59, 95
斡莫罗 59, 95
斡女欢 79
斡失卜鲁 72, 90
斡失哈 72, 77, 90
斡速湾 66
斡温者勒 70
乌裕尔河 54
无圈点满文 5, 56, 57, 64
五体清文鉴 101
五鱼 26, 28
兀忽卜连 69
兀剌 56, 70, 78
兀里彦 78, 81, 125
兀鲁脉 59
兀灭哈 59
兀塞天 66
兀失因 72
兀速洪 67
兀孙 25
兀也黑 82
兀者 25, 70, 111, 150
兀者厄 94
兀住 70
勿吉 1, 2

X
西番 13, 19, 21, 22, 24, 72, 148
西天 19, 72, 149
西田龙雄 13, 21, 22, 24
西夏文 9
希大 63
息慎 1
暹罗馆 19
现代北方方言 23
现代汉语 88, 107
现在时 56, 57, 69, 96, 282
现在时动词连用 59
新增 19, 55, 99, 101, 212
形动词 59, 96
形态结构 280
形态学 59
兴宗 1
徐孝 11, 24
续添 19, 99, 212

Y
牙本 56, 82, 85
牙哈 81
牙里 78, 81
言的洪 63, 77
弇州山人四部稿 231
央元音 22, 75, 85-87, 98
阳声部 22
阳声韵 22
阳性词 75, 90, 91
阳性元音 85
姚希 81, 223
耶律楚材 22
耶律宗真 1, 20
野人 5, 111, 150
一次长元音 12
一东 26, 28
一儿的洪 64

一勒哈 78
一稜古 80, 87, 90
一立本 90
一麻吉 80, 87
一门吉 80, 87
一那 79, 95
一能吉 79, 80, 87
一你 79
一十埋 87
一速温 96
一乍剌 83
衣服 19, 76, 99
夷语 19
乙种本 20
异形 93
邑落 2
挹娄 1, 2
阴声部 22
阴性词 75, 91, 93, 214
阴性元音 85
阴阳 21, 96
音变规律 15, 65, 66, 76, 83, 230, 280, 282
音变现象 55, 61, 85
音标系统 100, 230, 230
音素 12, 54, 58, 67, 68, 75, 77, 80, 85, 94
音位变体 84, 98
音位归纳 52, 86
音位学 53
音韵体系 11, 13, 15, 20, 22, 24-26, 230, 281, 282
音韵学 21-23, 29
音值构拟表 30, 53
引答洪 63, 91
饮食 19, 99, 177
硬口盖音 12
永乐年间 5, 18-20, 25, 26, 83
永宁寺碑 5, 13, 14, 59, 60, 93, 154
有圈点满文 56-58

羽田亨 75, 101
语法 6, 7, 14, 16, 52, 60, 140, 280
语法规则 3
语法结构 9, 14
语汇 6, 11, 13
语文学方法 8
语言材料 7, 17, 52, 99, 280
语言词汇 3, 225
语言大厦 6
语言调查 52
语言规范 17
语言描写 10
语言学 6, 9, 11, 14, 230, 280
语音比较 7, 23, 281, 282
语音分析 10, 15
语音归纳 86, 230
语音规律 52
语音环境 87
语音记录 52, 83
语音简化 22
语音描写 13, 281
语音特点 67, 86, 89, 230
语音现象 6, 8, 11, 21, 52, 58, 59, 61, 75, 76, 92, 280-282
语音学 14, 16, 84, 280
语音音位 52, 53
喻母 28, 49, 81, 82
元代汉语 23, 88
元代蒙古语 85, 87
元音和谐 12, 54, 67, 92, 93, 95, 128, 169, 214, 282, 283
元音和谐律 87
元音和谐现象 15, 87, 95
元音系统 12, 16, 84, 85, 95, 97, 98, 282
元音音位 11, 84, 85
原始阿尔泰语 61
原通古斯语 11
圆唇和谐 95, 96

圆唇音 54, 90, 95
约约昧 82
韵部 21, 22, 26, 29, 80
韵母系统 84
韵目 23, 26-28
韵书 11, 15, 21, 23, 24, 26

Z
杂字 8, 10, 18-20, 100, 101
造格后缀 152, 156, 167, 182, 196, 198-201
扎阿 94
扎法别 56, 61, 70
扎困住 75
扎剌岸 97
扎鲁哈 96
扎鲁兀 68
扎失非 72
召剌埋 59
赵荫棠 27, 44-48
者车 70, 71, 80, 86, 168
者迷失 25
者只昧 70
珍宝 19, 99, 182
正字法 58, 82, 93, 280
只儿欢 68
只哈 70, 87
指挥 88, 146
制字规律 7
中古蒙古语 61, 62, 75, 129

中古语音系统 22
中世纪蒙古语 23
中性元音 11, 12, 85, 88-90, 95-97, 283
中原 3-5, 13-15, 21-24, 26, 27, 30-51, 86, 88, 89, 189, 282
中原汉语 21
中原汉族 3-5, 185
周德清 21, 23, 282
朱阿厄林 83, 94
朱黑 70, 77, 90
住兀 70, 80
注音汉字音值 11, 21, 23, 24, 26, 30, 53
挩 83, 93, 94
篆字 24
拙 83, 93, 94
拙木申 96
卓翰卜连 69
字母 5, 24, 27-29, 40, 56, 57, 72, 89, 92
字母表 27, 28, 90
字形 2, 186, 207, 229, 231
字形变迁 229
字义 2
总兵 81, 83, 146
总目 28
族属 9
组合规律 6, 230
祖语 3, 14, 280
最高元音 95

后　记

　　拙作《〈女真译语〉音系研究》，是笔者40年前发表的硕士学位论文的增订版。1983年，《内蒙古大学学报》增刊以专辑形式出版《女真译语研究》一书，收录我和师兄和希格的硕士学位论文《女真语音初探》和《女真馆杂字·来文研究》。这是继《内蒙古大学学报》1964年以专辑形式发表金光平、金启孮专著《女真语言文字研究》之后的又一次专辑发表女真语言文字研究的成果。我俩的学位论文是在导师金启孮先生的指导下，在许多学界前辈的帮助和关怀下完成的。1981年11月，内蒙古大学蒙古史研究所为我俩的学位论文举行了论文答辩会，答辩委员会的贾敬颜、刘凤翥、清格尔泰、陈乃雄教授给予论文很高的评价，并建议根据答辩委员会提出的意见认真修改后出版。我们根据诸位先生提出的意见做了修订和补充，并经《内蒙古大学学报》编辑委员会的批准，于1983年在《内蒙古大学学报》以专辑形式出版。当时，内蒙古大学为推动民族古文字的研究，出资在北京字模厂定制了契丹小字和女真文字模，为我俩论文的出版创造了条件。女真字是请内蒙古大学图书馆的著名书法家刘振阁先生用楷体书写了当时能搜集到的近千个女真字，然后在北京字模厂照相，做锌板，最后做出铜字模。为了尽快顺利完成女真文字、八思巴字、满文、蒙古文、拉丁字母、国际音标的排版，我俩到内蒙古大学印刷厂亲自参加铸字、捡字和排版工作长达半年有余，最终于1983年10月顺利印刷出版。该专辑即将印刷出版之际，金启孮师还请启功先生题写了书名《女真译语研究》。《女真译语研究》出版后，在我国及国际阿尔泰语言学和女真语言研究学界产生了很好的影响。国内阿尔泰语言学界的一些学者做出较高的评价，内蒙古大学的民族古文字研究专业还将此书列为学生必读书籍之一。国外学者，如德国傅海波（Herbert Franke）教授对该书给予了很高的评价，日本学者田村实造、西田龙雄、清濑义三郎则府也做出了肯定。

回想此书形成的过程，难忘自己求学的经历和师友们的帮助。1978年秋，我考上内蒙古大学蒙古史研究所的研究生，师从著名的女真文专家金启孮先生攻读民族古文字专业，与师兄和希格、东北师范大学进修教师穆鸿利老师一同度过了难忘的研读女真语言文字的三年岁月。蒙古史研究所及金启孮师为我们开设了女真语言文字研究、金史解题、金代历史地理、满语文、民族史语文学、外语等极其丰富的专业课程和辽金考古与田野实习等选修课，并安排我们学习了八思巴字、契丹文等相关古文字；还到本校汉语言文学系旁听古汉语、古文字学课程，到历史系旁听中国通史和专门史课程，更是到蒙古语言专业的研究生班旁听蒙古文字学、普通语言学等课程，使我等基础差、没读过多少书的那一代人得到了真正的学术精华的滋润与训练。

1980年夏秋之际，金启孮师带领我们到北京和承德参加中国民族古文字研究会成立暨学术研讨会。会议期间，听到和读到学界前辈们的女真语言文字研究方面的最新成果，更是受到黄振华先生和邢弗礼先生的指点和鼓励，由此我决心对明代女真语音系统做一次新的探讨。随后我们又去赤峰、通辽、哈尔滨、长春、沈阳和大连等地进行田野考察、资料搜集和女真文碑铭实地踏查，使我们的研究和学习与具体实践来了一次密切联系，研究视野得以开阔，资料积累得到补充。回到学校，在导师的指导下，我们开始撰写毕业论文，我选了明代女真语音方面的题目，和希格选了《女真馆杂字·来文》的整理研究。

恩师金启孮先生常常教导要注意研究方法，要拥有丰富的语言比较材料。在指导这篇论文时还特别指出《女真译语》的注音汉字问题，要求准确地构拟注音汉字的音值，不能以今音译古音。是文的几个章节正是遵循导师的指导写成的。亦邻真师的"民族史语文学"课程，教会了我如何进行语言比较，审音勘同及对古汉语语音的构拟复原。黄振华老师将自己保存的民族古文字研究资料毫无保留地供我学习参考，更在研究方法上多有点拨。北京图书馆善本部的黄润华先生在资料收集整理中提供了极大的便利和帮助。邢弗礼先生将日本学者清濑义三郎则府《女真音再构成考》的汉译稿毫不吝啬地交给我使用。清格尔泰先生、贾敬颜先生、刘凤翥先生对我的论文提出了许多批评及建议。陈乃雄先生通读文稿，提出了系列极其重要的修改意见。

该书出版后不久，我于1984年7月受国家教委的派遣，到德国波恩大学任蒙古语讲师，同时在波恩大学中亚语言文化研究所攻读博士学位，将自己的研究领域拓展至清代满蒙关系史，从此无暇顾及女真语言文字的研究。1990年春天，完成学业回到母校内蒙古大学，继续在蒙古史研究所工作，曾经招收两届三名民族古文字方向的硕士研究生，我们的这本书，作为研究生必读论文列入培养计划。此后，本人的主要研究重心转向清代蒙古历史与文化，与女真语文研究渐行渐远，《女真译语研究》一书也逐渐淡出学术界。此书印数本来就很少，别说在内蒙古大学，就是在旧书摊也很难遇到了。

时至2019年，经孙昊博士推荐，承蒙余太山先生、李锦绣女士同意，商务印书馆将《女真译语研究》一书中的《女真语音初探》析出，经增订后题为《〈女真译语〉音系研究》，列入《欧亚备要》丛书。此书自1983年由《内蒙古大学学报》专辑出版至今已有经年，国内外学术界有关女真语言文字的研究也有了一定进展，值此增订再版，本应对其内容做一全面修订完善。但由于笔者长期脱离女真语言文字研究实践，对该领域的研究动态掌握不全，相关资料更是未遑搜集齐全，再加精力有限，除了修订大量的标音符号和原有的印刷错误，基本保持了原作的内容和结构，对当时所持的论据和得出的结论没有做调整，保持原意不变。自己觉得这书保持了时代特色，尽管受资料、资讯条件的限制，有些方面未能达到应有的水准，但是基本的论点和结论，尤其研究方法上至今尚未失去参考价值。近些年在金代女真语音研究方面，孙伯君写了《金代女真语》一书，明末女真语音研究方面，澳大利亚学者康丹做了明末会同馆译语的语音研究，正好可以与笔者的明代女真语音研究形成女真语音研究的系统链条，为阿尔泰语言的研究提供新的成果。所以在修订过程中，增补了这两部专著的内容介绍。除此之外，增补了三个附录，即柏林本《女真译语》杂字部分的书影、东洋文库本《女真译语》杂字部分的书影和阿波文库《会同馆译语》书影。最后按照本丛书体例，增加了索引。

在该书增订过程中，内蒙古大学蒙古学学院吴英喆教授给予了有力的帮助，提供了必要的资助，并动员了他的研究团队和学术资源，将异常难以录入和排版的工作加以完成。我的学生哈斯巴特尔博士，校对书稿，还进一步完善了版面结构和表格设计。同事云醒地先生，发挥自己专业特长，完成了附录一、附录二书影的制作。中国社会科学院古代史研究所的孙昊博士，一直关注拙作的再版，鼓励我尽快完成增订工作，并向《欧亚备要》丛书主编余太山、李锦绣先生举荐此书，使拙作成为该丛书的一分子，这更使我感到莫大的荣幸。在此，向他们献上衷心的感谢。

最后，向本书的责任编辑程景楠女士致以崇高的敬意和由衷的谢意。她秉持严谨、认真和高度负责的工作作风，发现并更正了书稿里的诸多舛误，并与笔者随时沟通，及时解决存疑问题。还有其他不知名的编校人员，在各自负责的领域，完成了大量审校工作，在此一并致谢，感谢他们的辛勤劳动和宝贵付出。

齐木德道尔吉
2023 年 2 月 15 日